中国国有资本管理学

探　索　与　构　建

綦好东　朱炜 ◎ 等著

中国财经出版传媒集团
经济科学出版社
Economic Science Press
·北　京·

图书在版编目（CIP）数据

中国国有资本管理学：探索与构建/綦好东等著
. --北京：经济科学出版社，2023.10
ISBN 978-7-5218-5280-6

Ⅰ.①中…　Ⅱ.①綦…　Ⅲ.①国有资产管理-研究-中国　Ⅳ.①F123.7

中国国家版本馆CIP数据核字（2023）第200276号

责任编辑：杨　洋　赵　岩
责任校对：刘　娅
责任印制：范　艳

中国国有资本管理学：探索与构建
綦好东　朱　炜　等著
经济科学出版社出版、发行　新华书店经销
社址：北京市海淀区阜成路甲28号　邮编：100142
总编部电话：010-88191217　发行部电话：010-88191522
网址：www.esp.com.cn
电子邮箱：esp@esp.com.cn
天猫网店：经济科学出版社旗舰店
网址：http://jjkxcbs.tmall.com
北京季蜂印刷有限公司印装
787×1092　16开　22.75印张　400000字
2023年10月第1版　2023年10月第1次印刷
ISBN 978-7-5218-5280-6　定价：80.00元
（图书出现印装问题，本社负责调换。电话：010-88191545）

序言

新中国成立以来，我国宏观意义上的经济体制改革始终以坚持并完善基本经济制度为根本遵循，围绕解放和发展生产力这个主旋律，先后经历了计划经济体制、有计划的商品经济体制和社会主义市场经济体制的变迁。与此相适应，国有资产监管体制也经历了政府直接管理、政府与经营者两权分离探索、向授权经营转型等阶段。2013 年 11 月党的十八届三中全会及 2017 年 10 月党的十九大报告明确将发展混合所有制经济作为深化国有企业改革、培育具有全球竞争力的世界一流企业的重要突破口。这足以说明混合所有制经济在我国现阶段经济改革和发展中所具有的特殊作用，而要实现混合所有制经济的健康发展必须有与之相协同的国有资产监管体制。2013 年 11 月党的十八届三中全会将“以管资本为主加强国有资产监管”明确为国有资产管理体制演进的目标，进而使国有资产监管体制进入了以管资本为主的转型阶段。2017 年 10 月党的十九大报告进一步提出要“完善各类国有资产管理体制，改革国有资本授权经营体制”。为立足混合所有制改革实际，助力这一具有里程碑意义的国有资产监管体制改革，我于 2018 年主持申请立项了国家社会科学基金重点项目“混合所有制改革背景下国有资产监管体制转型研究”（项目批准号 18AJL007），这使我和我的团队有机会对这一主题进行较为系统和深入的研究，而且在本课题研究报告基础上修改完成的书稿——《新时代国有资产监管体制转型研究》已交由人民出版社出版发行。

国有企业改革一直是我国经济体制改革的中心环节。2020 年 10 月党的十九届五中全会审议通过的《中共中央关于制定国民经济和社会发展第十四个五年规划和二〇三五年远景目标的建议》充分肯定了国有经济和国有企业的重要地位，强调进一步激发国有经济活力，明确了“加快完善中国特色现代企业制度，深化国有企业混合所有制改革”的政策指向。然而，混合所有制改革是一个颇具争议的问题，随着改革实践的日趋深化，有必要也有可能对实践创新效果进行检验，对围绕这一主题所产生的困惑和争论作出理论回应，并对其未来深化的方向和路径开展更为深入的探寻。基于此，2020 年完成国家社会科学基金重点项目后，我又于 2021 年作为首席专家联合中国社会科学院、中国人民大学、山东大学、中央财经大学、中国海洋大学、南京财经大学等高校和科研院所的专家教授，以“深化国企混合所有制改革的理论与实践创新研究”为题，申请并获准研究阐释党的十九届五中全会精神国家社会科学基金重大项目立项（项目批准号 21ZDA040）。

我在开展国资国企改革理论研究和政策咨询过程中深深感到，面对世界百年未有之大变局，更需要国有企业发挥好其在经济平稳健康运行中的压舱石作用、在构建新发展格局和中国式现代化建设中的顶梁柱和先锋队作用，而要发挥好这些作用，必须深化改革，持续完善国有资产监管体制，不断提升国有资本管理能力和管理绩效。

2022 年 4 月 29 日，习近平总书记在中共中央政治局第三十八次集体学习时特别强调了资本是社会主义市场经济的重要生产要素，并要求我们深化对社会主义市场经济条件下资本理论的研究，做到用科学的理论指导实践。总书记所说的“资本”包括了国有资本、集体资本、民营资本、外国资本、混合资本等各种形态的资本。中国拥有世界上最大规模的国有资本体量，经过长期探索已形成了具有中国特色的国有资本管理体制，不仅管理实践极为丰富，而且理论成果也十分丰硕。然而，如何对管理实践所获经验进行理论升华，将理论研究成果加以学理化、学科化，是新时代赋予管理学者的重要使命。国有资本管理是一个复杂的网络体系，可以从多个视角探寻其规律性，构建旨在提升管理能力和管理绩效的知识体系。经深入实践调查研究，认真研读政策方针，系统梳理理论成果，我感觉当前亟须创建一部源于实践又能反过来指导实践的中国特色国有资本管理学。

学科在本质上是一个知识体系，既需要有丰富的实践素材，也需要有理论研究成果的长期累积。国有资本管理实践为国有资本管理学知识体系的构建提供了基本素材，而相关学术研究为国有资本管理学知识体系的构建提供了学术支撑。从这个意义上讲，创建中国国有资本管理学已具备了基本条件。我认为，国有资本管理应以国有资本功能实现为目标，以效率和效益为原则，以政治经济学、管理学原理为主要理论基础和方法来源，以国有资本监管体制和监督体系为制度支撑，以国有资本布局、流转、运作、经营管理为重点内容，以预算、考核与评价体系为资源配置和激励约束手段，形成纵横交错、系统有序的实践体系。而国有资本管理学则应围绕这一“实践体系”构建以应用为导向的知识体系。现在呈现给读者的《中国国有资本管理学：探索与构建》一书，正是按照这样的逻辑思路写成的。考虑到我国国有金融资本和国有文化资本在管理体制、管理目标和方法等方面与国有工商业资本的不同，本书对其单独设章加以阐释，以尽力使本书在研究对象和内容方面更接近于全覆盖。本书共四篇十四章内容。第一篇为“总论”，包括第一章中国国有资本发展与国有资本管理学创建、第二章国有资本管理学构建的理论基础、第三章国有资本监管体制；第二篇为“国有资本战略管理”，包括第四章国有资本布局与结构管理、第五章国有资本战略重组管理、第六章国有资本国际化经营战略管理；第三篇为“国有资本运营过程管理”，包括

第七章国有资本投资管理、第八章国有资本运营管理、第九章国有资本经营预算管理、第十章国有资本经营收益管理、第十一章国有资本经营绩效评价、第十二章国有资本经营报告管理；第四篇为“国有金融资本和国有文化资本管理”，包括第十三章国有金融资本管理、第十四章国有文化资本管理。

从学科发展史角度看，任何一门学科从萌芽到成熟都需要一个知识累积和系统化的长过程，这其中需要众多学者的积极参与和艰辛付出。从这个意义讲，本书还只是中国国有资本管理学知识体系创建的一个先行尝试，也就不能乞求一蹴而就，存在这样或那样的问题也在所难免，这正是本书书名中带有“探索与构建”的原因。这里的“探索与构建”并非在炫耀本书的创新意义，而是在强调本书的稚嫩，恳请理论界和实务界同行给予批评指正。

本书由国家社会科学基金重大项目组集体完成。由綦好东教授和朱炜教授担任主笔，负责本书的框架和内容设计、组织实施和书稿的修改定稿。参与本书的执笔人还有山东财经大学国有资本研究院/会计学院（按姓氏笔画为序）王斌博士/教授、王伟红博士/副教授、王金磊博士/副教授、刘源博士/副教授、苏琪琪博士/讲师；山东财经大学国有资本研究院/经济研究中心乔琳博士/讲师；中国海洋大学管理学院/山东财经大学国有资本研究院赵璨博士/副教授、曹伟博士/副教授；山东财经大学会计学院博士生公维莲、吕振伟、李伟健、孙敬敬、杨丹。各章的执笔人分别是：第一章，綦好东、公维莲；第二章，苏琪琪、公维莲；第三章，朱炜、李伟健；第四章，朱炜、孙敬敬；第五章，曹伟、赵璨；第六章，赵璨、曹伟；第七章，乔琳；第八章，綦好东、吕振伟；第九章，王伟红；第十章，綦好东、杨丹；第十一章，刘源；第十二章，王金磊；第十三章，王斌、苏琪琪；第十四章，苏琪琪、王斌。

在课题研究和本书写作过程中，得到了国资国企改革领域学者以及财政、国资监管和国有企业从事实务工作的领导和专家的大力支持。给予支持和帮助的专家学者主要有：中国社会科学院黄群慧研究员、胡乐明研究员、胡家勇研究员、杨新铭研究员，南开大学李维安教授，山东大学于良春教授，辽宁大学李政教授，中央财经大学王彦超教授，中国海洋大学王竹泉教授；给予支持和帮助的实务界领导和专家主要有：山东省国资委邵泽武副主任、资本运营与收益管理处肖永达处长、考核分配处董晓波处长、财务监管处王鸿雁处长，山东省财政厅文化资产处李丽处长、资产管理处刘海鹏副处长、国有金融资本监管处高建成副处长，中国国新控股有限责任公司网信办副主任、国新数据有限责任公司副总经理薛贵，山东黄金集团李航董事长，山东铁投集团高燕副书记。在此，谨向他们表示衷心的感谢。

綦好东
2023 年 9 月

目录

CONTENTS

第一篇　总　　论

第二篇　国有资本战略管理

第三篇　国有资本运营过程管理

第 一 篇

总　　论

第一章

中国国有资本发展与国有资本管理学创建

以管企业为主向以管资本为主转型是中国国资监管体制的全局性、战略性变革，是国有资本监管实践的重大创新。管好国有资本需要有强有力的学科支撑，进而需要对接所依恃的经济学、管理学等学科理论，将我国国有资本管理实践的成功做法和经验进行理论升华，形成系统全面、逻辑一致的学科化知识体系——中国国有资本管理学，并反过来指导国有资本管理实践。本章主要介绍国有资本的概念内涵与功能使命，回顾中国国有资本的形成与发展历程，阐释创建中国国有资本管理学的现实意义，明确国有资本管理学的研究对象与研究内容，并在此基础上界定国有资本管理学的学科属性。

第一节　国有资本的概念内涵与功能使命

理解资本、资产与资金的概念，是深刻把握中国国有资本内涵的基础。本章节首先通过对资本的概念、资本的特征以及社会主义市场经济背景下资本内涵的阐释，分析资产、资金与资本之间的联系与区别，在此基础上界定国有资本的概念并明晰其与国有资产、国有资金的联系与区别。中国国有资本的形成和发展有其特殊的历史背景，既是社会生产力发展和经济体制变迁的产物，又是社会生产力发展和经济体制变迁的驱动要素，是社会主义事业发展的物质基础。立足新的历史方位，中国国有资本需要更好地承担起在全面建设社会主义现代化国家新征程中的核心使命与重大任务。

一、国有资本的概念内涵

（一）资本

马克思对“资本”在社会生产过程中的作用及运行规律进行过深刻剖析。在货币—商品—货币的流通过程中，由于劳动力这一特殊商品的使用价值具有创造价值的能力，资本家在收回购买劳动力所支付价值的同时还能够获得劳动力所创造的价值，使得货币具备了转化为资本的条件。政治经济学将资本定义为：在这个条件下，资本成为能够带来剩余价值的价值（徐禾等，2011）。资本在社会生产过程中的作用揭示了资本所具有的两重含义。第一，资本是一种生产要素，具有多种存在形式。作为生产过程中必需的生产要素，资本可以以货币资本、生产资本、商品资本等不同的职能形态周而复始地存在于动态的生产过程中，并且在这个过程中不断积聚和集中，形成资本的积累。第二，资本是一种生产关系。在资本主义社会，资本主要体现为资本家和雇佣工人之间的关系，本质上即为资产阶级和无产阶级之间的生产关系。资本家通过占有雇佣劳动所创造的并且超过资本家所支付的劳动力价值之上的剩余价值实现资本增殖。这种生产关系存在的决定性条件是劳动力商品的存在（许涤新，1980）。

理解资本的内涵，还需要把握资本的基本特征，由资本产生的过程与资本的含义可以总结出资本具有逐利性、运动性和社会性三个基本特征。逐利性是指资本的本性是追逐利润、实现价值增值，因此资本是存在于生产经营过程中的。运动性是指作为生产要素活动于生产经营过程中的资本具有多种存在形式，可能以货币、商品等有形资产的形式存在，也可能伴随资本在生产经营活动中的流动转化为技术、商标等无形资产的形式。社会性是指资本在其表现出的作为生产要素的存在形式之下所蕴含的经济社会关系。这种社会关系体现在三个方面：第一，资本代表着所有者的所有权，这种所有权包括资本所有者对投入资本的所有权以及资本所增殖部分的收益权；第二，投入企业的资本代表一种控制力，在现代企业制度中代表资本投入者对企业经营决策的控制权，不同资本所有者形成的分权控制格局是公司治理机制的重要组成部分；第三，拥有资本所有权的投资人更加偏向经营效益好、生产效率高的企业或项目，这种选择权形成的资源流向是发挥市场在资源配置中决定性作用的重要方式。

正确理解社会主义市场经济背景下的资本含义需要辩证对待资本的逻辑。资本逐利的本性可能使资本具有无序扩张的能力，但资本的特征赋予其推动社会生产力发展的巨大力量。社会主义市场经济体制下的资本在各类生产要素的集聚配置中发挥着重要作用，是提高资源配置效率的重要纽带。在社会主义初级阶段，需要合理、有效地利用资本使其成为提高生产力、推动经济社会发展的一种工具和手段，需要将其置于国家发展战略的大格局中运作和管理，以更好实现其功能。

在会计学的定义中，资产、资金与资本之间既有联系又有区别。2014 年 7 月财政部修改的《企业会计准则——基本准则》将资产定义为："资产是指企业过去的交易或者事项形成的、由企业拥有或者控制的、预期会给企业带来经济利益的资源。”资金通常是以货币为表现形态的财产物资。会计学语境中的资本通常指所有者权益，是指企业资产扣除负债后由所有者享有的剩余权益，其实质是指企业投资者对企业净资产的所有权，又被称为净资产。因此，资产含义更为广泛，从某种意义上看，广义的资产包括了资金与资本。从会计学对资产与资本的定义来理解，资产与资本之间是可以相互转化的。例如，在股份制企业中，资产的所有者可以将资产投入企业并转化为股权，在这个过程中，企业作为独立法人拥有了对资产的所有权，资产所有者以其拥有的资产换取企业的股份，即净资产。

从政治经济学对参与企业生产经营活动过程中的资本定义来理解，资产、资金与资本之间存在密切的联系。例如，仅以货币形态存在于企业中的资金属于企业资产，是企业拥有的资源，当资金以增值为目的投入企业经营过程，并在参与生产经营活动中实现自身价值增值时，资金便具备了资本的属性。而仅以物质形态存在于企业中的资产，例如企业用于办公的计算机等，同样是企业拥有的资源，办公资产的消耗和使用预期能够为企业带来未来的经济利益，但办公资产本身不参与企业的生产经营过程，不以实现自身价值增值为目的，这部分资产不具备资本所具有的属性，不属于企业资本范畴。

因此，对资本的理解既需要基于会计学对所有者权益的定义层面，更需要基于政治经济学视角对资本本质加以剖析。相较于资产和资金，资本具有相对独立性且是以盈利为目的而存在，其存在状态不依附于企业组织对资产和资金的运营、管理、处置，更具有灵活性。这种资本所有权、企业法人财产权和资本经营权的可分离性也为现代企业制度建设提供了基础。

（二）国有资本

根据2001年4月财政部印发的《企业国有资本与财务管理暂行办法》和2004年8月国务院国资委公布的《企业国有资本保值增值结果确认暂行办法》的规定，国有资本是指国家对企业各种形式的投资和投资所形成的权益，以及依法认定为国家所有的其他权益。国家对企业的投资形式主要包括国家出资和国有参股。《中华人民共和国公司法（修订草案二次审议稿）》中指出，国家出资公司是指国家出资的国有独资公司、国有资本控股公司，包括国家出资的有限责任公司、股份有限公司。站在企业的角度理解国有资本可以更清晰地明确不同投资形式下国有资本所指的内容。根据《企业国有资本保值增值结果确认暂行办法》的规定，国有独资企业的国有资本是指企业的所有者权益以及依法认定为国家所有的其他权益，国有控股、国有参股企业的国有资本是指企业的所有者权益中国家应当享有的份额。依据现有法律法规，对于不同的出资人来说，其对国有资本的所有权具有不同的含义。国务院代表国家即全体人民拥有国有资本的所有权，在此基础上，各级政府、国资监管机构在国家或各级政府的授权范围内行使国有资本所有权，国有资本投资运营公司则是在政府或国资监管机构的授权范围内行使国有资本所有权，国有金融资本、国有文化资本则是各级财政部门在本级政府的授权范围内行使国有资本所有权。

在我国，国有资本既具有资本追逐利润、实现价值增值的一般属性，同时又具有一般资本所不具备的特殊性，具体体现在国有资本及其增值部分的归属和用途与私有资本的根本不同。从国有资本及其增值部分的归属看，国有资本的所有权属于代表全体人民的国家所有，因此国有资本实现的价值增值最终归属于国家而不是归属于个体，国家代表着全体人民的共同利益；从国有资本及其增值部分的用途看，国有资本及其价值增值用于国有经济的再生产和扩大再生产，用于改善福利待遇、提升人民生活水平，最终服务于社会主义初级阶段生产力的发展，以实现全体人民共同富裕为根本目标。因此，国有资本体现着社会主义国家中国家与劳动者之间以及不同劳动者之间平等的生产关系（齐艺莹，2004），是实现社会主义与市场经济深度融合的重要载体。

国有资产是指根据有关法律规定由国家代表全体人民拥有的资产，一般是指由国家所有的一切财产和财产权利的总称，包括经营性国有资产、非经营性国有资产和资源性国有资产。根据 2008 年 10 月第十一届全国人大常委会第五次会议通过的《中华人民共和国企业国有资产法》的规定，企业国有资产是指国家对企业各种形式的出资所形成的权益。因此，从国有资产和国有资本的概念内涵来理解，国有资本强调的是经营性国有资产中对企业投资形成权益用于价值增值的部分①。在国企混改不断深化、混合所有制经济不断发展的时代背景下，国有资本更能体现国有经济的真正实力。国有资金是指国家财政性的预算资金，包括预算内或预算外资金。国家通过举借国内和国外债务等方式筹措的资金，中央和地方政府、国家机关、国有企事业单位和社会团体的自有资金及借贷资金均属于国有资金。从国有资产和国有资金的概念内涵来理解，国有资金是以货币形态存在的国有资产。

国有资产、国有资金与国有资本在本质属性和管理方式上均存在差异。国有资产和国有资金在本质上强调使用价值（拥有或控制的资源）和货币计量价值的双重含义，计划经济和市场经济中都存在国有资产和国有资金。国有资本更强调其作为生产关系的含义，我国国有资本是社会主义市场经济背景下全民所有制生产关系的转化形式，既包含着适应于市场经济的资本雇佣劳动、资本相互竞争的一般含义，也包含着实现社会主义生产目的的功能使命（孟捷，2023）。从管理

① 尽管改革开放之前我国还未建立完整意义上的国有资本概念，但无论是称国有资产还是称国有资金，都隐含着价值增值的功能，为叙述方便，本书在表述时一般不对国有资产与国有资本作严格区分。

方式看，对国有资产的管理不仅需要关注其保值增值性，更需要侧重于其安全性和完整性。作为政府实现其职能的物质基础，国有资产对所在组织具有较强的状态依存性，因此对其进行有效监管更需聚焦于微观层面的治理结构、内部管理和经营活动。对国有资金的管理主要关注数额的准确性，通过预算管理、财政规划、事权与支出责任划分、定期统计等方式统筹协调国有资金收支的范围与数额。对国有资本的管理则突出以下两个重点：一是关注的范围不再是广义的国有资产而是聚焦于以盈利为目的的企业国有资产，进而更有针对性；二是“管资本”更有利于从投资主体的角度关注国有资本的保值增值，对国有资本的管理主要以产权为纽带、以国有股权为主要形式。由于国有资本同样具有资本所具有的运动性、社会性与相对独立性，其管理方式更具灵活性，因此，以“管资本”为主的体制机制更有利于加强和改进国有经济管理、提升国有企业改革和发展的效率。

二、中国国有资本的功能使命

国有资本的功能使命旨在明确“应该做什么”。国有资本具体是以国有企业为组织载体的，因此从某种意义上讲，国有资本的功能使命也就是国有企业的功能使命，也可进一步延伸为国有经济的功能使命。早在 1949 年 9 月中国人民政治协商会议第一届全体会议通过的《中国人民政治协商会议共同纲领》就明确国营经济是国家发展生产、繁荣经济的主要物质基础和整个社会经济的领导力量。此后的党的会议或者重要文件甚至是法律法规都强调了国有资本的功能使命，尽管从根本上看各时期对国有资本功能的定位是雷同的，但细究起来还是有差异的。例如，1999 年 9 月党的十五届四中全会通过的《中共中央关于国有企业改革和发展若干重大问题的决定》指出，国有经济是我国社会主义制度的经济基础，是国家引导、推动、调控经济和社会发展的基本力量，是实现广大人民群众根本利益和共同富裕的重要保证。2009 年 9 月国务院国资委《关于进一步加强地方国有资产监管工作的若干意见》强调，要充分发挥国有经济在保增长、扩内需、调结构、惠民生、保稳定中的重要作用。2015 年 9 月《中共中央　国务院关于深化国有企业改革的指导意见》明确，国有企业属于全民所有，是推进国家现代化、保障人民共同利益的重要力量，是我们党和国家事业发展的重要物质基础和政治基础，进一步强调在推动我国经济保持中高速增长和迈向中高端水平、完善和发展中国特色社会主义制度、实现中华民族伟大复兴中国梦的进程中，国有企业肩负着重大历史使命和责任。当前，中国式现代化建设进入新的发展阶段，面对世界百年未有之大变局的加速演进以及我国战略机遇和风险挑战并存的重要发展时期，构建新发展格局必须具备强大的国内经济循环体系和稳固的基本盘。作为国有经济的价值形态，新时代新征程中的国有资本必须在构建高质量经济循环体系、实现高水平自立自强、实现共同富裕等方面发挥好主力军作用。

（一）构建高质量经济循环体系

第一，中国式现代化建设需要国有资本肩负起深化供给侧结构性改革的功能使命，保障经济循环畅通。作为经济循环的起点，供给侧真正匹配需求侧是经济良性发展的关键。深化供给侧结构性改革，需要国有资本发挥推动企业聚焦质量变革、效率变革、动力变革的市场资源配置选择权功能，推动国民经济转型升级，承担起提升产业链现代化水平、巩固优势产业、构建自主产业链体系、维护产业链安全、建设现代流通体系等重要任务。

第二，中国式现代化建设需要国有资本肩负起推动区域协调发展的功能使命，构建国内大循环。区域协调发展是解决不同区域发展不平衡的重要基础。建立有效的区域协调发展机制，需要国有资本优化资源配置机制，合理调整国有资本在不同地区和产业的布局和结构，明确国有资本在不同区域和产业中的功能定位。

第三，中国式现代化建设需要国有资本肩负起推动中国和世界合作共赢的功能使命，构建国内国际双循环。中国和世界的合作共赢、共同发展是畅通国内国际双循环的重要支撑。拓展对外开放领域、融入世界经济需要国有资本打造国有经济在国际合作和竞争中的核心优势，形成开放共赢、可持续发展的国有资本国际化经营战略，与世界各国人民一起共建人类命运共同体。

（二）实现高水平自立自强

一方面，中国式现代化建设需要国有资本肩负起推动自主创新的功能使命，保障国家经济安全。构建新发展格局最本质的特征是实现高水平的自立自强①。增强国家自主创新能力，需要国有资本以国民经济和社会发展重大问题为战略导向，加大对重点领域和关键行业的基础研究、应用研究投入，支持科技进步，夯实建设科技强国的物质基础，为构建新发展格局提供基础支撑。

另一方面，中国式现代化建设需要国有资本肩负起建设数字中国的功能使命，拓展经济发展空间。发展数字经济是适应全球经济发展趋势的必然要求，是构建新发展格局的重要推动力。实现经济的数字化转型需要国有资本承担起推动我国数字经济健康发展的重任，推动人工智能、大数据等前沿技术与实体经济的深度融合，加强数据资源的产权、交易、流通、安全等方面的基础设施建设，形成独立自主、全面标准、具有国际话语权的数字产业体系。

---

① 《习近平在省部级主要领导干部学习贯彻党的十九届五中全会精神专题研讨班开班式上发表重要讲话》，新华网，2021 年 1 月 11 日。

（三）促进人民共同富裕

一方面，中国式现代化建设需要国有资本肩负起提高富裕程度、促进社会公平的功能使命，推动实现全体人民共同富裕。实现共同富裕是中国特色社会主义的本质要求。推动实现共同富裕，不仅需要国有资本撬动社会资本，放大国有资本功能，形成公有制经济和非公有制经济的良性发展格局，为共同富裕奠定经济基础；也需要国有资本通过收益上缴公共财政、划转社保基金、提供公共服务等途径发挥其在保障和改善民生中的重要力量。

另一方面，中国式现代化建设需要国有资本肩负起保护生态环境的功能使命，推动美丽中国建设。国家生态安全是高质量发展的重要方面，关乎人民福祉和民族未来，需要国有资本承担起参与生态建设、开展生态保护的重要任务，引领社会资本参与生态保护修复，实现人与自然和谐共生。

全面建设社会主义现代化国家新征程中，需要国有资本肩负起多重责任与使命，必须坚持做强、做优、做大国有资本，这是发挥国有经济战略支撑作用的必然要求，更是实现我国经济高质量发展、最终实现共同富裕的必然要求。

第二节　中国国有资本的形成与发展

我国国有资本是自新中国成立后形成并逐渐发展起来的。伴随我们党对资本认识的深化以及市场经济的形成和发展，国有资本得以更快发展，一直是推动我国经济社会发展的重要力量。

一、国有资本的最初来源

新中国成立后我国国有资本的形成来源主要有以下四个途径。

一是革命根据地时期建立的公营企业。抗战时期中国共产党在创建的根据地、解放区兴办了公营企业，包括兵工厂、子弹厂、被服厂、炼铁厂、制药厂等，这些公营企业对夺取革命胜利起到了至关重要的作用。新中国成立后，这些公营企业转为社会主义性质的国营企业①，形成国家国有资本的重要来源。

二是没收官僚资本归国家所有。官僚资本是在半殖民地半封建的旧中国发展起来的具有封建性和买办性的垄断资本。在新中国成立前夕，官僚资本占中国全

① 1993 年 3 月第八届全国人大第一次会议通过的《中华人民共和国宪法修正案》将“国营企业”改为“国有企业”，本书在表述时不再对其进行区分，统称为“国有企业”。

部工业资本的2/3和全部工矿、交通运输固定资产的80%，新中国成立后没收的官僚资本企业涵盖工矿、交通、商业、金融等官僚资本中最主要的部分（涂克明，1995）。

三是处理帝国主义企业。对帝国主义国家残存在中国的企业，政府通过管制、代管、征购、征用等形式进行了处理，转为社会主义国营经济。

四是采用和平方式对资本主义工商业进行社会主义改造。国家通过对民族资产阶级实行和平赎买的政策完成资本主义工商业的社会主义改造，到1956年底，私营工业户的99%、私营商业户的82%均实现了公私合营，成为国有资本的重要组成部分（《中华人民共和国史》编写组，2013）。

二、国有资本形成和发展的历史阶段

中国国有资本在新中国成立后主要经过上述四个途径形成国有资本的初始规模，此后国有资本经过计划经济时期、改革开放后到建立社会主义市场经济体制、完善社会主义市场经济体制三个阶段的形成和发展，为管资本为主监管体制下国有资本的快速发展奠定了坚实基础。

新中国成立之初，经过三年时间的经济恢复，1952年底国有企业固定资产[①]原值为240.6亿元，国有企业固定资产净值[②]为167.1亿元，经过计划经济时期近30年的发展，1978年底国有企业固定资产原值为4488.2亿元，比1952年增加了17.65倍，国有企业固定资产净值为3201.4亿元，比1952年增加了18.16倍[③]。尽管从数据上看国有经济实力已有较大提升，但由于早期经济实力薄弱，我国经济发展总体水平仍较为落后。

1978年改革开放后，国有资本开始了市场化运营的探索，国有企业也经历了“放权让利”“利改税”以及承包经营责任制等一系列改革，直到1992年党的十四大明确我国经济体制改革的目标是建立社会主义市场经济体制，1993年11月党的十四届三中全会通过的《中共中央关于建立社会主义市场经济体制若干问题的决定》中，第一次使用资本概念阐述市场经济中国有企业改革的方向，同时明确国有企业改革的目标是建立现代企业制度。1993年底国有企业固定资产原值2.51万亿元，比1978年增加了约4.59倍，国有企业固定资产净值1.77万亿元，

---

① 这一时期国家的统计数据以国有资产为主，经营性国有资产同样具有价值增值的属性，本章节主要使用国有资产数据说明国有经济发展情况。

② 国有企业固定资产原值和国有企业固定资产净值统计数据包括工业、农业、建筑业、运输和邮电、商业粮食外贸、城市公用事业。

③ 国家统计局：《中国统计年鉴》，中国统计出版社1993年版。

比 1978 年增加了约 4.53 倍①。在不断完善社会主义市场经济体制的市场环境中，经过 20 年的发展，到 2013 年底，全国国有企业②资产总额 104.09 万亿元，所有者权益总额 37 万亿元③，相比于改革开放初期和市场经济体制建立初期，国有经济实力有了实质性提升。

三、管资本为主监管体制下国有资本的快速发展

尽管 1997 年 9 月党的十五大报告中第一次提出了“公有资本”的概念，但从生产力与生产关系的角度重新审视资本的性质，真正开启以管资本为主的监管体制始于 2013 年 11 月党的十八届三中全会通过的《中共中央关于全面深化改革若干重大问题的决定》。在前期公有制与市场经济有机结合的探索和国有资本在市场经济下形成发展所奠定的基础上，我国国有资本得以快速发展。

从发展规模上看，2021 年底，全国国有企业资产总额 308.3 万亿元，国有资本权益（不含金融企业）86.9 万亿元，2014～2021 年全国国有企业资产总额增加了约 1.6 倍（见图 1－1），国有资本权益总额（不含金融企业）增加了约 1.44 倍（见图 1－2）。金融国有资产情况自 2017 年度向全社会公开，2017 年国有金

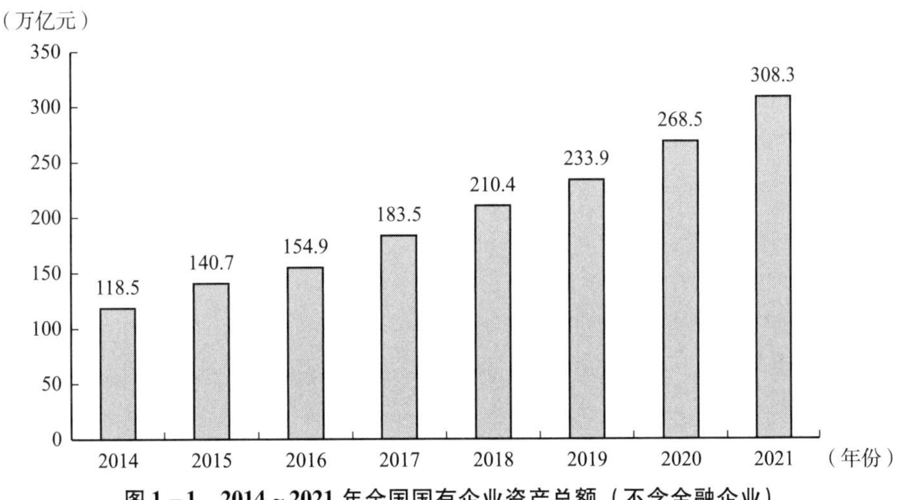

图 1－1　2014～2021 年全国国有企业资产总额（不含金融企业）

注：国有企业指全国国有及国有控股企业，包括财政部、国务院国资委履行出资人职责的中央企业、中央部门和单位所属企业以及 36 个省（自治区、直辖市、计划单列市）和新疆生产建设兵团的地方国有及国有控股企业，不含国有一级金融企业。

资料来源：2015～2022 年《中国会计年鉴》。

① 国家统计局：《中国统计年鉴》，中国统计出版社 1995 年版。

② 国有企业指全国国有及国有控股企业（非金融类企业），包括 94 个中央部门所属企业、113 家国资委监管企业、5 家财政部监管企业和 36 个省（自治区、直辖市、计划单列市）的地方国有及国有控股企业。

③ 中国会计年鉴编辑委员会：《中国会计年鉴》，中国财政杂志社 2014 年版。

融资本权益[①] 16.2 万亿元，2021 年增加至 25.3 万亿元（见图 1－3）。2021 年全国国有资本经营收入 5170.43 亿元，2014～2021 年增加了约 1.58 倍（见图 1－4）。管资本为主监管体制下，国有资本规模增长迅速，成为国有经济发展的关键支撑力量。

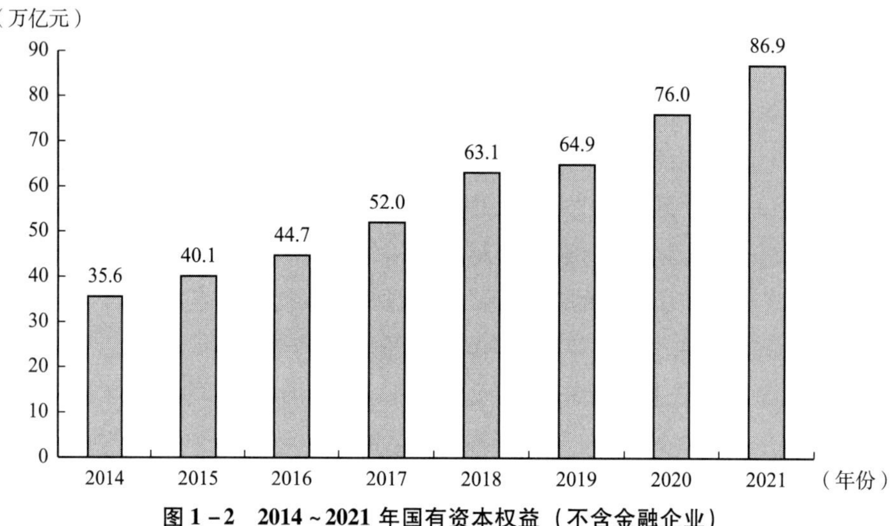

图 1－2　2014～2021 年国有资本权益（不含金融企业）

资料来源：2014～2018 年数据来自国务院国资委网站公布的全国国有及国有控股企业经济运行情况，2019～2021 年数据来自中国人大网发布的国务院关于国有资产管理情况的综合报告。

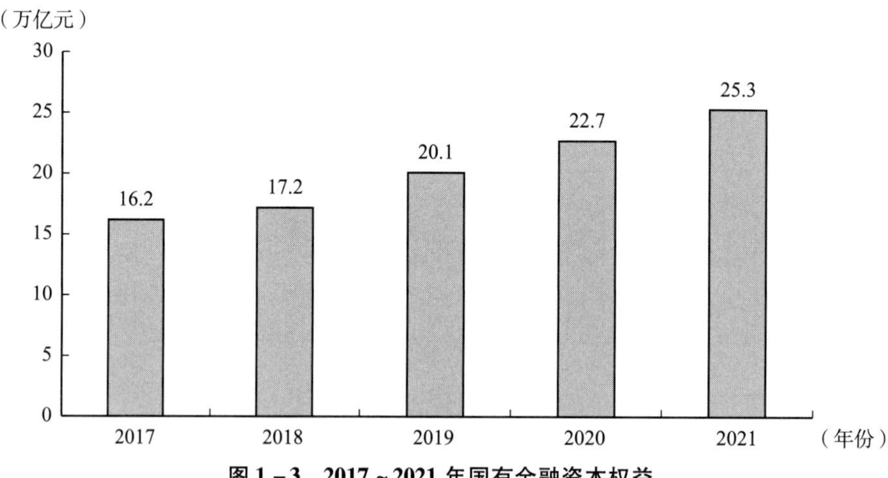

图 1－3　2017～2021 年国有金融资本权益

资料来源：中国人大网发布的国务院关于国有资产管理情况的综合报告（2017～2021 年）。

---

① 国有金融资本权益包括国家及其授权投资主体直接或间接对金融机构出资所形成的资本和应享有的权益，以及凭借国家权力和信用支持的金融机构所形成的资本和应享有的权益。此处所称金融机构包括依法设立的获得金融业务许可证的各类金融企业，主权财富基金、金融控股公司、金融投资运营公司以及金融基础设施等实质性开展金融业务的其他企业或机构。

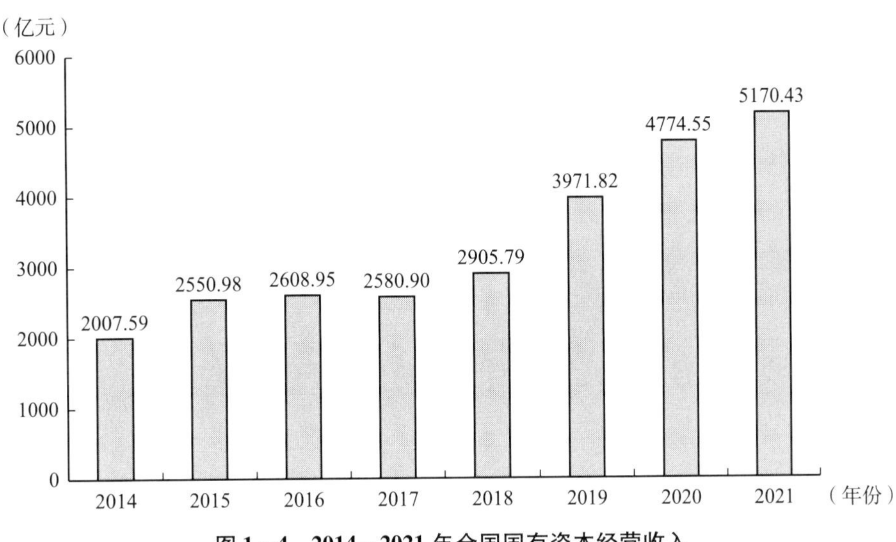

图1－4　2014～2021年全国国有资本经营收入

资料来源：2015～2022年《中国统计年鉴》。

从发展质量上看，国有资本在国有经济高质量发展中发挥重要作用。2013～2021年，国有企业通过改制重组引入的各类社会资本超过2.5万亿元，截至2021年底，中央企业和地方国有企业中混合所有制企业户数占比分别超过70%和54%①，有力推动了混合所有制经济发展。产业分布方面，2016～2021年全国国有资本经营支出中，前瞻性战略性产业发展支出和保障国家经济安全支出占比7.07%②，目前中央企业涉及国家安全和国计民生领域的营业收入占总体比重超过70%③，可见国有资本在第二产业中主要分布在涉及我国国计民生、国家安全发展等投资周期长、投资规模较大、回报周期慢的行业，服务和践行国家战略。境外投资方面，2021年国有资本境外企业经营收入89.27亿元④，在2021年全国国有资本经营收入中占比约1.73%，中央企业境外资产总额超过8万亿元，在“一带一路”沿线国家和地区设立经营单位7180户⑤，分布在180多个国家和地区⑥，有力推进了国有经济国际化经营进程。研发投入方面，2012～2021年，中央企业累计投入研发经费6.2万亿元，年均增速超过10%，建立了60多个工业

① 刘志强：《国有企业，迈出高质量发展坚实步伐》，载于《人民日报》2022年6月18日。

② 国家统计局：《中国统计年鉴》，中国统计出版社2017～2022年版。

③ 国务院国资委党委：《国企改革三年行动的经验总结与未来展望》，载于《人民论坛》2023年第5期。

④ 国家统计局：《中国统计年鉴》，中国统计出版社2022年版。

⑤ 谢宇斌、马靖萱：《党的十八大以来国资国企改革发展取得九大成就》，载于《国资报告》2022年第10期。

⑥ 刘志强：《国有企业，迈出高质量发展坚实步伐》，载于《人民日报》2022年6月18日。

互联网平台。截至 2021 年底，中央企业拥有国内研发机构 5327 个①，不断推进国家高水平科技创新。保障和改善民生方面，2012～2021 年，中央企业累计上交国有资本收益 1.3 万亿元，划转国有资本充实社保基金 1.2 万亿元②，在援疆援藏援青帮扶任务中，中央企业累计投入帮扶资金超过 230 亿元，定点帮扶占全国 42%的 246 个国家扶贫重点县③，国有资本在充实国家财政、充实社保基金、助力脱贫攻坚等方面贡献突出。

第三节　创建中国国有资本管理学的意义

学科在本质上是一个知识体系。国有资本在建设社会主义现代化国家中肩负着重大使命和任务，建设以国有资本管理为核心的高水平自主知识体系是国有资本管理理论发展和实践进步的必然要求。中国国有资本管理学是基于出资人的视角，在对已有实践经验和理论研究成果进行挖掘整理和深入提炼的基础之上研究国有资本管理理论与方法的学科化知识体系。从推动理论发展的角度看，中国国有资本管理学是中国哲学社会科学自主知识体系的重要组成部分；从推动实践进步的角度看，创建国有资本管理学是提升国有资本管理效能的基础工程。

一、中国哲学社会科学自主知识体系的重要组成部分

2022 年 4 月，习近平总书记在中国人民大学考察时指出："加快构建中国特色哲学社会科学，归根结底是建构中国自主的知识体系"。④ 建构中国哲学社会科学自主知识体系，要坚持把马克思主义基本原理同中国具体实际相结合、同中华优秀传统文化相结合，要以中国为观照、以时代为观照，要推进知识创新、理论创新、方法创新。中国国有资本管理学的创建，是马克思主义中国化时代化的重要创新成果，学科立足中国实际，解决中国问题，充分彰显中国之路、中国之治、中国之理。

（一）马克思主义中国化时代化的理论创新

中国国有资本管理学坚持马克思主义的指导地位，以马克思主义理论的世界

---

① 《中央企业高质量发展报告（2022）》，国务院国资委网站，2022 年 11 月 17 日。

② 刘志强：《国有企业，迈出高质量发展坚实步伐》，载于《人民日报》2022 年 6 月 18 日。

③ 谢宇斌、马靖萱：《党的十八大以来国资国企改革发展取得九大成就》，载于《国资报告》2022 年第 10 期。

④ 学而时习：《关于哲学社会科学工作，总书记的最新论述》，求是网，2022 年 4 月 26 日。

观和方法论作为学科研究的理论基础和思想前提。在我国社会主义市场经济体制下，中国国有资本管理学的研究，一方面要基于中国国有资本管理实践全面认识国有资本特性和运行规律，另一方面需要以所有制结构和经济体制等制度环境、国有资本和国有企业功能定位、政府职能及政企关系、收入分配等政治经济学问题的研究成果为基础，科学运用马克思主义政治经济学基本原理。因此，中国特色国有资本管理学的创建，是中国特色哲学社会科学体系中具有原创性、自主性意义的新命题，是马克思主义基本原理同中国具体实际相结合的具有思想性和时代性的理论创新。

（二）立足中国实际，解决中国问题

中国具有世界上最大规模的国有资本体量，国有资产监管体制是国家治理体系的重要组成部分，由“管企业”“管资产”向“管资本”为主的监管体制转型是推进国家治理体系和治理能力现代化的重要内容。中国国有资本管理学主要是基于决策、组织、领导、控制等“管理”视角对中国国有资本运行图景进行全链条、立体式的研究，其研究目标是立足中国实际，解决中国国有资本发展、实践中的问题，以中国自主发展的国有资本管理理论指导中国国有资本管理实践。具有主体性的知识体系构建有利于立足中国实际管好用好发展好国有资本，全面认识国有资本运行规律，促进国有经济的健康持续发展。

（三）充分彰显中国之路、中国之治、中国之理

中国国有资本管理学以道路自信、理论自信、制度自信和文化自信为内在逻辑，是对中国国有资本管理故事的学理化阐释和学术化表达。第一，中国国有资本管理学的研究是在中国丰富的国资管理实践积累起的大量管理经验和理论成果基础上展开的，是中国国有资本管理的成功实践和理论研究成果的学理化、学科化；第二，中国国有资本管理学的研究坚持把马克思主义基本原理同中华优秀传统文化相结合，合理吸收中国传统管理思想和现代管理思想中的精髓要义；第三，中国国有资本管理学将现有分散的国有资本管理知识资源以系统化、专业化的方式构建起学科知识体系，能够增强学科对实践的解释力和穿透力，有助于深入展开国有资本管理相关的学术研究，推动国有资本管理与大数据、信息化、智能计算等现代科学的跨学科融合，更好推进知识创新、理论创新、方法创新，推动中国特色哲学社会科学真正屹立于世界学术之林。

二、提升国有资本管理效能的基础工程

全面建设社会主义现代化国家，必须建设好现代化经济体系，切实增强国有

经济的竞争力、创新力、控制力、影响力、抗风险能力（李正图和米晋宏，2022）。国有资本是国有经济改革和发展的重要实现载体和国有经济实力的真实体现，因此，国有资本也应当以增强“竞争力、创新力、控制力、影响力、抗风险能力”为战略导向。增强国有资本竞争力，必须提高国有资本收益、提升国有资本经营效率；增强国有资本创新力，必须提升国有资本在自主创新、科技自立自强等方面的综合实力；增强国有资本控制力，必须优化国有资本布局和结构、实施国有资本战略重组，增强国有资本对国民经济的调控与支配能力；增强国有资本影响力，必须提升国有资本服务国家战略、推动经济高质量发展的能力；增强国有经济抗风险能力，必须提升国有资本识别风险、化解风险、抵御风险的能力。同时，国有经济市场化改革的不断深入和国有资本监管体制转型的持续推进，对于国有资本出资人在国有资本管理理念、管理方法、管理内容等方面提出新的要求，需要准确认识和把握国有资本发展规律。

构建学科化的知识体系是深化研究、传播知识、培养人才的前提，而理论研究的深化、知识体系的传授和优秀人才的培养是实现国有资本管理效能提升的基础性工程。国有资本管理学的创建，基于出资人的视角，为国有资本管理相关问题的理论研究、知识传授、人才培养奠定了基础。

（一）深化国有资本管理理论研究的前提

理论与实践之间的相互推动、相互作用是人类社会不断进步的重要力量。在现阶段复杂多变的环境和发展机遇面前，以资本为纽带的监管方式的建立和有效运行需要有逻辑严谨的知识构建来深入研究和科学回答出资人视角下实现国有资本保值增值的实践问题，将理论研究扎根于中国实践、坚持问题导向的学科创建是将知识系统化学理化进而更好服务实践问题的前提。基于出资人视角创建的国有资本管理学，一方面能够为深化对国有资本特性及其作用的认识、深化国有资本管理体制改革和制度建设提供基于理论研究层面的学理支撑和方法支持，另一方面为国有资本管理与数字化、人工智能、区块链技术等的交叉融合提供系统化、专业化的基础研究成果，为解决国有资本管理实践中的前沿性问题奠定理论基础。

（二）推动国有资本管理知识传授的载体

创建国有资本管理学，须编写国有资本管理学系列教材。教材作为传授知识的重要载体，能够为提升国有资本管理效能提供知识支撑。高质量的国有资本管理学教材，能够为各级政府、各级国资监管机构、国有资本投资运营公司、财政部门等国有资本管理实务工作者提供基于出资人视角的国有资本管理知识，如有关国有资本战略管理、投资管理、运营管理等国有资本管理重要环节中的方向、风险等关键事项的把控，有关国有资本经营收益、经营绩效评价等重要内容的管理方式、体系构建，有关国有金融资本和国有文化资本的管理问题等。

（三）建设国有资本管理人才队伍的基础

国有资本管理效能的提升需要应用型人才和研究型人才的合力推动，而国有资本管理学的创建是加强国有资本管理人才队伍建设的基础。创建国有资本管理学，一是须以教材建设为依托，以实践需要为指导，设置国有资本管理相关的课程模块或者专业方向，为管理学、经济学学科的本科生、研究生讲授国有资本管理相关的知识，为其实践工作提供理论储备；二是能够为在工商管理、财务管理、会计学等研究生教育学科中设置国有资本管理学科（专业）方向提供理论学习的基础，这也是进一步深入、系统、专业地研究国有资本管理问题的前提；三是能够为涉及国有资本管理的党政机关干部和企业管理人员提供学习平台和知识库。

第四节　国有资本管理学的研究对象与研究内容

一、国有资本管理学的研究对象

科学对象所具有的特殊的矛盾性是学科分类和进行科学研究的依据。因此，一门科学的对象就是对于某一现象的领域所特有的某一种矛盾的研究[①]。中国国有资本管理学作为一门学科，其知识体系构成一个专门的科学知识领域，有其独立的研究对象。国有资本管理学是基于出资人视角研究国有资本管理理论与方法的知识系统，以国有资本管理为研究对象，包括国有资本管理主体、国有资本管理客体、国有资本管理的目标与职能。

国有资本管理学研究中的国有资本管理主体，是指国有资本出资人代表。依据现有法律法规，国有资本出资人代表是指国家授权、代表国家履行出资人职责的国资监管机构。在不同的授权模式和出资模式下，国有资本管理主体的管理范围和管理模式有所不同，这取决于其在委托代理链条中所处的具体位置。国资监管机构，主要有财政部门和国有资产监督管理委员会（以下简称“国资委”）。目前，一般由财政部门对国有金融资本和国有文化资本履行出资人职责，国资委对一般性国有资本履行出资人职责。政府或国资监管机构授权国有资本投资运营公司，对授权范围内的国有资本履行出资人职责，其权责结构取决于政府或国资监管机构的再授权程度。

① 《毛泽东选集》第1卷，人民出版社1991年版，第309页。

国有资本管理客体，即国有资本管理主体在其授权范围内所管理的国有资本。整体来看，其可划分为国有工商业资本、国有金融资本和国有文化资本。国有工商业资本直接承担价值创造和服务国家战略的功能，国有金融资本主要承担保障金融安全、防范金融风险、服务实体经济的功能，国有文化资本主要承担实现社会效益和经济效益相统一、确保国有文化资产保值增值的功能。

在国有资本管理学研究中，国有资本管理的目标与职能，是基于出资人的视角，探索国有资本管理原理和方法，揭示国有资本管理活动的规律，通过决策、计划、组织和控制等管理活动，实现国有资本和国有企业的做强、做优、做大。国有资本管理的目标与职能，决定了国有资本管理学的研究内容。

二、国有资本管理学的研究内容

国有资本管理学作为一门学科，首先应界定国有资本的概念、梳理国有资本的形成与发展脉络，明确中国国有资本的功能使命与国有资本管理学的创建意义，阐释其学科定位与理论基础。在明晰以上基本问题的基础上以做强、做优、做大国有资本为出发点和落脚点，以资本运行为逻辑起点，围绕国有资本监管体制、国有资本战略管理和国有资本运营过程管理展开研究和知识体系构建。由于国有金融资本和国有文化资本与国有工商业资本相比在管理体制、管理目标和方法等方面均具有一定的特殊性，因此单独设立章节展开研究。

（一）总论

总论包括中国国有资本的发展与国有资本管理学创建的基本问题、国有资本管理学构建的理论基础、国有资本监管体制三个部分。

中国国有资本的发展与国有资本管理学创建的基本问题主要研究国有资本的概念内涵、功能使命与形成发展历程，创建中国国有资本管理学的意义，国有资本管理学的研究对象、研究内容和学科属性。国有资本管理学构建的理论基础主要包括学科构建的政治经济学基础、管理学基础和方法论。国有资本监管体制包括国有资本监管体制的内涵、演进历程与现行框架，国有资本监管的原则和内容，国有资本管理的方式和方法，以及国有资本的国家监督和社会监督。

（二）国有资本战略管理

国有资本战略管理包括国有资本布局与结构管理、国有资本战略重组管理和国有资本国际化经营战略管理三个部分。

国有资本布局与结构管理主要研究国有资本布局与结构的含义，国有资本布局与结构管理的意义，国有资本布局优化和结构调整的目标、原则、实践历程、方向和方式。国有资本战略重组管理主要研究国有资本战略重组的含义、意义和原则，国有资本战略重组的实践历程、方向、类别和手段，以及国有资本战略重组的决策机制与监督体系。国有资本国际化经营战略管理主要研究国有资本国际化经营的含义、意义、战略目标和原则，国有资本国际化经营的实践历程、战略方向、主要方式和风险防范，以及国有资本国际化经营的决策和监督体系。

（三）国有资本运营过程管理

国有资本运营过程管理主要包括国有资本投资管理、运营管理、经营预算管理、经营收益管理、经营绩效评价、经营报告管理。

国有资本投资管理主要研究国有资本投资的种类、国有资本投资管理的意义和原则、国有资本投资决策、国有资本投资风险管理。国有资本运营管理主要研究国有资本运营及其管理主体界定，国有资本运营管理的含义、目标和原则，国有资本运营的主要方式，国有资本运营风险管理。国有资本经营预算管理主要研究国有资本经营预算的含义与国有资本经营预算管理的必要性，国有资本经营预算管理体制，国有资本经营预算的编制、执行与决算，国有资本经营预算的监督与绩效管理。国有资本经营收益管理主要研究国有资本经营收益管理的含义、意义与原则，国有资本经营收益管理制度的演变及改革依据，国有资本经营收益收缴和国有资本经营预算支出。国有资本经营绩效评价主要研究国有资本经营绩效评价的概念、意义和主要原则，国有资本经营绩效评价体系，国有资本投资运营公司经营绩效评价指标体系，国有企业经营绩效评价指标体系。国有资本经营报告管理主要研究国有资本经营报告的概念、意义和分类，国有资本经营会计报告管理，国有资本经营统计报告管理，国有资本社会责任报告管理，国有资本经营综合报告管理。

（四）国有金融资本管理和国有文化资本管理

国有金融资本管理主要研究国有金融资本的含义，国有金融资本管理的重要性、基本原则和主要目标，国有金融资本的管理体制，国有金融资本运营管理和风险管理，国有金融资本经营绩效考核。国有文化资本管理主要研究国有文化资本的概念内涵、特点，国有文化资本管理的主要目标，国有文化资本的管理体制，国有文化资本运营管理，国有文化资本绩效评价。

第五节　国有资本管理学的学科属性

学科的研究对象和研究内容决定了这一学科的属性。本章节以国有资本管理学的研究对象和研究内容为基本依据分析国有资本管理学的学科定位，并通过分析国有资本管理学与国有资产管理学、财务管理学、企业管理学在研究对象和研究内容方面的异同，更清晰地明确国有资本管理学的学科属性。

一、国有资本管理学的学科定位

从国有资本管理学研究对象的视角界定国有资本管理学的学科定位，应基于研究对象的基本要素——管理主体、管理客体、管理目标与职能展开。国有资本管理学是关于出资人对国有资本进行运营、管理的原理和方法的学科。从管理主体看，其站位既要超越企业主体高度，又不能单纯站在国家和政府立场，而是需要主要以“出资人”视角，基于国有资本属性和功能定位研究国有资本科学化管理问题。从管理客体看，资本以生产要素的形式存在，对资本进行价值管理在很大程度上应归因于出资人对资本增值能力的追求，资本管理属于管理学范畴。为实现国有资本管理的目标与职能，对国有资本的管理需要从投资管理、预算管理、收益管理、经营绩效评价等各方面展开，相关概念体系和方法体系的构建需吸收引入工商管理、财务管理、会计学等管理学分支学科的概念和学科知识。因此，国有资本管理学的学科定位应当是超越以上诸学科边界的应用型管理学科。

从国有资本管理学研究内容的视角界定国有资本管理学的学科定位，应基于国有资本管理内容与相关学科之间的横向联系展开。一方面，对国有资本监管的原则和内容、国有资本管理的方式和方法、国有资本的监督、国有资本布局与结构管理、国有资本战略重组管理、国有资本国际化经营战略管理、国有资本运营过程管理等的研究需要全局性、预见性、谋略性的战略规划和政策设计。另一方面，对国有资本投资管理、运营管理、经营预算管理、经营收益管理、经营绩效评价、经营报告管理的研究不仅需要立足于国有资本出资人管理主体的站位，还需要适度扩展境界，遵循国有资本监管体制的内在规定。政府及其财政部门、国资监管机构是履行出资人职责的主体，国有资本投资运营公司需根据授权履行部分出资人职责，政府及其财政部门、国资监管机构同时是国有资本的监督管理主体，国有资本投资运营公司/国有集团企业及其权属企业①是国有资本的运营主体。我国国资监管体制正由“管企业”向“管资本”为主转型，但“管资本”的本质是思维模式和管理方法的转变，并不是脱离“企业”、脱离国有资本运营主体而孤立地去“管资本”。因此，对国有资本运营过程管理的研究仍需要聚焦于国资监管机构如何借助资本产权纽带，通过对国有资本投资运营公司/国有集

① 本书在论述国有资本投资运营公司/国有集团企业的二级及以下企业时，通常使用权属企业表述，但在不同语境下还会使用所持股企业、所监管企业等表述。

团企业及其权属企业的决策、组织、领导、控制等关键问题和关键环节的有效管理，实现对国有资本和国有企业在主责主业、经营战略、公司治理、内部管理、绩效管理等核心问题的有效管控。综合上述两方面的分析，国有资本管理学需要吸收融合战略管理、组织管理、财务管理、运营管理、会计学等管理学分支学科的知识体系和方法体系。

在综合国有资本管理学的研究对象和研究内容所涉及概念、内容和方法体系的基础上，结合国有资本管理学的研究范式和知识体系，显然应将国有资本管理学定性为管理学分支学科。

二、国有资本管理学与其他相关学科的关系

本章节通过对国有资本管理学与国有资产管理学、财务管理学、企业管理学在学科研究中管理主体、管理客体和管理目标的差异（见表1－1）以及研究内容的联系与区别的分析，进一步明确国有资本管理学的研究定位和学科属性。

表1－1　　国有资本管理学与相关学科的基本要素

比较要素	管理主体	管理客体	管理目标
国有资本管理学	国有资本出资人代表	国有资本	做强、做优、做大国有资本
国有资产管理学	政府、企业	国有资产	优化社会经济效率和经济公平
财务管理学	企业组织自身	企业资金	公司价值最大化
企业管理学	企业组织自身	企业资源	实现组织目标

（一）国有资本管理学与国有资产管理学

国有资产管理学研究政府和企业如何通过优化管理体制、进行企业改革等方式实现对国有资产卓有成效的管理。国有资产管理学关于国有资产的分类包括企业国有资产和非企业国有资产，这里的国有资产本质上是政府实现其职能的物质工具，因此，国有资产管理学属于财政学分支学科（庄序莹和毛程连，2020）。

从管理主体看，国有资本管理学的管理主体为国有资本出资人代表，国有资产管理学的管理主体则包括代表全民拥有所有权的政府及其授权部门和国有资产所在的企业。

从管理客体看，国有资本管理学的管理客体是经营性国有资产中明确以实现价值增值为目的的国有资本，而国有资产管理学中的国有资产既包括提供社会公共服务、事关国计民生和国家安全的国有资产，也包括竞争性的行业和领域中的国有资产。

从管理目标看，国有资本管理学以做强、做优、做大国有资本为目标，国有资产管理学则需要以政府职能为参照，研究如何按照政府职责界定管理好相应的国有资产，优化社会经济效率和经济公平。

从研究内容看，国有资产管理学的研究内容主要包括国有资产管理和国有企业管理。国有资产管理主要围绕国有资产管理的绩效评价、国有资产战略性结构调整、国有资产管理体制展开研究；国有企业管理主要围绕国有营利性和非营利性企业的管理与改革、国有企业混合所有制改革展开研究。相比于国有资本管理学，国有资产管理学的研究内容更侧重于如何通过对企业的管理实现对国有资产的有效管理，其研究对象中行为“主体”的站位更侧重于关注微观层面的管理方式和管理内容。

（二）国有资本管理学与财务管理学

财务管理学是研究企业组织在既定风险条件下如何实现收益最大化的学科，企业组织主要包括个人独资企业、合伙企业和公司制企业。

财务管理中的管理主体是企业组织自身，具体由高管团队及财务管理部门和人员实施管理；管理客体主要是企业财务活动中的企业资金，企业财务活动主要包括筹资、投资、经营和分配；财务管理的目标是实现公司价值的最大化；财务管理学的研究内容主要包括企业财务分析、企业筹资管理、企业投资管理、短期资产管理、股利理论与政策、企业并购与重组（荆新等，2018）。

从管理主体和管理客体看，财务管理学主要研究企业层面对组织内部财务资金的具体管理，国有资本管理学主要研究国有资本出资人代表对国有资本管理在宏观层面和中观层面的整体把控。

从管理目标看，做强、做优、做大国有资本离不开微观组织对企业财务的有效管理，国有资本的保值增值最终来自其运营主体有效的价值管理，因此国有资本管理和财务管理在其目标方向上具有一致性，但在管理目标的衡量标准上，财务管理学的指标设计更侧重于企业自身的财务绩效，国有资本管理学的指标设计需要兼顾国家战略发展需要。

从研究内容看，国有资本管理学中对国有资本投资、运营、经营预算、经营收益、经营绩效评价等方面的管理研究需要以财务管理学的研究为基础，需要吸收财务管理学中的价值观念和财务分析思路，但国有资本管理学中相关内容的管理方法、管理方式、管理原则等需要走出企业边界，站在国有资本出资人的视角展开研究。

（三）国有资本管理学与企业管理学

企业管理学是研究企业的领导者如何通过计划、组织、领导、控制等活动，利用企业资源完成各项任务、达到经营目标的学科（安景文和荆全忠，2012）。企业管理的主体也是企业组织自身，而实施管理者是高管团队及各层级管理人员；企业管理的客体是企业中的资源，包括有形资源和无形资源，如人力、物资、财务、信息、生产、质量等可能存在于生产经营活动中的各种资源；企业管理的目标是通过有效的管理活动和管理方式来实现组织目标。

企业管理学的研究内容是为实现企业目标，在企业经营活动过程中所涉及的资源配置和要素使用的各个方面，包括企业战略管理、经营决策管理、市场营销管理、生产运作管理、质量管理、人力资源管理、财务管理、物资设备管理等。

企业管理学聚焦于微观组织中的管理者在充满竞争和挑战的环境中通过发挥管理的职能实现对组织中相关资源的有效管理以实现组织目标。以国有资本出资人代表为管理主体的国有资本管理学，一方面，需要以企业管理学的研究为基础，在管理原则、管理方式、管理程序等方面吸收企业管理学的研究成果、遵循企业这一微观组织的管理规律，以实现对资本运营主体——企业的合理管控，实现国有资本管理目标。另一方面，国有资本管理学的管理站位需要超越“企业”境界，从国家经济发展、社会发展的高度，乃至政治高度，将具有全局性、预见性、谋略性的战略规划思想和政策设计理念贯穿在国有资本管理学的研究体系中。

第二章

国有资本管理学构建的理论基础

学科的理论基础是一门学科存在的基本依据，它对学科知识体系的构建和发展起支撑作用。国有资本的功能定位和国有资本的形成发展规律需要有中国特色社会主义政治经济学加以阐释和指导，国有资本做强、做优、做大需要运用科学的管理学理论与方法来具体实现，国有资本管理学的学术研究和知识构建需要秉持科学的方法论。本章主要阐释国有资本管理学构建的政治经济学基础和管理学基础，探讨国有资本管理学构建应遵循的科学方法论。

第一节　国有资本管理学构建的政治经济学基础

国有资本管理学是中国特色哲学社会科学学科体系的组成部分，而政治经济学是其重要的理论基础。本章节从科学运用马克思主义政治经济学基本原理、明确习近平新时代中国特色社会主义思想的指导地位、正确认识和把握国有资本的特性和行为规律的角度，认识和理解国有资本管理学研究所遵循的政治经济学基础。

一、科学运用马克思主义政治经济学基本原理

马克思主义政治经济学对国有资本管理问题有着独特的分析进路。马克思主义关于生产力和生产关系、经济基础和上层建筑辩证关系的基本原理，为国有资本管理学学术研究和学科构建提供了坚实的理论基础。国有资本管理学的概念内涵、知识体系、话语体系的阐释，涉及国有资本管理学的学理化和系统化，必须科学运用马克思主义政治经济学基本原理。

第一，国有资本管理学构建要明确目标导向和问题导向。解放和发展生产力

是社会主义的本质要求，国有资本管理学学术理论研究和学科知识构建的主要目标是提高国有资本运营效率、确保国有资产保值增值。因此，建立解放、发展和保护生产力的理论体系，体现了国有资本管理学构建的目标导向。同时，国有资本管理学学术理论研究和学科知识构建要坚持问题导向，即不能从先验的知识出发，必须立足实际从现实问题出发，以解决问题为落脚点。这需要明确现阶段我国国有资本所承担的功能使命，具体包括以提高企业核心竞争力和增强核心功能为重点，以建设现代化产业体系为主题，以提升产业引领力、科技创新力、安全支撑力、公司治理力、协同发展力为特征。以上功能使命引申出国有资本管理改革和发展的一系列重大现实问题，从这些现实问题出发进行政治经济学分析，构成了国有资本管理学理论体系的重要内容。

第二，国有资本管理学构建必须坚持马克思主义政治经济学的研究范式。马克思在经济分析中秉持着由“具体”到“抽象”的研究方法，从具体的经济现象和经济运行过程出发去探究现象的本质以及过程的运动规律；而在理论阐释中则运用的是由“抽象”到“具体”的分析方法，基于特定理论前提提出关于事物本质高度抽象化的范畴，再进一步阐释事物抽象本质的转化和表现形态，以及经济运行规律的表现方式和作用机制。国有资本管理学坚持以马克思主义政治经济学为理论指导，也必须坚持马克思主义政治经济学的研究范式。这一范式的基本规定及当代特征如下：其一，基本立场是代表无产阶级的根本利益，其当代特征是以人民为中心的经济学；其二，研究对象是在一定生产力水平基础上的生产关系，其当代特征是更为关注解放、发展和保护生产力；其三，基本任务是阐述经济规律，尤其是社会主义代替资本主义的必然性，其当代特征是更为关注社会主义初级阶段的经济规律研究；其四，研究方法是唯物辩证法和历史唯物主义①。基于以上基本规定及当代特征形成的国有资本管理学概念内涵和知识体系，使国有资本管理学的理论范式和研究范式更具中国特色和中国价值。

第三，国有资本管理学构建要把握好马克思主义政治经济学的话语资源。习近平总书记强调，中国特色哲学社会科学要把握好马克思主义的资源、中华优秀传统文化的资源、国外哲学社会科学的资源②。国有资本管理学研究同样要把握好、运用好马克思主义话语资源。马克思在《资本论》中总结了资本主义生产方式产生和发展的实践，在汲取前人对资本问题研究成果中科学成分的基础上，对资本的形式、内涵、特点、规律和运作方式进行了全面深刻的分析。他认为，资本是能够带来剩余价值的价值，这既承认了资本的自然属性，同时又揭示了资本的社会属性。当前，我们不仅使用了“国有资本”概念，而且以“管资本”为

① 洪银兴：《中国特色社会主义政治经济学的体系构建及研究重点》，人民网，2019 年 8 月 20 日。

② 《习近平在哲学社会科学工作座谈会上的讲话》，中国共产党新闻网，2016 年 5 月 17 日。

主已成为监管体制改革的主要方向。因而，马克思主义政治经济学以及《资本论》的话语体系是我国国有资本管理学的基本话语资源，在使用《资本论》中相关概念时，科学赋予其社会主义生产关系方面的规定性，是创建根植于中国实践的国有资本管理学的关键。

国有资本管理学研究和构建必须坚持马克思主义相关理论的指导地位，必须坚持马克思主义的研究范式，把握好马克思主义政治经济学的话语资源，并将其与中国国有资本管理实践实现融合创新。

二、明确习近平新时代中国特色社会主义思想的指导地位

习近平新时代中国特色社会主义思想是新时代中国哲学社会科学取得的最重要成果。国有资本管理学作为中国特色哲学社会科学学科体系的组成部分，必须坚持习近平新时代中国特色社会主义思想的根本指导地位，明确习近平新时代中国特色社会主义思想是国有资本管理学构建的思想源泉、理论基石和行动指南，推动国有资本管理学研究始终朝着正确方向前进。

第一，习近平新时代中国特色社会主义思想是国有资本管理学构建的思想源泉。习近平新时代中国特色社会主义思想是在中国特色社会主义进入新时代的历史实践中生成的，是顺应时代发展和实践创新要求而不断发展的思想体系，具有典型的内生特质和鲜明的时代色彩。党的十八大以来，以习近平同志为核心的党中央提出的新发展理念、高质量发展、中国式现代化等新观点新论断，都蕴含着极富创见意义的新思想，在深化社会主义建设规律和经济发展规律认识的同时形成了一个内涵丰富、系统完备、逻辑严密的思想体系，也为加深理解国有资本管理问题和寻求改革发展之道提供了理论指引。习近平总书记关于国有企业改革发展和党的建设的重要论述是习近平新时代中国特色社会主义思想的“国企篇章”。这些重要内容相互贯通、有机统一，深刻回答了新时代国有资本管理改革发展的一系列重大理论和实践问题，构成了系统全面的科学思想体系，成为推动新时代国有资本管理改革的强大思想武器，也是指导国有资本管理学研究准确识变、科学应变、主动求变的强大思想源泉。国有资本管理学研究要深入学习领会习近平新时代中国特色社会主义思想，全面系统深入地把握这一重要思想的核心要义和精神实质，不断推进知识、理论和方法创新，建构具有中国特色的国有资本管理学知识体系。

第二，习近平新时代中国特色社会主义思想是国有资本管理学构建的理论基石。党的十八大以来，以习近平同志为核心的党中央，坚持马克思主义立场观点方法，坚持科学社会主义基本原则，总结世界社会主义运动的经验教训，根据时代和实践发展变化，以崭新的思想内容丰富和发展了马克思主义，形成了系统科

学的理论体系（中共中央宣传部，2019），也为构建国有资本管理学提供了理论基石。因此，要坚持用习近平新时代中国特色社会主义思想的科学理论体系观察和认识国有资本管理实践问题，把国有资本管理学研究同解决新时代国有资本管理改革以及高水平社会主义市场经济体制建设面临的实际问题紧密结合起来，加强综合研究和协同创新，强化对国有资本管理改革实践的理论总结和升华，从实践中构建新理论、提出新观点、作出新概括，积极回应实践提出的重大问题，根植于中国实践创造出具有中国特色和中国价值的国有资本管理理论成果。

第三，习近平新时代中国特色社会主义思想是国有资本管理学构建的行动指南。习近平新时代中国特色社会主义思想产生于中国特色社会主义进入新时代的新历史方位，肩负着实现中华民族伟大复兴的历史使命，创造性地提出了贯彻新发展理念、着力推进高质量发展、推动构建新发展格局、实施供给侧结构性改革，制定了一系列具有全局意义的重大战略。同时，它也直接或间接地科学回答了要不要加强国有资本管理，怎样加强国有资本管理等重大理论和实践问题；深刻阐明了为什么要做强、做优、做大国有资本和国有企业，怎样做强、做优、做大国有资本和国有企业的重大时代命题。党的十八大以来，国资国企改革实践坚持以习近平新时代中国特色社会主义思想为指导，科学运用马克思主义政治经济学基本原理，积累了丰富的实践经验，取得了实质性突破和历史性成就。截至2021年底，全国国资系统监管企业资产总额达到259.3万亿元，比2012年底增长2.6倍，年均增长15.4%；2012～2021年，全国国资系统监管企业累计实现增加值111.4万亿元，年均增长9%，超过GDP年均增速2.3个百分点①。因此，立足中国国资国企改革发展实践的国有资本管理学学术研究和学科构建必须牢牢把握习近平新时代中国特色社会主义思想这一科学行动指南，以更宽广的视野、更长远的眼光来洞见和把握国有资本管理未来发展面临的重大实践问题，并提供解决问题的正确思路和有效方法。

三、正确认识和把握国有资本的特性和行为规律

正确认识和把握国有资本的特性和行为规律是构建国有资本管理的重要理论基础。资本具有二重性，即生产力属性和生产关系属性。国有资本是资本的一种特殊形式，也具有二重性：一方面，使用价值的生产过程体现了国有资本的社会主义生产力属性；另一方面，剩余价值的生产过程体现了国有资本的社会主义生

① 《国资国企改革发展十年：国资资产总额增长2.6倍，年均增长15.4%》，央广网，2022年6月17日。

产关系属性。国有资本管理学要在科学理解国有资本二重性的基础上，研究如何利用好国有资本的社会主义生产力属性，把握好国有资本的社会主义生产关系属性。

第一，国有资本管理学要研究如何更好利用国有资本的社会主义生产力属性。2021 年 12 月，中央经济工作会议提出“要发挥资本作为生产要素的积极作用”。其中，“积极作用”主要源自资本作为生产要素的生产力属性。国有资本作为社会主义市场经济中的重要生产要素，是国有资产的价值形态，既具备良好流动性、可进入市场运作、能够用财务语言清晰界定等特性，也具有价值增值的运动过程。国有资本增值作为扩大国有经济再生产的源泉，既要体现国有经济的发展要求，又要遵循市场经济的运行规律。因此，国有资本管理学首先要立足国有资本作为社会主义生产力属性这一出发点，深刻认识国有资本管理发展的理论逻辑，坚持公有制经济的主体地位，基于构建高水平社会主义市场经济体制的本质要求，以及提高国有企业核心竞争力、增强核心功能，积极服务国家战略、参与国际市场竞争的现实需要，研究如何更好发挥国有资本作为生产要素的积极作用，并朝着有利于促进公有制经济与市场经济的有效融合，做强、做优、做大国有资本和国有企业，实现国有经济高质量发展的方向迈进。

第二，国有资本管理学要研究如何正确认识国有资本的社会主义生产关系属性。国有资本既是反映社会主义基本经济制度中公有制经济为主体的国有资金，也是用于企业生产经营的国有资产，由作为中国特色社会主义重要物质基础和政治基础的国有企业这一经济组织来体现和承载。国有资本是社会主义全民所有制生产关系在市场经济条件下的转化形式，具有社会主义生产关系的属性。这主要体现在国有企业中的资本所有权、劳动条件、劳动时间、劳动福利、劳动保障、剩余分配等方面与私有资本的异质性。不同性质的资本代表着不同的产权主体，国有资本因终极产权上的人民性和拥有主体的政府身份，其行为过程在遵循市场决定性作用的同时也有助于政府作用的更好发挥，进而引导带动其他性质资本的有序运动并抑制资本的无序扩张。因此，国有资本管理学要研究如何利用好国有资本的社会主义生产关系属性，以国有资本市场化配置推动国有经济高质量发展，进而更好服务于社会主义基本经济制度完善和社会主义现代化国家建设。

中国国有资本管理学是中国特色管理学体系的重要组成部分，建立中国特色的国有资本管理学，关键是增强其理论说服力、现实解释力和实践指导力，要正确认识和把握国有资本的特性和行为规律，立足新时代新征程国有资本肩负的使命任务，更好促进新时代国有经济管理体系的构建，更好服务国有资本和国有企业的做强、做优、做大。

第二节 国有资本管理学构建的管理学基础

国有资本管理学是在正确理解和把握国有资本特性和运行规律的基础上，探索国有资本有效管理理论和方法以实现国有资本健康持续发展的学科，而管理学对国有资本管理理论和方法体系的形成具有最为直接的影响。国有资本管理学知识体系的构建，既要坚持问题导向，立足于国有资本管理实践，又必须合理吸收传统和现代的管理思想，运用好管理学的基本原理和基本方法。

一、合理吸收传统和现代的管理思想

管理思想是人类在长期对管理活动的积累和总结中形成的认识和见解。中国国有资本管理学在知识体系的探索与构建过程中，应当合理吸收中国传统管理思想和中西方现代相对成熟、系统的管理思想中的精髓，以更好指导国有资本管理活动。

（一）合理吸收中国传统管理思想

中华文明是人类历史上唯一一个绵延五千多年至今未曾中断的灿烂文明①，中国历史上关于管理国家、治理经济和社会等方面的管理经验和理论蕴含着丰富的管理思想。周三多等（2018）编著的《管理学：原理与方法（第七版）》将中国传统管理思想的要点概括为顺“道”、重人、求和、守信、利器、求实、对策、节俭、法治，这些思想对国有资本管理学的知识体系构建具有借鉴意义。国有资本管理学应合理吸收中国传统管理思想中的有益成分，使国有资本管理实践与中华优秀传统文化有机结合，形成具有中国特色的国有资本管理学。

顺“道”，指管理应当尊重客观规律。国有资本管理，既要以国有资本在中国特色社会主义制度背景下的功能使命为根本，也要尊重资本属性及其发展规律；既要坚持党的统一领导，又要尊重企业治理和市场经济运行规律，构建顶层统筹、权责明确、运行高效、监管有力的国有经济管理体系，进一步完善中国特色现代企业制度。

重人，指管理既要重视人心所向，也要重视人才的关键作用。在有关国有资本监管和监督、国有资本经营绩效考核与评价、国有企业内部管理制度等重大改革举措等方面，国有资本管理要体现对管理者、科技人员和一般员工的人本关

① 《习近平：在庆祝改革开放四十周年大会上的讲话》，新华社，2018 年 12 月 18 日。

怀，充分发挥各级各类人员的积极性和创造性。当前，尤其是要弘扬企业家精神，充分发挥科技人员聪明才智，鼓励创新、容忍失败，科学制定管理目标、任务和考核方法，正确处理统一监管与授权放权的关系，强化国有企业的市场主体地位，激发国有企业发展的活力和内生动力。

求和，指管理需要重视人际关系的协调，发挥组织的团结力量。尽管国有资本管理学知识体系的构建主要基于出资人的中观视角，但现存的国有资本监管和运营框架中既有“政府—国有企业”的两层框架，也有“政府—国资监管机构—国有企业”的三层框架，更有“政府—国资监管机构—国有资本投资运营公司/国有集团企业—权属企业”的四层框架，如果考虑普遍存在的多层次母子公司关系，国有资本管理和经营层级会更多。如何在层层的监管和运营框架中实现国有资本出资人对国有资本发展方向的把握、实现国有企业对国有资本的有效运营，需要将协调人际关系、重视组织团结的管理思想贯穿于国有资本管理监管与运营的整个体系中，以保证组织中重要的主体——“人”的有效作用力。

守信，指管理工作要重视信誉，避免朝令夕改，强调建立稳定的信任关系。尽管作为探索性、创新性的学科构建活动，国有资本管理学的知识体系需要伴随研究的深化而不断完善，但“守信”作为中国传统管理思想中的精髓，应是国有资本管理学知识体系中的重要内容。一方面，国有资本管理和运营会涉及不同性质资本的混合所引致的不同性质资本产权公平对待问题；另一方面，国有企业在资本运营和生产经营活动中必然涉及与供应链产业链各方，与政府、金融保险、消费者等各方的利益关系，在处理这些利益关系时，不论是对资本合作方还是对其他利益关系人，都必须坚守诚实守信原则，做到君子爱财，取之有道。

利器，指重视在管理中发挥技术、工具的作用。在国有资本管理中，要紧跟时代步伐，在国有资本管理流程、管理方式、信息报告等重要环节中运用大数据、区块链、云计算等现代科学技术，不失时机地推动国有资本管理现代化，不断提高管理效率。

求实，指管理者应以实事求是作为思想方法和行为准则，因时因地调整管理策略。国有资本管理，一方面要立足中国国有资本管理实践和国有资本监管体制的演进规律，结合中国国有资本发展实际制定管理策略；另一方面要充分体现其原则性和灵活性的有机结合，既要有统筹性的顶层设计，也要注意发挥各层级的主动性和创造性，给予各级管理、运营主体局部调整的空间和运营权力。

对策，指管理要注重预测和运筹，注重统筹谋划。在国有资本布局与结构管理、国有资本战略重组管理、国有资本国际化经营战略管理以及在国有资本运营管理各环节的风险管理中，需要有整体谋划、提前布局的管理思想，始终将预测性、战略性、全局性的管理思想融入国有资本管理全过程。

节俭，指管理要重视开源节流。在中国五千多年的历史中，节俭不仅是中国传统管理思想的要点，也是中华优秀传统文化留给我们的宝贵财富。在以做强、做优、做大国有资本和国有企业为目标的国有资本管理过程中，如何以最小的投入获取最佳经济收益和社会利益始终应是国有资本管理各环节需要着重遵循的原则。

法治，指依法而治，在管理工作中就是依法律法规和制度行使管理权力。它强调建立公开、平等的监督治理体系，以提高管理效率。市场化、法治化是市场经济体制的基本要素。国有资本管理，应按照法治化原则构建国有资本监管体制、国有资本监督体系，依法界定国有资本运营与监管各参与主体的权力与责任，协同发力，推动国有资本管理效率提升。

（二）合理吸收中西方现代管理思想

管理思想来源于实践又反过来服务于实践。随着生产力发展水平的提升和生产方式的变化，中西方逐渐形成了一些相对成熟、系统的现代管理思想。有代表性的主要有泰勒（Frederick Winslow Taylor）的科学管理思想、以霍桑实验为基础发展而来的组织行为学、哈默（Michael Hammer）和钱皮（James A. Champy）的企业再造理论、德鲁克（Peter F. Drucker）的目标管理理论、法约尔（Henri Fayol）的一般管理理论、现代企业制度理论等，合理借鉴其中有益成分，有利于中国国有资本管理学知识体系更具完整性和科学性。

泰勒的科学管理原理强调管理工作的科学性，既注重采用科学的方法和管理制度提高工作效率，也注重管理工作的系统性（泰勒，2021）。伴随管理实践的发展，尤其是科学技术的进步，科学管理原理也更加成熟。一是强调先进数理方法及管理手段的重要作用，将数学模型、计算机科学广泛应用于管理实践；二是将管理对象视为有机联系的系统，综合考虑系统的动态变化。构建国有资本管理学需要合理借鉴科学管理的管理思想，一方面在管理方式和管理方法上应注重现代科学技术的运用，发挥大数据的统计优势，运用模型的验证、预测功能增强管理的科学性；另一方面应注意管理对象和管理工作的系统性，处理好整体与局部、总体与个体之间的关系，动态调整管理方式和方法。

组织行为学基于人是“社会人”的假设研究人类行为规律，它认为：人的行为主要受其自身需求的影响，应基于员工需求实施激励措施；企业利益与职工利益具有一致性，企业应当重视员工的培养和成长，与员工建立长期合作关系（罗宾斯和库尔特，2017）。国有资本管理学在学科构建中应把握好国有资本出资人代表与全体人民之间的关系、国有资本经营实体——国有企业与企业员工之间的关系。国有资本最终所有权归属于全体人民，国有企业员工既是生产活动的参与者同时也是国有资本的终极所有者。因此，国有资本管理应当以人民利益为核心展开，如在进行国有资本布局优化和结构调整、国有资本收益分配等国有资本管理活动时，应以推动经济高质量发展、实现全体人民共同富裕为重要考量因素；

在对国有资本经营实体——企业层面，进行产权制度设计、收益管理等管理活动时，应给予企业以充分自主权，允许企业结合自身情况建立诸如员工持股计划等多元化的收益分享和风险共担机制。

哈默和钱皮的企业再造理论强调，企业应对目前业务流程中存在的问题进行反思，对组织流程进行改进和变革以适应企业活动及其环境的变化（哈默和钱皮，2007）。国有资本管理应当坚持问题导向，及时发现国有资本管理实践中存在的问题，基于实践经验与理论指引对所存在的问题进行反思与总结，敢于创新与变革，及时摒弃过时的运营模式和工作方法，以工作流程为中心，重新设计国有资本经营及监管体制机制。

德鲁克的目标管理思想强调以目标或者成果为中心的管理，明确的目标是自觉工作的推动力，以目标衡量绩效是一种重要的管理方式（德鲁克，2006）。在国有资本经营预算管理、国有资本经营收益管理和国有资本经营绩效评价等管理活动中，应制定合理的管理目标，科学进行目标考核，充分发挥目标管理的激励作用。

法约尔的一般管理理论首次提出了计划、组织、指挥、协调、控制五项管理职能（法约尔，2007）。国有资本管理的核心是如何通过决策、计划、组织和控制等管理活动实现对国有资本的有效管理，这些管理职能也显性或隐性地体现在国有资本管理之中。国有资本管理活动的每个环节都会涉及如何通过有效发挥管理职能实现管理目标。因此，需要将一般管理理论的管理思想融入现代国资国企管理实践，以更好提升管理效能，实现国有资本管理目标。

现代企业制度理论强调企业法人制度以及在此基础上的有限责任和企业组织的科学化。针对国有企业的特殊性，1993 年 11 月党的十四届三中全会提出把建立现代企业制度作为我国国企改革的方向，并将“产权清晰、权责明确、政企分开、管理科学”作为现代企业制度的基本特征。30 年来，我国国有企业改革一直坚持着这一基本方向。国有资本管理，应坚持法治化原则，明确以出资人的身份、以股权为纽带的管理理念，在国有资本监管体制，国有资本管理的决策机制、考核机制、评价机制等建设和实施中，把握好管理方式、管理原则的合理边界，克服国有资本管理中的政资不分、政企不分问题，将国有资本运营和管理置于社会主义市场经济体制框架中，使其成为公平参与竞争的独立市场主体。

二、科学运用管理学的基本原理

管理学的基本原理是人类在长期管理实践中探索出的基本规律，对管理活动具有客观性、通用性的指导意义。尽管具体管理工作中存在的问题会因管理环境、具体管理问题、管理者的不同等呈现错综复杂的特点，但管理学基本原理是大量管理实践经验的升华。基于实践经验和理论探索形成的管理学基本原理主要包括系统原理、人本原理、价值原理、责任原理和权变原理等，在国有资本管理学构建中科学运用这些基本原理有助于提高国有资本管理知识体系的科学性。

系统原理主要强调事物之间的普遍联系。把握事物发展的规律需要坚持系统观念，用普遍联系、全面系统、发展变化的观点观察事物。构建国有资本管理学需要科学运用系统原理，从全局性、协同性、外部性和系统优化四个方面做好管理工作。全局性，既强调整体决定局部的原理，也强调兼顾当下和长远的重要性。在国有资本管理中，应当时刻将国有资本管理的整体目标、国有资本的功能使命作为重要指引和根本遵循，善于思考国有资本长远发展的深层次问题，提出系统科学的管理方案。协同性，指系统内部各要素之间的互相作用，只有各部分协同合作才能更好实现整体目标。国有资本管理是基于出资人视角的国有资本管理活动，而非单纯的企业视角。因此，与单纯的国有企业管理不同，国有资本管理既要提高管理站位，分析国有资本管理各环节之间的关联性，注意在管理原则、管理程序、决策机制等方面的协同性和逻辑性，也要注重对国有资本管理评价考核等方面的系统合理性。外部性，指组织是一个开放的系统，处于不断变化的外部环境中，而能够适应环境变化的系统才能长久生存。当前，我国国有资本的运营处于以构建新发展格局为目标的复杂的国内、国际环境之中，国有资本管理，一方面，要准确把握社会经济环境变化的新特点，做好国有资本战略管理、运营风险管理，提升化解国有资本整体风险和解决难题的能力；另一方面，需要提升协同攻关的能力，探索国有资本管理与经济、政治、社会等相关治理体系的关联机制，提升国有资本管理系统对外部环境的调整适应能力。系统优化，就是针对系统内外部所处的动态变化过程，要不断优化系统的管理机制和运营机制。国有资本管理既要不断从实践中吸收营养，在与实践的互动中为国有资本管理理论的发展挖掘新思路，也要基于现实环境条件冷静分析资本管理可能受到的制约和局限，勇于探索改变环境的路径和方法。

人本原理与中国传统管理思想中的“重人”“求和”既有联系又有区别。人本原理和“重人”“求和”思想都强调关注“人”的重要作用，但作为管理学基本原理的人本原理对“人”在管理中作用方式和作用本质的研究更为全面和具体。人本原理一是强调职工参与管理的重要性，二是强调从用户角度思考企业发展问题的重要性，三是强调个人价值和组织价值的相互成就（黄津孚，2017）。以此为启发，国有资本管理一是要在管理方法中充分考虑调动“人”的积极性的意义，如在授权与分权关系处理上，应注意处理好国资监管机构统一监管与调动国有资本投资运营公司/国有集团企业及其权属企业各层级参与者积极性之间的关系，发挥好企业管理层、监管层及职工的作用，畅通各层级人员参与治理渠道；二是要用发展的眼光思考国有资本管理问题，处理好满足市场需求与服务国家战略的关系，不断优化国有资本投资、运营、国际化经营等战略战术；三是要将国有资本经营效益与个人成长发展紧密结合，将组织行为学的管理思想融入国有资本管理学知识体系，在绩效考核、收益分配等方面力求做到效率与公平的平衡。

价值原理主要强调企业应在生产商品、获取利润和承担社会责任的过程中创造价值。在组织管理中，价值原理要求管理工作应为企业精益生产、精益经营、提升竞争力服务。国有资本既承担着服务国家战略的功能使命，又需要保证经济效益、实现价值增值。因此，国有资本管理，既要以提升国有资本核心竞争力为目标，又不能偏离社会主义制度背景下国有资本需要肩负起的功能使命。如在国有资本战略管理和运营管理中应始终将专业、精益、创新作为国有资本发展的方向，以真正做强、做优、做大国有资本，而在国有金融资本和国有文化资本的管理中，必须将防控风险和社会效益作为重要考量因素。

责任原理强调在管理过程中注重责任、权力和利益的统一，要求管理者明确责任、合理授权、奖惩公正（孙世强和胡发刚，2017）。在国有资本管理学知识体系的构建中，应正确运用责任原理以提高管理效率。一是要根据管理链条和管理模式的设计，科学授予不同主体相应的管理权力、明确相应的管理责任；二是针对不同类型国有企业，应以其自身的功能定位为依据分别制定相应的经营战略、经营收益目标和经营绩效评价考核标准。

权变原理强调，不存在管理者可以一直遵循的普适或永恒的管理规则，企业必须不断进行变革与创新。权变，隐含着创新性应变，我国国有资本管理体制的演变正是不断创新的结果。国有资本管理应始终将变革创新作为重要原则。现阶段，一方面应将管资本为主贯穿于国有资本管理体制构建和完善的全过程，在管资本为主的基础上探索新型管理模式下的管理原则和管理方式，突破“管资产”“管企业”监管体制下管理思维的边界；另一方面，在制定管理原则、管理方式、管理内容时应坚持放管平衡的原则，给予国有资本经营主体充分的自主权和创新空间，实现国有资本管理合法性和创新性、科学性和艺术性的有机统一。

三、综合运用管理学的基本方法

管理方法是在管理实践中为实现管理目标所采取的方案和措施，管理学的基本方法是在实践中不断总结归纳并吸收运用多种学科知识的基础上形成的，主要有法治方法、行政方法、经济方法和教育方法等。国有资本管理学的构建，应当综合吸收并创新性地运用好管理学基本方法，以形成国有资本管理的方法体系。

管理学中的法治方法一方面是指组织应遵守法律法规开展经营活动，另一方面是基于组织管理的需要依法制定内部管理规范。国有资本管理学知识体系应当充分体现法治思维和运用法治方法，建立健全国有资本管理在中观、微观层面的法律法规和制度体系。一是在国有资本监管体制构建中应依法界定各主体权责利，明确不同监管主体的管理职责和运营主体的权力边界；二是通过制定标准、法则等方式，规范国有资本管理和运营行为，在决策机制和监督机制等建设中遵循制度化要求。

管理学中的行政方法是指组织运用命令、规定、指示等行政手段直接对工作进行指挥的管理方法。构建国有资本管理学，需要注意国有资本管理中行政方法的科学运用。在基于政府视角的国有资本管理中，政府作为社会管理者和国有资本的所有权代理人，不可避免地会使用行政管理方法对国有资本运营进行直接或者间接的干预。但政府对国有企业和国有资本管理行政干预必须建立在法治化的基础之上，应依法界定政府社会管理者身份和国有股东身份两种不同权力的活动边界和行权方式。国有股东身份的行权方式应遵循市场经济法则和产权法则，采用经济方法管好用好国有资本，避免超越产权的行政干预。在基于组织视角的国有资本管理中，在国有企业内部，虽然其劳动、人事和分配制度的制定需要充分考虑外部劳动力市场的供求关系，但内部的组织管理活动仍须遵循行政命令式管理方法，以规范组织成员行为、优化管理成效、实现管理目标。

管理学中的经济方法是指在利益原则导向下，运用经济手段调节经济主体之间关系以调动各方积极性、主动性、创造性的管理方法（焦强和罗哲，2014）。国有资本管理应基于国有资本所有权关系选择适宜的经济手段，也即依资本产权关系、以法律法规所界定的权利开展经济活动。从宏观和中观角度看，国有资本管理的经济方法通常包括经营预算、收益收缴、经营绩效评价、经营信息报告等；从微观角度看，则包括了国有资本投资运营公司/国有集团企业及其权属企业各类主体进行兼并重组、投融资活动、生产运营、内部管理体制机制等各种经济方法。这些经济方法的不同组合构成了不同的管理模式。

管理学中的教育方法，指通过管理者对被管理者的思想工作达到启发、说服、引导被管理者自觉地按照组织的意图去积极工作，以实现组织目标的管理方法，具有启发性、广泛性和灵活性等特点（焦强和罗哲，2014）。国有资本管理涉及国资监管机构、国有资本投资运营公司/国有集团企业及其权属企业，这些组织的运转和国有资本管理活动的开展均是由“人”来完成的，而人是具有有限理性的，更具有异质性特征，这就需要建设良好的思想教育工作机制，采用适宜的教育方法，及时化解思想难题，强化凝聚力和战斗力。

总之，应以管理学基本方法为基础，将法治方法、行政方法、经济方法、教育方法等创新性地纳入国有资本管理学知识体系，以形成系统化、学理化的国有资本管理方法体系。

第三节　国有资本管理学构建的方法论

国有资本管理学研究应秉持科学的方法论，以更好地加强学术理论研究和学科知识构建。本章节从调查研究、案例研究、数理统计等维度阐释构建国有资本管理学应遵循的科学方法。

一、坚持调查研究方法的核心地位

国有资本管理学作为研究国有资本管理的学科化知识体系，需要坚持调查研究方法的核心地位。习近平总书记指出，要了解实际，就要掌握调查研究这个基本功[①]。中国特色国有资本管理学知识体系的构建，应坚持问题导向的调研目标、遵循实事求是的调研要求、秉持全面系统的调研方法，真正做到从国有资本管理改革发展实践中发现新问题、提出新观点、构建新理论。

第一，要坚持问题导向的调研目标，以更好发现国有资本管理实践中的问题。调查研究的根本目标是发现并解决问题。2023 年 3 月中共中央办公厅印发《关于在全党大兴调查研究的工作方案》，明确提出开展调查研究必须坚持问题导向，增强问题意识，敢于正视问题、善于发现问题。国有资本管理学作为根植于中国实践的学科化知识体系，其研究和构建需要坚持问题导向，聚焦于国有资本管理改革发展实践中面临的国有资本布局和结构管理、战略重组管理、国际化经营战略管理，以及国有资本投资管理、运营管理、经营预算管理、经营收益管理、绩效评价等国有经济管理体系构建过程中面临的突出矛盾和问题，深入地方、部门、企业进行实地调查，发现问题，分析问题症结。同时，在发现问题的基础上科学分析国有资本管理实践中的主要矛盾和次要矛盾，以及矛盾的主要方面和次要方面，进而从理论上正确认识问题和矛盾，为解决好国有资本管理改革与发展过程中的问题和矛盾提供理论支撑。

第二，要遵循实事求是的调研要求，以更好解释国有资本管理中的重要现象。实事求是作为马克思主义的根本观点，包含着认识世界的应有态度和改造世界的方法论前提，也是开展调查研究的基本要求。因此，应遵循实事求是的调研要求，通过“事实”和“求是”来发现、认识和概括国有资本的运行规律及国有资本管理实践现象的本质。这意味着，一方面要坚持以“事实”为基础，一切从

---

① 《掌握调查研究这个基本功（红船观澜·将好作风弘扬在新时代⑤）》，人民网，2021 年 10 月 19 日。

实际出发，通过调查弄清国有资本管理的客观实际、国有资本管理的现行体制框架、国有资本战略管理的方式方法、国有资本运营管理的模式，为理论研究提供实践基础；另一方面要以“求是”为关键，根据调研所掌握的材料进行客观分析，通过理论联系实际解释国有资本管理改革发展中的普遍和特殊现象，结合新时代高质量发展亟待突破的瓶颈、人民群众最急需解决的痛点，围绕国有资本的运行规律及国有资本管理的过程、活动、组织和方法，提出国有资本管理改革和发展的新观点。

第三，要采取全面系统的调研方法，以更好揭示国有资本管理规律。习近平总书记指出：“调查研究是一门致力于求真的学问，一种见诸实践的科学，也是一项讲求方法的艺术。”[①] 随着时代的发展，调研方法也在不断地创新发展，但最关键的还是要深入一线、深入基层、深入群众（胡代松，2023）。因此，国有资本管理学研究要扎根于中国国有资本管理基层实践和改革前线，通过深入社会开展调查来理解和回答国有资本管理改革发展取得伟大成就的原因，在归纳和总结国有资本管理体制改革和国有经济发展成功经验的基础上，持续扩大调研渠道、丰富调研手段、创新调研方式，采取全面系统的调研方法，把微观调研与宏观调研相结合、定性研究与定量分析相结合，将零散的知识系统化、粗浅的认识深刻化，科学揭示国有资本管理实践的本质规律，形成学理化的阐释和系统化的知识。

总体而言，调查研究是联结国有资本管理改革工作实践和国有资本管理理论创新的纽带与桥梁，坚持并运用好调查研究这一纽带和桥梁，能有效防止理论研究与改革实践的脱离，并能为更好运用具有中国特色的国有资本管理学理论指导国有资本管理改革实践提供方法基础。

二、充分运用案例研究方法讲好中国国有资本管理故事

案例研究是解剖麻雀的一种有效方法，既能够扎根实践讲好故事，又能够对现象进行系统性的概念化，进而提炼具有普适性的理论，故常被用于揭示国资国企改革的内在机理。国有资本管理学要充分运用案例研究，以知识发现和理论构建为核心、以完整展示因果联系过程为重点、以兼顾工具理性和价值理性为基础，把成功指导国有资本管理改革发展的经验、思想和观点学理化、系统化，利用案例研究助推中国本土国有资本管理理论创新和知识构建，持续深化对新时代新征程国有资本管理规律的认识，提升解决问题的能力。

第一，要以知识发现和理论构建为核心开展国有资本管理学案例研究。新时

① 《调查研究要点面结合》，载于《浙江日报》，2006 年 1 月 9 日。

代国有资本运作及管理的改革实践积累了许多宝贵经验，这些宝贵经验奠定了坚持“两个毫不动摇”，做强、做优、做大国有资本和国有企业的实践基础。因此，构建国有资本管理学要充分利用案例研究在认识加深、知识发现、理论构建方面的独特价值。当然，任何一种研究方法都不可能是完美无缺的，案例研究法也不例外。案例研究所获取的知识，只是具有关键作用的事实，还需要把那些处于混乱或者重复细节中的具有关键作用的要素进行关联，经由案例研究加工、挖掘并清晰表述出来，使研究能够为一般性知识的探索提供事实证据（张静，2018）。因此，国有资本管理学的案例研究，既要关心独特性知识的挖掘，还要关心一般性知识的积累。这离不开扎实的文献回顾、明确的研究缺口，以及实践故事基础上的理论升华。例如，通过对国有资本运营公司试点案例开展具体的分析和解读，识别、概括、分析国有资本管理的独特现象，分别从价值管理模式、股权运作模式、基金投资模式等维度进行归纳总结，在承认案例或情境特殊性并仔细识别边界条件的基础上，将研究发现的推广应用情境进行细化，使输出的新发现新观点能够为后续研究提供借鉴和启发。

第二，要以完整展示因果联系过程为重点开展国有资本管理学案例研究。党的十八大以来，在习近平新时代中国特色社会主义思想的指导下，中央及地方国有资本管理改革发展取得了实质性突破和历史性成就，积累了一大批宝贵经验。具体体现为国有资本的管理体制日臻成熟定型、资本布局优化与结构调整取得明显成效、资本运作过程及运作效率得到切实增强、国有经济战略支撑作用得以充分发挥等。案例研究具有系统展现因果机制和过程的独特优势。通过搜集更广泛的历史资料，了解不同时期的政资政企关系、资本管理方式、竞争态势、经济发展阶段，进而描述和分析为什么要加强国有资本管理、涉及哪些关键主体、包含什么行为和方式，以及管理成效如何等问题。在此基础上，利用案例研究法对关键时序动因进行挖掘，使其层层深入，不断做实新资料所提供的证据支持，并在案例发现和一般知识之间建立联系，阐明特殊知识和一般知识的关系，完整展现影响国有资本管理成效的因果联系过程。

第三，要以兼顾工具理性和价值理性为基础开展国有资本管理学案例研究。在工具理性方面，应明确单案例、双案例、多案例以及嵌入式案例研究的适用范畴，科学规范使用适宜的数据分析策略和理论化模式，例如，在使用基于扎根理论的编码方法这一数据分析策略的同时，也要重视对叙事、时序分区、可视化图示等分析策略的融合应用，创新发展国有资本管理案例研究的方法。在价值理性方面，需要关注国有资本管理改革实践中的重要问题，在融合中西方管理理论、管理思想的基础上提升国有资本管理学的理论深度，探索国有资本运作和管理规律背后的深层机制与驱动力，揭示国有资本运作规律及管理区别于其他性质资本的特点，以及国有资本管理对于经济高质量发展和社会主义现代化强国建设的独特意义，为讲好中国国有资本管理故事贡献新知识与新智慧。

三、合理运用数理统计方法增强理论分析的科学性

国有资本管理学是以经济社会发展过程中国有资本流转、运作、计量为重要内容的学科知识体系。这意味着国有资本管理学的学术理论研究和学科知识构建需要进行大量的数据统计以及定量分析工作。在围绕这些内容展开研究时需要运用现代数理统计分析方法，以增强国有资本管理学理论分析的科学性。

第一，通过数理统计方法全面准确地掌握国有资本及管理的发展情况及未来趋势，提升统计分析的效能。数理统计方法非常重视组织材料的方向和取值，力图通过统计分析再现量值的共变关系，这对于描述国有资本发展变化状况、揭示国有资本运动规律至关重要。国有资本管理学研究既应通过数学及统计方法描述不同变量之间的数量关系，使其揭示的国有资本运动规律可量化和更准确，也应科学利用主成分分析、因子分析、方差分析法、参数检验法以及聚类分析法等数理统计分析方法，提高国有资本管理学理论研究和实践应用中统计分析的效能。例如，在国有资本经营预算编制方面，可以通过引入数理统计方法，将预算偏重定性分析转变为定性分析与定量分析并重，不断提高预算编制的准确度和财政资金的使用效益。

第二，运用数理统计方法对已有的理论假设作出验证和分析，增强国有资本管理学的应用性和实践性。尽管国有资本管理学属于管理学分支学科，但其中仍涉及诸如追求产权效率最大化，寻求最佳的制度安排与权利结构，降低市场机制运行的交易费用，提高国有资本运行效率并促进经济增长等重要经济问题，应合理运用数理统计法的验证功能来增强其理论的科学性。其中，回归分析法是比较常用的一种数理统计方法，在使用回归分析法的过程中需要对位置函数和统计分布形式进行预先假设，并在此假设的基础上从已知的量和关系推求未知的量和关系。通过运用数理统计方法对已有的理论假设作出验证和分析，能够寻求影响国有资本配置效率和管理效率的关键因素和政策措施，进而为企业提高国有资本投资及运营决策的科学性、为政府完善国有资本管理政策等实践提供经验依据。

第三，以相对简洁清晰的数学语言来推理复杂资本运作过程和管理现象，使国有资本管理学的理论分析更富有条理性和逻辑性。马克思在《资本论》中充分展现了数学对于揭示经济规律研究的重要地位。他认为，一种科学只有在成功运用数学时才算达到了真正完善的地步（黄泰岩，2018）。在数学中，各种量、量的关系、量的变化以及在量之间进行的推导和演算，都是以符号形式表示的，即运用一套形式化的数学语言（邹辉文，2014）。在国有资本管理学研究中，借助这套数学语言，观测国有资本运作规律及管理实践，同时明确概念含义、提炼数

学模型，把复杂的管理现象转化为较为简洁的数学模型，并在这种模型上展开推导、演算和分析，有助于抓住国有资本管理中的主要矛盾，揭示复杂管理现象的内在联系，为科学研究国有资本运作规律及管理问题提供严密的逻辑推理工具。

数理统计及分析方法能够赋予国有资本管理研究者对实践进行理性思考的基本框架。但是也必须清醒地认识到数理统计及分析方法的局限性，它只能有限地揭示国有资本管理实践中的部分规律和本质。因此，构建国有资本管理学既要坚持用中国特色社会主义政治经济学和管理学的理念为现实问题定性和定向，又要恰当地运用数理分析方法对现实问题作定量分析，将国有资本运作规律及管理理念与数理统计方法进行有机结合，使理论研究更好地服务于管理实践。

第三章

国有资本监管体制

国有资本监管体制是推进国家治理体系和治理能力现代化的重要组成部分，是规范国有资本监督和管理的基础设施，也是基于决策、组织、领导、控制等“管理”视角的中国国有资本管理学的内容之一。构建国有资本监管体制对放大国有资本功能、促进国有资本保值增值、做强做优做大国资国企具有重要意义。本章在介绍国有资本监管体制内涵、重要性和演进历程的基础上，概括现行国有资本监管体制的框架，探讨国有资本监管原则和内容，以及国有资本管理和监督的方式。

第一节 概　　述

一、国有资本监管体制的内涵

体制是国家机关、企业事业单位在机构设置、领导隶属关系和管理权限划分等方面的体系、制度、方法、形式等的总称。国有资本监管体制①是有关设置国资监管机构②、划分监管权限、确定监管方式的基本制度体系（胡志民等，2006）。国有资本监管体制的内涵可从以下四个方面理解（成素英等，2004；郑国洪，2010）。

第一，国有资本监管体制是国有资本监管的基本制度体系。设置国资监管机构、划分监管权限、确定监管方式是国有资本监管体制的基本构成要素。国资监

① 国有资本监管体制，包括一般性国有资本监管体制、国有金融资本监管体制和国有文化资本监管体制。本章论述的国有资本监管体制主要是指一般性国有资本监管体制。

② 本章主要探讨一般性国有资本监管体制，因此本章的国资监管机构主要是指国资委。

管机构的设置为国有资本监管明确了监管主体，是合理划分监管职责权限的基础。正确划分国有资本监管主体的职责权限，是国有资本监管体制的核心内容，也是完善国有资本监管体制的重要目标。监管方式是国有资本监管体制的灵魂，不仅为体制的运行输入动力，而且不断地纠正体制的运行方向，决定着体制运行的效率。

第二，国有资本监管体制是国民经济管理体制的重要组成部分。国民经济管理体制调控的对象是全社会的所有经济资源及其配置营运过程，而国有资本监管体制调控的对象则是产权为国家所有的经济资源及其配置营运过程。国有经济资源是全社会经济资源中最重要、最基础的部分，因此，国有资本监管体制是国民经济管理体制的有机组成部分。

第三，国有资本监管体制是国民经济管理过程中产权关系的具体表现形式。国有资本监管体制作为国民经济管理体制的重要组成部分，在运行过程中需要涉及国民经济运行及其相关联的社会经济关系。例如，政府与企业之间的关系、企业内部所有者之间的关系、所有者与经营者之间的关系、所有者内部各个监管主体之间的关系。这些最基本的产权关系都必须由国有资本监管体制加以规范和协调。可见，国有资本监管体制是国民经济管理过程中产权关系的具体表现形式。

第四，国有资本监管体制是国家所有制实现形式的重要内容。国家所有制是属于全民所有的生产资料由代表全民利益的国家来代理，是全民所有制采取的形式。国有资本监管体制是全民所有制生产关系的具体化，包括正确处理国有经济内部，以及国有经济与非国有经济之间的各种经济关系，同时也涉及国有资本监管主体责权利的分配和协调问题，体现了国家作为国有资本终极所有者对国有资本运营全过程的组织、管理、监督等一系列活动。

国有资本监管包含国有资本监督和国有资本管理两个含义。国有资本监督是国有资本监督主体运用一定的监管方式或方法对国有资本运营和管理过程所进行的监察与督促（刘玉平，2008）。国有资本管理是对国有资本的经营和使用，以及组织指挥、协调、监督和控制的一系列活动的总称（刘玉平，2008）。国有资本监督和国有资本管理的目的不同。前者是通过上下级或同级之间的监督防止国有资产流失，后者是着眼于国有资本的整个生命周期以追求效益和价值最大化。国有资本监督和国有资本管理也存在一定的联系。监督是对某一过程、环节的监视与管理，本质上是一项管理活动，因此，国有资本监督是隶属于国有资本管理范畴之内的特定活动。本书在使用“监管”一词时，包含国有资本监督和国有资本管理两个含义。

国有资本监管与国有资产监管既有共同点又有不同。二者目标方向一致，都是为了做强、做优、做大国有资本和国有企业，保障国有企业改革发展，发挥国有经济的主导作用。但是，二者又存在区别。从监管定位看，国有资本监管是以产权为基础，以股权为主要形式，基于出资关系的价值管理；国有资产监管侧重于对国有企业的实物管理。从监管对象和重点看，国有资本监管着眼国有资本的价值贡献，关注国有资本的整体收益和控制力；国有资产监管聚焦微观经济主体，关注单个国有企业的生产经营。从监管途径和方式看，国有资本监管更多地通过市场方式，在法治框架内调整利益主体关系，实现监管目标；国有资产监管注重借助行政色彩较为浓厚的管理方式规范企业生产经营。

二、健全国有资本监管体制的重要性

健全国有资本监管体制，是立足党和国家事业发展全局、对深化国资国企改革作出的重大决策，有利于优化国有经济布局，提高国有企业竞争力，促进国有资本保值增值。

（一）优化国有经济布局

健全国有资本监管体制，有利于加强国有资本投向的有效监管，不断推动国有经济布局优化。优化国有经济布局，就是要对国有资本的分布进行调整，不仅要调整投资结构，实现增量资本结构的优化，还要大力调整存量结构，盘活存量资本。一方面，加强国有资本的运作，通过战略性重组、专业化整合和前瞻性布局，推动国有资本跨企业、跨行业流动，使国有资本投向效率更高、综合效益更好的行业领域；另一方面，通过主业管理、负面清单等方式，清理退出一批、重组整合一批、创新发展一批国有企业，加快处置低效无效资本，盘活长期闲置的存量资本，加快国有经济布局优化和结构调整。

（二）提高国有企业竞争力

健全国有资本监管体制，有利于进一步厘清国有资本监管主体的权责边界，加快打造具有核心竞争力的现代国有企业。提高国有企业竞争力，就是要推进政资分离、政企分开，促进和保障国有企业成为独立的市场主体。国有资本监管体制强调国资监管机构以监为主，依托资本纽带和产权关系履行出资人职责；国有资本投资运营公司以管为主，对所持股企业履行股东职责；国有企业在规定范围内以自主经营为主。这一监管体制清楚地划分了国有资本的监管层级和各层级的监管界限，减少甚至避免对企业经营活动的直接干预，实现政资分离、政企分开，确保国有企业依法自主经营，激发企业活力与竞争力。

（三）促进国有资本保值增值

健全国有资本监管体制，对防止国有资产流失，实现国有资本保值增值具有重要作用。国有资本保值增值强调既要“保值”又要“增值”，这就需要以打造全面覆盖、分工明确、协同配合、制约有力的国有资本监督体系为目标，防范化解重大风险，切实防止国有资产流失，实现国有资本的“保值”。同时，国有资本监管涵盖规划指引、产权管理、财务监管、考核分配、监督追责等各个环节，实现具有出资人特色的全链条、全过程、全方位的监管，贯通出资人职责、国有资本监管职责，健全监管法规制度体系，实现在法治轨道上推进监管体系和监管能力现代化，推动国有资本和国有企业做强、做优、做大，实现国有资本的“增值”。

三、国有资本监管体制的演进历程

国有资本监管体制是社会主义市场经济体制的重要组成部分。国有资本监管体制的演进历程可分为计划经济体制时期的直接管理、商品经济体制时期的放权让利与两权分离、市场经济体制时期的授权经营三个时期（朱炜等，2022）。

（一）计划经济体制时期的国有资本监管体制（1949～1977年）

计划经济体制建立后，我国逐渐形成了中央高度集权的国有资本监管体制。在这一监管体制下，国家拥有国有资本的所有权并掌握生产资料，中央政府运用行政手段统一代为行使国有资本的处置权、收益权和使用权等，并逐级向地方政府下达经营管理国有企业的指令，实现了各级地方政府以行政性手段分级直接监管国有资本的格局。

中央高度集权的国有资本监管体制在一定程度上解放、发展了社会生产力，然而由中央政府统一下达指令性计划的管理模式忽略了地方政府和企业的利益，导致国有资本收益和监管效率较低。为此，我国按照“放权、集权、再放权”的思路，不断探索调整中央和地方政府的管理权限，并构建了以“国家所有、分级管理”为原则的国有资本监管体制（见图3-1）。中央政府按照“国家所有”原则成为国有资本监管的核心，并作为国有企业的唯一产权主体，统一行使国有资本所有权。各级政府遵循“分级管理”的原则设立计划委员会、经济委员会、财政部门和专业主管部门，依照中央政府下达的指令性计划各司其职，在规定的权限范围内监管辖区内的国有资本。

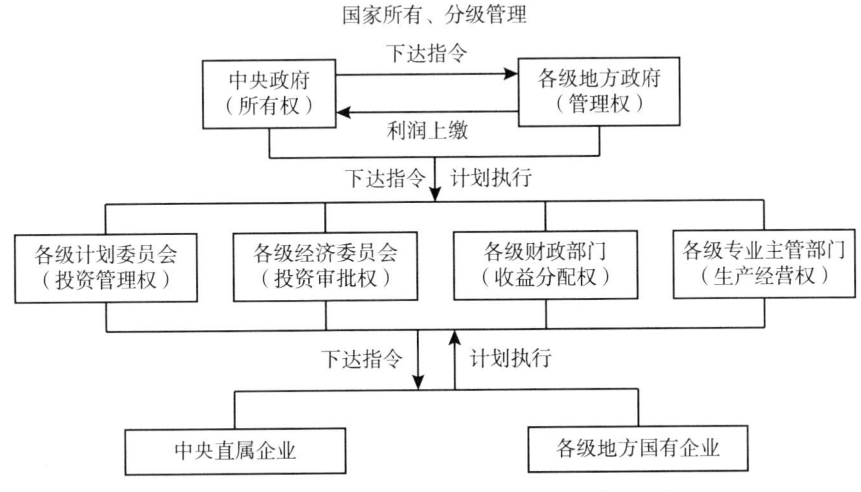

图3－1　计划经济体制时期监管体制的基本架构

（二）商品经济体制时期的国有资本监管体制（1978～1991年）

1978年12月，党的十一届三中全会开启了从计划经济体制向市场经济体制过渡的新征程，进入了作为市场经济体制过渡期的有计划的商品经济体制时期。与此相适应，国有资本监管体制也经历了放权让利与两权分离的调整与重构。

1979年，我国开始着手改革高度集权的计划经济体制，由于思想的禁锢，当时提出的是要建立有计划的商品经济体制或商品经济体制，并没有直接提出要建立社会主义市场经济体制。计划经济体制的主要弊端在于中央运用指令性计划展开集中管理，难以有效调动地方政府和国有企业的积极性和主动性，因此改革初期，主要是围绕中央对地方政府和国有企业放权让利的主线，改革企业管理体制（方福前，2018）。国有资本监管体制改革主要以扩大国有企业经营自主权为特征，通过实行经济责任制、利改税和利税分流政策，下放给国有企业一定的生产经营权和利润分配权，有限度地分离了国有资本所有权与国有企业经营权。1984年10月，党的十二届三中全会通过了以增强企业活力为中心，着眼于生产关系的变革，建立商品经济体制的决定。在这一经济体制改革任务的要求下，国有资本监管体制改革的基本方向是进一步促成国有资本所有权与国有企业经营权的分离。一方面，通过实行多种形式的承包经营责任制、试行股份制以改变企业组织形式，使国有企业成为相对独立的商品生产者和经营者；另一方面，成立国有资产管理局，构建了“政府—国有资产管理部门—国有企业”的监管模式（见图3－2），在机构设置上初步实现了政府的社会经济管理职能和国有资本管理职能的分离，国有资本所有权与国有企业经营权的分离。基本架构的第一层是政府，由国务院按照“国家统一所有”的原则，行使国有资本所有权；第二层是国有资产管理部门，作为专职国有资本管理的机构，在国务院统一领导下按照“政府分级监管”的原则，对国有资本实行分级行政管理；第三层是国有企业，按照“企业自主经营”的原则，对国家授予其经营管理的国有资本，享有法人财产权。

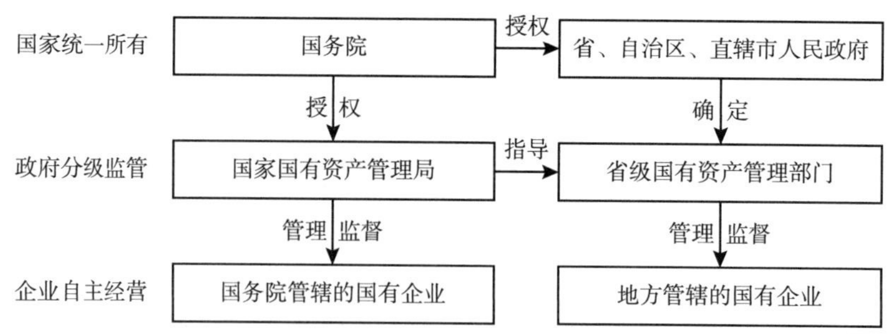

图3-2　商品经济体制时期监管体制的基本架构

（三）市场经济体制时期的国有资本监管体制（1992年至今）

随着我国经济体制改革历程和对外开放程度的日渐深化，1992年10月党的十四大正式将社会主义市场经济体制作为我国经济体制的改革目标。这一时期的国有资本监管体制开始聚焦于转变政企关系，加快推动国有企业转型成为适应市场的法人实体和竞争主体。国有资本监管体制大致经历了管企业、管资产和管资本为主阶段的三次变革。

1. 管企业为主阶段（1992~2002年）

这一阶段的国有资本监管体制改革主要围绕管企业主线展开，改革的核心目标是理顺产权关系，实现政企分开。一是从国有集团企业层面展开授权经营的试点，以促进国有资本出资人所有权职能与国有企业经营管理职能的分离。二是撤销国家国有资产管理局，原职能并入财政部，由其他部门分别履行国有资本管理职能；同时取消专业经济部门直接管理企业的体制，将其改组为隶属于国家经济贸易委员会管理的“国家局”，不再直接管理企业。

基于上述国资监管机构的改革，1999年9月党的十五届四中全会提出，建立“国家所有、分级管理、授权经营、分工监督”的国有资本监管和营运机制，并以中央文件的形式正式提出了“授权经营”的概念。在授权经营体制下，国有资本监管体制除了“政府—国资监管部门—国有企业”的监管模式外，也出现了“政府—国资监管部门—国有集团企业、大型企业和控股公司—权属企业”的新模式（见图3-3）。一是国务院按照“国家所有”的原则统一行使国有资本所有权，地方政府依法监督其管辖区域内国有资本的经营管理，但不享有所有者权益。二是中央和地方政府按照“分级管理”的原则，在国务院统一领导下分级行使国有资本的管理职责。在各级政府内部国有资本管理职责被分割到资本所属的不同部门行使，形成了“五龙治水”的国有资本监管格局。三是国有集团企业、大型企业和控股公司按照“授权经营”的原则成为国家直接出资企业的出资者，但这一阶段“授权经营”的思想仍没有厘清政府与国家授权投资的机构之间的经营管理关系，以及国家授权投资的机构与其成员企业之间的产权关系。四是国资监管部门与其他社会经济管理部门按照“分工监督”的原则行使各自职权；同时，试行稽察特派员制度，健全监事会制度，创新监督方式，从体制机制上强化对国有资本的监督。

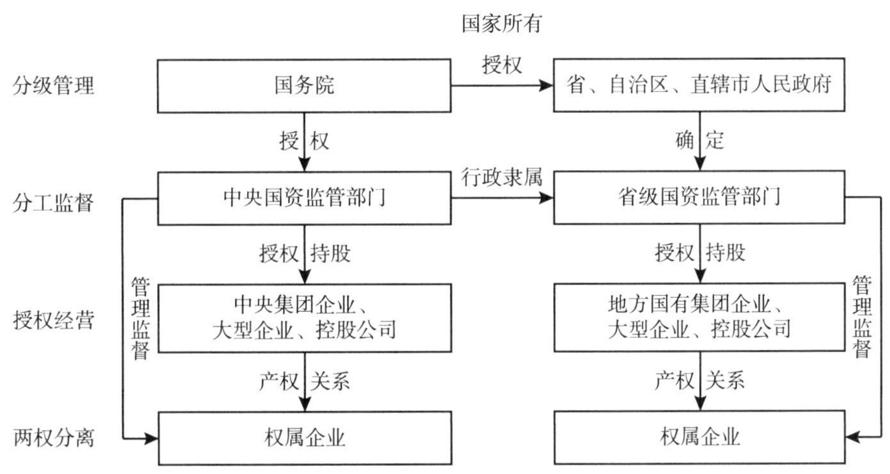

图 3－3　管企业为主阶段监管体制的基本架构

2. 管资产为主阶段（2003～2012 年）

2002 年 11 月，党的十六大提出以更大程度地发挥市场在资源配置中的基础性作用为目标，不断完善社会主义市场经济体制。这标志着我国开始进入社会主义市场经济体制的改革完善阶段。与此相适应，这一阶段的国有资本监管体制围绕产权制度改革，构建了“国资监管机构—国有资产经营公司—权属企业”的国有资本授权经营模式。政府作为国有资本所有者，设立国资监管机构，授权其代表政府履行出资人职责；组建国有资产经营公司，授权其代表国资监管机构履行出资人职责；通过产权纽带，使国有资产经营公司与权属企业形成投资与被投资关系，运营和管理国有资本。

完成上述改革后，我国初步建立了三个“三”的国有资本监管架构（见图 3－4）。第一个“三”是从监管主体看，按“国家所有，分级代表”的原则建立了由中央和地方政府分别履行出资人职责的三级出资人制度，明确了监管主体，有利于发挥地方政府国有资本监管的积极性和有效性。第二个“三”是从委托代理链条看，形成了“国资监管机构—国有资产经营公司—权属企业”的监管模式，明确了各层级主体对国有资本管理的职责权限，有利于进一步实现政资分离和政企分开。其中，第一层是国资监管机构，是履行出资人职责的主体，其职责关键是切实做到不缺位、不越位和不错位（郭国荣和黄江宁，2004）。第二层是国有资产经营公司，是国资监管机构与权属企业之间的特殊企业法人，向上接受国资监管机构委托，行使所有者权利，实现国有资本出资人所有权职能与国有企业经营管理职能的分离；向下作为权属企业的出资人，享有股东权利，依托于产权纽带经营管理国有资本，实现市场化运营。第三层是作为独立法人实体的权属企业，主要职责在于实现国有资本保值增值，提高经济效益。第三个“三”是从监管内容看，履行出资人职责的国资监管机构对所出资企业实行“管人、管事、管资产”三结合的统一管理，是有效落实“权利、义务、责任”相统一的前提，也是保障国资监管机构充分行使出资人职责的基础。

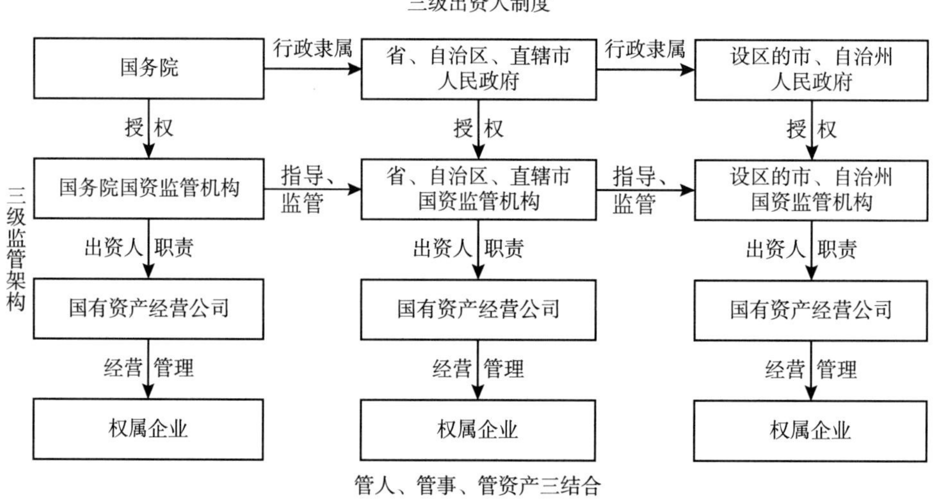

图3－4　管资产为主阶段监管体制的基本架构

3. 管资本为主阶段（2013年至今）

2013年11月，党的十八届三中全会提出使市场在资源配置中起决定性作用和更好发挥政府作用的经济体制改革目标任务，改革进入了市场经济体制的全面深化阶段。在这一经济体制改革任务的指引下，国有资本监管体制以建立科学有效的授权和监管模式为主要改革方向。

这一阶段，从授权经营、监管架构、监管内容等方面着手改革，逐渐构建了以管资本为主的监管体制。从授权经营看，要求出资人代表机构加快转变职能和履职方式，以切实减少对国有企业的行政干预。授权模式分为由国有资本投资运营公司履行出资人职责的政府直接授权和由国资监管机构履行出资人职责的间接授权两种情况。从监管架构看（见图3－5），有直接授权下的“政府—国有资本投资运营公司/国有集团企业—权属企业”和间接授权下的“政府—国资监管机构—国有资本投资运营公司/国有集团企业—权属企业”四种模式。第一层是监管层，是政府履行国有资本监管职能的出资人代表机构。第二层是出资层，是在授权范围内履行出资人职责的国有独资公司，是以产权为基础、以资本为纽带的国有资本市场化运作的专业平台，向上建立授权经营关系，向下建立资本经营关系，切实促进了政资分离和政企分开。第三层是经营层，是按照现代企业制度要求从事生产经营的权属企业。国资监管机构对不同股权性质、不同功能作用的权属企业分类实施监管。

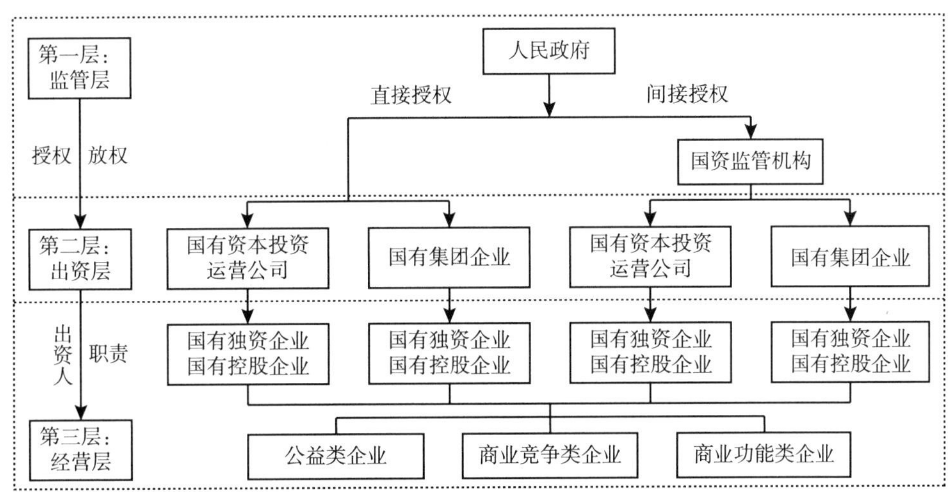

图3-5　管资本为主阶段监管体制的基本架构

第二节　现行国有资本监管体制的框架

一、现行国有资本监管主体及其职责

现行国有资本监管的相关主体主要包括：人民代表大会、人民政府、财政部门、国资监管机构、国有资本投资运营公司/国有集团企业及其权属企业。

（一）人民代表大会

人民代表大会是确保国家权力始终掌握在人民手中的权力机关，全体人民通过全国人民代表大会和地方人民代表大会管理国家事务、经济文化事业和社会事务。全国人民代表大会和地方人民代表大会行使国有资本监管的立法权和监督权。各级人民代表大会的国有资本监管职责主要有：一是通过立法的方式明确国有资本监管的规则；二是听取和审议本级人民政府履行出资人职责的情况和国有资本监督管理情况的专项工作报告；三是组织对《中华人民共和国企业国有资产法》实施情况的执法检查，依法行使监督职权。

（二）人民政府

人民政府是人民代表大会的执行机关，履行政府经济调节、市场监管、社会管理、公共服务等职能。根据“分级代表”的原则，人民代表大会授权中央人民政府和地方人民政府分别代表国家对国家出资企业履行出资人职责，享有出资人权益。各级人民政府的国有资本监管职责主要有：一是拟订并组织实施国资国企改革相关的战略计划；二是负责监测国有经济和国有企业发展态势，承担预测预警和信息引导的责任；三是推进国有经济结构战略性调整，做好与国民经济和社会发展规划、计划的衔接平衡；四是指导推进和综合协调国资国企改革的责任，研究国有企业功能定位、混合所有制改革、现代企业制度建设等重大问题。政府既是国家宏观经济的管理者，又是国有资本初始委托方即全体人民的代理者，宏观层面的经济管理者和微观层面国有资本的代理者身份的合二为一，要求政府根据其组成部门的专业化分工将国有资本出资人职责与国有资本监管职责授予专业的部门或机构负责组织实施。

（三）财政部门

财政部门是人民政府的组成部门，在国有资本监管方面承担主要责任。财政部门的国有资本监管职责主要有：一是起草有关国有资本监管的法律、行政法规草案，制定部门规章，并监督执行；二是深化国有资本监管体制改革，拟订发展战略、规划、政策和改革方案并组织实施；三是牵头编制国有资本管理情况报告，并受人民政府委托向各级人民代表大会及其常委会汇报；四是制定国有资本经营预算管理的相关制度，组织国有资本经营预算收入，拟定国有资本经营预算支出方向和重点，审核汇总国有资本经营预算建议草案，编制国有资本经营预决算草案和预算调整方案，批复国资预算单位国有资本经营预决算，组织和指导国资预算单位实施全过程绩效管理，对国有资本经营预算管理情况进行财会监督。财政部门除了履行国有资本监管职责外，根据政府授权，同时还履行国有金融资本和国有文化资本的出资人职责，财政部门的出资人职责将在国有金融资本管理和国有文化资本管理详细阐述。

（四）国资监管机构

国资监管机构，即国资委，包括国务院国资委和地方国资委。国务院国资委是代表国务院履行出资人职责、负责监督管理国有资本的直属特设机构；地方国资委是代表本级政府履行出资人职责、负责监督管理国有资本的直属特设机构。上级政府国资监管机构依法对下级政府的国资监管工作进行指导和监督。国资监管机构的国有资本监管职责主要有：一是根据本级政府授权，依照《中华人民共和国公司法》等法律法规和行政法规履行出资人职责，监管所属国有资本；二是指导推进国有资本的重组整合，推动国有资本布局与结构的战略性调整；三是依照法定程序对所出资企业负责人进行任免、考核并根据其经营业绩进行奖惩，建立符合社会主义市场经济体制和现代企业制度要求的选人、用人机制，完善经营者激励和约束制度；四是按照出资人职责，负责督促检查所监管企业在资本运作过程中贯彻落实国家方针政策及有关法律法规、标准等工作；五是负责组织所监管企业上交国有资本收益，参与制定国有资本经营预算有关管理制度和办法，按照有关规定负责国有资本经营预决算编制和执行等工作；六是承担监督所监管国有资本保值增值的责任，建立和完善国有资本保值增值指标体系，制订考核标准，通过统计、稽核对所监管国有资本的保值增值情况进行监管；七是负责国有资本基础管理，起草国有资本管理的法律法规草案，制定有关规章、制度，依法对下级政府的国有资本管理工作进行指导和监督。

（五）国有资本投资运营公司/国有集团企业

国有资本投资运营公司，是在国家授权范围内履行国有资本出资人职责的国有独资公司，是国有资本市场化运作的专业平台，不从事具体的生产经营活动。国有资本投资运营公司的国有资本监管职责主要有：一是按照《中华人民共和国公司法》和公司章程等制度规定，通过股东（大）会、董事会行使与股权份额相对应的股东权利，以出资额为限承担有限责任；二是依据国家产业政策，通过组织国有资本投入、国有资本流动、国有产权交易转让，实现国有资本的优化配置和产业结构的调整；三是审议表决所持股企业的利润分配，依规上缴国有资本收益和管理使用留存收益；四是重点向所持股企业下放选人用人、资产配置、生产与研发创新、考核评价和薪酬分配等权限；五是明确界定与所持股企业的权责边界，依法归位应由所持股企业自主经营决策的事项，不干预所持股企业的日常生产经营。

与国有资本投资运营公司不同的是，国有集团企业掌握战略性资源，自身直接或间接从事生产经营活动，主要是以产业为纽带对所持股企业实施管理。与国有资本投资运营公司相比，国有集团企业的国有资本监管职责主要有：一是围绕国资监管机构确定的主业，在主业范围内从事生产经营和管理；二是从战略制定层面明确集团总部的定位与所持股企业的业务定位，对所持股企业的生产经营实施有效管理。

（六）权属企业

国有资本投资运营公司/国有集团企业的权属企业作为国有资本委托代理链条的终端受托者，是国有资本的经营主体，从事具体生产经营活动，承载着国有资本经营管理和保值增值的职责使命。权属企业的国有资本监管职责主要有：一是对国有资产享有占有、使用、收益和处分的权利；二是从事经营活动，加强经营管理，提高经济效益，接受政府及政府有关部门、机构的管理和监督，接受社会公众的监督，承担社会责任，对出资人负责，依法建立和完善法人治理结构，建立健全内部监督管理和风险控制制度；三是建立健全财务、会计制度，设置会计账簿，进行会计核算，向出资人提供真实、完整的财务、会计信息，依照规定向出资人分配利润；四是设立监事会，监事会对董事、高级管理人员执行职务的行为进行监督，对企业财务进行监督检查；五是通过职工代表大会或者其他形式实行民主管理。

二、现行国有资本监管的模式

国有资本监管主体之间授权形成的委托代理链条构成了国有资本监管模式。根据授权经营模式的不同，国有资本监管模式可分为直接授权模式和间接授权模式。直接授权模式主要有：政府直接履行国有资本的出资人职责和政府直接授权国有资本投资运营公司履行出资人职责。间接授权模式主要有：政府授权国资监管机构履行国有资本出资人职责和国资监管机构授权国有资本投资运营公司履行出资人职责。

（一）政府—国有集团企业—权属企业

“政府—国有集团企业—权属企业”监管模式，是由政府直接履行国有资本出资人职责。通常情况下，财政部门作为政府的组成部门，主要履行国有资本的监管职责，但在“政府—国有集团企业—权属企业”监管模式下，财政部门还要履行国有资本的出资人职责。该模式需要财政部门具有同时履行出资人职责和国有资本监管职责的能力，在运营管理、产业发展等领域需具备一定的专业知识和经验。该模式较为典型的例子，是国务院授权财政部对国铁集团、中国邮政、中国烟草、北大荒集团履行出资人职责。这就要求财政部按照“一企一策”的要求，制定国有资本监管的各项制度，厘清出资人和国有集团企业各自职责，加强对重大事项、主要负责人考核等管理和监督工作。

（二）政府—国有资本投资运营公司—权属企业

“政府—国有资本投资运营公司—权属企业”监管模式，是由政府直接授权国有资本投资运营公司对授权范围内的国有资本履行出资人职责。理论上，直接授权主要有两种实现形式：一种是将以前不属于国资监管机构的国有集团企业改建为国有资本投资运营公司，另一种是将间接授权模式下具备条件的国有资本投资运营公司转变为直接授权的形式。该模式较为典型的例子，是山西的“品”字型国有资本监管架构，如图 3－6 所示（李铁琴，2022）。山西省政府直接授权山西国运为国有资本运营公司，履行省属企业出资人的职责，而山西省国资委仅作为国有资本所有权代表，对山西国运履行监管职责。山西省国资委和山西国运就授权范围内明确的事项，分别对省政府负责，由此形成了“品”字型架构。在“品”字型架构下，山西国运拥有两类定位不同的权属企业，一类是主要从事产业经营的省属企业，另一类是金融投资型的直属子公司，山西省国资委和山西国运分别对所持股的省属企业履行监管职责和出资人职责。

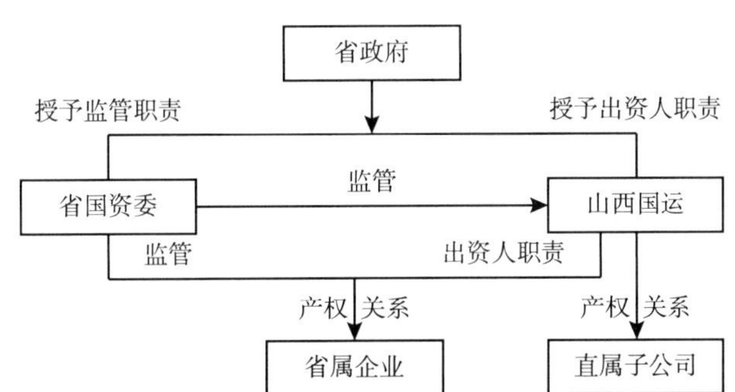

图 3－6　山西省“品”字型国有资本监管架构

（三）政府—国资监管机构—国有集团企业—权属企业

“政府—国资监管机构—国有集团企业—权属企业”监管模式，即由政府授权国资监管机构履行国有集团企业的出资人职责。该模式是当前普遍采用的国有资本监管模式，适用于以下类型的国有集团企业：一是处于国家重要行业或关键领域的国有集团企业，如能源、交通、电力、通信等行业。对于国家安全和经济发展至关重要的行业或领域，需要实施更为集中统一的监管，以确保国有资本的安全和稳定。二是中央企业或地方大型国有集团企业。这一类企业在国民经济中扮演着重要的骨干作用，需要国资监管机构统筹规划发展方向，以确保企业的战略导向融入国家发展大局（马骏和张文魁，2015）。三是公益性国有集团企业。

国资监管机构直接履行出资人职责有助于确保公益性目标的实现和社会效益的最大化，更好地体现利国利民的导向。

（四）政府—国资监管机构—国有资本投资运营公司—权属企业

“政府—国资监管机构—国有资本投资运营公司—权属企业”监管模式，是由政府授权国资监管机构依法对国有资本投资运营公司履行出资人职责，国有资本投资运营公司对授权范围内的企业履行出资人职责。国有资本投资公司要以服务国家战略、优化国有资本布局、提升产业竞争力为主要目标，而国有资本运营公司要以提升国有资本运营效率、提高国有资本回报为主要目标。一般情况下，国有资本投资运营公司可采取改组国有集团企业和出资新设两种方式设立，实践中多数情况为改组国有集团企业。改组国有集团企业包括合并改组、吸收改组和直接改组。合并改组是选择多家企业合并组建成一家国有资本投资运营公司；吸收改组是选择一家实力雄厚的企业作为主体，吸收和整合其他若干家企业组建国有资本投资运营公司；直接改组是将产业投资、运营经验丰富，市场化程度较高的企业直接改组为国有资本投资运营公司。出资新设是通过国有资本经营预算支出的资金、资产无偿划转等方式设立国有资本投资运营公司。

第三节　国有资本监管的原则和内容

国有资本监管的原则和内容是国有资本监管体制的重要组成部分。国有资本监管的原则是国有资本监管所依据的法则或标准，明确了国有资本监管的基本要求。国有资本监管的内容，回答了“管什么”的问题，划定了国有资本监管的重点任务。

一、国有资本监管的原则

从为改革提供政治、法治保障的角度看，必须坚持党的领导和依法依规原则；从坚持正确的方法论、保证改革平稳有序推进的角度看，必须牢牢把握权责明晰、突出重点、放管结合的重要原则。基于此，国有资本监管应遵循坚持党的领导、依法依规、权责明晰、突出重点、放管结合五项原则。

（一）坚持党的领导原则

党的领导是党对国有企业的政治领导、思想领导、组织领导。以坚持党的领导为原则的基本要求是：一是坚持党对国有企业的政治领导，确保企业生产经营和改革方向以服务国家战略为目标，保证党的路线方针政策在企业中贯彻落实；二是坚持党对国有企业的思想领导，从思想、理论、意识形态等方面发挥党组织对企业高质量发展的堡垒作用，突出爱国主义、集体主义、社会主义等政治教育；三是坚持党对国有企业的组织领导，着眼于党组织和党的工作全覆盖，抓好基层党组织和党员队伍建设，积极推动党的领导融入决策、执行、监督等各公司治理环节。

（二）坚持依法依规原则

依法依规是要按照相关法律法规和组织的规章制度开展工作。国有资本监管要坚持权由法定、权依法使，进一步完善国有资本监管法规制度体系，严格依据法律法规规定的权限和程序行权履职，依法依规实现对国有资本的有效监管。以坚持依法依规为原则的基本要求是：一是转变监管职能和履职方式，实现法治化行权履职；二是改进国有资本监管的方式方法，更多地运用法治化的监管手段；三是查办违法违规经营投资，持续推动违规经营投资责任追究工作走深走实。

（三）坚持权责明晰原则

权责明晰是要清晰划分国有资本监管相关主体权利，明确界定其职责。坚持权责明晰原则是推进政资分离、政企分开，构建国有资本监管体制的应有之义。以坚持权责明晰为原则的基本要求是：一是坚持政府公共管理职能与国有资本出资人职能分离，由专门的国资监管机构对国家授权监管的国有资本履行出资人职责；二是确立国有企业的市场主体地位，确保国有企业独立自主经营，最大限度减少政府对市场活动的直接干预。

（四）坚持突出重点原则

突出重点就是围绕国有资本监管的实质内容，强调“管布局、管运作、管收益、管风险”的重点举措。以坚持突出重点为原则的基本要求是：一是聚焦优化国有资本配置，管好资本布局，发挥国有资本功能作用；二是聚焦增强国有企业活力，管好资本运作，提高国有资本运营效率；三是聚焦提高国有资本回报，管好资本收益，促进国有资本保值增值；四是聚焦防止国有资产流失，管好资本安全，筑牢防止国有资产流失的底线。

（五）坚持放管结合原则

放管结合是按照权责明确、监管高效、规范透明的要求，推进国资监管机构职能和监管方式转变。以坚持放管结合为原则的基本要求是：一是积极推进简政放权，以出资关系为纽带，将属于企业法人财产权和经营自主权范畴内的事项交由企业依法自主决策，做到该放的依法放开；二是实施清单管理，在厘清出资人监管职责边界的基础上，科学管好权力清单和责任清单之内的事项，不得要求企业以任何形式事前上报审批、核准或备案。

二、国有资本监管的内容

国有资本监管要着眼于国有资本整体功能和效率，要加强系统谋划、整体调控，在更大范围、更深层次、更广领域统筹配置国有资本，要管好资本布局、管好资本运作、管好资本收益、管好资本安全。

（一）国有资本布局

加强国有资本布局整体调控，进一步发挥国有资本功能作用。国有资本布局的整体调控，要围绕服务国家战略和国有经济布局结构调整的总体部署，对国有资本布局投向进行统筹规划和引导。管好国有资本布局的重点任务：一是抓规划编制，科学构建规划体系。按照“全国一盘棋”思路，统筹国有资本布局方向，服务国家重大战略、区域发展战略和产业政策规划，构建全国国有资本规划体系。二是抓存量重组，着力优化资源配置。坚持出资人主导与市场化原则相结合，在明确功能定位和发展主业的基础上，大力推进国有资本的战略性重组、专业化整合和前瞻性布局，推动存量资本有序进退。三是抓增量布局，引导企业聚焦主责主业。通过强化战略规划和主业管理、制定投资负面清单、核定非主业投资控制比例等方式，引导国有企业聚焦主责主业，引导国有资本服务国家战略。四是抓资本盘活，实现国有资本形态转换。大力化解过剩产能，加快处置低效无效资本，推动从资源、资产向资金、资本的流动和升级，有效盘活国有资本。

（二）国有资本运作

强化国有资本运作，进一步提高国有资本运营效率。国有资本作为重要生产要素，要充分发挥市场在其配置中的决定性作用。从出资人角度建立完善国有资本运作制度，加强国有资本运作统筹谋划，加快打造市场化专业平台。管好国有资本运作的重点任务：一是有效发挥国有资本投资公司功能作用，培育产业核心竞争力和创新能力。国有资本投资公司以服务国家战略、优化国有资本布局、提升产业竞争力为目标，通过开展投资融资、产业培育和资本运作等，扩大在战略性新兴产业、前瞻技术产业和民生保障产业等领域的多元化投资，以增量投资推动产业集聚、化解过剩产能和转型升级。二是充分发挥国有资本运营公司功能作用，优化存量国有资本运营。国有资本运营公司以加快实现国有资本合理流动和保值增值为目标，通过股权运作、基金投资、培育孵化、价值管理、有序进退等方式，盘活处置国有股权、债权等存量资产，将促进股权流动、资产盘活所获取的资本投入到新产业与新项目上，带动社会资本协同发展。三是建立健全基础管理制度体系，提升国有资本运作的规范化、制度化水平。围绕资产和股权的投资运营全过程，加强产权登记、国有资产交易流转、资产评估、资产统计、清产核资等基础管理工作，加大对国有资本重大运作事项的管控力度，确保资本运作依法合规、规范有序。

（三）国有资本收益

优化国有资本收益管理，进一步促进国有资本保值增值。国有资本收益管理，要坚持以提高国有资本配置效率为目标，积极探索国有资本收益管理的有效形式，不断完善管理方法，切实维护国有资本出资人的合法权益。管好国有资本收益的重点任务：一是分类完善考核指标体系。对不同功能定位、不同行业领域、不同发展阶段的企业实行分类监管、差异化考核，“一企一策”引导企业重点发力和业绩提升；充分发挥考核导向作用，突出质量第一效益优先、服务国家战略、创新驱动发展、供给侧结构性改革等重点。二是以市场化的机制促进提升资本回报。充分授权放权，切实减少出资人审批核准事项，最大限度减少对生产经营活动的干预；完善激励约束，指导支持董事会加强对经理层的精准考核，推进职业经理人制度，推动建立健全劳动、资本、土地、知识、技术、管理、数据等生产要素由市场评价贡献、按贡献决定报酬的机制，统筹运用股权激励、分红激励、员工持股等激励政策，探索运用超额利润分享、虚拟股权、项目跟投等激励方式，激发企业各类人员的积极性和创造性，促进企业效益效率和国有资本回报的不断提升。三是以精细化的预算管理推动提升资本回报。优化国有资本经营预算支出结构，提高资本金注入比重，建立规范化、市场化的国有企业资本金补充机制；落实出资人收益权，树立绩效导向，关注国有资本长期回报，引导推动企业在收益收取和支出方向上体现出资人意图。

（四）国有资本安全

维护国有资本安全，进一步筑牢防止国有资产流失的底线。国有资本安全管理，要明确监督职责，完善责任追究制度，全方位加强出资人监督，切实防止国有资产流失。管好国有资本安全的重点任务：一是加强出资人监督制度建设，开展制度执行落实情况的监督检查。健全覆盖国有资本监管全部业务领域的出资人监督制度，加强对所监管企业关键业务、改革重点领域和国有资本运营重要环节以及境外国有资本的监督，实现监督全面覆盖。二是完善问责机制，落实企业主体责任。加大违规经营投资责任追究力度，指导企业建立完整有效的内控体系，构建业务监督、综合监督、责任追究三位一体的监督工作闭环。三是强化监督协同，构建多种监督机制并存、多元主体参与的国有资本监督体系。搭建协同监督工作体系，统筹出资人监督和纪检监察监督、巡视巡察监督、审计监督以及社会监督等各方资源和力量，建立有效的监督协同联动和会商机制。

第四节　国有资本管理的方式

国有资本管理方式是国有资本管理主体为提高国有资本运营和配置效率而在国有资本管理过程中采取的各种方法的总和。行政方式和市场方式是国有资本管理的基本方式。

一、行政方式

行政方式是国有资本管理主体依靠国家行政权，通过制定政策法规、颁布行政命令、作出指示规定等形式（苏志平，1997），对国有资本运营进行宏观调控或干预，是国有资本管理的基本方式。

（一）行政方式的特点

行政方式具有权威性、强制性、垂直性、具体性和无偿性等特点（蔡立辉和王乐夫，2018；周三多等，2014）。权威性是行政方式在管理过程中主要依托国有资本管理主体的威望，国有资本管理主体的威望越高，制定的政策法规、颁布的行政命令等级越高，作用范围越广、效力越大。强制性是国有资本管理主体所发出的命令、指示、规定对管理对象具有强制约束力，管理对象必须坚决遵守并执行，不得以任何理由拒绝。垂直性是国有资本管理主体的行政指令、命令等根据行政体系的层级结构，从上级部门向下级部门传达，体现出自上而下的垂直隶属关系。具体性是国有资本管理的对象和内容是具体的，具体的管理方法因对象和内容的不同而有所区别。无偿性是国家对国有资本的管理以维护国家利益，提高国有资本效益和实现公共利益为目标，而不是以经济利益为主导。

行政方式的权威性与强制性等特点决定其在国有资本管理过程中贯彻落实国家方针政策，依法严厉打击侵害国有资本的行为，根据国民经济发展形势及时调整国有资本布局与结构，在防止国有资产流失、保障国有资本安全完整的基础上推动国有资本和国有企业做强做优做大。但行政方式容易产生过度干预或不当干预的问题，因此需要配合市场方式共同实施。

（二）行政方式的措施

1. 集中统一管理

集中统一管理是在集中国有资本基础上对其进行统一整合、统一运作。主要包括：一是集中管理国有资本，将党政机关、事业单位所属企业的国有资本纳入经营性国有资本集中统一监管，并建立健全出资人制度，明确国有资本出资人机构及其职责边界，统一落实国有资本管理责任。二是统一整合国有资本，优化国有资本布局与结构，推进国有资本向重点基础设施集中，向前瞻性战略性产业集中，向具有核心竞争力的优势企业集中。三是统一运营国有资本，改组组建国有资本投资运营公司，对国有资本进行集中统一运作，通过投资融资、产业培育和股权运作等手段提高国有资本运营效率。

2. 授权经营体制

授权经营体制是在构建“国资监管机构—国有资本投资运营公司—权属企业”三层次国有资本监管体制的基础上，建立出资人代表机构与国有企业权责边界清晰，授权放权机制运行有效的制度体系。主要包括：一是政府授权国资监管机构作为国有资本的出资人拥有国有资本的剩余控制权，国资监管机构在履职过程中实行清单管理，清单之外不做干预，清单之内也要尽量减少事前审批。二是国资监管机构授予国有资本投资运营公司代理控制权，使其以资本为纽带、以产权为基础开展国有资本运作，同时享有战略规划和主业管理、选人用人和股权激励、工资总额和重大财务事项管理权。三是明确权属企业自主经营权，并逐步落实企业董事会职权，维护董事会依法行使重大决策、选人用人、薪酬分配等权利。

3. 信息公开制度

信息公开制度是国资监管机构、国有资本投资运营公司、国有企业向公民、法人、其他组织公开在依法履行授权职责的过程中制作或者获取的各类信息的相关制度。主要包括：一是依法依规设立信息公开平台，对国有资本整体运营情况、保值增值状况及经营业绩考核情况、国有资本管理制度和监督检查情况等依法依规、及时准确披露。二是国有资本投资运营公司建立内部常态化监督审计机制和信息公开制度，加强对权力集中、资金密集、资源富集、资产聚集等重点部门和岗位的监管。三是国有企业要严格执行《企业信息公示暂行条例》，在依法保护国家秘密和企业商业秘密的前提下，主动公开公司治理以及管理架构、经营情况、财务状况、关联交易、企业负责人薪酬等信息。

二、市场方式

市场方式是政府在国有资本的管理中引入市场机制，充分发挥市场在资源配置中的作用，以提高国有企业的活力和竞争力。

（一）市场方式的特点

市场方式具有利益性、灵活性、平等性等特点（郭跃进，2003）。利益性是市场方式通过构建完整的产权利益机制引导管理对象追求某种利益，从而间接影响管理对象行为，进而提高国有资本的运营效率。灵活性是市场方式在对国有资本进行管理时会按照分类分层的原则针对不同的管理对象，采用差异化的管理方式。平等性是市场方式会按照市场规则运作国有资本，使其与各类非国有资本公开、公平、公正参与市场竞争，依法平等参与市场竞争。

市场方式的利益性、灵活性与平等性特点决定其能够充分发挥市场在资源配置中的决定性作用。通过市场方式管理国有资本，借助市场机制运营国有资本，充分发挥市场机制的逐利性，从而提高国有资本配置和运营效率。随着市场方式对资源配置的“基础性”作用向“决定性”作用的转变，国有资本管理方式也从行政方式为主转向行政方式与市场方式并重，通过二者的相互配合，最终实现国有资本保值增值。

（二）市场方式的措施

1. 职业经理人制度

职业经理人制度，是按照“市场化选聘、契约化管理、差异化薪酬和市场化退出”的原则，聘用和管理专业的高级管理人员。主要包括：一是通过内部培养和外部引进选聘职业经理人，赴国有企业担任职业经理人的政府和事业单位干部要完成身份转换；在坚持传统干部选拔调配流程的基础上，以公开征集遴选为主实行双向选择。二是实行契约化管理，明确双方责权利、聘期、业绩目标、合同解除或终止条件和责任追究等内容，例如，董事会与职业经理人签订《岗位聘用合同书》《年度经营业绩考核责任书》《薪酬管理办法》等。三是做好差异化薪酬管理，职业经理人的薪酬标准由岗位市场价值决定，在全方位、多维度综合评判职业经理人业绩能力的基础上，将考核结果与职业经理人薪酬紧密挂钩，收入高低取决于经营业绩、岗位贡献、责任风险。四是建立市场化退出机制，依据职业经理人聘任合同约定和经营业绩考核结果等，出现结果不达标，因严重违纪违法、违反管理制度被追究相关责任，聘任期间对企业重大决策失误、重大资产损失、重大安全事故负有重要领导责任等情况，应解除（终止）聘任关系。

2. 任期制和契约化管理

任期制和契约化管理是对企业经理层成员实行的，以固定任期和契约关系为基础，根据合同或协议约定开展年度和任期考核，并根据考核结果兑现薪酬和实施聘任（或解聘）的管理方式。主要包括：一是董事会与经理层成员签订年度和任期经营业绩责任书，明确考核内容及指标，确定考核指标的目标值。二是开展年度经营业绩考核和任期经营业绩考核，年度经营业绩考核以年度为周期，在当年年末或次年年初进行；任期经营业绩考核结合任期届满当年年度考核一并进行。三是强化薪酬管理，经理层成员薪酬结构一般包括按月固定发放的基本年薪，与年度经营业绩考核结果挂钩的绩效年薪，与任期经营业绩考核结果挂钩的任期激励等，根据经营业绩考核结果，合理拉开经理层成员薪酬差距。四是建立退出机制，以合同契约中的解聘条件和绩效考核结果作为退出的主要依据，不适宜继续任职的，应当中止任期、免去现职，对不胜任或不适宜担任现职的经理层成员，不得以任期未满为由继续留任，应当及时解聘，真正做到管理者“能上能下、能进能出”。

3. 市场化薪酬分配机制

市场化薪酬分配机制是坚持按劳分配原则，健全国有企业职工工资与经济效益同向联动、能增能减的机制。主要包括：一是建立健全与劳动力市场基本适应、与企业经济效益和劳动生产率挂钩的工资决定和正常增长机制，工资总额管理方式根据企业功能定位、行业特点，实行备案制、审核制、周期制等分类管理，支持具有创新要求高、当期收益不确定等特点的企业探索建立更具灵活性和市场竞争力的工资总额动态调整机制。二是建立“能多能少”“薪随岗变”“异岗异人异薪”的薪酬分配制度，坚持向关键岗位和核心骨干倾斜，薪酬水平与岗位责任、经营业绩、经营风险、个人能力相对应，薪酬兑现和薪酬调整与考核评价结果相结合、与职位变动相关联，合理拉开收入分配差距。

4. 市场化激励约束机制

市场化激励约束机制是根据国有企业发展目标和国有企业员工的行为规律，激发员工动力，规范员工行为的机制。主要包括：一是突出质量效益与推动转型升级相结合的考核体系和办法，对不同功能定位、不同行业领域、不同发展阶段的企业实行差异化考核，在纵向考核企业经营实绩的同时，横向与国内同行业先进水平的企业进行对标考核。二是实现业绩考核与薪酬分配协同联动，进一步发挥考核分配对企业发展的导向作用，实现“业绩升、薪酬升，业绩降、薪酬降”。三是综合运用国有控股混合所有制企业员工持股、国有控股上市公司股权激励、国有科技型企业股权和分红激励等中长期激励政策，探索超额利润分享、项目跟投、虚拟股权等中长期激励方式，注重发挥好非物质激励的积极作用，系统提升正向激励的综合效果。

第五节　国有资本监督

为了适应新时代新形势新要求，我国加快推进以管资本为主的监管体制改革，这对国有资本监督提出了更高要求。在这一背景下，我国亟须构建更加科学、高效的国有资本监督体系，推动国有资本效能和效益持续提升。

一、国有资本监督概述

（一）国有资本监督的含义

国有资本监督是国有资本监督主体运用一定的监督方式或方法对国有资本运营和管理过程所进行的监察和督促（刘玉平，2008），可分为企业内部监督和企业外部监督。其中，企业内部监督包括党组织、股东（大）会、董事会、监事会、职工代表大会等治理主体对国有资本的监督，以及审计、纪检监察、巡察、财务等部门对国有资本的监督；企业外部监督包括人大监督、出资人监督、审计监督、纪检监察监督、巡视巡察监督、财会监督等国家监督和社会公众监督、媒体监督、中介机构监督等社会监督。企业内部监督和企业外部监督构成了国有资本监督体系（见图3－7）。国有资本监督作为国有资本监管的重要组成部分，其监督内容十分广泛，包括国有资本涉及的所有领域、国有资本管理运营的所有活动及其效果；其监督方式灵活多样，包括审计、纪检监察、巡视巡察、举报、报道等；其监督意义更加重大，对国有资本优化布局、规范运作、提高回报、维护

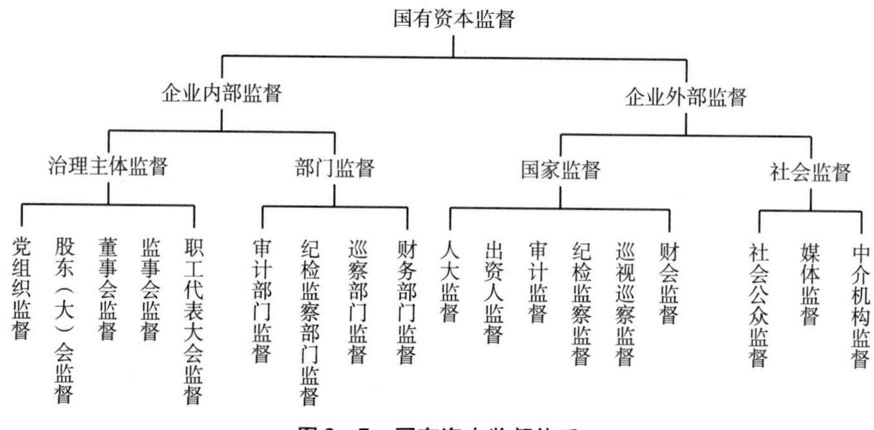

图3－7　国有资本监督体系

安全都具有重要意义。由于本书基于国有资本出资人视角研究国有资本管理，即作为国有资本宏观管理主体的政府部门、国资监管机构等对国有资本的管理，因此本章节重点介绍在国有资本监督体系中具有重要作用的企业外部监督。

（二）国有资本监督的原则

国有资本监督遵循以下原则：一是坚持全面覆盖，突出重点。实现国有资本监督全覆盖，加强对国有企业权力集中、资金密集、资源富集、资产聚集等重点部门、重点岗位和重点决策环节的监督，切实维护国有资本安全。二是坚持权责分明，协同联合。清晰界定各类监督主体的监督职责，有效整合监督资源，增强监督工作合力，形成内外衔接、上下贯通的国有资本监督体系。三是坚持放管结合，提高效率。正确处理好依法加强监督和增强企业活力的关系，改进监督方式，创新监督方法，尊重和维护企业经营自主权，增强监督的针对性和有效性。四是坚持完善制度，严肃问责。建立健全国有资本监督法律法规体系，依法依规开展监督工作，完善责任追究制度，对违法违规造成国有资本损失以及监督工作中失职渎职的责任主体，严格追究责任。

（三）国有资本监督的方式

国有资本监督充分运用“查、听、看、谈、研”五种监督方式，真正把国有资本监督贯穿于国有资本管理事前、事中、事后全过程，让国有资本监督真正做到全覆盖、无死角。用好“查”的方式，通过查阅文件、记录、报表等资料，全面了解国有资本管理运营活动；用好“听”的方式，通过听取报告、汇报、意见等方法，及时听取审议国有资本管理运营效果；用好“看”的方式，通过实地考察、调研、检查等方法，观察国有资本管理运营工作，发现国有资本管理运营问题；用好“谈”的方式，采用询问、质询、约谈等方法，对发现的突出问题和薄弱环节开展谈话；用好“研”的方式，利用分析、研究等方法，改进国有资本监督方式和创新国有资本监督方法。

（四）国有资本监督的内容

国有资本监督的内容包括以下五个方面：一是合法合规监督，是对国有资本的投入、运营和退出等进行合法合规性的监督，包括确保国有资本的投入和退出程序符合法律法规，运营符合相关规定，避免违规操作和滥用职权等问题。二是资产管理监督，是对国有企业的资产管理情况进行监督，监督内容既包括资产购入、使用、评估、处置等方面，也包括资金周转速度、资产运行状态、资产结构以及资产有效性等方面，检查资产管理过程中的程序是否规范、决策是否科学合理。三是风险控制监督，是对国有资本面临的各类风险进行监督，包括市场风险、经营风险、财务风险等，评估风险管理制度的健全性、风险识别和评估的准确性以及采取的风险控制措施的有效性。四是经济效益监督，是对国有资本的经营状况和经济效益进行监督，评估国有资本的盈利能力、债务风险、经营增长等。五是社会责任监督，是对国有资本的社会责任履行情况进行监督，包括生态环境保护、员工权益保障、社会公益活动等，评估国有资本在社会发展、公共利益方面的贡献。

二、企业外部监督

（一）国家监督

1. 人大监督

人大监督是人民代表大会及其常务委员会对国有资本管理运营的监督。人大监督的职责主要有：听取和审议国务院关于国有资本管理情况的报告；针对国有资本管理存在的问题，开展专题询问和调查，最终根据审议和监督情况依法作出决议。在审议国有资本管理情况报告时，人民代表大会及其常务委员会重点关注以下内容：一是贯彻落实党中央关于国有资本管理和国有企业改革发展方针政策和重大决策部署情况；二是有关法律实施情况；三是有关审议意见和决议落实情况；四是改革完善国有资本管理体制情况；五是企业国有资产服务国家战略，提升国有经济竞争力、创新力、控制力、影响力、抗风险能力等情况；六是国有资本保值增值、防止国有资产流失和收益管理等情况；七是审计查出问题整改情况；八是其他与国有资本管理有关的重要情况。

2. 出资人监督

出资人监督是代表国家履行出资人职责的机构对国有资本管理运营的监督。出资人监督的职责主要有：一是对国有资本监督制度执行情况的监督，定期开展对各业务领域制度执行情况的检查，针对不同时期的重点任务和突出问题不定期开展专项抽查；二是设立稽查办公室，负责分类处置和督办监督工作中发现的需要企业整改的国有资本管理运营问题，组织开展国有资产重大损失调查，提出有关责任追究的意见建议；三是开展代表国家履行出资人职责的机构向所出资企业依法委派总会计师试点工作，强化出资人对企业重大财务事项的监督；四是加强企业境外国有资本监督，重视在法人治理结构中运用出资人监督手段，强化对企业境外国有资本投资运营和产权状况的监督，严格规范境外大额资金使用、集中采购和佣金管理，确保企业境外国有资本安全可控、有效运营。

3. 审计监督

审计监督是审计机关对被审计单位国有资本管理运营的监督。审计机关包括审计署和各级审计厅（局）。审计监督的职责主要有：一是部门预算执行情况，检查预算编制、执行和决算是否合法合规、科学合理；二是党政主要领导干部和国有企事业单位主要领导的经济责任履行情况，评价其对国有资本的保全、增值、效益等责任履行情况；三是企业资产负债损益情况，分析企业财务状况、经营成果、财务风险等；四是专项项目实施情况，核查专项项目的目标、进度、成本、效果等；五是投资项目的效益和风险情况，评价投资项目的投入产出比、收益水平、风险控制等；六是审计发现问题的整改落实情况，督促被审计单位及时整改审计问题，推动问题解决。

4. 纪检监察监督

纪检监察监督是纪检监察机构对国有资本管理运营的监督。纪检监察机构包括纪律检查委员会和监察委员会。纪检监督的职责主要有：维护党的章程和其他党内法规；检查国有资本管理运营过程中党的理论和路线方针政策、党中央决策部署执行情况；协助党的委员会推进全面从严治党、加强党风建设和组织协调反腐败工作。监察监督的职责主要有：对国有资本管理经营公职人员开展廉政教育，对其依法履职、秉公用权、廉洁从政从业以及道德操守情况进行监督检查；对涉嫌贪污贿赂、滥用职权、玩忽职守、权力寻租、利益输送、徇私舞弊以及浪费国家资财等职务违法和职务犯罪进行调查；对违法的公职人员依法作出政务处分决定；对履行职责不力、失职失责的领导人员进行问责；对涉嫌职务犯罪的，将调查结果移送人民检察院依法审查、提起公诉；向监察对象所在单位提出监察建议。纪检监督和监察监督在国有资本监督职责上有所不同，但都是为了保障国有资本安全、效益和发展，维护国家利益和人民根本利益。

5. 巡视巡察监督

巡视巡察监督是巡视巡察机构对被巡视巡察单位国有资本管理运营的监督。巡视巡察机构，除中央巡视机构外，还包括各省区市党委、国资委党委巡视巡察机构。巡视巡察监督的职责主要有：一是重点了解被巡视巡察单位国有资本管理运营过程落实党的精神和党中央决策部署情况，深入查找其坚持和加强党的全面领导、建设中国特色现代企业制度、履行主责主业、深化改革、提高核心竞争力、增强核心功能、防范化解重大风险等方面问题；二是重点了解被巡视巡察单位国有资本管理运营过程落实全面从严治党决策部署情况，深入查找落实其全面从严治党“两个责任”、领导人员廉洁自律、落实中央八项规定及其实施细则精神等方面问题；三是重点了解被巡视巡察单位国有资本管理运营过程落实新时代党的组织路线情况，深入查找其党委落实新时代党的组织路线，加强领导班子队伍建设、执行民主集中制、落实“三重一大”决策制度等方面问题；四是重点了解被巡视巡察单位国有资本管理运营过程落实巡视巡察整改和成果运用情况，深入查找其上次巡视巡察反馈意见、主题教育检视的问题、审计等监督检查指出的问题整改情况。

6. 财会监督

财会监督是财政部门依法依规对与国有资本管理运营相关的财政、财务、会计活动的监督。财会监督的职责主要有：一是牵头组织对国有资本财政、财务、会计管理法律法规及规章制度执行情况的监督；二是加强对国有资本经营预算管理的监督，推动构建完善综合统筹、规范透明、约束有力、讲求绩效、持续安全的现代国有资本经营预算制度，推进全面实施国有资本经营预算绩效管理，强化预算约束；三是加强对国有资本财务管理、内部控制的监督，督促指导相关单位规范财务管理，提升内部控制水平；四是加强对国有资本会计行为和会计资料的监督，规范会计行为，提高会计信息质量。

（二）社会监督

1. 社会公众监督

社会公众是国有资本的所有者和受益者，与国有资本管理运营、效率效益、风险水平等利益相关。国有资本的社会公众监督，是由全体社会公众对国有资本管理运营的监督（刘玉平，2008）。社会公众通过各种渠道和方式，例如，投诉举报、网络舆情、民意调查等，对国有资本管理运营提出意见和建议，促进国有资本合规经营、提高效率和透明度、增强社会信任和公信力。但我国国有资本信息披露确实还有不足之处，例如，披露内容不够全面、披露频率不够及时、披露渠道不够便捷等。这些不足影响社会公众对国有资本的了解和监督，也影响国有资本的市场化运作和竞争力。因此，要加强国有资本信息披露，提高信息披露的数量、质量和频率，增强信息披露的公信力和透明度，满足社会公众的知情权和监督权。

2. 媒体监督

媒体作为国有资本信息的传播者，具有信息量大、影响广、时效快等特征，是社会监督的重要载体和工具，是保障国有资本规范运作和可持续发展的关键。媒体通过新闻报道、评论分析、专题调查等方法收集整理国有资本信息，利用电视、广播、报刊、网络等渠道传播这些信息，实现对国有资本管理经营过程中好的做法加以宣传，共同学习；不好的做法特别是违法违规的行为和问题，勇于揭露，对推动国有资本的规范运作和良性发展至关重要。媒体工作者要坚持正确政治方向，加强国有资本知识学习，深入调查研究国有资本管理经营，努力以实际行动赢得社会尊重和人民赞誉。

3. 社会中介机构监督

社会中介机构，主要是介于政府、企业、个人之间，从事服务、协调、评价等活动的经济组织，这类经济组织既不是政府机构，也不是政府机构的附属物，而是为市场服务的服务性机构（刘玉平，2008），是社会监督的重要支撑和保障。在国有资本监督过程中，中介机构利用其专业知识和技术优势，对国有资本的财务状况、经营效果、风险水平等进行专业化的评价和分析，既为国有资本监督提供数据支持和理论依据，也为国有资本改革创新提供智力支持和政策建议。与国有资本监督相关的中介机构有以下几类：对国有资本管理财务资料真实性、完整性和可靠性进行验证的机构，主要是会计师事务所；对国有资本的保值增值情况进行评价的机构，主要是资产评估事务所；为国有资本管理提供服务咨询、管理预测的机构，主要是国有资本管理咨询机构；调节国有资本产权纠纷的机构，例如律师事务所。中介机构及其执业人员要勤勉尽责，按规定和约定履行义务，充分发挥第三方独立监督作用，国有企业要向中介机构提供有关资料和数据，并对其真实性、合法性和完整性负责，拒绝或故意不提供有关资料和文件，影响和妨碍中介机构正常执业的，国家要及时作出相应处理。

国有资本监督应充分发挥各类监督的特点和优势，实现贯通协调，增强监督合力，提升监督水平，从而确保国有资本的安全和有效运营，实现保值增值目标。

第 二 篇

国有资本战略管理

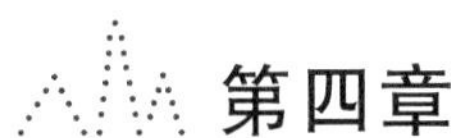

第四章

国有资本布局与结构管理

推进国有资本布局优化和结构调整，增强国有经济竞争力、创新力、控制力、影响力和抗风险能力，是国资国企改革的一项战略性关键任务，对更好服务国家战略目标、更好促进国民经济高质量发展、更好促进构建新发展格局等都具有重要意义。本章主要介绍国有资本的分类、国有资本布局与结构的含义和意义，阐释国有资本布局优化和结构调整的目标、原则和实施主体，梳理国有资本布局优化和结构调整的实践历程，并探讨国有资本布局优化和结构调整的方向和方式。

第一节 概　　述

一、国有资本的分类

我国国有资本规模庞大，且分布领域广泛、功能各异，为更好管理国有资本布局与结构，实现国有资本布局优化和结构调整，需从不同角度，按不同标准，对国有资本进行科学分类。

（一）按行业划分

按行业划分国有资本，主要是按照2017年国民经济行业分类（GB/T 4754—2017）划分国有资本的行业属性，每个行业都可对应第一产业、第二产业或第三产业中的某个产业（见表4－1）。具体而言：农、林、牧、渔业（不含农、林、牧、渔专业及辅助性活动）以直接利用自然资源进行生产为主要特征的行业，属于第一产业；采矿业（不含开采专业及辅助性活动），制造业（不含金属制品、机械和设备修理业），电力、热力、燃气及水生产和供应业，建筑业以加工原材料为主要特征的行业，属于第二产业；批发和零售业，交通运输、仓储和邮政业，住宿和餐饮业，信息传输、软件和信息技术服务业，金融业，房地产业，租赁和商务服务业，科学研究和技术服务业，水利、环境和公共设施管理业，居民服务、修理和其他服务业，教育，卫生和社会工作，文化、体育和娱乐业，公共管理、社会保障和社会组织，国际组织，以及农、林、牧、渔业中的农、林、牧、渔专业及辅助性活动，采矿业中的开采专业及辅助性活动，制造业中的金属制品、机械和设备修理业以提供服务为主要特征的行业，属于第三产业。

表 4－1　　产业与行业关系

产业	行业
第一产业	农、林、牧、渔业（不含农、林、牧、渔专业及辅助性活动）
第二产业	采矿业（不含开采专业及辅助性活动），制造业（不含金属制品、机械和设备修理业），电力、热力、燃气及水生产和供应业，建筑业
第三产业	批发和零售业，交通运输、仓储和邮政业，住宿和餐饮业，信息传输、软件和信息技术服务业，金融业，房地产业，租赁和商务服务业，科学研究和技术服务业，水利、环境和公共设施管理业，居民服务、修理和其他服务业，教育，卫生和社会工作，文化、体育和娱乐业，公共管理、社会保障和社会组织，国际组织，以及农、林、牧、渔业中的农、林、牧、渔专业及辅助性活动，采矿业中的开采专业及辅助性活动，制造业中的金属制品、机械和设备修理业

（二）按区域划分

按区域划分，国有资本可分为境内国有资本和境外国有资本。境内国有资本是在境内以各种形式投入或占有的国有资本，包括国家出资的国有独资企业、国有独资公司，以及国有控股公司、国有参股公司中的国有资本等。按不同区域，境内国有资本又可细分为东部、中部、西部、东北四大区域国有资本或长江三角洲、京津冀、大湾区等区域国有资本。境外国有资本是在境外以各种形式投入或占有的国有资本，包括国家出资的境外投资企业（项目）、国有控股或参股境外企业（项目）中的国有资本。按不同区域，境外国有资本又可细分为“一带一路”、中俄合作区、中东欧合作区等区域国有资本。

（三）按隶属关系层级划分

按隶属关系层级划分，国有资本可分为中央国有资本和地方国有资本。中央国有资本是中央政府或者中央政府授权机构直接或者间接拥有的国有资本。通常来说，中央国有资本在关系国家安全、国民经济命脉的重要行业和关键领域占据支配地位，是国民经济的重要支柱。地方国有资本是地方人民政府或者地方人民政府授权机构直接或者间接拥有的国有资本，在促进地方经济社会发展中具有重要作用。

（四）按功能作用划分

按功能作用划分，国有资本可分为商业类国有资本和公益类国有资本。商业类国有资本是主要从事市场竞争性业务，以盈利为目的的国有资本。商业类国有资本又可细分为处于充分竞争行业和领域的商业类国有资本，即商业Ⅰ类国有资本和处于关系国家安全、国民经济命脉的重要行业和关键领域、主要承担重大专项任务的商业类国有资本，即商业Ⅱ类国有资本。公益类国有资本是从事非市场竞争性业务，以保障民生、服务社会、提供公共产品和服务为主要目标的国有资本。

二、国有资本布局与结构的含义

（一）国有资本布局的含义

国有资本布局是动态布局过程和相对静态布局结果的统一。具体来说，国有资本动态布局是以目标为导向，对国有资本进行合理安排和组织的不断优化过程，重点解决国有资本“向哪分布”的问题。动态国有资本布局过程要符合国家战略目标和国民经济社会发展需要，使国有资本更加集中于关系国家安全、国民经济命脉的重要行业和关键领域，集中于提供公共服务、重点基础设施、应急能力建设和公益性等关系国计民生的重要行业和关键领域，以及集中于保护生态环境、支持科技进步和前瞻性战略性新兴产业。这既反映了国有资本的投入方向和优化目标，也反映了基于资源禀赋条件国有资本配置的重点和优先级。相对静态国有资本布局结果，是在特定时间、空间，国有资本在不同层面的分布状况，这里的“层面”包括行业、区域、企业，重点解决国有资本“分布多少”的问题（陈鸿，2012）。

动态国有资本布局过程与相对静态国有资本布局结果相互依存、相互作用。一方面，国有资本布局过程中的每一个决策和行动都会对国有资本布局结果产生影响，没有科学的国有资本布局过程，就没有合理的国有资本布局结果。另一方面，国有资本布局结果给当前国有资本布局过程提供反馈，进而影响下一轮国有资本布局过程。因此，国有资本布局过程和国有资本布局结果是不可分割的两个方面，共同构成了管理学中国有资本布局的含义。即国有资本布局既是一个动态过程，又是一个相对静态结果，国有资本需要根据国家战略、市场需求、产业发展等因素不断进行动态布局过程，进而国有资本在不同层面的相对静态布局结果会发生相应变化。

（二）国有资本结构的含义

国有资本结构是国有资本在不同行业、区域、企业的构成和比例，反映了国有资本的投入效果。理解国有资本结构的含义，要注意以下几点：一是不同的国有资本结构，对国有企业的经营效率、风险承受能力、融资能力等方面的影响不同。二是与国有资本布局相比，国有资本结构更综合分析国有资本配置格局。国有资本结构既涉及国有资本的投入方向及其规模，还涉及国有资本在不同行业、区域、企业所占的比例。三是国有资本结构直接影响国有资本的投入效果，即国有资本在保值增值、战略支撑、公益贡献、创新驱动等方面发挥的重要作用。通过分析国有资本结构变化，即国有资本构成和比例的变化方向及变化大小，可以判断出国有资本的运营情况、发展趋势等信息。例如，如果某个行业、区域、企业的国有资本比例增加，可能是由于国家对该行业、区域、企业的战略需求增加，或是为了保障国家安全、国民经济命脉等原因。把握上述要点，可更充分全面理解国有资本结构的含义，更有利于推进国有资本布局优化和结构调整。

（三）国有资本布局与结构的关系

国有资本布局和国有资本结构不是两个相互孤立的范畴，二者相互联系、相互作用。一方面，国有资本布局，即国有资本投入不同行业、区域、企业，决定了国有资本结构的基本形态；另一方面，国有资本结构，即国有资本在不同行业、区域、企业的构成和比例，反映了国有资本布局的优化效果。国有资本布局与结构要随着国家战略、市场需求、产业发展等因素的变化而进行动态调整。因此，人民政府、财政部门和国资监管机构等相关主体要尊重国有资本布局与结构的内在规律，根据政治经济和社会环境要求，管理好国有资本布局与结构，使之更好服务于国家战略和人民福祉。

三、国有资本布局与结构管理的意义

国有资本布局与结构管理是国家或相关主体以推进国有经济布局优化和结构调整为目的，对国有资本的投入、运营、退出等活动进行统筹规划、政策指引、监督管理的过程。推进国有资本布局优化与结构调整，对更好服务国家战略目标、更好适应高质量发展要求、更好构建新发展格局等都具有重要意义。

（一）更好服务国家战略目标

国家战略目标是国家在特定的历史时期，为了维护和增进国家利益，而制定的长期性、全局性、指导性的目标，对实现国家富强、民族振兴、人民幸福起关键性作用。2022 年 10 月，党的二十大报告明确指出，从现在起，国家战略目标就是团结带领全国各族人民全面建成富强民主文明和谐美丽的社会主义现代化强国，以中国式现代化全面推进中华民族伟大复兴①。众所周知，国有资本是党和国家事业发展的重要物质基础和政治基础，不仅在关系国家安全、国民经济命脉的重要行业和关键领域发挥主导作用，还在推动科技创新、产业升级、区域协调、生态文明、民生保障等方面发挥引领作用，为实现国家战略目标提供坚强保障。通过布局优化和结构调整，国有资本能够更好地向关系国家安全、国民经济命脉的重要行业和关键领域集中，向提供公共服务、应急能力建设和公益性等关系国计民生的重要行业和关键领域集中，向前瞻性战略性新兴产业集中。在这些重要行业和关键领域，国有资本可以充分发挥其政策优势、信用优势、规模优势、创新优势，全力服务国家战略实施，加快实现国家战略目标。

（二）更好促进经济高质量发展要求

高质量发展是全面建设社会主义现代化国家的首要任务，是适应我国社会主要矛盾变化、解决发展不平衡不充分问题、有效防范化解各种重大风险挑战、以中国式现代化全面推进中华民族伟大复兴的必然要求。一般来说，宏观层面的高质量发展是指经济增长稳定、区域发展协调，以创新为动力，以绿色为导向，以人民为中心的发展。实践告诉我们，国有资本布局与结构不可能自动实现优化，而是需要通过科学管理和不断动态调整，才能趋于合理，得以优化，进而更好适应国有经济高质量发展要求。具体而言：国有资本布局与结构管理通过加大对关键核心技术、前瞻性战略性新兴产业、现代基础设施等领域的投入，以提升国有企业的创新力和竞争力，增强国家战略科技力量；通过淘汰落后产能，以推动传统产业转型升级，培育发展新动能，打造先导性和支柱性产业，提高产业链供应链自主可控能力，增强我国在全球产业分工中的话语权和影响力；通过加强对生态环保、公共服务、民生保障等领域的有效供给，以提高服务效率和质量，改善人民群众的生活水平和质量，满足人民日益增长的美好生活需要。

（三）更好促进构建新发展格局

构建以国内大循环为主体、国内国际双循环相互促进的新发展格局，是当前我国经济高质量发展的基本路径，也是塑造我国国际经济合作和竞争新优势的战略抉择。国有资本布局与结构管理，不仅有利于发挥国有资本强大有效的供给

① 《高举中国特色社会主义伟大旗帜　为全面建设社会主义现代化国家而团结奋斗——在中国共产党第二十次全国代表大会上的报告》，中国政府网，2022 年 10 月 16 日。

力，穿透循环堵点，消除瓶颈制约，增强供给体系韧性，形成更高效率和更高质量的投入产出关系；还有利于加快培育完整的内需体系，把实施扩大内需战略同深化供给侧结构性改革有机结合起来，推动形成需求牵引供给、供给创造需求的更高水平动态平衡，增强国内市场的供给能力和需求潜力，满足国内市场的多层次、多样化需求，促进国内市场的扩大和完善，形成有效供需对接和良性循环。同时，国有资本布局与结构管理，有利于推动国有企业参与国际合作和竞争，拓展国际市场和资源渠道，提升我国在全球价值链中的地位和话语权，从而形成对外开放新优势，实现我国与世界各国的互利共赢。

第二节　国有资本布局优化和结构调整的目标和原则

科学认识国有资本布局优化和结构调整体制至关重要，不仅有利于全面深入开展国有资本布局优化和结构调整工作，还有利于客观系统评价国有资本布局优化和结构调整效果。国有资本布局与结构管理的目标、原则、实施主体及其职责是国有资本布局优化和结构调整体制的重要构成要素。

一、国有资本布局优化和结构调整的目标

国有资本布局优化和结构调整要坚持目标导向。明确的总体目标和具体目标，能够为优化国有资本配置提供方向和依据。

（一）总体目标

总体目标的制定和落实是国有资本布局优化和结构调整的重要基础，应在综合考虑内外部环境的基础上确定总体目标。总体目标是各活动所要达到的最终结果，是确定各阶段、各层次、各领域具体目标的依据。2020 年 11 月，中央全面深化改革委员会第十六次会议审议通过了《关于新时代推进国有经济布局优化和结构调整的意见》，明确了当前国有资本布局优化和结构调整的总体目标是：坚持问题导向，针对当前国有经济布局与结构存在的问题，以深化供给侧结构性改革为主线，坚持有所为有所不为，切实担负起做强做优做大国有资本和国有企业、建设世界一流企业，更好发挥国有经济战略支撑作用的重大使命，聚焦战略安全、产业引领、国计民生、公共服务等功能，调整存量结构，优化增量投向，更好把国有企业做强、做优、做大，坚决防止国有资产流失，不断增强国有经济竞争力、创新力、控制力、影响力、抗风险能力。

总体目标中的每一个关键词都有深刻含义。聚焦战略安全、产业引领、国计

民生、公共服务等功能，就是要根据国家战略目标和国民经济社会发展需要，确定国有资本在不同行业和领域的定位和作用，使国有资本能够更好地保障国家安全、引领产业发展、服务人民生活、提供公共产品。调整存量结构，就是要对现有国有资本进行优化配置，对一些处于低效、落后、重复企业的国有资本进行重组、退出、转型，释放出更多资源和空间。优化增量投向，就是要对新增国有资本进行科学规划，把更多资源和资金投向前瞻性战略性新兴产业、现代基础设施、现代服务等行业和领域，提高国有资本布局与结构管理效率、效益和质量。更好把国有企业做强做优做大，就是要提升国有企业核心竞争力，加强创新能力建设，培育世界一流企业，增强国有经济在国民经济中的主导地位。坚决防止国有资产流失，就是要加强国有资产监管，防止发生国有资产被侵占、挪用、贱卖等行为，维护国家和人民利益。不断增强国有经济竞争力、创新力、控制力、影响力、抗风险能力，就是要提高国有经济在市场竞争中的优势和地位，增强在重要行业和关键领域的控制力和话语权，增强在应对各种风险和挑战中的稳定性和韧性。

（二）具体目标

具体目标是为实现总体目标而制定的分阶段、分层次、分领域的目标，是对总体目标的分解和落实。只有通过实现具体目标，才能最终达到总体目标。我国已进入“十四五”时期，“十四五”时期是我国开启全面建设社会主义现代化国家新征程的第一个五年规划期。结合当前国有资本布局优化和结构调整的总体目标，以及“十四五”规划和 2035 年远景目标纲要，现阶段国有资本布局优化和结构调整的具体目标是：加快国有经济布局优化和结构调整，以优化布局补齐高质量发展短板，大力推动国有资本更多投向关系国家经济命脉、科技、国防、安全等领域和关系国计民生的重要领域，大力发展实体经济，使国有经济在战略安全、公共服务领域的主体作用更加突出，在前瞻性战略性新兴领域的发展动能更加强劲，在基本民生领域的有效供给更加充足，不断提升国有资本配置效率和整体功能。

这一具体目标体现了阶段性、层次性、领域性等特征。从阶段性特征来看，按照“十四五”规划和 2035 年远景目标纲要要求，国有资本布局要在 2025 年、2030 年和 2035 年分阶段实现的具体目标：到 2025 年，国有资本布局优化和结构调整取得明显进展；到 2030 年，国有资本布局优化和结构调整取得重大进展；到 2035 年，此轮国有资本布局优化和结构调整基本完成。从层次性特征来看，按隶属关系层级划分，国有资本布局要在不同层级上实现不同的具体目标：中央国有资本要主要服务于国家战略，支持国家安全、国民经济命脉的重要行业和关键领域，补齐产业链供应链短板，推动资源整合协同；地方国有资本要主要服务于地方发展，支持区域协调发展、乡村振兴、脱贫攻坚等重点任务，促进区域间资源优化配置。从领域性特征来看，按照不同的行业和领域，国有资本布局要实现不同的具体目标：在关系国家经济命脉、科技、国防、安全等领域和关系国计民生的重要领域，国有资本要发挥战略支撑作用，保障国家安全和国民经济命脉；在战略安全、公共服务领域，国有资本要发挥主导作用，服务国家重大战略和提高公共服务水平；在前瞻性战略性新兴领域，国有资本要发挥引领带动作用，推动前瞻性战略性新兴领域发展；在基本民生领域，国有资本要发挥基础保障作用，保障人民群众基本生活。

二、国有资本布局优化和结构调整的原则

管理学视域下的“原则”，体现的是管理活动的指导思想和行为准则，可以有效帮助管理者解决管理过程中遇到的问题，提高管理效率，实现目标使命。国有资本布局优化和结构调整过程中，需要遵循问题导向等原则。

（一）问题导向原则

问题导向就是要从存在的短板、不足、风险等问题出发，以解决问题为目的，针对当前国有资本布局与结构存在的问题，深入实践调查和分析研究，把握国有资本发展趋势和规律，全面客观分析，进而对症下药解决国有资本布局与结构问题。

（二）适应市场原则

适应市场原则主要包括两个方面含义：一是国有资本布局方向，要根据市场需求和竞争状况，合理确定国有资本的投入方向、规模，充分发挥市场在资源配置中的决定性作用；二是国有资本布局优化和结构调整方式，要遵循市场规律，尊重企业自主权和市场主体地位，通过公开透明、公平竞争的市场化方式，实现国有资本布局优化和结构调整目标。

（三）综合效益原则

综合效益原则是对国有资本布局优化和结构调整制定规划或评价效果时，既要注重经济效益又要注重社会效益、生态效益，力求综合效益最大化。如果仅追求经济效益，而无视社会效益、生态效益，那么，将难以实现可持续发展，也背离了国有资本固有的公益性和战略性功能定位。同时，既要注重局部效益又要注重全局效益，既要注重当前效益也要注重未来效益，努力使综合效益最大化。

（四）动态调整原则

动态调整原则是指国有资本布局优化与结构调整的方向、规模和方式不是固定、一成不变的，而是需要适应国民经济社会发展变化，根据国家战略、市场需求、产业发展等因素，及时优化调整国有资本布局与结构的方向、规模和方式，增强其前瞻性、灵活性、协同性。如果国有资本布局与结构不能适应国家战略、市场需求、产业发展等要求，便会削弱国有资本功能和效益。

（五）总体规划、分类推行、分层考核原则

总体规划原则，即要根据国家战略目标和国民经济社会发展需要，统筹考虑国有资本布局优化与结构调整的方向、规模和方式，制定科学合理的国有资本布局优化和结构调整方案，明确国有资本进退的行业和领域。分类推行原则，即要根据国有资本所处的功能定位，采取差异化管理措施，以实现国有资本功能的最大化。分层考核原则，即要根据国有资本在不同层面上的投资运营情况，采取不同的考核评价方法，实现国有资本综合绩效最大化。

三、国有资本布局优化和结构调整的实施主体

实施主体决定了国有资本的投向、运营、回报和安全，同时也决定了国有资本的功能作用和效益。国有资本布局优化和结构调整的实施主体，是指在国有资本布局优化和结构调整过程中，拥有管理权力，承担和履行管理职责，决定管理方向和进程的相关机构或组织。根据不同的委托代理层级，国有资本布局优化和结构调整的实施主体有人民政府、财政部门、国资监管机构、国有资本投资运营公司/国有集团企业及其权属企业。不同的实施主体依其所处的委托代理层级，承担着不同的管理职责。

（一）人民政府

由于全体人民无法直接参与国有资本布局与结构管理，所以委托人民政府代其行使管理权力。人民政府接受全体人民委托，代表全体人民进行管理工作，并对管理效果负最终责任。需要注意的是，人民政府代表全体人民利益，所以在管理过程中应高度重视全体人民利益，努力促进经济效益和社会价值良性互动、相辅相成、共同增长。人民政府的主要职责包括：一是综合考虑国家战略、市场需求、产业发展等因素，制定国有资本布局优化和结构调整的总体战略和政策，审批重大事项和重要项目，为国有资本布局与结构管理提供整体思路。二是以目标为导向，坚持国有资本功能定位，指导财政部门、国资监管机构、国有资本投资

运营公司/国有集团企业及其权属企业开展国有资本布局优化和结构调整工作。同时，及时征询财政部门、国资监管机构、国有资本投资运营公司/国有集团企业及其权属企业的意见建议，以便根据实际情况调整国有资本布局优化和结构调整方向、规模和方式。三是建立相应的监督机制，对国有资本布局与结构管理进行监管和评估，确保其合法、合规和有效，及时发现问题并采取相应的措施解决好问题。

（二）财政部门

财政部门作为政府的重要部门之一，对国有资本布局优化和结构调整过程实施监督。财政部门的主要职责包括：一是根据国家经济发展规划、地方经济发展需要和国有企业需求，起草或参与制定相关财税法规和产业政策，制定部门业务规章制度及财政资金投入规划，明确财政资金投入方向、规模和方式，以支持重要行业和关键领域的发展，同时，进一步加强财政资金管理，包括预算编制、资金拨付、监督审计等，确保财政资金的合理使用和有效管理。二是建立风险评估体系、加强风险监测和构建预警机制，及时发现并应对潜在风险，减少国有资本布局优化和结构调整可能带来的风险损失，确保国有资本安全稳健运营。三是建立绩效评估体系，对国有资本布局与结构调整管理效果进行评估，及时调整和改进相关政策和措施。四是及时向社会公开披露国有资本布局与结构管理的相关信息，增强信息透明度和公开度，接受社会公众监督。

（三）国资监管机构

国资监管机构是人民政府设立的专门机构，接受人民政府委托，代表人民政府履行出资人职责，深入贯彻落实本级管辖范围内的国有资本布局优化与结构调整工作。国资监管机构的主要职责包括：一是全面研究和分析国家战略、市场需求、产业发展的要求，制定国有资本布局优化和结构调整的具体方向、详细政策框架和配套实施方案，为国有资本布局与结构管理提供明确方向和原则，确保其与国家总体战略和政策一致。二是为适应市场需求，指导推进国有资本布局与结构管理要坚持市场化原则有序进退。通过战略性重组、专业化整合等方式调整存量结构，特别是出清“两非”“两资”和“僵尸企业”以及不符合能耗、环保、质量、安全等标准要求和长期亏损的企业；通过规范企业重大投资优化增量投向，推动前瞻性战略性新兴产业发展，促进国有资本优化配置和产业结构转型升级，提高国有企业核心竞争力。三是建立健全监督和评估机制，定期监督和评估企业的运营情况、资本运作和投资决策，对企业国有资本布局优化和结构调整工作进行监督、评估和反馈，及时发现问题和不足，并提出相应的改进措施，确保国有资本布局与结构管理的科学性和有效性。

（四）国有资本投资运营公司/国有集团企业

在国有资本布局优化和结构调整过程中，国有资本投资运营公司/国有集团企业接受人民政府、财政部门和国资监管机构的授权和监督，对权属企业行使股东职责，维护股东合法权益，按照责权对应原则，切实承担国有资本布局优化和结构调整职责。国有资本投资运营公司/国有集团企业的主要职责包括：一是确定国有资本投资的具体方向、规模和方式。国有资本投资运营公司更关注国有资本的流动性和回报，确保国有资本在不同行业和领域之间的灵活转移和高效利用；国有集团企业更关注构建现代化产业体系，打造具有核心竞争力的优势产业和领军企业。二是确定不同权属企业的市场定位和发展方向，积极推动权属企业的战略性重组和专业化整合，优化权属企业股权结构、提升资源配置效率和核心竞争力；对权属企业的资产、经营和财务状况进行评估和管理，确保资产安全和有效利用、经营效益提升和财务风险控制，增加国有资本流动性、提升国有资本运营效率、提高国有资本回报；建立健全国有资本管理信息系统，收集、整理和分析国有资本布局与结构管理的相关数据和信息，提供准确的数据支持和分析报告，以便为决策者提供科学依据和参考，促进国有资本布局与结构的科学决策和优化调整。

（五）权属企业

国有资本投资运营公司/国有集团企业的权属企业，作为国有资本布局优化和结构调整的实际运营主体，应积极响应国家政策，以自身经营业务和产品结构调整推进国有资本布局优化和结构调整。权属企业的主要职责包括：一是以国家战略为导向，深入分析市场需求和产业发展，明确企业市场定位和发展方向，确定关键核心业务，推动国有资本向关键核心业务集中。二是积极调整存量结构，优化增量投向。评估和分析企业现况，合理调整组织结构、业务范围和资源配置，积极推进内部流程改革和管理创新，调整存量结构，提升国有资本配置效率和效益；面对市场需求和技术进步，优化增量投向，积极转型升级，加快创新驱动，提高产品质量和技术含量，开拓新市场空间，加快国有资本布局前瞻性战略性新兴产业。三是畅通与人民政府、财政部门、国资监管机构和国有资本投资运营公司/国有集团企业的信息流，及时了解和响应政府关于国有资本布局优化和结构调整的政策导向，处理好经济责任和社会责任关系，为国家经济社会发展贡献力量；主动配合相关部门的监督和评估，增强企业透明度和社会责任感，接受社会公众监督和舆论评价。

第三节　国有资本布局优化和结构调整的实践历程

新中国成立后至改革开放前，我国集中力量优先发展工业。然而，改革开放后，政府意识到仅发展工业难以应对经济全球化挑战、市场经济体制转轨、产业结构升级需求等压力，亟须对国有资本布局与结构进行优化调整，以适应新时代新要求，故本章节梳理改革开放后的国有资本布局优化和结构调整的实践历程。

一、国有资本布局优化和结构调整形成阶段（1978～2012 年）

改革开放后，我国经济转向市场经济体制，轻工业和服务业需求迅速增长，但轻工业和服务业发展缓慢，轻工产品和服务供应普遍短缺，供需矛盾日益突出。为了解决这一矛盾，政府采取了一系列措施，加大对轻工业和服务业的支持力度。为了推动轻工业发展，1979 年 11 月，全国计划会议提出了对轻工业发展实行“六个优先”原则，即原材料、燃料、电力供应优先，挖潜、革新、改造措施优先，基本建设优先，银行贷款优先，外汇和引进技术优先，交通运输优先；1980 年 8 月，政府工作报告提出了加强发展轻工业的目标和具体举措，例如，停建缓建一批基本建设和重工业项目，加大轻工业投资，以保证轻工业生产所需（刘戒骄和孙琴，2021）。为了推动服务业发展，政府不断加大对服务业的投资，推动服务基础设施建设，服务业在三次产业中的比重不断提升。这一趋势也反映在国有资本布局与结构中，2010 年，国有资本三次产业结构实现了历史性的变化，国有资本第三产业规模首次超过其第二产业规模，分别为 13.5 万亿元和 10.8 万亿元①。同时，1978 年 12 月，党的十一届三中全会提出了东部沿海区域优先发展战略，除此之外，政府还出台了一系列支持东部沿海区域发展的政策措施，推动了建设轻工业和服务业所需的各类资源，包括国有资本，向我国东部沿海区域集中发展。

但是，市场竞争的迅速加剧却引发了国有企业利润率急剧下降，其中超过 1/3 的国有企业出现了亏损。为了帮助国有企业尽快摆脱困境，1997 年 9 月，党的十五大报告明确了“抓大放小”的改革方针。这一方针的核心在于，将关系国家安全、国民经济命脉的重要行业和关键领域的大型企业继续由中央直接管理，而将其他一些中小型企业，由中央下放至地方管理，以便为地方管理国有资本提供更多的自主权和创新空间（包群和梁贺，2022）。在这一背景下，地方国有资本规

① 国务院国资委：《中国国有资产监督管理年鉴（2011）》，中国经济出版社 2011 年版。

模经历了显著扩张，从 2003 年的 4.2 万亿元[①]快速增长到 2012 年的 19.1 万亿元[②]。同时，为了强化商业类国有资本竞争力和效益，商业类国有企业进行了一系列改革措施，例如，放权让利、现代企业制度、抓大放小、混合所有制改革等，商业类国有资本布局与结构发生了相应的转变，主要表现为处于充分竞争行业和领域的商业类国有企业，国有资本可以参股，不一定控股，甚至可以完全退出；处于关系国家安全、国民经济命脉的重要行业和关键领域、主要承担重大专项任务的商业类国有企业，国有资本控股，非国有资本可以参股。

二、国有资本布局优化和结构调整完善阶段（2013 年至今）

党的十八大以来，我国加快转变经济发展方式，产业结构不断优化升级，服务业实现快速增长，成为拉动经济发展的主要动力。党中央、国务院更加高度重视服务业发展，推出了一系列改革举措来进一步培育和促进服务业发展壮大。在这一战略方向的指引下，国有资本继续加快第三产业布局，2020 年，国有资本三次产业结构为 1.6∶35.7∶62.7[③]，第三产业比例从 2010 年的 55.4% 上升到 2020 年的 62.7%，为我国服务业的发展壮大提供了强有力的支撑和保障。同时，国有资本也没有放松对工业发展的重视和支持，反而更加注重提升工业质量和效益，加快推进新型工业化。2019 年，我国首次拥有 41 个工业大类、207 个工业中类、666 个工业小类，成为全世界唯一拥有联合国产业分类中全部工业门类的国家[④]，但工业发展仍存在技术创新能力不足、要素成本上升、产能过剩、增长方式相对粗放等问题，不仅制约了工业发展，还影响了工业对国民经济社会发展的贡献，而解决这些问题的关键是加快推进新型工业化。因此，加快推进新型工业化，成为新时代国有资本布局优化和结构调整的重要任务。国有资本应从以下四个方面着手加快推进新型工业化：一是改造提升传统产业，大力推进技术改造和设备更新，推广先进适用技术，促进工艺现代化、产品高端化；二是巩固延伸优势产业，大力实施产业基础再造工程和重大技术装备攻关工程，巩固提升全产业链优势，打造一批中国制造名片；三是培育壮大新兴产业，重点聚焦 5G、人工智能、生物制造、工业互联网、智能网联汽车、绿色低碳等重点领域，不断丰富和拓展新的应用场景，扩大国家制造业创新中心在新兴产业的建设布局；四是前瞻布局未来产业，研究制定未来产业发展行动计划，加快布局人形机器人、元宇宙、量子科技等前沿领域，全面推进 6G 技术研发。

---

① 国务院国资委：《中国国有资产监督管理年鉴（2004）》，中国经济出版社 2004 年版。
② 国务院国资委：《中国国有资产监督管理年鉴（2013）》，中国经济出版社 2013 年版。
③ 国务院国资委：《中国国有资产监督管理年鉴（2021）》，中国经济出版社 2021 年版。
④ 《我国是全世界唯一拥有全部工业门类的国家》，新华网，2019 年 9 月 20 日。

然而，要实现服务业快速增长和加快推进新型工业化，单纯依赖某一区域的发展是不够的，要根据各区域资源，因地制宜，以确保各区域都能充分发挥自身优势，实现优势互补、协调发展。为了实现区域协调发展，国有资本布局既注重国内不同区域的协调发展，差异化布局，2013～2020 年国有资本在东部、中部、西部区域[①]的比例保持在 65%、15% 和 20% 左右[②]；又积极探索和开拓国际区域，2019 年中央企业境外单位已有 11000 多家，资产总量达到 7.98 万亿元[③]。同时，为了充分调动各区域国有资本的积极性，中央进一步下放国有资本至地方管理，将自身聚焦于重要行业和关键领域。2021 年，中央国有资本在石油石化、电力、国防、通信、运输、煤炭等行业的占比达到 80.1%[④]；而中央国有资本在全国国有资本的占比从 2003 年的 40.7% 降低至 2021 年的 31.4%[⑤]，国务院国资委监管中央企业数量从 2003 年的 196 家[⑥]降低至 2022 年的 98 家[⑦]。此外，为了保障公益类国有资本的功能和责任，2017 年 12 月，财政部印发的《关于国有资本加大对公益性行业投入的指导意见》和 2022 年 1 月，国家发展改革委等 21 个部门联合印发的《“十四五”公共服务规划》均提出，以多种形式加大国有资本对公益性行业的投入，使国有资本聚焦保障民生、服务社会，高效率提供公共产品和服务，做好优质服务的提供者，在提供公共服务方面作出更大贡献。

不同阶段，国有资本对行业、区域和企业布局与结构会有不同的侧重点，然而均衡发展才是关键，国有资本只有在不同行业、区域和企业中均衡发展，才能推动国有资本和国有企业做强、做优、做大。

第四节　国有资本布局优化和结构调整的方向和方式

方向和方式是国有资本布局优化和结构调整的重要内容，明确具体的方向和

① 目前，国家区域统计中所涉及东部、中部和西部区域的具体划分为：东部区域包括北京、天津、河北、上海、江苏、浙江、福建、山东、广东、海南、辽宁、吉林和黑龙江 13 省（市）；中部区域包括山西、安徽、江西、河南、湖北和湖南 6 省；西部区域包括内蒙古、广西、重庆、四川、贵州、云南、西藏、陕西、甘肃、青海、宁夏和新疆 12 省（区、市）。

② 国务院国资委：《中国国有资产监督管理年鉴（2021）》，中国经济出版社 2021 年版。

③ 《国资委：三方面发力推动国企更好“走出去”》，载于《经济参考报》2019 年 12 月 4 日。

④ 张琪、徐芸茜：《2021 年央企成绩单公布：全年营收 36.3 万亿创历史最佳，国企改革 70% 目标顺利完成》，载于《华夏时报》2022 年 1 月 22 日。

⑤ 2003～2020 年，中央国有资本占全国国有资本的比重分别为 40.7%、40.0%、56.0%、56.1%、56.3%、54.7%、52.5%、50.2%、46.7%、44.1%、41.9%、41.6%、39.7%、36.4%、34.8%、33.8%、33.2% 和 31.4%。

⑥ 李予阳：《国企改革四十年　沧桑巨变砥砺前行》，载于《经济日报》2018 年 12 月 24 日。

⑦ 国务院国资委：《央企名录》，国务院国资委网站，2023 年 6 月 27 日。

方式，有利于提高国有资本布局优化和结构调整的针对性、有效性、规范性。

一、国有资本布局优化和结构调整的方向

国有资本布局优化和结构调整方向应围绕国有资本功能使命的实现加以确定。本章节从行业、区域、企业三个层面分析国有资本布局优化和结构调整的方向。

（一）行业布局优化和结构调整的方向

1. 向关系国家安全、国民经济命脉的重要行业和关键领域集中

关系国家安全、国民经济命脉的重要行业和关键领域，是国家安全和发展的基石，对于维护国家主权、安全、发展利益至关重要。因此，作为维护国家安全、推动国民经济发展的主导力量，国有资本应向涉及国家利益、战略资源、关键技术、基础设施等核心内容的国防、能源、交通、通信、金融等关系国家安全、国民经济命脉的重要行业和关键领域集中，以增强维护国家安全能力，推动国民经济高质量发展。同时，由于关系国家安全、国民经济命脉的重要行业和关键领域，不能完全依靠市场机制来调节和优化，而需要与国家政策、发展战略、社会需求等相协调，因此，其发展需要国有资本的支持和参与。

2. 向关系国计民生的重要行业和关键领域集中

随着国民经济社会发展，人民群众对美好生活的需要和期待不断提高，这就要求提高公共服务水平，增强均衡性和可及性；加强应急能力建设，有效防范应对突发事件；加快发展公益事业，推动共同富裕。然而，提供公共服务、应急能力建设和公益性等关系国计民生的重要行业和关键领域难以获得正常或超额利润，社会资本往往不愿意参与，而国有资本作为经济发展和民生保障的“定海神针”，应承担向教育、卫生、环保、救援、社保等关系国计民生的重要行业和关键领域投入的责任，以促进国家经济发展、切实保障和改善民生。

3. 向前瞻性战略性新兴产业集中

现实中，社会资本多热衷于投资少、周期短、见效快、效益高的领域，而前瞻性战略性新兴产业大都处于投资多、周期长、见效慢、风险大的领域，较难受到社会资本青睐，但该产业的发展对国民经济社会持续健康发展至关重要。国有资本应切实肩负起服务国家战略的使命和职责，有效扩大新一代信息技术、人工智能、生物技术、新能源、新材料、高端装备、绿色环保等前瞻性战略性新兴产业投资，并有效吸引和激发社会资本的参与和生态要素的聚集，从而为前瞻性战略性新兴产业发展创建良好的生态环境，进而实现增强产业核心竞争力、提升企

业创新力的目标。

（二）区域布局优化和结构调整的方向

1. 服务于经济高质量发展

为了适应我国经济由高速增长阶段转向高质量发展阶段的新形势，不能简单要求各区域经济发展达到同一水平，而是要根据各区域的条件，走合理分工、优化发展的路子，充分发挥各区域优势和积极性，实现优势互补。国有资本作为国家重要的战略资源，需要运用其较强的资金实力和资源配置能力，服务于生态保护和经济高质量发展，鼓励东部区域率先发展，促进中部区域崛起，积极推进西部大开发，振兴东北老工业基地，逐步扭转区域发展差距拉大趋势，形成东中西和东北四大区域相互促进、优势互补、共同发展的新格局。

2. 服务于构建新发展格局

构建以国内大循环为主体、国内国际双循环相互促进的新发展格局，对于我国实现更高质量、更有效率、更加公平、更可持续、更为安全的发展，对于促进世界经济繁荣，都会产生重要而深远的影响。国有资本应切实肩负起服务于构建新发展格局的使命和职责，凭借其强大有效供给力，提高供给体系对国内需求的满足能力；凭借其庞大需求力，引领和带动国内市场需求，从而扩大国内需求。此外，国有资本应积极拓展国际市场和资源，扩大出口和跨国经营规模，增加对外贸易和投资收益，提升国际竞争力。

3. 服务于“一带一路”倡议

2013 年 9 月，提出的“一带一路”倡议，旨在促进“一带一路”沿线国家和地区互联互通、合作共赢、共同发展。这一倡议是国家的重大决策，涉及国家的核心利益和长远发展。国有资本应积极主动利用其在政策、信用、规模、创新等方面的优势，服务于“一带一路”倡议，承担“一带一路”重大基础设施建设，为“一带一路”沿线国家和地区提供高质量的产品和服务，带动“一带一路”沿线国家和地区经济社会发展和民生改善。同时，“一带一路”沿线国家和地区市场潜力巨大，国有资本应加快进入“一带一路”沿线国家和地区市场的国际化步伐，开拓新的市场空间，扩大销售规模，提高品牌知名度和影响力。

（三）企业布局优化和结构调整的方向

1. 向企业主业集中

现实中，任何企业的资源都不可能是完全充裕的，相反会面临不同程度的资源短缺瓶颈。如果国有企业资源过度分散在非主业，会导致资源浪费、效率低下、风险增加等问题，不仅损害企业自身发展，也不利于国有资本的保值增值和国有经济的高质量发展。因此，国有资本需要向企业主业集中，从而为企业主业发展提供更多的支持，使企业更加专注于主业发展，不断创新产品或服务，提升品牌影响力和客户满意度，增强企业竞争力。对超出主业范围且不符合企业战略规划的业务，要尽快与有相关主业的企业实施整合或退出，避免“铺摊子”带来的粗放管理、粗放经营。

2. 向实业企业集中

实体经济是促进我国经济发展、在国际经济竞争中赢得主动的根基。国有经济要发挥国民经济支柱的作用，就必须聚焦实体经济，把实体经济作为国有经济的主攻方向、发展重点。因此，国有资本应向实体企业集中，特别是向制造业集中、向产业发展的关键环节和价值链中高端环节集中，增强实体企业活力，从而真正提升实体经济发展水平，增强实体经济抗风险能力。

3. 向优势企业集中

优势企业通常在技术、市场、品牌等方面具有竞争优势，能够更好地实现资源整合、协同效应和规模经济，提高效率、降低成本，增加利润。国有资本应集中于优势企业，使国有资本得到更充分、更高效的利用，提升产品质量、创新能力和服务水平，进而更好地满足市场需求，进一步增强企业核心竞争力。同时，优势企业通常在行业内具有较高的知名度和市场地位，国有资本需要向其集中投资，进一步增强国有资本在市场中的影响力和话语权，使其在行业内发挥更大的引领和示范作用。

4. 向优秀上市企业集中

国有资本是全民共有的重要财富，其配置和运营直接关系到国家经济实力和公民社会福祉。为了优化配置和高效运营，国有资本应向具有规范公司治理结构、高质量信息披露、强劲融资能力、股权流动性较高、核心竞争力突出等特点的优秀上市企业集中，从而提高国有资本运营效率、提高信息披露质量、放大国有资本功能、提高国有资本流动性、增强核心竞争力，进而提升国有资本的控制力和影响力，提高国有资本的配置和运营效率，增强国家经济实力、增进公民社会福祉。

二、国有资本布局优化和结构调整的方式

国有资本布局优化和结构调整只有采用科学有效的方式，才能有利于提升国有资本的功能和效益，更好地发挥国有经济的战略支撑作用，促进国民经济健康持续发展。一般而言，国有资本布局优化和结构调整的方式可分为“进、退、整、合”。

（一）扩大有效投资

2023年2月，国务院国资委印发《关于做好2023年中央企业投资管理进一步扩大有效投资有关事项的通知》，明确了中央企业2023年投资工作重点，既要突出扩大国有资本有效投资，又要优化国有资本投资布局；明确了国有资本布局优化和结构调整要聚焦国家重大项目、基础设施建设、产业链强链补链等重点领域发力，要加大战略类、发展类项目投资布局，要加快实施一批补短板、强功能、利长远、惠民生的重大项目。具体而言：在着力发挥国有经济战略支撑作用方面，要扎实推动“十四五”规划明确的重点项目落实落地，推进优势互补的央地合作，加大民生重点领域补短板力度；在提升产业链供应链韧性和安全水平方面，加快建设现代化产业体系，加大产业和科技投资力度，加大在粮食、能源、战略性矿产资源方面的投资力度，加快建设新型能源体系，加强重要能源、矿产资源国内勘探开发和增储上产；在培育壮大新产业新业态新动能方面，加快传统产业改造升级，加大制造业技术改造投资，加大新一代信息技术、人工智能、生物技术、新能源、新材料、高端设备、绿色环保等行业和领域布局力度，推动集成电路和工业母机产业快速发展，以资本为纽带投资布局一批专精特新企业，推动形成“科技—产业—金融”良性循环。

该通知还强调，中央企业要强化底线思维，有效防范化解各类国有资本投资风险，包括严控非主业投资规模和方向，不得开展产能过剩、低水平重复建设和不具备竞争力的非主业投资项目；非房地产主业企业不得进行非自有土地的竞拍和开发，不得以控股方式开发自有土地；严禁并购高资产溢价、高负债企业，严控符合主业但只扩大规模、不提高竞争力的并购项目等。虽然该通知的对象是中央企业，但对地方国有企业也具有指引和参考意义。中央企业和地方国有企业都必须围绕国家国有资本布局优化和结构调整的方向性要求，加强国有资本投资管理，优化国有资本投资方向，提高国有资本投资效益，实现国有资本有效投资。2023年前两个月，中央企业聚焦主责主业，在扩大有效投资方面不断发力，累计完成投资（不含房地产）超3500亿元，同比增长5.6%，其中在建、拟建重点固定资产投资项目900余项，已完成投资超1500亿元，涵盖了列入国家“十四五”规划重大工程项目、相关部门下达的国家重点计划项目，以及支撑企业自身战略发展项目等①。同时，地方国有企业也积极扩大有效投资，例如，2023年第一季度，山东省属国有企业累计完成投资566亿元，其中固定资产投资完成414亿元，长期股权投资完成152亿元②。

---

① 《1至2月中央企业累计投资超3500亿元　同比增长5.6%》，载于《人民日报》2023年3月30日。

② 《2023年，第一季度山东省属企业累计完成投资566亿元》，载于《齐鲁晚报》2023年4月28日。

（二）剥离清退“两非”“两资”

在关注“进”的同时，国有资本要按照国务院国资委“两非”剥离、“两资”清退工作的整体部署，加大“退”的力度。这里的“两非”，是非主业、非优势业务，即与国有企业的主营业务无关或者没有竞争优势的业务。剥离“两非”就是要剥离这些无关或者弱势的业务，聚焦主责主业，提升核心竞争力。“两资”，是低效资产、无效资产，即不能为国有企业创造收益或者已经停产停工的资产。清退“两资”就是要处置这些无效或者低效的资产，盘活存量资源，防止国有资产流失。“两非”剥离、“两资”清退，是优化调整国有资本布局与结构、提升国有资本配置效率和整体功能、推动国有企业转型升级和创新发展的重要方式，能够有效集中优势资源，切实帮助企业减轻包袱，实现轻装前行，更好发展，国有资本应加大“两非”剥离、“两资”清退力度。国企改革三年行动期间，国资国企有力有序剥离非主业非优势业务、清退低效无效资产，“两非”“两资”清退完成率超过96%①。例如，2021年，中国华电狠抓非主业非优势业务和低效无效资产处置，明确标准、列出清单、倒排工期、挂图作战，畅通退出通道，非主业非优势业务剥离完成率92.31%；清理不良投资、盘活闲置资产，处置低效无效资产工作也取得了积极成效，共处置低效无效资产231项，盘活资金25亿元，实现利润19.26亿元②。在剥离清退“两非”“两资”过程中，要注意规范决策程序，完善国有资产处置制度，严格履行审批手续，规范处置行为，从资产处置审核、估值、进账等方面严把关，着力做好国有资产处置工作，防止国有资产流失。针对中央企业在剥离清退“两非”“两资”业务过程中遇到的实际问题，国资监管机构应“因企施策”给予指导和支持，逐步建立健全“有进有退”的资本灵活配置机制。

剥离“两非”、清退“两资”的具体方式主要有：一是出售或转让。通过与其他企业进行谈判达成协议，将“两非”“两资”出售或转让给他们，加快剥离清退“两非”“两资”。二是资产重组或整合。将“两非”“两资”与其他相关企业进行合并或重组，以提高资源利用效率，实现更好经济效益。三是分拆或独立上市。对于非主业、非优势业务，可以考虑将其分拆成独立的实体，或者将其独立上市，使其独立运营，并吸引专注于该领域的其他企业。四是业务外包或合作。对于非主业、非优势业务，可以考虑将其外包给专业机构或与其他企业合作，以降低自身经营成本和风险。五是资产优化或改造。对于低效资产，可以进行资产优化或改造，进行技术升级、设备更新、流程改进等活动，以提高其价值

①② 刘青山、原诗萌：《千帆竞渡创一流——国企改革三年行动主体任务基本完成综述》，载于《国资报告》2022年第8期。

和盈利能力。六是出租。将低效资产、无效资产租给其他企业，以减少自身的管理和维护成本，同时获得租金收入。七是关停或清算。对于低效资产、无效资产，可以采取关停或清算的方式，即关闭不具备盈利能力或经营前景的业务，将相关资产进行清算，并返还给股东或合法债权人。

（三）战略性重组

战略性重组是企业以推动国有资本做强、做优、做大，提升国有资本功能和效益为目标，对现有的组织结构、业务范围、资源配置或所有权关系进行重组的战略行为。在战略性重组过程中，需要注意以下事项：一是企业根据自身的发展规划和市场定位，明确战略性重组目标，同时也要考虑国家发展战略，以使战略性重组符合国家利益和社会需求；二是战略性重组前，进行充分的尽职调查，以评估风险和收益，并避免潜在的问题和冲突；三是制定详细的战略性重组规划和实施计划，包括资源整合、业务整合、管理结构调整等方面，以及考虑战略性重组可能带来的变化和挑战，制定相应的策略和措施，并确保有足够的资源和管理能力支持实施重组；四是及时、透明地与市场和股东沟通战略性重组目的、计划和预期效果，积极回应利益相关者关切和疑惑，取得利益相关者信任和支持。现实中，战略性重组可分为企业内部战略性重组和企业外部战略性重组。

企业内部战略性重组，是企业内部对组织结构、业务范围、资源配置等方面进行调整和变革，应以提高企业核心竞争力和增强核心功能为引领。企业内部战略性重组包括组织结构调整、业务流程优化、产品组合调整、人力资源管理等内容。组织结构调整是为提高协同效率和决策灵活性而对组织结构进行重新设计和调整，例如，合并部门、简化层级、设立新的职能部门等。业务流程优化，是以消除冗余、提高效率和降低成本为目标，对现有业务流程的梳理、完善和优化。产品组合调整，是通过评估和调整现有产品线，削减不具备竞争力的产品，加强核心产品的开发和营销，以提高市场份额和利润率。人力资源管理，是为适应业务需求的变化，进行相应的人员裁减或增加，同时，加强员工培训和发展，以提高员工的能力和满意度。

企业外部战略性重组是为了获取规模效应和协同效应，提升企业竞争力，在企业与企业之间，通过合并、收购、分拆等方式，实现企业组织规模和结构的变革。企业外部战略性重组可分为横向重组、纵向重组和跨行业跨领域重组。横向重组是将业务相同或相似的企业重组到一起，发挥规模经济效应和优势互补的协同效应，以实现企业间横向“强强联合”；纵向重组是将产业链上下游的企业进行重组，形成完整的产业链，以提高产业集中度和竞争力；跨行业跨领域重组是将不同行业和领域的企业进行重组，实现资源共享和协同创新，以拓展新的增长点和竞争优势。企业外部战略性重组的具体方式有合并、收购、分拆等。合并是两家或两家以上的企业组合在一起，可分为吸收合并和新设合并两种形式。吸收合并是一家企业将另一家或多家企业吸收进自己的企业，并以自己的名义继续经营，而被吸收企业在合并后丧失法人地位，解散消失；新设合并是两家或两家以上企业合并设立一家新企业，合并前的企业都解散。收购是通过购买另一家企业的全部或部分资产或股权，获得另一家企业控制权。分拆是一家企业依照有关法律、法规的规定，分立为两家或两家以上的企业，在战略性重组中，企业可以使用分拆的方式，以专注于主责主业。国企改革三年行动期间，有 4 组 7 家中央企业、116 组 347 家省属国有企业以市场化的方式实施了企业与企业之间的战略性重组，有力促进国有经济竞争力、创新力、控制力、影响力和抗风险能力明显增强①。例如，鞍钢和本钢，两家钢企在产品类型、销售市场、矿石资源等方面同质化竞争严重，本钢作为老牌国企，机构臃肿、冗员多、效率低等因素严重制约其转型升级。为充分发挥鞍钢和本钢丰富的矿产资源优势，构建钢铁行业新发展格局，提升我国战略资源保障能力，维护钢铁产业链供应链安全，2021 年 8 月，鞍钢重组本钢正式启动。重组改革为本钢带来“及时雨”，在鞍钢与本钢重组一周年之际，本钢 2022 年完成利润 10. 2 亿元，实现净利润 4. 89 亿元，在岗职工收入提升 8. 36%，主业实物劳动生产率同比提高 22. 6%，大大提高了本钢的竞争力②。

（四）专业化整合

专业化整合是企业通过股权参与、资产置换、无偿划转、战略联盟、联合研发等方式，打破企业边界，将资源向优势企业和主业企业集中，进而提升国有资本配置效率、实现国有资本布局优化和结构调整。通过专业化整合，能够有效解决企业之间的同质化竞争、重复建设等问题，实现主责主业更加聚焦，产业结构更加清晰，超前布局前沿技术、颠覆性技术。随着新一轮国企改革启动，深化提升行动蓄势待发，企业专业化整合步伐也越发加快。2022 年累计实施专业化整合项目 1272 个，其中，央企内部资源整合项目 803 个、央企间整合项目 154 个、央地整合项目 138 个、外部资源整合项目 177 个③。2023 年以来，更是有多起央企间专业化整合项目迅速签约落地，继 1 月，14 家央企 22 个新能源智慧运维服务合作项目集中签约后，3 月又有 11 组央企专业化整合项目迎来集中签约④。专业

---

① 温源：《新一轮国企改革瞄准“提升核心竞争力”》，载于《光明日报》2023 年 2 月 24 日。

② 纪文慧：《深化国企改革再添新动能》，载于《经济日报》2023 年 6 月 13 日。

③ 《发力进、退、整、合央企专业化整合全面提速》，载于《中国经济时报》2023 年 3 月 31 日。

④ 孙辉、韩莹：《专业化整合不断“落子” 国企改革“风生水起”》，载于《现代物流报》2023 年 4 月 19 日。

化整合只是起点，更重要的是整合后要做好业务重构，实现协同效应。专业化整合和战略性重组的不同之处在于，战略性重组强调企业自身资源、业务、组织结构的变化，以及企业与其他企业在资产、债务、产权的重新组合。相比之下，专业化整合注重的是将两家或多家企业的资源、能力、技术等有机结合的过程，以推动资源向优势企业集中、向主业企业集中，真正实现协同性。无论是战略性重组或是专业化整合，其目的均是进一步激发企业活力，提升国有企业核心竞争力和核心功能，使国有企业在国内国际双循环中更好发挥战略支撑作用。

专业化整合的具体方式主要有股权参与、资产置换、无偿划转、战略联盟、联合研发等。一是股权参与，是指企业通过股权投资、股权置换、股权合作等形式，与其他企业建立产权关系，以实现资源共享和利益联结。二是资产置换，是指企业通过交换、转让等形式，将自身的资产，与其他企业的资产进行互换，以实现资源互补和价值平衡。三是无偿划转，是指企业按照国家或上级部门的要求，将自身的部分资产或股权无偿移交给其他企业，以实现专注于核心业务的战略取向。四是战略联盟，是指企业通过签订协议、设立联合体等形式，与其他企业建立战略合作关系，共同开展一项或多项业务活动，以实现资源互补和协同发展。五是联合研发，是指多家企业自愿形成，以合作创新为目的，以组织成员的共同利益为基础，以优势资源互补为前提的研发组织体。

上述国有资本布局优化和结构调整的方式各有特点和其适宜范围，不同的管理主体在选择国有资本布局优化和结构调整方式时，要综合考虑国家战略目标、企业功能定位，以及市场环境和法律法规等因素，权变选择，审慎决策。

第五章

国有资本战略重组管理

推进国有资本战略性重组一直是国资国企改革的重点工作。党的十八大以来，国有企业加快了战略性重组和专业化整合的步伐，范围涵盖装备制造、电力、航运、能源、建材、钢铁等诸多领域。国有资本战略性重组不仅可以提升国有企业核心竞争力，推动国有企业做强、做优、做大，而且有利于发挥国有资本功能，优化国有经济布局和结构调整。本章重点介绍国有资本战略重组的含义、意义和原则，阐释国有资本战略重组的实践历程，并探讨国有资本战略重组的方向、类别和方式，以及决策机制与监督体系。

第一节　概　　述

一、国有资本战略重组的含义

（一）资产重组和资本重组

目前，国内使用的“资产重组”一词还是一个边界模糊的概念，不同语境下有不同的含义。“资产”定义的泛化是资产重组概念模糊的主要原因。学者们从不同角度对资产重组进行了界定。从资产重新组合角度来讲，资产重组是对“人、财、物”等经济资源的重新组合；从业务整合角度来讲，资产重组是对企业内部和外部业务进行重新整合的行为；从资源配置角度来讲，资产重组主要包括企业产品结构、资本结构和组织结构的调整，以及企业的合并和联盟；从产权角度来讲，资产重组是产权重组的外在表现形式之一。

同样地，“资本”一词含义的繁多，也导致了“资本重组”概念的不清晰。

我国曾有相当长的一段时间受传统观念束缚，不承认资本在社会主义社会中的合理存在，而是用资产或资金不恰当地予以强制替代，进一步致使资产重组和资本重组在概念上难以界定和区分。实践中，资产重组和资本重组也经常混用（王竹泉，2020）。例如，部分上市公司资产重组公告中包含股权转让信息，其本质属于资本重组的范畴。

实际上，资产重组是一个比资本重组更加宽泛的概念。资产是指企业过去的交易或者事项形成的、由企业拥有或者控制的、预期会给企业带来经济利益的资源。因此，从会计学角度来讲，资产重组侧重于重组企业拥有的资产，而资本重组则强调对企业资产减去相关负债后的净额进行重组。鉴于两概念的边界，本书不对其进行严格区分。

（二）企业战略重组和国有资本战略重组

企业战略重组是指企业为适应外部环境及内部资源、自身能力的变化，通过制定和实施业务重组、组织重组及财务重组等一系列战略和政策，实现内部资源和能力的重新配置和更新，以实现战略变革或战略转型，使组织与环境获得动态最佳匹配，获得持续竞争优势的、系统化的、动态的战略行为。企业战略重组与企业重组的主要区别是前者体现了企业战略目标的变化。与企业战略重组略有不同，国有资本战略重组包含了宏观和微观两个层面的内容。宏观层面，国有资本战略重组是按照不同时期产业实际情况和政策要求，对国有资本的宏观布局进行重新组合，解决国有经济面临的主要问题。微观层面，国有资本战略重组是按照不同时期企业实际经营情况和产业、政策要求，对国有资本微观组织形式进行重新组合，解决国有资本面临的主要问题（刘玉平，2004）。

依据上述两方面的内容，借鉴朱志刚（1999）的研究，可将国有资本战略重组作如下定义：国有资本战略重组是指根据国有经济在社会主义市场经济中的功能，通过国有资本的流动与重组，适当调整国有经济布局，做到进而有为，退而有序，增强国有经济竞争力、创新力、控制力、影响力和抗风险能力，全面优化国有资本配置结构，提高国有资本的整体质量，服务国家战略目标。

具体来说，国有资本战略重组应包括三层含义：一是国有资本存量重组，结构调整，优化资本配置；二是国有企业改组，兼并破产，形成企业规模经济；三是提高国有经济整体素质，增强国有经济实力，营造企业竞争优势，发挥主导作用（张维达，1998）。不难看出，国有资本战略重组不仅是在资本增量上要扩大投资项目，而且资本的存量调整也是重组的重要内容。此外，国有资本战略重组的目标可以分为宏观和微观两个层面（廖红伟，2013）。从宏观层面看，国有资本战略重组的目标是通过调整国民经济布局与产业结构，实现社会主义市场经济下资源与能力的有效配置，促进要素的合理流动和经济的结构性增长，使国有经济随着社会主义市场经济的发展而发展；从微观层面看，国有资本战略重组的目标是完善公司治理，做强、做优、做大国有资本和国有企业。

二、国有资本战略重组的意义

（一）有利于提高国有资本控制力

为了与我国建立中国特色社会主义市场经济体制的目标相适应，在经济体制改革的过程中，必须坚持以社会主义公有制为主体，发挥国有经济的主导作用。而国有经济的主导作用主要是国有资本控制社会资本的能力。这种控制力体现在两个方面：一是国有资本充分进入国有经济发挥主导作用的领域。进入的充分性不仅体现在总量上国有资本占有绝对优势，更体现在国有资本能对该领域的社会资本进行支配。二是一定时期内国有资本在国家确立的重点行业或企业中保持绝对控股或相对控股地位。此外，国有资本重组的重要内容是存量调整，表现为从无所不为转变为有所为有所不为。退出不属于国有经济“主导作用领域”的行业或企业，集中到能够影响国家经济全局、民营企业不能完成的战略性行业或企业。

（二）有利于提高国有资本集中度

一是有利于国有资本从分散走向集中。通过并购、行政划转以及产权转让等方式，国有资本战略重组可以打破地区和部门等方面的限制，从而促使国有资本向重点行业、企业集中，提高国有资本的集中度。二是有利于大型企业的快速成长。企业并购是市场经济条件下大型企业迅速成长的有效途径。国有资本战略重组可使企业以远超于内部扩张的速度和规模迅速增强实力，增强市场竞争力，成为大型企业集团。三是有利于构建以大企业为中心的组织结构。小企业由于资金、技术等远不如大企业，处于竞争劣势，生存困难。而国有资本战略重组可使企业通过收购、兼并和合股等形式按产业体系发展要求组合生产要素，推动大中小企业之间实现产业连接、大企业带动中小企业共同发展。

（三）有利于促进国有资本向高效益领域转移

一是有利于国有资本退出严重亏损领域。由于国有资本的特殊性质，若是长期处于亏损，不仅会影响国有资本质量还会加重国家财政的补贴负担，必须尽快脱离亏损企业。但对不同类型的亏损企业应采取不同的措施进行处理。对无特定功能、潜力差的企业应进行破产、拍卖、彻底重组；对有特定功能和潜力，只是暂时亏损的企业应给予一定的扶持。二是有利于国有资本进入高效益领域。为了实现增值，资本必须不断地从低效益领域流向高效益领域。但国有资本流动性不强，不能迅速流向高效益领域，限制了其增值能力的发挥。通过国有资本战略重组可以使国有资本集中于重点行业和企业，顺利流入高效益领域。三是有利于改善地区产业结构趋同的状况。过去由于条块分割的投资体制，各个地区封闭发展，进行了很多重复建设，导致了地区经济结构的严重趋同，这不仅是资源的浪费，也会造成过度竞争的不良局面。实施跨地区跨部门的产业重组，进行产业整合，不仅有利于改善已有产业结构严重趋同的局面，而且有效防止重复建设。

（四）有利于发挥国有资本功能

一是有利于发挥资本价值的属性。资本具有不断增值的内在属性。只有对国有资本的这一属性有了充分的认识，才能有效地发挥其在社会主义市场经济体制中的重要作用。二是有利于发挥社会公共的保障功能。在中国特色社会主义市场经济体制下，国有资本肩负着保障国家经济平稳运行的重要职责，满足其他社会资本无力涉及的社会公共服务需求，尤其是与国计民生有关的公共产品和服务。三是有利于发挥国有资本的特定功能定位。国有资本不仅具有与一般资本共有的功能，还有其特定功能。例如，支持国家大型基础设施的建设，加强基础研究，从源头和底层解决关键技术问题，推动相关产业聚集、化解过剩产能和企业转型升级等。通过推动国有资本战略重组，可更好地发挥国有资本的特定功能，服务于国家发展战略和区域发展战略。

三、国有资本战略重组的原则

国有资本战略重组是国企改革的重要内容，是一个复杂的过程，需要一定的原则来指导和推动。国有资本战略重组的原则可以归纳为四个方面，即服务国家战略、遵循市场规律、规范重组流程、统筹协调推进。

（一）服务国家战略

国有企业的改革要服务于国家发展目标，立足于国家发展战略，全面贯彻国家出台的各项产业政策，加强对国有资本的监管，持续优化国有资本配置。国有资本战略重组是为了国有企业更好发展，以更优化的国有企业布局服务于社会主义市场经济体制，服务于中国特色社会主义发展。必须在国家战略的方向上发展，在国家重视、国家需要的项目上投入，服务国家的全面发展。

（二）遵循市场规律

国有资本战略重组要遵循市场经济规律，维护市场公平的竞争秩序，以市场为导向、以企业为主体，因地制宜、因企制宜，不照搬理论，不千篇一律，要有所为有所不为，对案例经验要取其精华弃其糟粕，不断提升国有企业的市场活力和竞争力。

（三）规范重组流程

实施国有资本战略重组，政府要强化法律法规供给，实施主体要严格按照相关法律法规行事。要依法保护股东、债权人以及职工和其他利益相关者的合法权益。同时，要加大对国有资产交易的监管力度，防范国有资产流失。只有在合适的政策法规指导和监管下，国有资本战略重组工作才能有效进行。

（四）统筹协调推进

一方面，国有资本战略重组要以实际问题为导向，正确处理好改革、发展和稳定之间的关系。把握好改革的重点和步伐，统筹安排好巩固、创新、重组和清退等工作。发展是硬道理，改革推进不宜太激进也不可太温和，需要在考虑各方面因素的情况下，统筹兼顾改革和稳定之间的关系，一切为了发展。另一方面，国有资本战略重组要正确处理社会效益和经济效益、社会价值和经济价值的关系。当两个效益、两种价值发生矛盾时，经济效益服从社会效益，市场价值服从社会价值，越是深化改革、创新发展，越要把社会效益和社会价值放在首位。

第二节　国有资本战略重组的实践历程

重组是经济体制改革的产物，也是国企改革的重要组成部分。借鉴丁晓钦（2021）的相关研究，根据企业重组的背景、特点、所要解决问题的不同，将我国国有资本战略重组的历程划分为四个阶段，即起步阶段（1984～1991年）、转型阶段（1992～2002年）、全面发展阶段（2003～2013年）以及深化阶段（2014年至今）。

一、国有资本战略重组的起步阶段（1984～1991年）

改革开放之前，我国实行的是高度集中的计划经济体制，国有企业则实行的是统购、统分和统销的经营政策，即人、财、物、供、产、销都是由国家统一进行管理。在这样的制度安排下，国有企业不需要考虑产品价格和市场需求，也不需要承担自负盈亏的责任。这导致企业发展动力和活力不足、经营效益差、生产效率低等问题。为解决这些问题，各级政府开始尝试放权让利、利润留成、拨改贷等各类改革举措，企业重组也被作为一项重要的改革举措得以起步。起步阶段国有资本战略重组的特点主要包括以下方面：

第一，弥补亏损和优化经济结构成为国有资本战略重组的主要目标。这一阶段早期，我国国有资本战略重组的目标是提升国有企业的盈利能力，消除亏损，淘汰落后产能。随着重组的不断发生，国有资本战略重组的目标开始向优化经济结构方面调整。国有资本战略重组的形式也从单一逐步转向复合，重组的范围从本行业、本区域逐步转向跨行业、跨区域。此外，债务承担成为国有资本战略重组的主要方式。

第二，政府干预与市场自发交易并存。这个阶段，国有资本战略重组更多的是采用“计划模式”，整个重组活动自上而下，根据国家整体经济发展的需求，由政府进行统筹，以促进国有资本的战略重组。随着经济的发展，市场自发交易开始出现，“市场模式”逐步形成，自下而上，在自愿平等互利公平的基础上，重组双方协商完成，政府并不直接参与，只负责完成必要的审批。

第三，局部产权交易市场开始出现。此阶段产权转让活动开始兴起。为了规范产权转让行为，政府出台各类文件。同时，政府成立了诸如交易所等非营利性事业单位，为产权交易活动提供了固定场所，我国有形产权市场的基本雏形开始形成。

二、国有资本战略重组的转型阶段（1992～2002年）

以承包经营责任制为核心的国企改革虽然在一定程度上改善了企业的经营业绩，但仍受到国企高管短视等各种问题的限制。1992年10月，党的十四大提出了建立社会主义市场经济体制的重大战略部署，国有企业改革从放权让利转向体制转换、制度建设。随后民营经济迅速崛起，外资进入规模不断扩大，我国经济开始由卖方市场转向买方市场，国有经济遭遇难以适应市场竞争的挑战。国有资本战略重组进入转型阶段，此阶段国有资本战略重组的特点主要包括以下方面：

第一，增强企业活力成为国有资本战略重组的主要目标。一方面，中央开始对大型垄断国有企业进行分拆式重组。另一方面，中央开始对小型国有企业进行股份合作制、出售拍卖、租赁承包经营、土地置换与异地改造、合资经营和破产重组等系列改革。

第二，各类市场体系逐步形成规模。一方面，产权交易市场初具规模。由于我国股市市场容量有限，且大部分的企业不是股份制企业，难以在证券市场上通过转让股份来实现产权交易。因此，我国采用了不同于国际上产权交易在证券交易所完成的形式。另一方面，证券交易市场普遍兴起。改革开放之后，股票开始出现，我国的证券市场出现萌芽。随着企业股份制改造和经济体制改革的不断推进，我国证券市场逐步形成。

第三，重组活动趋于规模化和国际化。为了提高企业竞争力，跨地区跨行业企业重组和强强联合重组活动不断增加，企业重组活动形成规模。随着对外开放的发展，重组开始国际化。一方面，为了提升国际竞争力，部分国企开始参与跨国并购；另一方面，随着我国对外企兼并国内企业政策的放松，开始出现外企兼并国企的情形。

三、国有资本战略重组的全面发展阶段（2003～2013年）

以产权改革为核心的国有企业改革虽然在一定程度上提高了企业活力，但依旧存在国有资产流失、主业不突出，以及国企核心竞争力不强等问题。同时，上一阶段的大规模分拆也造成了国有资源的分散和重复建设。国企之间出现无序竞争的现象（褚剑，2022）。此外，我国加入WTO之后，面临的国际形势越来越严峻，如何增强国有企业海外资源整合能力成为国有企业面对的重要问题。国有资本战略重组进入全面发展阶段，此阶段国有资本战略重组的特点主要包括以下方面：

第一，增强企业竞争力和控制力成为国有资本战略重组的主要目标。2006年12月，《国务院办公厅转发国资委关于推进国有资本调整和国有企业重组指导意见的通知》明确指出，进一步推进国有资本向关系国家安全和国民经济命脉的重要行业和关键领域集中，加快形成一批拥有自主知识产权和知名品牌、国际竞争力较强的优势企业；加快国有大型企业股份制改革，完善公司法人治理结构，大力发展国有资本、集体资本和非公有资本等参股的混合所有制经济，实现投资主体多元化，使股份制成为公有制的主要实现形式。

第二，横向整合与纵向整合并存。横向整合和纵向整合是国企重组的主要形式。一方面，横向整合是同一行业内相似或相同经营业务的企业之间的整合，主要有横向的强强联合和横向的强弱联合。一是横向的强强联合。此类整合多发生在经济效益好的企业之间，通过强强联合缓解市场竞争，实现企业的资源互补，形成规模效益，提升市场份额。二是横向的强弱联合。经济实力强的企业兼并亏损企业从而实现整合，通过强弱整合，强势企业以低成本扩大企业规模，整合资源，同时盘活亏损企业。另一方面，纵向整合是在产品产业链的上下游企业之间的整合，通过纵向整合完善产业链，形成一体化模式，增强核心竞争力。

第三，大型跨国国企出现。在国家政策和法律法规的支持与引导下，国有企业积极开拓海外市场，特别是央企在海外并购中成为主导力量。通过形成大型跨国企业，国企的产业结构进一步优化，资源整合与优化配置的能力逐渐提升，国有企业的规模和影响力不断增加。

四、国有资本战略重组的深化阶段（2014 年至今）

以体制机制创新为核心的国有企业改革虽然在一定程度上解决了国有资本的监管问题，但依旧没有从根本上解决企业所有者“缺位”问题。同时，在社会发展层面，国有资本面临布局结构不合理等。2013 年 11 月，党的十八届三中全提出了全面深化改革的指导思想。2015 年 9 月，《中共中央　国务院关于深化国有企业改革的指导意见》成为新时期指导和推进国有企业改革的纲领性文件。至此，国有资本战略重组进入深化阶段，此阶段国有资本战略重组的特点主要包括以下方面：

第一，推进国有经济布局优化和结构调整成为国有资本战略重组的主要目标。2016 年 7 月，《国务院办公厅关于推动中央企业结构调整与重组的指导意见》为新时期央企重组提供了具体路线图。一是功能作用有效发挥。在关系国家安全的国防、能源、交通、粮食、信息、生态等领域的保障能力显著提升；在关系国计民生和国民经济命脉的重大基础设施、重要资源以及公共服务等重要行业的控制力明显增强；在重大装备、信息通信、生物医药、海洋工程、节能环保等行业的影响力进一步提高；在新能源、新材料、航空航天、智能制造等产业的带动力更加凸显。二是资源配置更趋合理。通过兼并重组、创新合作、淘汰落后产能、化解过剩产能和处置低效无效资产等途径，形成国有资本有进有退、合理流动的机制。央企要加快推进纵向调整，不断优化产业链上下游资源的合理配置，从价值链中低端向中高端转变取得明显进展，整体竞争力大幅提升。三是发展质量明显提升。企业发展战略更加明晰，主业优势更加突出，资产负债规模更趋合理，企业治理更加规范，经营机制更加灵活，创新驱动发展富有成效，国际化经营稳步推进，风险管控能力显著增强，国有资本效益明显提高，实现由注重规模扩张向注重质量效益提升转变，从国内经营为主向国内外经营并重转变。

第二，国有资本战略重组具有明显的政策协同特征。2015 年 12 月《国资委　财政部　发展改革委关于印发〈关于国有企业功能界定与分类的指导意见〉的通知》明确将国有企业分为公益类和商业类。国企重组可以根据企业自身的战略定位调整国有资本结构，以更好地实现国企的功能定位和分类。改组组建国有资本投资运营公司是新时期深化国企改革的重要举措，是实现管资本的重要组织形式。国资委对国有资本投资运营公司履行出资人职责，而国有资本投资运营公司对其权属企业履行股东职责。国有企业分类改革、改组组建国有资本投资运营公司以及央企重组具有明显的政策协同特征。

第三，融入党建工作。2019 年 10 月，党的十九届四中全会提出要完善具有中国特色的现代企业制度。“中国特色”就是将党的领导融入企业的各个环节，加强党组织对国企的监督作用，做到职责分明、干部尽责、监督落实。2021 年 5 月，中共中央办公厅发布的《关于中央企业在完善公司治理中加强党的领导的意见》更是强调了党的领导的重要性，要将党的领导与公司治理相结合，明确党委在监督、决策等方面的职责，强化责任担当。

第三节　国有资本战略重组的方向、类别和方式

一、国有资本战略重组的方向

（一）优化产业布局

优化产业布局是指以国有企业业务为基础，以产业为主线，以打造具有市场竞争力的实体企业为目标，推动同一产业上下游资源向优势企业集中，并按照产业发展需求布局新设产业集团。目前，我国国有资本在产业层面分布存在两大问题，一是分布零散，二是分布失衡。具体来说，国有资本分布零散一方面导致大量国企规模较小，运营效率较低，质量较差；另一方面难以实现产业规模效应，大规模优势企业数量较少，产业链上下游难以打通，不利于国有企业在我国经济发展中承担支撑作用。国有资本产业分布失衡则表现为大量资本集中在基础建设产业中，而在高新技术领域、区域主导产业等投资成本高、回报周期长的产业领域优势不够明显，特别是在前景尚未明晰、社会资本较少的行业中，国有资本仍须进一步承担起引领行业发展的重任。

面对上述问题，应围绕经济高质量发展要求下国有资本的功能定位，以产业为导向进行布局重组。在重组过程中将业务相关性强，分属同一价值链的产业进行整合集中，清退一批零散弱小企业，形成产业链闭环，促进产业结构优化，降低生产成本，实现规模效应与协同效应。集中整合资源发展一批大规模优势企业，实现资源共享与协同创新，引领带动行业整体发展与升级，激发行业活力。同时，应针对新兴产业进行适当布局，实现国有资本在战略性新兴产业和高技术领域的影响力与竞争力，助力实现行业技术突破，为吸引社会资本进入打下坚实基础。

（二）优化区域布局

优化区域布局是指以地方区域发展目标为基础，根据地方特色结合区域发展要求，通过企业重组完成优势资源向优势区域集中，在各区域设立平台企业承担

当地投资、建设和发展功能，实现国有资本服务于地方经济发展、发挥经济引领作用的目标。

国有资本区域化改革与我国长三角一体化发展、粤港澳大湾区建设、振兴东北老工业基地、西部大开发、中部崛起等区域发展战略息息相关。面对区域发展前期民营资本不愿或难以进入的局面，国有资本应承担推动区域发展的重担，发挥其他资本无法替代的功能。通过重新调整国有资本的区域分布，优化国有资本区域布局，实现国有资本与区域发展战略相结合，带动当地产业链的形成和发展，吸引更多的投资和就业机会，助力区域经济协同发展。同时，国有资本区域布局重组有利于促进区域经济之间的合作与协调，形成区域经济合作联盟，共同推动经济发展。在此基础上，我国开展了区域性国资国企综合改革试验专项行动。2019 年 7 月，国务院国有企业改革领导小组将上海、深圳作为首批综改试验区，并选择沈阳开展国资国企重点领域和关键环节改革专项工作，2020 年 12 月又决定将杭州、武汉、西安、青岛四地列为第二批综改试验区。

国有资本区域布局重组有助于提升监管效率，有针对性地进行企业放权授权。在重组过程中，不同区域可根据自身经济发展水平与市场成熟度制定改革政策，对市场成熟度高、企业整体治理结构完善的区域可适当赋予国企更多自主决策权。例如，深圳市将企业划分成国有资本投资运营公司、国有集团企业及其权属企业，出台授权放权清单，赋予其更高的灵活性与自主性。因此，政府应该结合实际情况综合考虑，充分研究各区域的资源禀赋和产业优势，确定合理的布局方案，并通过市场化方式进行重组和整合，促进资源的合理配置和产业的协同发展，推动区域经济均衡发展。

（三）优化功能布局

优化功能布局是指根据国家和城市发展需求，明确国有企业功能定位，按照专业化思路，以强化国有企业战略支撑和功能服务为目标，将业务划分为保障民生、提供公共产品和服务、产业发展、资本运营、产业投资等内容，形成企业主业明确的业务布局。不同于民营资本，国有资本作为国家直接拥有或控股的资本，是国民经济的重要组成部分，应承担支撑国民经济发展的经济责任，维护社会稳定的社会责任以及稳定国家经济安全的政治责任。但目前我国国企存在功能定位模糊、企业间同质化严重等问题。因此，明确国有资本定位，最大限度发挥其效用并承担其应尽责任是国有资本战略重组的重要目标，要达到这一目标应以功能为方向进行布局。

我国国有企业主要划分为商业类和公益类。针对商业类国企，以功能为方向布局重组有助于实现国有资本的市场化运作，以市场为导向完善行业竞争机制，激发行业内在活力，提升企业经营效率与竞争力。针对公益类国企，以功能为方向布局重组则有助于强化国有资本的公共服务职能，国企分类能够更好地促进其完成公益性任务，提供更加优质的公共服务，推动国有资本在医疗、教育、环保、公共交通等基础建设领域的专业化发展。因此，国有资本应依据国家总体战略安排明确自身功能定位，以功能为导向进行专业化发展，确立企业主攻方向，有针对性地进行改革，积极鼓励地方基层进行策略创新，统筹运用多种改革方法，促进国有资本经济效益与社会效益相统一。

二、国有资本战略重组的类别

（一）中央企业之间的战略性重组

中央企业之间的战略性重组，是国务院国资委或其直接监管的国有资本投资运营公司，依托其监管的中央企业资产，运用资产重组、负债重组和产权重组等方式，优化企业资产结构、负债结构和产权结构，充分利用现有资源，完善国有资产的结构配置，增强中央企业的核心竞争力，使其在社会主义市场经济中发挥更强有力的作用。国务院国资委积极推动国有资本布局结构的调整，大力推进中央企业战略性重组，典型模式包括以下几种：

第一，横向合并。横向合并是将业务相同或相似的中央企业重组整合，实现规模经济和优势互补效应，推动中央企业之间横向的“强强联合”。横向合并常见方式主要有新设合并、吸收合并、新设母公司等。例如，“南船”中船集团和“北船”中船重工的重组，通过整合两家企业的优势资源，扩大企业规模，减少内部竞争，重组后的中国船舶，其总资产、营业利润和净利润均跻身造船行业世界第一，公司市场地位更加稳固，国际竞争力显著提高。

第二，纵向合并。纵向合并是按业务关联度或产业相关性将产业链上下游企业整体并入另一家优势企业，有利于延伸产业链，完善企业功能。例如，中国电科和中国普天在主营业务上存在上下游关系，通过纵向联合使产业链更加完整，同时提高产业集中度，产生协同效应，有利于构建自主可控、安全高效的信息通信产业链，加快建设世界一流企业的步伐。

第三，先托管后重组。先托管后重组是针对出现经营危机或者陷入经营困境的企业，先由一家优势企业托管，通过托管解决危机和困难，再择机并入或者股权划转，从而实现平稳过渡。例如，中国诚通和国家开发投资公司先后托管重组了中国寰岛集团、中国唱片总公司等。先托管后重组的模式有利于妥善安置广大职工、维护企业和社会的稳定，降低财务、法律等风险。

（二）中央企业与地方国有企业重组

中央企业在发展过程中，根据自身需要，结合地方要求进行重组。中央企业和地方国有企业重组，一种形式是中央企业重组地方国有企业，另一种形式是中央企业在调整结构过程中与地方国有企业合作，把部分具备地方优势产业的企业重组到地方国有企业。多数情况下，中央企业和地方国有企业的重组，其主体在中央企业，方向是双向甚至多向的，各类社会资本也可以参与到这些重组过程中。例如，2022 年中国航空器材集团和海南省达成了合作意向，旨在整合中国通用航空的股权，通过集约发展和创新驱动，推动海南省的通用航空产业迈向新的发展阶段。这次专业化合作使海南的通用航空产业结构更加完善，中国通用航空的运营能力和创新能力得到提升，促进通用航空产业成为支撑海南自贸港和国际旅游消费中心建设的重要产业。

中央企业与地方国有企业并购重点是把握好地方国资监管机构的双重角色。在并购过程中，地方国资监管机构既是卖方，也兼任国资交易的裁判者和监管者，在处理与地方国资监管可能存在的冲突时，双方应积极寻求利益共同点，妥善处理。在地方大型国有企业并购中，国资监管机构和国有企业主要干部管理通常由不同的部门负责，重组后治理结构发生重大变化，这可能会导致与以往的管理模式存在冲突，因此需要全面考虑，并谨慎处理。此外，部分地方大型国有企业在重组后的管理模式可能会与中央企业管理模式存在较大差异。并购重组后中央企业需要对管理模式进一步完善，通过不断磨合逐步提升管理水平，最终实现成功整合。中央企业与地方国有企业合作的意义不仅停留在推动地方国企改革的层面，也成为地方政府干事创业、实现高质量发展的借力。中央企业立足全国的资源配置能力、资本运作效率、技术管理优势，为地方政府提供资金、项目和资源，带动地方结构性改革和高质量发展。

（三）企业外部的市场化并购

外部的市场化并购是通过市场化的方式，即通过购买或收购其他公司的股权、资产或业务，获取并整合目标公司的优质资源、市场份额和竞争优势，实现企业的规模扩张和效益增长。外部市场化并购通常是企业为了快速拓展业务、扩大规模、进入新市场或获得新技术、专利等资源而进行的战略举措。国有资本的市场化并购对象主要为民营企业，涉及的行业包括电力、机械、贸易、新能源、通信、人工智能等。

对国有资本而言，收购民企是国有资本进行战略重组的重要模式之一。国有资本通过获得民企控股权的方式实现与民营资本的融合与协同，从而提高国有资本的配置和运行效率，优化国有经济布局，增强国有经济活力。2018 年以来，多地陆续出台民企纾困的政策，同时为进一步深化国企改革、完善国有资本管理，实现国企民企共同发展，更好地坚持两个“毫不动摇”，民营企业形成了“国资入主潮”。例如，国药集团为增强中药板块的竞争力，在2013年收购民企盈天医药19.9%的股份①。这一收购行为不仅使盈天医药的资产总额在2012～2016年的复合增长率达到82.01%，营业收入年复合增长率达到58.63%，还推动了国药集团业绩提升，市场份额扩大，优质资产逐步整合上市②。之后，国药集团又陆续并购了知名民营企业同济堂、天江药业等，形成了投资并购的协同效应，弥补了国药集团在中药领域的短板。又如，2020年上海电气以定增方式认购天沃科技股份，直接持有天沃科技34.8%的股份，持有表决权股份占比46.41%，成为天沃科技的绝对控股股东③。此次并购可充分发挥天沃科技在能源工程服务等领域所具备的科技和市场优势，有利于发挥业务协同效应和互补作用，加速上海电气的产业转型升级。

（四）海外并购

随着我国“走出去”“一带一路”倡议的加快实施，越来越多的国有企业通过海外并购扩大产品市场，实现国际化经营，在全球范围内优化资源配置，提升国际竞争力。国有资本早期进行海外并购的行业主要集中在石油、天然气、矿产资源等能源资源行业。近年来，高科技、工业和消费品行业的海外并购呈现快速上升趋势。例如，2017年中国化工以430亿美元的高价，收购了瑞士农业化学和种子公司先正达，持有先正达94.7%的股份④。这一收购也创下了当时中企在海外并购单笔金额的最高纪录。瑞士先正达是全球第一大农化公司、第三大种子公司，具有强大的销售渠道和技术研发优势。中国化工收购先正达对两者来说是互利共赢的，有助于中国农业技术的创新，也有利于先正达更好地进入中国市场。又如，2020年国家电网收购了智利第一大配电公司、第二大输电公司CGE96.04%的股权，收购价格达25.7亿欧元，是近年来我国企业在智利最大的投资项目⑤。国家电网对智利CGE公司的成功收购有助于进一步优化国家电网的全球化资产布局，巩固其在拉丁美洲电力行业的领先地位。

三、国有资本战略重组的主要方式

按重组的方式划分，企业重组包括资本扩张、资本收缩、资本重整和表外资

① 《国药集团入主盈天医药并提出全购》，新浪财经，2012年9月4日。
② 李淑玲：《国药集团的混改之路》，载于《国资报告》2018年第40期。
③ 《豪掷21亿，上海电气为何入主40亿市值天沃科技?》，新浪财经，2020年2月26日。
④ 《中国企业海外最大收购案：中国化工430亿美金收购先正达》，中证网，2017年6月8日。
⑤ 席菁华：《斥资逾200亿，国家电网收购智利第一大配电公司》，界面新闻网，2020年11月16日。

本经营。按重组的内容划分，企业重组包括产权重组、产业重组、组织结构重组、管理重组和债务重组。按企业重组的具体项目划分，包括股权重组、资产重组和债务重组。在实践中，国有资本战略重组可依据现实情况及市场环境通过多种方式进行，主要包括股权重组、资产重组和债务重组三种国有资本战略重组的方式。

（一）股权重组

1. 股权重组的一般内容

股权重组是指企业通过产权制度改革，对企业股权结构进行重新配置，以期建立适应社会主义市场经济发展要求的新型企业组织形式的一种方式。其中，股权重组具有以下特征：一是改变公司的股权结构，完善公司治理结构；二是获得战略性资源，改善财务或经营状况。此外，股权重组通常包含股权转让和增资扩股两种形式。股权转让是指股东将自身持有的相关股权或股份转让给其他企业或人员；增资扩股是指企业在征求原有股东意见之后，通过向社会募集股权、发行股票或者引入新股东投资等方式扩大股权，达到增加企业资本金的目的。在国有资本战略重组实践中，股权重组可通过混合所有制改革实现。

2. 混合所有制改革涉及的股权重组

混合所有制改革是指针对国有企业一股独占和一股独大的现实，意在通过引入非公有资本实现国有企业股权多元化，促进各类所有制资本取长补短、共同发展的制度创新。目前，混合所有制改革的实现路径多样，主要包括管理层持股、员工持股和引入战略投资者三种途径。

第一，管理层持股。管理层持股主要指企业管理层成员通过内购股份等方式获取一定比例的股权份额。通过增加管理层持股比例，一方面向国有企业引入非公有资本，优化企业的股权结构；另一方面降低代理成本，使管理层与股东的利益达成一致，有助于企业的长远发展。

第二，员工持股。员工持股是一种企业以公司股权为利益载体，借助企业价值追求与员工个人利益协调互动的机制，其目的是最大程度地激发员工的主动性和创造力。通过这种激励方式，将企业部分股权转移到员工手中，在企业和员工之间结成一种产权组带关系，形成更加多元的股权结构。

第三，引入战略投资者。战略投资者是指拥有同行业或相关行业较强的重要战略性资源，与上市公司谋求双方协调互补的长期共同战略利益，愿意长期持有上市公司较大比例股份，有能力认真履行相应职责的投资者。通过引入战略投资者降低国有股权的资本集中度，完善制约企业创新的经营机制，使其更适应市场化的发展，激发企业活力。

（二）资产重组

1. 资产重组的一般内容

资产重组是指企业资产的拥有者、控制者及企业外部的经济主体进行的，对企业资产的分布状态进行重新组合、调整、配置，或对设在企业资产上的权利进行重新配置的过程。资产重组的主要特征有：一是目的多样性，资产重组追求多种目标，例如，扩大市场份额、提高竞争力、实现战略转型、降低成本等；二是组织结构调整，资产重组通常伴随着企业组织结构的调整，包括合并、分立、收购等，以适应新的业务需求和战略目标；三是资产整合，资产重组涉及将不同企业的资产进行整合，以实现资源优化和协同效应，提高企业整体价值；四是风险和不确定性，资产重组过程中存在一定的风险和不确定性，包括市场风险、法律风险、财务风险等，需要进行充分的尽职调查和风险评估；五是资本市场反应，资产重组通常会对企业的股价、市值等产生影响，引起资本市场的关注和反应。资产重组一般可分为资产整合、资产置换和资产剥离。

2. 国有资产的无偿划转

资产无偿划转是企业资产重组的一种重要形式。国有资产的无偿划转是指将国有资产无偿转移给其他机构、企业或个人的行为，其作为一种特殊的国有产权流转方式，对合理配置经济资源，实施国有经济布局和结构调整，培育世界一流企业具有重要作用。

企业国有产权无偿划转可在政府机构、事业单位、国有独资企业、国有独资公司之间进行。政府机构与国有企业之间的无偿划转是指国有产权在政府机构与国有企业之间进行无偿转移。事业单位与国有企业之间的无偿划转是指国有产权在事业单位与国有企业之间无偿转移。值得注意的是，除了国资委系统内的事业单位、行政单位可以进行无偿划转以外，国资委系统外的事业单位也可以进行无偿划转。除此之外，事业单位也可作为划入方实现国有股权的无偿划转。国有企业之间的无偿划转是指国有产权在国有企业之间无偿转移。

国有资产无偿划转适用多种情形。一是支持公益事业、社会福利以及公共服务领域。政府可以将国有资产无偿划转给非营利组织、慈善机构或社会公益项目，以促进社会发展和改善民生。二是促进产业结构调整。将资产无偿划转给具备竞争力和发展潜力的企业，以加速产业升级，促进产业结构优化。三是国有企业改革及转型。国有企业可采取无偿划转的方式引入市场机制、增强企业活力并提升竞争力。四是支持地方经济发展。通过将资产无偿划转给地方政府或地方国有企业，可促进地方经济增长、增加就业机会和提升地方自主发展能力。五是推进重大社会事业或国家战略项目。政府可将部分国有资产无偿划转给相关机构或组织，以支持重大社会事业的实施，例如教育、医疗、科技研发等领域。

3. 国有资产的交易

在国有资产重组中，常会涉及国有资产的交易问题。国有资产交易是指国有企业对股权或重大资产进行买卖的交易行为。国有资产交易可分为以下三类：一是企业产权转让，表现为国有企业通过对企业出资所形成的权益进行转让的行为。二是企业增资，表现为国有企业增加资本的行为。值得注意的是，政府通过增加资本金对国有企业增资的行为并不属于国有资产交易。三是企业资产转让，表现为国有企业对重大资产的转让行为。

为保证国有资产交易公平公正公开，确保国有资产保值增值，国有资产交易需在合法的产权交易机构内公开进行。但在符合相关法律法规的特殊情况下，企业也可采取非公开方式进行交易。针对企业产权转让交易，满足以下两种情况时可采取非公开协议方式进行。一是重组整合企业主营业务牵涉到关系国家安全和国民经济命脉的重要行业和关键领域时，例如，军工、电力、民航等，若对产权受让方有特别要求，且产权在国企间转让，可经过国资监管机构批准①后采取非公开方式进行。二是同一国企及其控股或实际控制企业内部为重组整合而进行的产权转让，在该国企审议决策后可采取非公开方式进行。需要注意的是，采取非公开方式进行转让的产权，其转让价格不得低于核准后的评估价格。

针对企业增资交易，满足以下五种情况时可采取非公开方式进行增资。一是为配合调整国有资本布局结构而进行的由特定国有企业进行增资的行为，在同一级别国资监管机构批准后可采取非公开方式进行增资。二是为满足国企与特定投资方所形成的战略伙伴关系或其他利益共同体需求，由该特定投资方为企业增资时，在同一级别国资监管机构批准后可采取非公开方式进行增资。三是国有企业指定其控股或实际控制子公司进行增资的，经该国企审议后可采取非公开方式进行增资。四是国有企业通过债转股方式进行增资的，经该国企审议后可采取非公开方式进行增资。五是由国有企业原股东进行增资的，经该国企审议后可采取非公开方式进行增资。针对企业资产转让交易，当交易牵涉到国企内部或特殊行业的资产时，例如，确需在国企间进行非公开交易，由转让方报批国家出资企业审核通过后方可通过非公开方式转让。

国有资产进场交易流程大致划分为以下五步：一是企业内部研究并制订可行性交易方案；二是签署委托协议并申报交易方案；三是编制相应交易公告并于产权交易机构发布交易公告；四是公开征集受让方并核验最终竞得人；五是签署交易合同并进行结算交割。采取非公开协议方式进行的国有资产交易流程通常可划

① 国资监管机构批准是指产权转让方所属国家出资企业的同级国资监管机构，相关协议转让事项由转让方所属国家出资企业报同级国资监管机构批准。

分为以下三步：一是企业内部研究并制订可行性交易方案；二是根据交易内容提交由国资监管机构或国家出资企业进行批准审议；三是实施交易方案。

（三）债务重组

1. 债务重组的一般内容

债务重组是债权人和债务人就清偿债务的时间、金额或方式等进行协商和重新安排的过程。债务重组的方式主要包括以资产清偿债务、债务转为资产以及修改其他债务条件。以资产清偿债务是指债务人将自身资产（现金、存货、固定资产等）交付给债权人用以清偿过去产生的债务，一般适用于债务人持有资产较多，债权人与债务人达成一致意见同意其用资产清偿的情形。若使用现金清偿债务，通常支付现金的金额小于债务所规定的金额。债务转为资本是指债务人将债务转为资本，同时债权人将债权转为股权的债务重组方式，一般适用于债权人看好债务人企业未来的发展前景及潜力，愿意将债权置换为股份并长期持有的情形，但可转换债券转为资本不属于债务重组的情况。修改其他债务条件是指修改不包括上述第一、第二种情形在内的债务条件进行债务重组的方式，例如，减少债务本金、延长债务期限、降低利率、免去应付未付的利息等。以上方式在实际应用中往往不是单独使用，而是多个方式组合进行债务重组。

2. 国有企业债务重组的适用情形、限定条件和审批流程

国有企业债务重组是国有企业针对其债务问题进行整顿、清理和重组的过程，旨在解决债务困扰，优化债务结构，减轻债务负担，恢复企业的财务健康，提高可持续发展能力。国有资本债务重组适用于多种情形。一是国有企业负债过高、债务结构不合理、经营困难或面临其他财务危机的情况。二是政府可能出台相关政策引导和支持国有企业进行债务重组，目的是促进国有资本的优化配置、提高企业的经营效益和降低风险。三是当国有企业或国有资本相关机构的债务问题涉及多个部门、多个地区时，债务重组提供了协调和解决纠纷的机制，促进各方的合作与协商，达成债务重组或协议，协调各方利益。四是监管机构的要求和债权人的支持也对国有资本债务重组起着关键作用。

国有资本债务重组的限定条件涉及多个方面。一是债务问题必须达到一定的严重程度，超出了企业自身的偿债能力范围。二是进行债务重组的企业必须具备一定的经营前景可行性。三是债务重组适用于存在债务结构调整需求的情况。这包括高利率债务过多、短期债务过多、外币债务过多等问题。通过债务重组优化债务结构，减轻还款压力，为企业提供更合理的还款条件和更稳定的资金来源。四是国有资本债务重组可能需要相关部门的批准或许可。

国有资本债务重组的审批通常包括企业内部审批和企业外部审批两个层面。

具体的审批流程和步骤可能因地区和具体情况而有所不同。在实际操作中，企业需要与相关机构进行沟通，了解具体的审批要求和程序，并按照规定的流程进行申请和办理。

第四节　国有资本战略重组的决策机制与监督体系

一、国有资本战略重组的决策机制

国有资本战略重组是搞活国有企业、盘活国有资产的重要方式。保障国有资本战略重组的顺利进行，需要科学有效的决策机制。

（一）决策主体

国有资本战略重组涉及多个决策主体，主要包括国资监管机构、国有股东、国有企业和其他利益相关方等。这些决策主体在国有资本战略重组的决策过程中承担不同的责任，确保最终决策符合国家政策导向。

1. 国资监管机构

国资监管机构依照相关法律法规对国有资本战略重组的相关政策进行指导，同时对重要的国有资本战略重组方案进行决策。国资监管机构的主要职责有：一是指导推进国有企业的改革和重组，根据国家和区域战略部署，结合行业和产业政策要求，提出重组实施的方案，报上级主管部门批准后稳步推进。二是探索有效的国有资本经营方式，加强国有资本监督管理工作，促进国有资本保值增值，防止国有资产流失。三是负责制订国有资本战略重组的相关规章制度。

2. 国有股东

国有股东包括一般意义上的国有股东和经资本重组后企业的潜在国有股东。国有股东的主要职责有：一是提前做好资本重组的可行性论证工作，对国有股东、上市公司及资本市场产生的影响进行认真分析，以可行性报告的形式进行呈现，提前制定涉及人员安置、土地使用权处置、债权债务处理等相关问题的解决方案。二是对资本重组相关事宜在企业内部进行充分协商，并依法履行信息披露义务。三是在有关法律法规和企业章程的规定下，履行内部决策程序。

3. 国有企业

国有资本战略重组决策应符合国家战略发展方向，反映出资人投资意愿，同时应与企业发展规划相一致，决策重点应为企业主业。着重发展战略性新兴产业，对非主业的投资比例要进行严格的控制，防止国有资产流失。国有企业的主要职责有：一是根据企业实际情况，选择、确定国有资本战略重组的方向、类别和方式，科学编制重组计划。二是围绕公司发展战略，建立健全国有资本战略重组管理制度，构建事前制度规范、事中跟踪监控、事后监督问责的管理链条，保证决策能够正确、高效地执行。三是不断优化包括财务会计等信息在内的决策信息管理系统，及时监测和分析外部经营环境及内部运行情况，以保障决策的科学性和可行性。四是建立完善的风险控制机制，强化国有资本战略重组前期风险评估和风控方案制定，做好项目实施过程中的风险监控、预警和处置，防范重组后项目运营、整合风险。

此外，中央企业进行国有资本战略重组后，形成企业集团，集团旗下有众多被重组企业，被重组企业要以中央企业为核心，不断提高造血能力，保持良性运作，各业务板块之间协同发展，不断提升企业集团核心竞争力。若被重组企业为中央企业的控股子公司，应考虑集团层面的战略规划、治理结构、组织架构等基础因素，以及自身所在业务板块与集团的资源相关性、战略地位、业务发展水平、能力素质、成熟情况等因素，明确自身功能定位和财务、人力、运营等部门的职责划分，使国有企业内部管理更加精细。若被重组企业为中央企业的参股企业，应建立健全与企业集团之间的业务联系，防止中央企业只投不管，确保及时处理可能出现的虚假投资、挂靠经营等社会资本方的不规范行为。对混合所有制企业，应对股权结构进行合理设计和调整优化，可以推行骨干员工持股制度等，依法维护各方股东权利。

4. 其他利益相关方

在国有资本战略重组的决策中，机构投资者、债权人等其他利益相关方也会对最终决策结果产生影响。

机构投资者在国有资本战略重组中的决策主要体现在股权重组中。我国机构投资者形成了以基金公司、证券公司和保险公司为主，社保基金、QFII、信托公司、财务公司等其他机构投资者相结合的多元化发展模式。机构投资者的主要职责有：一是引导市场进行理性投资。二是认真研究经济发展和市场发展，坚守正确的投资理念，成为价值投资的中流砥柱。三是利用自己的专业能力，提升国有企业在组织结构、发展机制、资源整合等方面的能力，为国有企业实现可持续发展奠定基础。

债权人在国有资本战略重组中的决策主要体现在债权重组中。债权重组实践中，将债务转为资本这一方式较为特殊。债权人的主要职责有：一是在风险管理方面，要防范因原股东行使优先购买权而不能完成债转股的风险。二是对债转股程序进行审核，以防出现瑕疵，导致债转股行为被认定为不成立。三是通过感知市场环境、了解银行政策、进行尽职调查等方式综合评估是否需要进行债转股，否则很有可能出现在转股权成功后股权价值贬值幅度较大的情况。

（二）决策程序

国有资本战略重组的决策程序包括决策准备阶段、决策提出阶段、决策论证阶段、决策审议阶段、决策批准阶段和决策实施阶段。

1. 决策准备阶段

原国有股东应当对内外部环境进行分析以明晰重组环境。在内部环境方面，可以采用“案头研究”和“高层访谈”的方式，对高层思路、经营状况、发展模式等进行全面充分的评估，同时了解企业在人力资源、组织架构、战略定位等方面的规划。在外部环境方面，需要从政策、产业、案例三个层面对宏观政策环境、业务市场结构、竞争生态、重组整合经验进行研究。只有进行充分的前期研究和分析，才能确定国有资本战略重组的必要性和可行性，这是国有企业战略重组的前提。

2. 决策提出阶段

在此阶段，本级国资监管机构要向上级主管部门提交国有资本战略重组的提案。国资监管机构根据国家和地区的战略要求，会同有关部门和相关专家，在充分了解行业和产业政策的基础上，提出可行的重组计划。国有企业根据实际情况，结合重组计划制定本企业战略重组的具体方案，重组方案须经国有股东及其他出资人召开股东（大）会表决通过后形成。与国家安全领域相关的，须经相关行业主管部门审核同意。重组方案的内容应对重组背景、目标、重要原则和方案草案进行详细阐述，要确定国有企业战略重组的未来方向，明确各公司、各业务单元的战略定位。重组方案提交上级主管部门后，相关专家对其进行评审，并对方案进行初步指导和反馈。

3. 决策论证阶段

已提交的重组方案将在此阶段由相关专家、学者、顾问团队进行深入论证和研究，对参与重组的企业进行审计和评估，确定其经营状况和价值；对重组过程中涉及的法律问题进行尽调，确保合规性和合法性；与其他利益相关方包括股东、员工等进行沟通，确保重组方案能有效推进执行。国资委还要求被重组企业要做好行业指导工作，并对国有资本分行业、分领域布局的基本要求加以确定，保障国有资本科学合理的投入规模。决策论证阶段兼具复杂性和挑战性，要经过反复论证最终得出可行性方案。

4. 决策审议阶段

由决策主体（例如，国资委、被重组企业、职工代表大会等）对最终的重组方案进行审议和决策。决策审议可以通过决策会议、董事会会议等形式实现，在会议上对重组方案进行投票或讨论达成共识。

5. 决策批准阶段

重组方案由国资委、被重组企业等审议后提交相关审批机构进行批准，相关审批机构有中央政府机构、地方政府机构、国资监管机构等。审批机构将从合规性、合法性和合理性三方面对重组方案进行审查，并决定是否批准。

6. 决策实施阶段

重组方案获得批准后，财政部门、国资监管机构组织对重组方案的落地宣传与培训。为确保重组能够顺利进行，须对国有企业在经营管理、人员安置等实施过程中可能遇到的问题进行指导。重组方案实施需要制定具体的实施计划，同时要协调各方通力合作。

以上为国有资本战略重组的基本决策程序，但实践中可能因国家政策、行业特点和地方规定而有所差异。总之，各级决策主体应根据相关法律法规和政策规定，按照决策程序进行决策、审批、实施。

二、国有资本战略重组的监督体系

国有资本战略重组中监督体系主要由监督主体和监督职责构成。其中，监督主体包括内部监督机构和外部监督机构。

（一）内部监督机构

国有资本战略重组的内部监督机构包括国有企业及其内部相关部门，以确保战略重组过程的有效性和透明度。

1. 国有企业

国有企业自身管理各级子公司的国有资产交易行为，并定期向国资监管机构报告本企业的国有资产交易情况。国有企业应当制定子公司的产权转让管理制度，确定审批管理权限，并决定子公司的增资行为，同时负责制定本企业不同类型资产转让行为的内部管理制度。在国有资本战略重组中，2018 年 5 月国务院国资委、财政部、证监会发布的《上市公司国有股权监督管理办法》指出，国有企业需要负责监管不属于中国证监会规定的重大资产重组范围的国有股东与所控股上市公司之间的资产重组，并通过管理信息系统将企业股份变动情况及时、完整、准确地报送国资委。

2. 国有企业内部相关部门

一是审计部门，负责监督公司的财务报告和内部控制系统，确保公司的财务和业务活动符合相关法规和道德标准。二是战略制定部门，负责监督公司的战略规划和重大投资决策，确保公司的战略目标与国有资本战略重组的目标和政策相符。三是风险管理部门，负责监督公司的风险管理和合规工作，确保公司在整合重组过程中遵守相关法规和政策，并对可能出现的风险进行管理和控制。四是人力资源管理部门，负责监督公司的人力资源管理和干部选拔任用工作，确保公司在整合重组过程中能够选拔出有能力和有素质的干部，并制定和执行有效的人力资源政策。五是内部控制委员会，负责监督公司的内部控制系统，确保公司在整合重组过程中建立健全的内部控制制度，并对其进行持续的评估和改进。

（二）外部监督机构

2006 年 12 月《国务院办公厅转发国资委关于推进国有资本调整和国有企业重组指导意见的通知》指出国有资本战略重组的外部监督主体包括政府机构、证券监管机构、司法机关、备案管理单位和独立第三方机构，负责监督国有资本战略重组决策的合法性和合理性。具体包括：

1. 政府机构

政府机构主要包括国家发展和改革委员会、财政部和国务院国资委等中央政府机构，地方发展和改革委员会、财政部门、国资委等地方政府机构。政府机构负责制定国有资本监督法规制度体系，研究制定出资人监督权力和责任清单，审核国家出资企业的产权转让事项和增资行为。2017 年 1 月国务院国资委发布的《中央企业投资监督管理办法》指出，国资委在中央投资交易过程中负责指导中央企业建立健全投资管理制度，对中央企业的投资项目实施备案管理和分类监督，对其中重大投资项目的决策、执行和效果等情况进行随机监督检查。在国有资本战略重组中，2016 年 6 月国务院国资委、财政部发布的《企业国有资产交易监督管理办法》指出，政府机构的监督职责主要体现在审核和监督重组方案的合法合规性，确保重组过程符合法律法规和政策要求，规范企业国有资产交易行为，防止国有资产在重组过程中流失。

2. 证券监管机构

证券监管机构负责制定证券市场监督管理的规章条例，对证券的发行、上市、交易、登记、存管、结算等进行监督管理，维护证券市场秩序，保护投资者利益。国有资本战略重组可能涉及上市公司股权变动，因此重组过程需要遵守证券监管机构的规定，确保重组交易的信息披露、公正公平和合规运作，防范操作市场和内幕交易等违法行为。

3. 司法机关

司法机关负责对重组过程中的违法行为进行监督和法律追究，确保重组方案的合法性，保护重组各方的权益，维护重组交易的法律秩序和公正性。

4. 备案管理单位

备案管理单位负责根据企业国有资产评估管理法规和评估准则，对备案事项相关行为的合规性、评估结果的合理性等进行审核。2013 年 5 月国务院国资委发布的《关于印发〈企业国有资产评估项目备案工作指引〉的通知》指出，企业通过资产评估信息系统向备案管理单位汇报工作状况，涉及评估基准日确定、资产估值、土地评估、矿业权评估以及相关审核工作，备案管理单位可对资产评估项目实施跟踪督导和现场检测。

5. 独立第三方机构

独立第三方机构包括会计师事务所、评估机构、法律顾问等专业机构。独立第三方机构负责对重大投资项目所涉及的资产状况、投资收益、资金来源、投资风险管理体系等进行审计和评估，并将结果进行报告和反馈。独立第三方机构对重大资产重组交易方案、过程和结果进行审计、评估和法律合规性审查，以增强国有资本战略重组的独立性和客观性。

以上监督主体和监督职责构成了国有资本战略重组的监督体系，确保国有资本战略重组过程的合法性、公正性和透明性，有效地防范潜在的违规行为，维护国有资本安全和各方利益。

第六章

国有资本国际化经营战略管理

国有资本国际化经营是国有企业确保国有资本保值增值、提高其国际竞争力、提升其治理水平的必然之举，尤其是在经济全球化的进程中，国有资本国际化经营是促进国有企业高质量发展的必然趋势。本章主要介绍国有资本国际化经营的含义、意义、战略目标和原则，梳理国有资本国际化经营不同阶段的主要特点及存在的问题，在此基础探讨国有资本国际化经营的战略方向、主要方式和风险防范，并阐述国有资本国际化经营的决策和监督体系。通过对上述问题的梳理和总结，可为国有资本国际化经营的战略管理提供理论指导和方向定位。

第一节 概　　述

一、国有资本国际化经营的含义

国有资本国际化经营是指国有企业利用其资本、资源和竞争优势，在全球范围内通过并购、成立子公司或经营分部等方式，进行跨国经营活动，以提高国有资本回报率、扩大国有企业国际影响力、推动企业健康持续发展，进而为国家经济增长作出重要贡献。国有资本国际化包括两个维度的内容：一是投资结构的国际化，具体表现为国有资本分布在不同国家和地区；二是国有企业组织结构的国际化，例如，企业总部、地区总部、运营总部、资金总部或分支机构的国际化。上述两个维度的国有资本国际化相辅相成，推动国有资本国际化经营，拓展国有企业跨国经营网络，提升国有企业国际竞争力（张新民和郑建明，2006）。

理解国有资本国际化经营，要区分国有资本国际化经营与国有企业国际化经营的不同。国有企业国际化经营是指国有企业为实现市场多元化、资源优化配置、风险分散以及增加企业国际竞争力等目标（葛京，2002），选择打破国界，将业务扩展到国际市场，在多个国家和地区之间进行生产制造，以及市场拓展、产品销售等经营活动或投资活动。而国有资本国际化经营强调的是国有资本的国际流动和配置。两者相互关联，国有企业国际化经营是国有资本国际化经营的重要组成部分，国有资本国际化经营是推动国有企业国际化经营的重要力量。

二、国有资本国际化经营的意义

（一）实现国有资本保值增值

一方面，企业进入新的国际市场，有助于其接触更广阔的客户群体，扩大业务范围，提高市场份额，实现企业营收和利润的增长。另一方面，在全球范围内开展业务可以平衡不同国家和地区经济周期和市场波动带来的风险，当某个境外市场受到冲击时，企业可以通过在其他境外市场的业务来稳定收益，以确保国有资本保值增值。

（二）增强国有资本品牌竞争力

品牌是企业重要的无形资产，是体现国家核心竞争力的名片，是现代新国企的关键要素。在“新华社民族品牌工程”倡议下，国有资本国际化经营是提升国有企业品牌竞争力、发展民族品牌的重要途径。国有企业通过国际化经营向世界展示自身负责任、能担当、有技术的优质形象，以此讲述中国品牌故事，获得世界对中国国有企业品牌的认可，同时，提升品牌管理水平，加快品牌国际化进程、提升品牌国际竞争力。

（三）提升国有资本治理水平

国有资本国际化经营能够增进国际交流与合作，包括治理方面的交流与合作。国际化经营对国有企业治理水平提出了新要求。国有资本国际化经营过程中，一方面，需要适应世界各国和地区的政治、经济、法律、文化等环境，促使国有企业优化治理和运营方式。另一方面，需要遵守国际商业规则和标准，强化透明度和问责制，以提高国有企业治理能力和效率。同时，国有资本国际化经营过程中的资源共享、技术合作、人才互助，促进了合作双方互利共赢，有利于国有企业学习其他国家企业的管理经验，优化国有企业自身的组织结构和决策机制，提升治理水平。

（四）推动国家经济发展

国有资本国际化经营对国家经济发展具有积极的推动作用。国有企业在国际市场的投资运营不仅为国家整体带来更多的外汇收入，而且推动了国内技术的发展进步，从而进一步促进了经济结构调整和产业升级，有利于实现经济高质量发展。

三、国有资本国际化经营的战略目标

（一）获取生产要素

1. 境外资金

国有资本国际化经营中通过直接投资、并购、与境外投资者合作等方式，吸引境外资金流入国有企业。境外资金可给国有企业发展提供所需的资本支持，以提高生产能力、加大研发创新力度、深入拓展市场。此外，通过引入境外投资，国有企业可以分散风险，降低财务压力。

2. 先进技术

国有资本国际化经营有利于国有企业获取国际先进技术。通过实施跨国并购、异地成立子公司、分公司或经营分部等方式吸引先进技术，有助于推进技术溢出、跨越技术壁垒，获取和开发领先的生产技术、工艺设备和管理经验，从而提升国有企业的生产效率、产品质量和市场竞争力，推动企业技术升级和创新发展。

3. 人才资源

国有资本国际化经营为国有企业获取更多国内外人才提供了更大的平台。人才资源包括高级管理人才、专业技术人才和市场开拓人才等。国际化经营需要具备国际视野、跨文化沟通能力和全球市场经验的人才。在国际化经营中，国有企业通过招聘境外人才、培养本土人才等方式，吸引和留住更加优秀的人才，从而提升国有企业的人力资源质量。

（二）获取经营要素

1. 获取原材料

国有资本国际化经营有利于国有企业寻找更优质经济的原材料。虽然我国物产丰富、地大物博，但人均资源占有量偏低，在经济快速发展过程中国内资源短缺的问题日益凸显。此外，在一些行业中，国内原材料供应有限或价格较高。在国际化经营下，国有企业可通过并购或投资等方式，与原材料供应方达成协议，以确保原材料供应稳定性和产业链韧性。

2. 获取零部件

国有资本国际化经营有助于国有企业加强与高端零部件供应商的合作。企业在生产过程中可能需要依赖特定的零部件或组件，国际化经营可以拓宽企业对供应商的寻找渠道，确保零部件的质量、价格和交货时间，从而提高产品制造效率和质量，更好满足客户需求。

3. 开拓国际市场

国有资本国际化经营为国有企业开拓国际市场提供良好契机。国有企业通过合作、合并等方式进入新兴市场或发达国家，为扩大业务范围、开发新产品和服务满足全球不同国家和地区顾客的需求提供了条件，以实现企业业务范围多样化，增加销售收入。开拓国际市场还可以带来更多的商业机会和合作伙伴，推动国有企业全球化发展，提升国有企业全球竞争力。

（三）特殊战略目标

1. 加强民族品牌工程建设

20 世纪 90 年代，中国政府决定通过投资、政策支持、市场推广等方式，培育了一批具有国际影响力和竞争力的民族品牌，以提升中国企业的整体实力和国际声誉。新华社为助力中国品牌建设，于 2017 年 6 月启动了“新华社民族品牌工程”项目。国有企业作为中国企业的代表，其国际化经营在一定程度上代表了中华民族品牌在国际市场的表现，实施国有资本国际化经营有利于推进民族品牌工程，从而提高中国企业在全球经济舞台上的影响力和声誉。

2. 享受政策优惠

不同国家和地区，产业政策不同，国有资本国际化经营能够充分了解和利用当地政策优惠，例如，税收减免、关税优惠、土地使用权等，帮助国有企业获得成本优势和竞争优势，实现更快发展。同时，政策优惠还可为国有企业提供更好的营商环境和市场准入条件，促进境外业务快速发展。

3. 提升产业链韧性与安全水平

国有资本国际化经营通过构建多元化全球供应链、促进全球范围内的技术合作及扩展国际市场，有力提升产业链韧性与安全水平。因此，国有资本国际化经营不仅有助于国有企业可持续发展，而且为国家经济安全提供了重要支持。

四、国有资本国际化经营的原则

（一）战略引领

战略引领原则要求国有资本国际化经营符合企业发展战略和国际化经营规

划。国有资本国际化经营过程中，应坚持聚焦主业，注重境内外业务协同和战略引领等原则，以帮助国有企业在国际化过程中明确方向，提高决策准确性和战略执行效果，提升国有企业创新能力和国际竞争力。

（二）依法合规

依法合规原则要求国有资本国际化经营遵守我国和投资所在国家和地区的法律法规、商业规则和文化习俗，合规经营，有序发展。国有企业应建立健全合规管理体系，制定符合当地法律和国际贸易规则的操作程序，例如，知识产权保护、反腐败措施、环境保护和劳工权益等。依法合规原则有助于维护企业良好声誉，降低法律风险，增强企业可持续发展能力。

（三）能力匹配

能力匹配原则要求国有资本国际化经营的投资规模与企业资本实力、融资能力、行业经验、管理水平和抗风险能力等方面相适应。国有企业需要评估自身技术、管理和市场能力，确定适合的国际市场进入方式，例如，跨境合作、独立投资或并购。同时，国有企业还应关注人才培养和组织能力建设，以适应国际市场的需求和挑战。能力匹配原则有助于企业在国际化过程中更好地利用自身优势，提高市场适应性和竞争力。

（四）合理回报

合理回报原则要求国有资本在国际化经营中遵循价值创造理念，加强投资项目论证，严格投资过程管理，提高投资收益水平。企业应根据市场预期和风险水平，评估投资项目的资本回报率，确保投资项目符合企业经济利益。合理回报原则有助于国有资本在国际化经营中实现保值增值。

第二节　国有资本国际化经营的实践历程

中国国有资本国际化经营经历了由浅入深、由保守到开放的渐进式发展。本章节按境外投资政策变化和投资规模，将国有资本国际化经营的进程划分为四个阶段：1978～1992 年的萌芽阶段、1993～1999 年的初步发展阶段、2000～2012 年的快速发展阶段和 2013 至今的全面发展阶段（刘建丽，2018；高鹏飞等，2019）。

一、国有资本国际化经营的萌芽阶段（1978～1992年）

1978年12月，党的十一届三中全会明确提出，“在自力更生的基础上，积极发展同世界各国平等互利的经济合作”，为我国境外投资的开展奠定了政策基调。1979年8月，国务院颁布的《关于经济改革的十五项措施》首次提出“出国办企业，发展对外投资”，并指明了开展境外投资的具体路径。这一政策的颁布正式拉开了国有资本直接进行境外投资、参与国际化市场竞争序幕。该阶段，国有资本国际化经营的特点主要体现在以下四方面。

（一）境外投资规模增长缓慢，总体投资规模较小

1979年我国境外投资兴办4家企业，1987年我国境外直接兴办非贸易型企业124家，1992年投资非贸易型企业的数量达到355家①。这一阶段是中国国有企业不断尝试、不断探索境外投资的阶段。受限于当时国有资本的规模和跨国经营经验、境外投资行业和境外投资政策管制，境外投资数量和投资规模都没有实现大规模的增长，但为未来的境外投资积累了大量的经验。

（二）初期投资行业较为单一，后期呈现多元化趋势

1979～1984年，主动进行境外投资的只有国有贸易型企业，例如专门进行进出口贸易的外贸公司、国际技术经济合作公司等。而非贸易型企业境外投资只有113家，总投资额1.27亿美元，其投资涉及餐饮、建筑工程承包业务和咨询服务业等。1985年之后，随着我国颁布多项关于出国开办企业的政策，国内投资主体呈现多元化的趋势，境外投资的行业也由最初的贸易行业拓展到餐饮、服务业和建筑工程、资源开发、交通运输、制造业等行业。1985～1992年，我国累计非贸易型企业境外投资共1250家，累计投资额达到14.64亿美元，投资企业的数量和规模较之前显著增加②。

（三）国有资本国际化经营区域从东南亚地区逐渐扩张到发达国家

1978年，我国国有资本国际化经营区域选择多以进出口市场集中的地区为主，尤其是东南亚地区。1985年之后，随着我国境外投资新一轮高潮的到来，加之以前境外投资经验的积累，1985～1992年，我国境外投资的区域分布已由最初的东南亚、中东和非洲地区拓展到包括发达国家和发展中国家在内的120多个国

①② 中国对外经济贸易年鉴编委会：《中国对外经济贸易年鉴》，中国对外经济贸易出版社1992年版。

家和地区①。

（四）国有资本国际化经营的方式以设立窗口式投资为主，其他投资方式为辅

20 世纪 80 年代，国家各部委牵头组建窗口型企业，从事境外劳务和工程承包业务，输出国内劳动力。窗口型企业的成立是基于改革开放初期境外经贸人才匮乏、企业缺乏境外投资的经验所采取的特色商业模式。贸易型企业除进行窗口投资外，部分企业也选择绿地投资的方式进入东道国和地区市场。其主要形式有两种，一是建立独资企业，如子公司、分公司；二是建立合资企业，如股权式合资企业或契约式合资企业。

这一时期，国有资本国际化经营处于萌芽阶段，企业经营机制没有理顺、缺乏政策引导和经验积累，国有资本国际化经营面临重重问题。一是境外企业的经营机制存在问题，尤其是对贸易型企业而言，缺乏对境外子公司的约束。二是境外投资行业和地区布局与结构不合理，集中于中国香港和东南亚地区，其中以贸易型企业为主，造成了企业投资区域集聚、自相竞争的局面。三是投资规模小、技术层次低，无法产生规模效益。这一问题体现在非贸易型企业的投资问题中。较小的境外企业规模限制了企业从事经营活动的能力、难以完善企业产品的售后服务和质量追踪、限制技术的进步和规模经济效应的取得，导致企业很难完成盈利，甚至处于亏损的阶段，与其他国家和地区的境外投资质量存在较大的差距。

二、国有资本国际化经营的初步发展阶段（1993～1999 年）

1993 年国内外经济环境发生了巨大变化，影响了我国境外投资的经济和政策环境。1996 年，我国重新开始企业境外投资战略。1997 年 9 月，党的十五大报告确立了“两个市场，两种资源”的政策方针。1998 年，国务院强调要积极鼓励和引导具有资本实力和技术实力的企业主动到境外投资办厂②。国有资本国际化经营进入初步发展阶段。该阶段，国有资本国际化经营的特点主要体现在以下四方面。

（一）境外投资规模仍然较小，与国际同期水平存在一定差距

1993～1997 年，国有资本境外投资新成立的非贸易型企业每年增长 100 家以上，到 1998 年，我国累计境外投资非贸易型企业 2220 家，累计投资额为 26.3 亿

① 中国对外经济贸易年鉴编委会：《中国对外经济贸易年鉴》，中国对外经济贸易出版社 1992 年版。

② 高鹏飞、辛灵、孙文莉：《新中国 70 年对外直接投资：发展历程、理论逻辑与政策体系》，载于《财经理论与实践》2019 年第 4 期。

美元，较上阶段总体规模与增长速度都有了一定发展，但与发达国家和其他发展中国家仍存在差距。从投资规模来看，1993 年，发达国家平均投资额 600 万美元，其他发展中国家平均投资额也达到了 450 万美元，但我国平均投资额只有 280 万美元①，仍处在低水平状态。

（二）投资行业以能源行业和制造业为主

该阶段，我国国有资本国际化经营投资行业从贸易行业转向能源行业。1993 年，中石油在泰国进行投资，取得了石油开发作业权，中国石油企业首次走出国门。1995 年，中石油又启动了对苏丹的投资，在苏丹进行石油的勘探、开发和运输，标志着中石油正式在境外进行完整的生产经营过程。除此之外，加大对制造业的投资也是该阶段国有资本国际化经营的战略方向。在与境外企业合作经营的过程中，中国企业不仅获得了境外资本资源，同时，学习了境外企业先进技术和现代化管理经验，使国有制造企业拥有了国际化经营视野和能力。

（三）国有资本国际化经营的投资地区聚焦于自然资源集中区域

除了继续加大对中国香港、东南亚地区的投资之外，该阶段，国有资本国际化经营的投资多聚焦于石油和其他矿产资源较为丰富的区域，例如，中东地区、南美地区。在经历了海湾战争之后，中东地区极度缺乏资金，这给我国国有资本国际化经营提供了境外投资的最好时机。除此之外，我国国有资本也将尝试在欧美国家进行投资，试图开拓发达国家市场。

（四）前期以绿地投资为主，后期逐渐倾向跨国并购

该阶段，国有资本国际化经营的方式主要以绿地投资为主，跨国并购的方式开始崭露头角。由于绿地投资属于新建投资，直接建立境外子公司或者生产基地有利于企业更深入地了解当地市场，同时，绕过投资所在国家和地区贸易保护和贸易壁垒。绿地投资成为该阶段国有资本国际化经营的主要投资方式。但随着投资规模的持续增大，绿地投资也表现出其弊端，如投入的资源多、风险高、被投资企业建设周期长、收效慢等。成本较少、风险较低的跨国并购方式开始崛起。

这一时期，国有资本国际化经营进入初步发展阶段，但该阶段，国有资本国际化经营仍存在诸多问题。一是由于境外投资审批程序复杂、审批流程烦琐和审批门槛低，相关部门工作量较大，项目审批所需周期较长，进而导致企业错失最佳投资时机，投资失利。二是国有资本活力没有被完全释放，与同时期的民营企

① 商务部、国家统计局、国家外汇管理局：《2013 年度中国对外直接投资统计公报》，中国统计出版社 2014 年版。

业相比，国有企业的境外投资增长速度落后于民营企业的境外投资增长速度。三是国有企业前期经验总结、汲取不足，造成了上阶段面临的问题经过多年发展后没有得到较好的解决。四是国有企业国际管理经验不足，尤其是缺乏既懂得管理经营，又懂得国际市场的规则，可以帮助企业开拓国际市场，规避境外经营风险的高层次管理人才。

三、国有资本国际化经营的快速发展阶段（2000～2012年）

从2000年3月，第九届全国人民代表大会第三次会议上首次提及“走出去”战略，到2000年10月，党的十五届五中全会中明确提出了“走出去”战略，并将这一战略写入了“十五”计划纲要。“走出去”战略明确指出，“鼓励能够发挥我国比较优势的对外投资，扩大国际经济技术合作的领域与途径及方式”①。同年，中国顺利加入世界贸易组织，我国进入全新的、更开放的境外经贸制度环境。国有资本国际化经营进入到快速发展阶段。该阶段，国有资本国际化经营的特点主要体现为以下四个方面。

（一）境外投资规模快速增长，但与发达国家仍存在较大差距

2002～2011年，中国境外投资年均增长幅度达到44.6%。2008年，全球金融危机，我国国有资本的境外投资却逆势增长。仅2008年一年，我国企业境外投资达到559亿美元，成为当年境外投资规模最大的发展中国家。从投资存量规模来看，截至2011年，中国境外投资存量达到4247.8亿美元，在世界范围内存量排名第13位。但由于起步较晚，此时，我国的境外投资存量只有美国的9.4%、英国的24.5%②。

（二）境外投资行业全面发展

一方面，国有资本国际化经营过程中，对能源行业的投资规模依然较大。该阶段，国有企业通过境外投资，在境外建成了多个能源开采生产基地，同时，与30多个国家建立了能源长期合作关系，建成了国际能源安全保障体系。另一方面，其他行业也纷纷跨国投资建厂。国有企业从原有的以贸易型企业设立窗口为主逐步拓展到建筑工程、能源开采、基础设施建设、通信工程、商务服务、农业等行业，各行各业在全球价值链布局得以完善。

---

① 《中华人民共和国国民经济和社会发展第十个五年计划纲要》，中国政府网，2001年3月15日。

② 商务部、国家统计局、国家外汇管理局：《2011年度中国对外直接投资统计公报》，中国统计出版社2012年版。

（三）境外投资区域全面分布

该阶段，国有资本国际化经营过程中的境外投资区域呈现全面分布特点，但区域间投资规模差异较大、投资存量集中度高。截至2011年，我国企业境外投资存量占全国境外投资的71%，主要集聚在中国香港、中国澳门、韩国、日本、泰国、印度尼西亚等国家和地区。拉丁美洲是我国境外投资存量的第二大洲，主要集聚在开曼群岛、墨西哥和英属维尔京群岛等国家和地区。除此之外，6%的境外投资总额集中在欧洲、4%的境外投资总额分布在非洲，3%的境外投资总额分布在北美洲和大洋洲①。

（四）跨国并购成为国有资本国际化经营的重要方式

由于跨国并购方式存在成本低、风险可控、效率高等优势。同时，通过跨国并购，企业可以迅速进入国际市场，增强自身实力，构建企业核心竞争力。2000～2012年，国有资本国际化经营过程中，半数以上的境外投资均是通过跨国并购实现，跨国并购规模不断扩大。2008年，全球金融危机冲击世界各国和地区经济，世界各国和地区的境外投资规模显著下降，但我国国有资本国际化经营却逆势而上，跨国并购快速发展。

这一时期，国有资本国际化经营进入快速发展阶段，国有资本国际化经营过程中出现新问题。一是虽然国有资本国际化经营过程中的境外投资有较大扩张，但其所占的市场份额仍较低。2011年，我国境外投资存量规模仅占世界境外投资存量规模的1.73%②。二是出于获取重要资源考虑，20年间，我国境外投资集中于能源行业，缺乏对高新技术产业投资。三是我国境外投资政策体系已初具雏形，但仍需不断完善。10年间，我国在核准与管理、鼓励以及监督境外投资方面建立了服务政策体系，但由于缺乏实践经验，我国境外投资政策体系仍有漏洞，需要不断完善发展。

四、国有资本国际化经营的全面发展阶段（2013年至今）

2012年11月，党的十八大召开后，我国坚持对外开放的基本国策毫不动摇，我国也由积极适应国际投资环境的定位转变为积极营造良好的国际环境。2015年3月，发改委、外交部和商务部联合发布《推动共建丝绸之路经济带和21世纪海上丝绸之路的愿景与行动》，国有资本国际化经营推向全面发展阶段。该阶段，

---

①② 商务部、国家统计局、国家外汇管理局：《2011年度中国对外直接投资统计公报》，中国统计出版社2012年版。

国有资本国际化经营的特点主要体现在以下四方面。

（一）境外投资规模增长迅速，逐渐步入世界前列

2013 年，我国境外投资流量达到 1078.4 亿美元，并在之后 4 年间保持 6% 以上的增长速度，于 2016 年达到了境外投资流量峰值 1961.5 亿美元。由于 2017 年以后受到国际贸易保护主义，以及国家境外政策调整的影响，境外投资年增长速度有所下降，但其流量仍在千亿水平之上。2021 年，我国的境外投资存量上升至世界第 3 位，仅次于美国和荷兰，投资流量仅次于美国，位居世界第 2 位①。与此同时，国有资本国际化经营投资规模也呈现持续增长趋势。

（二）国有资本国际化经营投资以国家战略为导向

一方面，为保障国家资源安全，能源行业的投资不再仅集中于石油、矿产等传统能源，还拓展到电力、风力等新资源。例如，2019 年，长江电力花费 35.9 亿美元收购秘鲁的桑普拉能源的配电资产；国家电网收购桑普拉能源在智利的全部业务②。另一方面，为保障粮食安全，国有企业积极从事保障粮食安全的并购活动。例如，2014 年，中粮集团协议收购荷兰的尼德拉 51% 股份③。

（三）境外投资区域覆盖全球大部分区域

该阶段，我国国有资本国际化经营境外投资覆盖全球大部分区域，“一带一路”沿线国家和地区成为我国境外投资新的区域增长点。“一带一路”倡议共涉及 65 个地区，东亚地区的蒙古国和东盟 10 国共 11 国、南亚 8 国、中亚 5 国、独联体 7 国和中东欧 16 国。“一带一路”所带来的境外投资区域较集中在东南亚、南亚和西亚地区。2021 年，我国国有资本国际化经营过程中，境外投资分布在全球 190 多个国家和地区，覆盖全球 80% 的范围④。

（四）境外投资方式多元化

该阶段，我国国有资本国际化经营的境外投资方式形成以跨国并购为主流，合作联盟及境外上市等多种类型并存的投资模式。随着“一带一路”倡议的提出，我国对沿线国家和地区的投资规模不断扩大。2016 年，中国在“一带一路”

---

① 商务部、国家统计局、国家外汇管理局：《中国对外直接投资统计公报》，中国统计出版社 2014～2022 年历年版。

② 《35.9 亿美元现金支付，长江电力收购秘鲁最大电力公司》，观察者网，2019 年 10 月 1 日。

③ 《中粮与中投成立合资公司，联手对抗全球四大粮商》，晨哨网，2015 年 5 月 14 日。

④ 商务部、国家统计局、国家外汇管理局：《2021 年度中国对外直接投资统计公报》，中国统计出版社 2022 年版。

沿线国家和地区主动发起的并购项目有 115 个，并购金额达到了 66.4 亿美元，国有企业主导的并购项目占据半数以上，较以往境外投资规模显著增加①。同时，随着经济水平的提高，企业间合作模式更多样，企业间互相参股、企业战略联盟都能帮助国有资本实现国际化经营的目标。

这一时期，国有资本国际化经营进入全面发展阶段，境外投资规模总体较上阶段有了较大的提升，但同时，国有资本国际化经营过程中仍存在不容忽视的问题。一是境外投资的区域分布不合理，使我国企业错失发展机遇。区域依然过于集中于亚洲、北美等国家和地区，集聚区域分布使企业在其他区域面临极大的信息不对称问题，为企业的国际经营带来了极大的风险，而区域多元化有利于企业开发市场，分散风险、完善企业布局。二是境外投资的企业面临极高风险。来自东道国和地区的政治风险，例如，加征关税、贸易壁垒等，国家政策的不稳性极大地影响了企业境外投资效率。三是东道国和地区营商环境，例如，当地经济发展水平、开放程度等。由于“一带一路”沿线国家和地区的政治环境和经济环境不稳定，我国境外投资付出了较高成本。四是境外投资产业布局不均衡。长期以来，我国较重视资源投资，但制造业和高新技术产业的境外投资较少，“一带一路”沿线国家和地区依然是资源密集和劳动密集的产业输出地，难以实现高附加值的投资回报。

第三节　国有资本国际化经营的战略方向、主要方式和风险防范

一、国有资本国际化经营的战略方向

2022 年 10 月，党的二十大报告指出：“从现在起，中国共产党的中心任务就是团结带领全国各族人民全面建成社会主义现代化强国，实现第二个百年奋斗目标，以中国式现代化全面推进中华民族伟大复兴。”② 在这个过程中，国有资本充当了“火车头”和“压舱石”的作用。在重大项目投资建设过程中，国有企业应有力推进、稳定支撑；在国家战略规划的落实过程中，国有企业应主动融入，将自身发展与国家大政方针深度融合；在服务大局、保障民生、攻克关键技术、绿色低碳发展过程中，国有资本应彰显应有担当，在中国式现代化发展道路上承担

① 刘婕、史佳璐、姜亚俊：《“一带一路”倡议下中国对外投资合作研究》，载于《中国市场》2019 年第 8 期。

② 《高举中国特色社会主义伟大旗帜　为全面建设社会主义现代化国家而团结奋斗——在中国共产党第二十次全国代表大会上的报告》，中国政府网，2022 年 10 月 16 日。

应有责任。在这样的战略使命下，国有资本国际化经营的战略方向主要体现在以下两个层面。

（一）继续加强对西方发达国家的技术导向型战略投资

美国科技创新和技术转化都处于世界领先水平，尤其在生物工程、材料技术、微电子技术等领域具有显著优势，美国凭借科技创新和高端制造业的实力长期占据全球产业链、价值链的高端。西欧国家普遍具有深厚的技术底蕴和良好的市场经济环境，汽车制造、电子电气、机械设备制造、化学和可再生能源等行业全球领先。鉴于西方发达国家在关键技术和核心领域的竞争优势，我国国有资本对美国、西欧等发达国家投资的过程中，应考虑如下战略方向。

1. 加大对关键技术核心领域的投资，实现产业链自主可控

2023 年政府工作报告提出，要重点加快建设现代化产业体系，围绕制造业重点产业链，集中优质资源合理推进关键核心技术攻关。我国作为制造业大国，拥有世界最完整的产业体系，制造业增加值占全球比重约三成，但关键技术核心领域仍受制于人，存在“卡脖子”问题。掌握关键技术，提升科技创新能力是从制造业大国向制造业强国转变的必然之举，在这个过程中，除了提升企业自主创新能力，还要充分发挥国有资本在自主可控的关键核心技术方面的突破作用和引领示范作用，通过国际化经营投资与境外先进制造企业开展国际产业链合作，促进逆向技术溢出，提升企业对关键核心技术攻关能力。

2. 通过对新技术、新工业的投资，促进产业升级

2020 年以来，我国产业结构调整升级进入加速推进时期。“十四五”期间，我国亟待解决的主要结构问题是工业产能过剩问题、新兴产业发展问题、制造业地位和作用问题、服务业结构优化问题。通过对新技术、新工业及战略性新兴产业投资，有利于推动实现产业结构调整升级。一是新技术、新工业的应用降低了制造成本和价格，促进了产业部门劳动力的流动转移；二是新技术、新工业促进了传统产业技术改造和更新，使新兴产业与传统产业融合生长；三是新技术、新工业刺激了新消费、新投资，通过影响需求、投资结构引领产业结构调整升级。基于此，国有资本在向西方发达国家投资过程中可重点关注以下领域。一方面，聚焦节能环保、信息、生物、新能源、新材料、新能源汽车等战略性新兴产业；另一方面，聚焦高端制造、新一代人工智能、物联网、大数据智能制造等行业和领域。

（二）加强对“一带一路”沿线国家和地区的战略型、资源合作型投资

“一带一路”沿线具有宽层次、多领域市场，发展前景广阔，投资潜力巨大

等优势，为推动我国境外投资合作稳步发展提供了良好契机。但“一带一路”沿线国家和地区经济发展水平存在差异，工业化发展也处于不同阶段，按沿线国家和地区的地理位置和经济发展特征，可将“一带一路”沿线国家和地区分为东南亚、中亚、南亚、中东、蒙俄及东欧地区六个区域，对发展水平和产业基础不同的国家和地区，宜采用不同的投资策略和重点领域。

1. 东南亚地区投资策略

东南亚是我国开展境外投资的重要投资区域，特别是“一带一路”倡议提出后，我国对东南亚国家的直接投资规模大幅增长。由于东南亚涵盖11个国家，其经济发展、产业结构、法律政策、资源禀赋、文化传统等方面差异较大，因此，针对不同国家，需要制定差异化的投资策略。新加坡、马来西亚等国家经济和科技水平较高，且制度环境良好，可加大知识和资本密集型产业投资，例如，海洋技术、节能环保、生命科学、电子信息等高科技产业；越南、老挝、柬埔寨等国家经济发展相对落后，劳动力成本较低，可重点开展劳动密集型产业投资，例如，纺织服装、基础设施等领域；马来西亚、印度尼西亚等国家能源资源丰富，可重点发展资源密集型产业投资，例如，热带农业、海洋渔业以及石油化工等领域（王曼怡和石嘉琳，2015）。此外，东南亚地区普遍存在电力供应不足问题，中国可借助水电、火电等领域技术优势，在马来西亚和文莱等国家投资水能、风、太阳能和潮汐能等领域，在印度尼西亚和柬埔寨等国家加快投资电力、热力等能源生产和供应。

2. 中亚地区投资策略

中亚地区油气资源是中国能源供给安全的重要保障。2020 年，我国分别超过70% 的原油和 40% 的天然气依赖进口①。因此，巩固和拓展与油气等能源资源出口大国互利共赢合作成为保障能源安全的重要举措。2022 年 3 月，国家发展改革委、国家能源局印发的《“十四五”现代能源体系规划》指出，以共建“一带一路”为引领，坚持绿色低碳转型发展，持续巩固与重点油气资源国的合作，促进境外油气项目健康可持续发展，实现开放条件下的能源安全，以油气领域务实合作促进与资源国共同发展。国有资本国际化经营过程中，对中亚地区的投资可重点考虑扩大能源全产业链合作，巩固石油、天然气等传统能源投资；同时，加强太阳能、风能等绿色能源投资。国有资本在中亚地区国际化经营，有助于保障我国能源安全，并加速实现清洁能源转型升级，促进绿色低碳发展。

3. 南亚地区投资策略

南亚地区地理位置、自然资源和劳动力等具有独特优势，在“一带一路”倡

① 《油气设备行业研究：能源安全新形势，非常规油气新发展》，雪球网，2022 年 6 月 1 日。

议规划实施的六条经济走廊中，孟中印缅经济走廊和中巴经济走廊面向南亚，对中国的南向投资具有战略意义。总体来看，南亚多国基础设施建设相对落后，存在较大基建缺口，中国在基础设施建设、机械设备制造等领域的投资，既符合南亚经济发展的迫切要求，又发挥了中国工程基建领域的境外优势，很大程度上帮助改善了当地的投资营商环境，为后续其他领域投资创造了有利条件。目前，国有资本对南亚地区的投资，八成以上集中在印度和巴基斯坦两个国家。巴基斯坦一直与中国保持着密切合作关系，但印度对华设置了外资准入壁垒，吸收中国投资的规模仅占其外资总额的1.2%，与其巨大的市场规模并不相称①。因此，需要对印度和巴基斯坦采取差异化投资策略。其中，对巴基斯坦，重点发展基础设施、能源、机械电子等领域投资，同时，积极建设中巴经济走廊。对印度，增强互信，努力化解分歧，加快建设孟中印缅经济走廊，重点考虑在印度开展基础设施、信息技术、高端制造等领域的投资。

4. 中东地区投资策略

中国与中东地区经济结构和资源禀赋高度互补，能源领域合作持续深入发展。一方面，中东的能源和基础设施建设发展空间巨大；另一方面，中东国家从传统能源领域向多元化领域转型，大力发展非油产业，也给中国企业在新领域的发展带来更多机遇，沙特阿拉伯的石油公司开始采用中国的人工智能技术来提高生产效率和降低成本。除此之外，中国与中东国家在油气清洁化开发利用等领域也有较大合作潜力。未来，国有资本在向中东地区开展国际化经营的过程中，应进一步巩固双方传统能源供应链，保障我国能源安全，同时拓展清洁能源产业链，扩展低碳产业、技术转让、电网基建等领域的合作，共同推动全球绿色低碳转型升级。

5. 俄罗斯和蒙古国地区投资策略

2016年6月，国家发改委公布了《建设中蒙俄经济走廊规划纲要》，在“一带一路”倡议及中蒙俄经济走廊建设的背景下，深化交通基础设施发展及互联互通合作，中国对蒙俄地区投资合作迎来了重要机遇。俄罗斯东西伯利亚等地区自然环境恶劣，对基础设施建设要求较高，而中国在建设青藏铁路过程中形成的高寒地区等基础设施建设经验，可以解决俄罗斯寒冷地区基础设施建设问题；同时，中国高科技产业发展迅猛，中俄双方还可以加强核能、航空航天、高速铁路、新能源等高科技领域的科技创新和合作，建立多元化投资结构。蒙古国矿产和农牧资源丰富，重点开展矿产勘探开采、农牧业等领域投资；蒙古国交通、电力等设施不完备，基础设施建设严重滞后，具有较大投资空间；另外，还可利用

① 《南亚地区“一带一路”建设进展如何?》，观察者网，2022年1月3日。

蒙古国贸易便利政策，在当地投资出口欧洲和俄罗斯的轻纺、食品等出口加工业。

6. 东欧地区投资策略

东欧地区是联通亚欧大市场的桥梁，是中国产品进入欧洲市场的重要门户。东欧大部分国家制造业发展水平较高，生产链完整先进，例如，波兰和匈牙利，与中国制造业发展具有较强互补性，投资交往较为密切。在基础设施领域，部分国家，例如，马其顿、黑山等，水利、电力等行业基础设施较落后，未来，应加快推进相关领域合作，并结合东欧地区的铁路、公路、航空和水运等基础设施建设，打通中国与东欧的海陆物流通道，带动对东欧地区的直接投资，寻求新贸易市场。在开展中东欧地区投资时，还应注重推动产品生产、加工和销售链的整体迁移。通过新建、并购等方式落地东欧，进而进入欧盟大市场。

二、国有资本国际化经营的主要方式

国有资本国际化经营过程中进入东道国和地区市场的方式可分为跨国并购、绿地投资、离岸公司、项目建设。

（一）跨国并购

跨国并购是我国国有企业境外投资的主要手段之一。跨国并购是指企业通过股权转让或资产转让等方法，获得其他国家或地区企业全部或部分的控制权，包括跨国并购。企业选择跨国并购为境外投资方式主要基于以下两方面原因：一方面，通过跨国并购扩大市场份额，在较短的周期内实现收益，并分散生产经营风险；另一方面，跨国并购具有逆向技术溢出效应，以弥补企业技术不足、竞争力不强。因此，跨国并购是企业加速国际化进程的重要手段，能够积极利用国际国内两个市场、两种资源，寻求技术创新，吸引顶尖人才，提升品牌影响力，对企业转型升级以及深度布局国际具有重要意义。

（二）绿地投资

绿地投资是指投资者在东道国和地区境内按照当地法律成立新企业，可分为成立国际合资企业或独资企业。国际合资企业指两国或两国以上的国家或地区投资者，按照东道国和地区法律建立的企业，由双方或多方共同经营管理，并按照股权投资比例共担风险、共负盈亏。合资双方或多方共担项目成本和风险，在资本、技术、经营能力等方面相互补充，增强合资企业竞争力，并利用合资者的销售网络和销售手段进入国际市场，缓解东道国和地区民族意识、企业文化的差异，合资双方或多方都将从中分享收益。

国际独资企业可分为境外分公司和境外子公司，由投资者在东道国和地区境内设立，享有企业所有权和经营决策权，独自承担责任和风险。与国际合资企业相比，国际独资企业可根据全球经营战略需要灵活调整子公司或分公司经营管理活动，同时，其便于保护企业专利技术与经营管理经验，具有内部市场垄断优势。但是，国际独资企业没有当地合作伙伴参与管理，面对东道国和地区陌生的社会文化背景，其经营风险和管理难度较高，例如，有些东道国和地区对独资企业的经营范围、投资方向等有着严格限制，有些东道国和地区甚至明令禁止或要求逐渐转让股权。

（三）离岸公司

离岸公司是非当地投资者在离岸法域依当地离岸公司法成立的，仅能在离岸法域以外区域开展经营活动的公司。离岸法域主要分布在群岛，例如，英属维尔京群岛、开曼群岛，当地为吸引投资、改善经济发展，特别制定离岸公司法，通过实行税收减免等优惠政策，以吸引境外资本到其当地注册，方便境外投资者资本运作。企业通过在离岸法域设立离岸公司，收购当地企业的方式进入该国或地区规定的限制性行业。同时，离岸公司可规避出口配额限制，利用免税优惠合理避税，使其在跨国业务中具有重要优势。

（四）项目建设

项目建设，主要是国内企业或其他单位承包境外工程项目建设。随着经济全球化的深入发展和发展中国家工业化进程的加快，我国境外承包工程迎来了新机遇。特别是近年来，中国装备制造业的快速发展，以及部分行业产能过剩的巨大压力，工程承包“走出去”愿望越来越强烈，我国境外承包工程项目稳步发展，助力多国经济发展。当前，全球经济仍面临较大的下行压力，基础设施项目有望带动投资为各国经济发展注入活力，中国建造将继续拓展全球市场，并在绿色低碳、数字智能等领域深入实践，打造更多标杆项目。

三、国有资本国际化经营风险及其防范

（一）国有资本国际化经营风险

国有企业“走出去”开展国际化经营，要结合东道国和地区情况及自身投资特点进行风险管控。但随着国有资本参与境外投资的规模越来越大，面临的问题也越来越复杂，在国际化经营过程中，风险不仅存在，而且可能严重威胁我国国有企业境外投资的顺利实施及国有资本的保值增值。在“走出去”进程中，企业

会面临来自东道国和地区的政治、经济、法律、文化等多方面的风险和挑战。

1. 东道国和地区政局动荡风险

政治风险是境外投资活动面临的最突出的挑战之一。东道国和地区局势不稳定、政权更迭频繁以及战略转向等非经营性风险，导致东道国和地区投资环境恶劣。一旦政局动荡，项目相关设备、在建工程等很难撤回，投资项目可能被迫延期、停工甚至终止，往往会导致境外投资的巨大损失。在资源投资方面，受政局动荡及大国博弈的影响，对石油、天然气等资源的争夺引发的武装冲突、政策变动，使我国境外投资企业遭受重创；在基建项目投资方面，基建项目投资大、建设周期长且成本回收慢等特点，意味着基建项目更高的投资安全风险，加之由国有大中型企业承建的能源、交通等大型基建项目与东道国和地区安全关系密切。因此，东道国和地区政局变动往往会给基建项目带来巨大影响。

2. 东道国和地区债务违约风险

东道国和地区经济发展水平是影响我国国有资本国际化经营投资区域选择的主要因素之一。国有资本境外投资活动中，东道国和地区经济发展出现波动，经济增速放缓等因素导致的债务违约、项目泡沫化等风险可能使企业蒙受损失。例如，2018 年，国家铁路局与尼泊尔政府商议的中尼铁路项目，由于项目所需成本远超尼泊尔政府承担范围，该项目面临巨大的资金风险和债务违约风险，因资金问题被迫搁置。

3. 东道国和地区法律体系不健全、执法不严风险

不同国家和地区在法律法规内容、法律体系健全程度以及执法环境等方面存在很大差异。中亚、中东等地区部分发展中国家政局动荡、政权更替频繁，普遍存在法律体系不完备、不透明等问题，缺少长期稳定的政策法规，且法律制度与国际接轨的程度较低，我国企业开展境外投资活动将面临较为陌生的法律制度环境，给我国境外投资安全带来了极不利的影响。在投资政策方面，许多国家和地区在审批注册、审理劳务许可等方面手续相当复杂，而且政策变动频繁，政策随意性较大，我国企业经常面临税收缴纳、劳资关系、安全环保、招标程序、并购审批、国家安全审查等诸多风险。

4. 东道国和地区文化认同差异风险

文化认同差异风险是指在国有资本境外投资过程中，因与东道国和地区之间风俗习惯、社会结构、价值观念等方面的差异而造成的碰撞、摩擦甚至冲突，由此可能给国有资本境外投资带来负面影响，甚至会导致投资失败。随着中国“走出去”步伐加快，国有资本境外投资深入更多行业和领域，各种文化习俗碰撞和冲突逐渐频繁，风险越发不可小视。而且，由于文化习俗多涉及社会公共利益，文化认同风险爆发后，境外投资更容易受到东道国和地区社会大众的质疑、反感

甚至抵制，导致境外投资功亏一篑。

（二）国有资本国际化经营的风险管控体系

为化解和应对国际化经营风险，保障国有资本境外投资合作高质量发展，应建立健全国有资本国际化经营的风险管控体系，包括完善国有资本国际化经营的风险管理组织体系、优化国有资本国际化经营的风险评估系统、健全国有资本国际化经营的风险预警系统、改进国有资本国际化经营的应急管理机制。通过四个层面的配合形成对国有资本国际化经营过程中关键风险点的全程监控和跟踪，从根本上防范及控制相关风险。

1. 完善国有资本国际化经营的风险管理组织体系

形成“境外运营公司—出资公司—国资监管机构—政府”“四位一体”的风险管理组织体系。国有资本境外运营公司是国有资本国际化经营的具体实践者，同时也是国有资本国际化经营风险管理的执行主体。境外运营公司除了应充分关注国际化经营过程中可能存在的市场风险之外，还应关注东道国和地区的政治、经济、法律、文化等风险。对可能存在的风险进行识别、预警、干预和应对，尽可能将风险隐患扼杀在摇篮。

出资公司作为国有资本国际化经营的第一责任人和主要责任承担者，是链接国有资本境外运营公司和国资监管机构的重要责任方。出资公司需要对其权属境外运营公司的风险管理情况进行监督和控制，也需要向国资监管机构汇报风险报告。一方面，当出资公司接收到境外运营公司上报的风险信息时，出资公司应对其风险信息进行详细分析，从更高维度为境外运营公司提供应对风险的建议和支持。另一方面，出资公司接收到境外运营公司上报的风险信息时，应对风险级别进行评估，对于极其重大、极其紧急的风险类型应上报国资监管机构，同时责令境外运营公司在一段时期内持续加以关注、检测和跟踪。

国资监管机构作为出资公司的控股股东，应该在出资公司的国际化经营过程中切实发挥控股股东的监管作用。同时，国资监管机构也是承担国资监管工作的政府职能部门，其有义务将出资公司在国际化经营的风险管理过程中存在的问题及时向政府报告。

政府在“四位一体”的风险管理组织体系处于最顶端，对国有资本国际化经营充当着“指挥棒”和“压舱石”的作用。政府应当对国资监管机构上报的关键风险点进行研究并加以解决。

2. 优化国有资本国际化经营的风险评估系统

优化国有资本国际化经营风险评估系统，将系统化的风险评估工作嵌入国有资本国际化经营过程中，通过对国际化经营过程中的风险成因和关键控制点进行科学化、合理化分析将风险降低到企业可承受的范围内。现阶段，应借助大数据、信息系统建立国有资本国际化经营的风险评估系统，主要包括风险识别、风险分析和风险评价等流程。

风险识别是发现、确认并描述风险的过程。一是确认国有资本国际化经营过程中相关业务单元、经营管理活动及其业务流程中的关键要点。二是借助信息系统、大数据等技术手段，采用调查分析、清单分析、流程图等方法识别关键风险源。风险分析是运用定性分析、定量分析或两者相结合的方法，充分考虑风险发生的可能性以及产生的影响。一方面，需要区分风险层级，分析风险产生的原因、可能的影响、涉及的经营管理流程及其责任单位等。另一方面，需要从风险发生的可能性和风险对项目目标产生的影响程度两个维度进行定量分析，对风险等级进行估值分析。风险评价是将分析的结果与企业预先设定的标准进行比较，据此划分风险等级。

3. 健全国有资本国际化经营的风险预警系统

风险预警系统，是前馈控制系统，是企业风险管理的基础，借助此系统，能够加强国有资本国际化经营的事前管理，实现风险管理关口前移。健全的国有资本国际化经营风险预警系统一般涵盖警情监测、警源识别、及时报警、警情预控、跟踪监控等程序，同时辅以相关系统支持预警工作。

一是警情监测。警情监测的目的是通过对风险表现及要素进行持续跟踪和分析，及时搜集并获取风险走向的一手资料，并向上传达和通报。二是警源识别。警源识别主要是针对国有资本国际化经营的警情监测中收集到的风险信息进行归类整理，鉴别、分析、罗列与预警指标相关的数据和信息，构建预报警情的指标体系，识别风险变化。三是及时报警。通过设计好的风险预警指标体系，分析警兆、预报警度、寻找警源等系列程序，在企业信息系统中输入对应公式及数据，一旦达到企业预先设定的预警临界值，风险预警系统会自动报警，并通报决策层。四是警情预控。在国有资本国际化经营过程中，风险预控程度应有明确计划和步骤，有具体目标、行动方向和处理方案，确定具体预警情况下应采取的风险控制措施和详细方案。五是跟踪监控。对已采取措施的警情进行跟踪监控并综合反馈。

4. 改进国有资本国际化经营的应急管理机制

风险事件发生后企业要采取紧急应对措施，对可能出现的情况进行预测和防范。通过改进系统化的风险应急管理机制，做到应急组织机构健全、职责明确，应急预案完善、执行到位，人员应急意识增强、能力提高，将影响降到最低程度。

第四节　国有资本国际化经营的决策和监督体系

一、国有资本国际化经营的决策

（一）决策主体

2017 年 6 月，财政部印发的《国有企业境外投资财务管理办法》指出，国有企业股东（大）会、党委（党组）、董事会、总经理办公会或者其他形式的内部机构按照有关法律法规和企业章程规定，对本企业境外投资企业（项目）履行相应管理职责。同时，国有企业应当在董事长、总经理、副总经理、总会计师（财务总监、首席财务官）等企业领导班子成员中确定一名主管境外投资财务工作的负责人。

（二）决策主体的职责

2017 年 1 月，国务院国资委发布的《中央企业境外投资监督管理办法》规定，应履行包括建立境外投资管理体系、健全境外投资管理制度、科学编制境外投资计划、研究制定境外投资项目负面清单、加强境外项目管理、提高境外投资风险防控能力、组织开展境外检查与审计、建立并优化投资管理信息系统以及制定清晰的国际化经营规划在内的职责。同时，应结合企业的实际情况，建立并健全境外投资管理制度，并应经董事会审议通过后报送国资委。投资管理制度应该包括以下主要内容：境外投资应遵循的基本原则，境外投资管理流程、部门以及相关职责，境外投资决策程序、机构及其职责；境外投资项目负面清单制度，境外投资信息化管理制度，境外投资风险管控制度，境外投资项目的完成、中止、终止或退出制度，境外投资项目后评价制度，境外投资项目责任投资责任追究制度，对境外投资活动的授权、监督与管理制度。

（三）决策程序

1. 企业内部决策

第一，认真调查研究，并充分吸收各方面意见。2017 年 1 月，国务院国资委发布的《中央企业境外投资监督管理办法》指出，国有资本在国际化经营过程中，需要充分借助国内外中介机构的专业服务，做好境外新投资项目技术、市场、财务和法律等方面的可行性研究论证，并编制投资项目可行性研究报告。可行性研究报告应当以投资项目实施的必要性和技术与经济可行性为主要的依据。其中，对财务可行性研究，2017 年 6 月，财政部印发的《国有企业境外投资财务管理办法》指出，对投资规模较大或者对企业发展战略具有重要意义的境外投资，国有企业应当分别组织开展内部和外部财务可行性研究，并要求承担研究的团队和机构独立出具书面报告；国有企业开展财务可行性研究，应当结合企业发展战略和财务战略，对关键商品价格、利率、汇率、税率等因素变动影响境外投资项目盈利情况进行敏感性分析，评估相关财务风险，并提出应对方案。

根据 2005 年 8 月，国务院国资委发布的《企业国有资产评估管理暂行办法》，2010 年 7 月，中共中央办公厅、国务院办公厅印发《关于进一步推进国有企业贯彻落实“三重一大”决策制度的意见》，和 2011 年 6 月，国务院国资委发布的《中央企业境外国有产权管理暂行办法》的规定，境外投资需由具有相应资质的境内评估机构对目标公司进行评估，并办理评估备案、出具资产评估报告。对重大投资和工程建设项目，应当事先充分听取有关专家的意见；重要人事任免，应当事先征求国有企业和履行国有资本出资人职责机构的纪检监察机构的意见；研究决定企业改制以及经营管理方面的重大问题、涉及职工切身利益的重大事项、制定重要的规章制度，应当听取企业工会的意见，并通过职工代表大会或者其他形式听取职工群众的意见和建议。国有资本国际化经营过程中，应强化境外投资前期风险评估并制订风控预案，对境外特别重大投资项目，国有企业应建立投资决策前风险评估制度，委托独立第三方有资质的咨询机构对投资所在国和地区政治、经济、法律、文化等风险作全面评估。

第二，作出集体决策，并详细记录会议内容。党委（党组）、董事会、未设董事会的经理班子应以会议形式，对职责权限内的国有资本境外投资项目作出集体决策，不得以个别征求意见等方式作出决策。紧急情况下由个人或少数人临时决定的，应在事后及时向党委（党组）、董事会或未设董事会的经理班子报告；临时决定人应当对决策情况负责，党委（党组）、董事会或未设董事会的经理班子应当在事后按程序予以追认。同时，决策会议符合规定人数才可以召开，参与决策会议的人员要充分讨论并分别发表意见，主要负责人应当最后发表结论性意见。会议决定多个事项时，应逐项研究决定，若存在严重分歧，一般应当推迟作出决定。会议决定的事项、过程、参与人及其意见、结论等内容，应当完整、详细记录并存档备查。

第三，决策后，做好报告、实施、调整工作。决策作出后，国有资本的负责部门应当及时向履行国有资本出资人职责的机构报告有关决策情况；企业负责人应当按照分工情况组织实施，并明确落实部门和责任人。参与决策的个人若对集体决策有不同意见，可保留或者向上级反映，但在没有作出新的决策前，不得擅自变更或者拒绝执行。如果遇到特殊情况需要对决策内容作重大调整时，应当重新按照规定履行决策程序。

2. 国资委审核把关

国有企业需向国资委报送有关境外投资的决议、有关事项的说明、可行性研究报告、法律意见书等其他证明境外投资项目合理性和合规性的文件。对列入中央企业境外投资项目负面清单特别监管类的境外投资项目，中央企业应当在履行企业内部决策程序后，在向国家有关部门首次报送文件前报国资委履行出资人审核把关程序。有特殊原因确需开展非主业境外投资的，应当报送国资委审核把关。

3. 国家发展改革委和商务部核准与备案

投资额10亿美元及以上的境外投资项目，不分限额的涉及敏感国家和地区、敏感行业的境外投资项目均须由国家发改委核准。其中，投资额20亿美元及以上，并涉及敏感国家和地区、敏感行业的境外投资项目，由国家发展改革委提出审核意见报国务院核准。除上述规定之外的境外投资项目实行备案管理。上述所称的敏感国家和地区包括：未建交和受国际制裁的国家，发生战争、内乱等国家和地区。上述所称的敏感行业包括：基础电信运营、跨国水资源开发利用、大规模土地开发、输电干线、电网、新闻传媒等行业。

商务部和省级商务主管部门按照国有企业境外投资的不同情形，分别实行备案和核准管理。企业境外投资涉及敏感国家和地区、敏感行业的，实行核准管理，企业其他情形的境外投资，实行备案管理。实行核准管理的国家是指与我国未建交的国家、受联合国制裁的国家。必要时，商务部可另行公布其他实行核准管理的国家和地区的名单。实行核准管理的行业是指涉及我国限制出口的产品和技术的行业、影响一国和地区以上利益的行业。

4. 外汇管理局外汇登记和资金汇出

外汇管理局对国有企业境外投资及其形成的资产、相关权益实行外汇登记及备案制度。国有企业在向所在地外汇管理局办理境外投资外汇登记时，应说明其境外投资外汇资金来源情况。国有企业境外投资获得境外投资主管部门核准后，到所在地外汇管理局办理境外投资外汇登记。

二、国有资本国际化经营的监督体系

国有资本国际化经营过程中需要接受内部监督和外部监督。而内部监督主体为国有企业内部监督机构。外部监督主体分别为人民代表大会、政府部门、国资监管机构、司法机关、社会等。

（一）内部监督

内部监督是国有企业内部部门、人员对国有资本国际化经营的监督。按监督主体划分内部监督可分为治理主体监督、财务监督和民主监督。治理主体监督，是股东（大）会、党组织、董事会、监事会，对国有资本国际化经营决策合法合规的监督，以确保国有资本国际化经营决策的科学性；财务监督是财务总监、审计委员会对国有资本国际化经营的财务处理、财务状况的监督，以确保财务处理符合规定、财务状况良好；民主监督是企业工会职工代表大会对国有资本国际化经营的监督。国有企业内部监督机构通过改善企业治理结构和完善企业内部控制体系，实现内部部门、人员间的互相监督、牵制。

（二）外部监督

1. 人大监督

人大监督是站在全体人民利益的角度，对国有资本国际化经营实施有效监督。在我国，人民代表大会代表全体人民，拥有国家一切资产的最终所有权，人民代表大会的地位决定其行使国有资本初始委托人的监督权。人民代表大会应通过立法，建立与完善适应社会主义市场经济体制要求的企业国有资本监督法律体系，规范权力机关监督企业国有资本国际化经营过程中的行为。人民代表大会作为国家监督的权力机关，其主要的监督机制有：审批预算及其调整、调查重大事项或特定问题、询问或质询以及听取有关国有企业境外投资过程中经营情况以及资本保值增值情况的报告。

2. 政府部门监督

政府部门监督主要是指政府各职能部门的监督，包括审计监督、税务监督、财政监督、外派监事会监督等。从监督内容来说，审计监督的内容主要包括宏观和微观两个方面。从宏观上来说，审计机关应着力在企业国有资本境外投资配置与使用的合理性与合法性、国有企业境外重大投资项目的经济效益、国有资本境外投资收益分配与收缴的合理性与合法性等方面进行监督。从微观上来说，审计机关对国有资本国际化经营过程中的资产评估、国有资本保值增值、利润分配、财务状况等方面进行监督。税务监督的内容主要包括对税务纪律执行情况的监督和对税务制度运行情况及其效果的监督两个方面。财政监督的主要内容为企业国有资本境外投资的管理、运营情况。外派监事会的主要监督内容为国有资产境外投资产权管理部门以及国有资本境外投资的运营机构的管理活动。

从监督机制上来说，审计监督主要的监督机制有：实行计划组织管理，每年制订项目审计计划并组织实施以及采取跟踪审计监督；税务监督主要的监督机制是通过税收分配活动对纳税人的经济行为和纳税行为进行控制和督促；财政监督主要的监督机制包括：预算约束监督、资产登记监督、资产评估监督、产权交易监督、资产重组监督、社会保障基金监督等。

3. 国资监管机构监督

国资监管机构作为政府的职能机构，代表政府履行出资人职责，对国有资本国际化经营全过程实施监督，其监督内容为国有资本境外投资运营中的经营性资产部分，监督的方式为行使所有权直接参与国有企业重大经营决策。

国资监管机构要代表政府履行出资人职责，就必须加强对国有企业的监督，其具体的监督机制包括：制订相应的规章制度，强化制度建设；审批与国有企业境外投资相关的长远发展规划，强化宏观监督；执行组织预算；考核国有企业的领导人员，强化对经营人员的监督；严格按照国家法律、法规的规定，界定国有产权，调处产权纠纷，理顺产权关系，确保国有权益不受侵犯。

4. 司法监督

司法监督是指国家的司法机关按照法律的有关规定，对国有资本国际化经营过程中的违法行为进行约束和制裁，其主要监督内容为国有资本国际化经营过程中的经营行为，其主要监督机制为，对国有资本国际化经营过程中的生产经营行为进行公正的裁判以及完善相关的法律法规。

5. 社会监督

社会监督是指社会中介机构、商业银行和新闻媒体等对国有资本国际化经营过程实施的监督。由于这些社会监督机构不隶属于政府部门，所以社会监督具有相对独立性。在社会监督中，社会中介机构的监督内容主要为国有资本国际化经营过程中的资本保值增值情况以及资产运营情况；商业银行监督的主要内容为国有资本国际化经营过程中的信贷情况以及负债情况；新闻媒体监督的主要内容为国有资本国际化经营中的管理体制、经营方式、热点问题以及相关政策问题等。

第 三 篇

国有资本运营过程管理

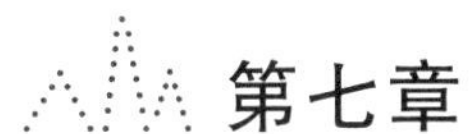

第七章

国有资本投资管理

国有资本投资是形成国有资本的起点，是国有经济发展壮大的基础性环节，而加强国有资本投资管理是保障国有资本投资方向符合国有资本功能定位，提升国有资本投资效率和效果，进而实现国有资本和国有企业做强、做优、做大的前提。本章主要阐释国有资本投资的种类、国有资本投资管理的意义及原则、国有资本投资决策的影响因素和程序，并在此基础上探讨国有资本投资风险的种类、识别及其防范措施。

第一节　概　　述

一、国有资本投资的种类

国有资本投资可根据投资主体、投资领域和投资路径等加以分类。

（一）按投资主体划分

按国有资本的投资主体划分，国有资本投资可分为政府投资、政府授权的机构和部门投资、国有资本投资运营公司/国有集团企业及其权属企业投资。政府投资是指政府作为投资主体，投入企业的权益性资本，包括中央政府和地方政府用预算资金和机动财力等安排的投资。政府授权的机构和部门投资是指政府作为国有资产的所有者，授权国资监管机构代表政府履行国有资本出资人职能，组织实施的国有资本投资活动。国有资本投资运营公司/国有集团企业投资是指国家授权经营国有资本的投资运营公司/国有集团企业，通过投资实业拥有股权，实施资产经营和管理，改善国有资本的分布结构和质量效益的投资活动，包括国有资本投资运营公司投资和国有集团企业投资。国有资本投资运营公司/国有集团企业的权属企业投资是指国有资本投资运营公司/国有集团企业的二级及以下企业进行的股权投资等。

（二）按投资领域划分

按投资领域划分，国有资本投资可分为商业类投资和公益类投资。商业类国有资本投资，是指在从事市场竞争，以盈利为目的的行业和领域中进行的国有资本投资，包括主业处于充分竞争行业和领域的国有资本投资和主业处于关系国家安全、国民经济命脉的重要行业和关键领域的国有资本投资。公益类国有资本投资是指在从事非竞争性业务，以保障民生、服务社会、提供公共产品和服务等为主要目的的行业和领域中进行的国有资本投资。

（三）按投资路径划分

按投资路径划分，国有资本投资可分为投资主体自身对外投资和通过专业投资公司投资（马瑞清，2017）。投资主体自身对外投资是指投资主体自身开展的国有资本投资活动。其中，政府直接注入国有企业的投资，国有资本投资运营公司/国有集团企业对权属企业的投资，以及国有资本投资运营公司/国有集团企业的权属企业直接对外进行的股权投资等，均属于投资主体自身对外的投资。通过专业投资公司投资则是指由投资主体持股的专业投资公司、创业投资公司或基金型公司开展的投资业务。其中，根据专业投资公司的持股主体不同，可分为国资监管机构履行出资人职责的国有资本投资运营公司，国有资本投资运营公司发起设立的产业投资基金，以及国有资本投资运营公司/国有集团企业及其权属企业下设的投资公司等。主要包括：政府将国有资本金注入国有资本投资运营公司和产业投资基金，进而实现对国有企业的投资；国有资本投资运营公司通过其发起设立的基金进行的投资；国有资本投资运营公司/国有集团企业及其权属企业通过其所属投资公司进行的投资等。

二、国有资本投资管理的意义

国有资本投资管理是指国有资本投资主体对国有资本的投资过程所进行的决策、规划、监督和控制。不同层级的国有资本投资主体应根据自身的功能定位及职责权限，依法依责加强国有资本投资管理，以不断促进国有资本的优化配置，提高国有资本投资回报，降低国有资本的投资风险。

（一）促进国有资本的优化配置

国有资本的优化配置是管好国有资本布局、实现国有资本功能的必然要求。

优化国有资本布局结构，意味着要推动国有资本向关系国家安全、国民经济命脉和国计民生的重要行业、关键领域、重点基础设施集中，向前瞻性战略性产业集中，向具有核心竞争力的优势企业集中。2021 年末，我国国有资产总额为 461. 77 万亿元，工业领域的国有资产为 93 万亿元，房地产业领域的国有资产为 59. 54 万亿元，社会服务业领域的国有资产为 105. 67 万亿元等[①]。可以看出，我国国有资产主要集中在关乎国计民生的基础性、战略性领域和部门。

国资监管机构必须服从国家战略和重大决策，落实国家产业政策和重点产业发展的总体要求，加大对监管企业投资的规划引导力度，加强对发展战略和规划的审核；通过制定国有出资企业投资项目负面清单、强化主业管理、核定非主业投资比例等方式，管好投资方向；国资监管机构通过建立完善投资管理信息系统，对国有资本投资的实施情况进行监测、分析和管理等。

国有资本投资运营公司/国有集团企业根据出资人代表机构的战略引领，自主决定投资规划和年度投资计划，并针对不同类型的二级及以下企业确定相应的投资管控措施，促进国有资本布局的优化；国有资本投资运营公司通过发挥平台作用，促进国有资本合理流动，推动国有资本向重点行业、关键领域和优势企业集中，从而提高国有资本配置效率，使其更好地服务于国家战略需要。

国有资本投资运营公司/国有集团企业的权属企业在国有资本出资人的授权范围内进行投资，能够体现出资人意愿，进而有助于企业聚焦主业，培育和发展战略性新兴产业。这两类企业根据国有资本出资人的投资监管要求，结合企业实际，加强投资监管体系建设，对计划实施的各项投资进行事前、事中和事后管理，强化投资行为和全程全面监管，从而实现国有资本的优化配置。

（二）提高国有资本的投资回报

国有资本投资回报是指国有资产投资所取得的成果与所消耗的投资额之间的比例。一般来说，如果投资消耗不变，取得的成果越大，则投资回报越高；如果取得的成果不变，投资消耗越少，则投资回报越高。2010 ~ 2020 年，对外公布财务数据及年度红利分配状况数据的 695 户中央企业，其红利分配共计 10148. 70 亿元，按照国务院国资委持股比例，实际应缴纳国有资本收益共计 9945. 11 亿元，充分说明国有资本收益的收取比例在不断提升[②]。

在市场经济条件下，国有资本投资资金来源多元化，国资监管机构需要以新型国有资本投资管理体制为核心，对国有资本投资规模、投资结构等重大问题作

① 中国财政年鉴编辑委员会：《中国财政年鉴》，中国财政杂志社 2022 年版。

② 张英婕、王洪强：《中央企业国有资本收益与红利分配——对比分析与特征事实》，载于《经济与管理》2022 年第 2 期。

出正确的引导和监督，促进国有资本投资决策的科学化，提高投资收益，控制投资风险。此外，国资监管机构还需要加强国有资本投资的具体项目管理。国有资本出资人代表机构对国有资本投资履行出资人职责，因而在投资管理过程中应采取相应的措施，以加强管理、堵塞漏洞、消除腐败、提高投资收益。例如，对出资企业的投资项目进行分类监管，监督检查出资企业重大投资项目的决策和实施情况，组织开展对重大投资项目后评价，对违规投资造成国有资产损失以及其他严重不良后果进行责任追究等，以提高国有资本的投资收益。

国有资本投资运营公司应发挥投融资平台作用，适时调整投资结构，以提高国有资本的投资收益。一是加大对支柱产业的扶持力度，积极进行合作，并将其作为公司的经济增长点以及收益增长重点项目。二是重点向战略新兴产业项目和资源节约型、环境友好型项目发展，在风险可控的前提下，追求投资收益最大化。三是对中短期收益不明显但前景较好的产业，在充分考虑各方面因素的基础上，实施谨慎的资金撤退或者追加投资，使前景广阔的产业成为其发展过程中的全新增长点。

国有资本投资运营公司/国有集团企业及其权属企业作为投资活动的决策主体和责任主体，应接受来自国有资本出资人的穿透式、全过程监管，做好本企业投资活动事前、事中和事后全过程管理，不断提高国有资本投资收益。

（三）降低国有资本的投资风险

投资风险与投资回报是相伴而生的。国有资本本质上属于全民所有，国有资本投资决不能单纯追求高收益，还必须管控好投资风险，要切实承担和履行好国有资本的保值增值责任。

国资监管机构有责任建立和完善投资监管体系，指导督促出资企业加强投资风险管理，从而降低国有资本的投资风险。国资监管机构通过建立完善投资管理信息系统，对出资企业投资计划、投资完成情况、重大投资项目实施情况等投资信息进行动态监测、分析和管理；根据国家有关规定和监管要求，按照投资项目负面清单对出资企业投资项目进行分类监管；建立完善投资监管联动机制，实现对出资企业投资过程监管的全覆盖等。以上政策措施的组合使用有助于国资监管机构及时发现国有资本投资风险，减少投资损失。另外，国资监管机构还负责指导督促出资企业加强投资风险管理，委托第三方咨询机构对出资企业投资风险管理体系进行评价，及时将评价结果反馈出资企业。

国有资本投资运营公司/国有集团企业及其权属企业的投资要根据国有资本投资监管的相关要求，健全完善自身的投资风险管理体系，以有效降低国有资本的投资风险；建立优化投资管理信息系统，及时收集整理投资风险管理的初始信息，审慎进行风险评估，进而制定和实施投资风险管理方案；全面有效地提高投资风险防控能力，通过对投资风险进行管控，及时发现风险点，解决好存在的问题。

三、国有资本投资管理的原则

为了实现国有资本投资管理的目标，国有资本投资管理全过程需要遵循依法合规原则，深刻领会战略引领原则，践行能力匹配原则和价值创造原则，坚持动态监管原则和违规追责原则。

（一）依法合规原则

依法合规是指国有资本投资要严格遵守国家法律法规以及公司章程有关规定，遵守商业规则和文化习俗，遵守国有资本监管有关制度规定，进行科学、审慎的可行性论证。按照2021年8月国务院国资委发布的《中央企业投资监督管理办法》、2018年7月国务院国资委印发的《中央企业违规经营投资责任追究实施办法（试行）》以及地方国有资本投资管理相关规定，严格履行决策和审批程序，实现规范运作和高效管理。

（二）战略引领原则

战略引领是指国有资本投资要符合国家、地区发展规划和产业政策，符合国有经济布局和战略性结构调整的方向，符合企业发展战略和规划要求。国有资本投资管理主体要以国家产业政策、区域经济政策、经济运行政策以及企业发展规划为依据，规划引导国有资本的产业投向、区域投向、部门投向、主业投向等，从而不断提升国有资本的竞争力、控制力和影响力，在重要行业和关键领域发挥国有资本的引领和带动作用。

（三）能力匹配原则

能力匹配要求国有资本投资规模要与投资主体的资产规模、负债水平、盈利能力、融资能力、行业经验、技术储备、人才队伍、管理水平和抗风险能力等相适应，严格控制国有资本投资风险。

（四）价值创造原则

价值创造是指国有资本投资管理以确保收益为前提，充分进行投资事前调研论证，加强投资成本控制，提高国有资本投资回报水平，确保国有资本保值增值。项目预期投资收益应不低于国内行业同期平均水平。

（五）动态监管原则

动态监管是指对国有资本投资项目的实施进程进行监控。特别是对重大投资项目，因其投资数额大，时间长，风险大，国资监管机构需要随机对投资项目的决策、执行及效果等情况实施有效的监督检查，对发现的问题及时向企业提示；而投资企业则应当定期对实施、运营中的投资项目进行跟踪分析，确保投资目的和效果符合预期。

（六）违规追责原则

违规追责是指各国有资本投资管理主体应当营造担当作为、合规经营、违规必究的氛围，对违反法律法规或相关规定，未履行或未正确履行职责，造成国有资产损失的，严肃追究相关责任人的责任，以保护投资管理人员干事创业的积极性。

第二节　国有资本投资决策

一、国有资本投资决策的影响因素

国有资本投资决策是指国有资本投资主体在调查、分析、论证的基础上，对国有资本投资活动作出的最后决断。为了加强对国有资本投资决策的管理，我们必须在明确国有资本投资决策概念的基础上，从投资决策者专业素质和能力、投资决策依据、投资决策机制、投资风险的预测及管控水平等方面进一步认知国有资本投资决策的影响因素。

（一）投资决策者专业素质和能力

国有资本投资决策者是国有资本投资决策的行为主体，它可以是个人，也可以是一级组织。投资活动涉及的领域和知识面比较广，对投资决策者的综合素质要求也比较高，是投资决策的重要影响因素。不同的投资决策者往往会作出不同的投资决策，一些投资决策者会过度追求投资回报，投资欲望和投资冲动强烈，投资风险意识薄弱，投资随意性大，进而对国有资本投资活动产生不利影响。也有一些投资决策者有可能过度风险规避，风险承担能力不足，不能及时捕捉投资机会，面对投资机会缩手缩脚。一般情况下，专业素质比较高的投资决策者会对投资活动进行全面的综合性分析，能在充分考虑投资风险的基础上准确评估国有资本投资收益。因此，虽然国有资本的投资决策需要经过有组织的论证和集体讨论，但也会面临投资决策组织成员的多元化和成员间的差异性而可能导致与国有资本投资目标不一致的问题。要使国有资本投资决策达成一致或多数同意，便离不开制度、权威、协调、劝诫或整合，而这又需要花费时间和支付成本，并进而直接决定投资决策的效率。因为投资决策组织的规模越大，决策达成一致多数同意的时间越长，决策参与成本越大，决策效率越低。

（二）投资决策依据

国有资本的投资决策依据包括国有资本投资环境等外部因素，以及国有资本投资目标和投资主体自身实力等内部因素。其中，外部因素包括立法与司法、国家宏观战略、上位规划与重大目标等宏观因素，市场需求、竞争程度等中观因素；内部因素包括国有资本投资效益，投资项目资金需求、来源及构成等微观因素。在其他条件既定时，投资决策依据的真实性、可靠性对国有资本投资决策质量至关重要。如果国有资本投资决策主体不能了解与把握投资环境，缺少有关投资环境的信息——立法与司法、国家宏观战略、上位规划与重大目标、区域发展战略与产业规划、市场需求、竞争程度、资源供给等，或者国有资本投资的目标不确定或不明确、不科学，投资主体不了解自身的优势和劣势，就会因失去明确的方向和真实的前提，而出现由盲目决策所导致的盲目投资。因此，国有资本投资决策的首要任务就是全面地分析投资环境，确定科学的、明确的投资目标。

（三）投资决策机制

投资决策机制是指投资决策体系中有机结合的各组成部分和环节及其各自的功能，通过相互推动和制约，发挥作用的具体形式。在国有资本的投资决策管理中，国有资本投资决策机制对国有资本投资决策管理具有主导性的作用，其是否科学在很大程度上直接关系到国有资本投资决策的可行性。国有资本投资决策机制包括投资决策主体，投资决策的指导方针、政策和规定，管理投资活动的手段等。也就是说，围绕国有资本投资决策需要进一步优化投资流程，准确识别关键环节，通过建立健全国资监管机构、国有资本投资运营公司/国有集团企业及其权属企业层面的决策控制和监督管理体系，实现对国有资本投资活动的全过程管理。在国有资本投资决策机制的设计和实施上，要遵循《中华人民共和国公司法》《中华人民共和国企业国有资产法》等法律法规的相关规定，健全完善国有资本投资决策机制和内部控制机制，最大程度地避免国有资本投资决策的失误。

（四）投资风险的预测及管控水平

国有资本投资过程中必然会面临一些不确定性因素，投资决策者在作出投资决策时需要考虑相应的投资风险。因此，国有资本投资主体对投资风险的预测和管控水平在很大程度上会影响国有资本投资决策的成功与否。如果在投资时缺少必要的风险预测能力和风险识别能力，缺乏必要的研究和分析，很容易导致国有资本投资风险评估的失误，甚至有可能导致投资失败。这就要求国有资本投资管理者提升国有资本投资过程中的风险识别效率和质量，以切实防范国有资本投资风险。在国有资本投资决策管理过程中，既要建立和不断完善国有资本投资决策监督管理体系，也要充分发挥国有资本投资运营公司/国有集团企业及其权属企业内部决策管理机制在投资决策中的重要作用。同时，还要加强国有资本出资人对国有资本投资活动的监督管理，以及时发现投资风险，减少投资损失。采用传统监管与信息化手段相结合的投资风险管控方式，科学预测和管控投资风险，从而提高国有资本投资决策的科学性、准确性。

二、国有资本投资决策的程序

国有资本投资决策程序是投资决策的核心内容，能够具体规范、指导国有资本投资决策的全过程，完善的投资决策程序有助于提高国有资本投资决策的科学性和民主性。

（一）国有资本投资决策一般程序

尽管不同层级国有资本投资主体的具体投资决策程序存在差异，但它们还是存在共性的内容，也就是国有资本投资决策的一般程序。

1. 方案提出

各级国有资本投资主体在决策论证前，应对投资决策的必要性、可行性，法律和政策依据等进行广泛深入的调查研究，以全面、准确掌握投资决策所需的有关情况。对专业性、技术性较强的事项，可以委托专家、专业服务机构或者其他组织进行调研。在此基础上，投资主体内部相关科室或部门应当运用科学方法，拟订详尽、完备、务实的决策方案。对需要进行多方案比较研究或者经协商不一致的事项，应当拟定两个以上决策备选方案。

2. 方案论证

各级国有资本投资主体可以采用咨询会、论证会或书面咨询等方式咨询专家意见或组织专家进行投资项目论证。论证内容包括投资决策是否符合国家宏观战略和产业政策、地区发展战略、企业发展战略和中长期投资计划，对所投资行业或者企业的市场前景及竞争力、投资风险、经济效益、资金需求及投入、项目技术等进行分析，对上述内容评估后形成论证意见。专家咨询会、论证会的结论及专家咨询意见书作为投资决策的重要参考。

3. 合法性审查

涉法投资事项必须依法论证，对决策方案、草案应当先进行合法性审查。主要审查决策事项是否属于法定权限，决策事项是否与法律法规相抵触，是否与现行政策规定相协调，是否存在其他不适当的问题等。法律审查通过后方可提交决策。

4. 方案审议

投资决策方案应当经各级国有资本投资主体进行评议，包括对投资决策论证意见以及可行性研究报告等材料的审议。审议通过后，按照审批权限，提交相关决策机构审批。

5. 方案审批

投资主体内部的决策部门应当履行内部决策和审批程序。需要上级政府或政府部门审批的，必须编制正规的可研报告等文件，报有关部门审批或核准，上级部门依据相关法律、法规和国有资产监管规定，从投资项目实施的必要性、投资风险承受能力等方面进行审核把关。

（二）国有资本投资运营公司/国有集团企业的投资决策程序

根据所处角色的不同，国有资本投资决策的主体可分为政府、国有资本投资运营公司/国有集团企业及其权属企业。鉴于决策事项、决策依据以及决策主体组织等方面的差异，不同层级国有资本投资主体的投资决策程序亦不完全相同。

政府投资决策包括新设企业投资、国有资本投资运营公司持续经营期间注入资本金、伴有重组行为的新增投资等。政府投资通常由财政部门与国资委共同提出投资方案，报政府常务会议审批，由国资监管机构负责决策的执行。投资方案的论证、形成和实施遵循国资决策一般程序。2019 年 4 月，国务院发布的《重大行政决策程序暂行条例》，也为国有资本投资决策提供了决策遵循。

国有资本投资运营公司是国资监管机构授权国有资本投资和运营的主体，承担着国有资本投资管理职能。其自身不直接从事具体生产经营活动，也不干预所持股企业的日常生产经营，而是通过管资本方式实现对所持股企业的监督管理，以出资额为限承担有限责任。未纳入国有资本投资运营公司试点的国有集团企业，要充分落实企业的经营自主权，出资人代表机构主要对集团企业层面实施监管或依据股权关系参与公司治理，不干预集团企业各级权属企业生产经营的具体事项。

投资业务是国有资本投资运营公司/国有集团企业的主要业务之一，包括产业投资、股权投资等。因此，投资决策事项多，决策程序的科学化、规范化、高效化也更为重要。根据中央及地方相关政策文件要求，企业通常应遵循以下投资决策程序。

1. 投资项目确定

国有资本投资运营公司/国有集团企业的投资部门，如规划投资部或资本运营部等，按照企业发展战略和规划编制年度投资计划，并与企业年度财务预算相衔接，年度投资规模应与合理的资产负债水平相适应。企业年度投资计划经党委会前置研究、董事会审议通过后报送国资监管机构，根据企业发展和投资进展实际情况，企业年中可以对投资计划进行中期调整。国资监管机构依据投资项目负面清单、企业发展战略和规划，从投资方向、投资规模、投资结构和投资能力等方面，对年度投资计划及中期调整计划进行备案管理。

国有资本投资运营公司/国有集团企业根据年度投资计划、发展战略和规划，按照国资监管机构确认的企业主业、非主业投资比例及新兴产业投资方向，选择、确定投资项目。确立投资项目时，企业应充分对投资机会进行全面考察和研究，由企业投资管理部门进行初步可行性研究，必要时可借助外部法律、财务顾问等中介机构协助调研，编制项目可行性研究报告，必要时可组织专家论证会，对投资项目进行论证并形成专家论证意见。经企业决策部门论证通过后进行项目立项。

2. 投资项目可行性研究（尽职调查）

企业对已通过立项的投资项目，应进行深入的可行性研究和分析，并在研究分析投资项目可行性的基础上编制可行性研究报告。主要包含：项目内容，与国家相关产业政策、地区发展战略、企业发展战略和出资人意愿的契合度，投资环境（宏观、行业和区域）分析，市场前景和发展趋势分析，投资估算及资金筹集方案，投资经济评价，投资风险分析及对策等。股权投资项目应开展必要的尽职调查，按要求履行资产评估或估值程序。尽职调查包括财务、法律、商业等方面的尽职调查。财务尽职调查是由国有资本投资方尽职调查团队对目标企业财务状况开展的专业调查。应主要关注与财务税务相关的内部控制体系、会计政策和会计估计的稳健性、现金流情况、主要财务指标情况、重大关联交易事项及披露等。法律尽职调查一般是由国有资本投资方委托独立的律师事务所，对目标企业的合法设立与存续、独立性、公司治理等一系列法律问题进行调查。商业尽职调查是由专业尽职调查团队，对目标企业所在市场、竞争环境、业务价值链等方面进行深入调查。尽职调查统筹管理小组以各方面尽职调查信息为基础，编制投资决策报告。

3. 风险审查

国有资本投资运营公司/国有集团企业应建立协调统一、科学规范的投资风险评估、监测预警和应急处置体制，完善投资风险防控措施。投资决策前，应由企业的风险审查部门或专业机构根据法律、法规、规章的相关规定，结合市场和目标企业的实际情况，对投资项目进行政策、合法合规、资产评估和公司估值、项目实施等方面的风险审查。

4. 投资项目审议与审批

国有资本投资运营公司/国有集团企业在内部投资项目的审议和审批程序中，要充分发挥党组织的领导作用、董事会和总经理办公会的决策作用。各级国资监管机构根据国家有关规定和监管要求，对企业的投资项目进行分类监管。综合《中央企业投资监督管理办法》以及各地方国有企业投资监督管理办法的相关规定，对纳入国资监管机构投资授权清单或者未达到上报国资监管机构核准要求的投资项目，企业自主进行内部讨论与审议，除了在董事会授权范围内由总经理办公会审议决定的投资事项，其余投资项目均须经过企业党委会前置研究、董事会决议。对列入国资监管机构投资负面清单特别监管类或者达到上报国资监管机构核准要求的投资项目，企业党委会要对投资项目的原则性、方向性问题进行研究讨论，提出意见，董事会根据党委会研究讨论意见，组织开展项目审议。项目审议通过后、实施前，按要求确定是否需要向国资监管机构报送企业的有关决策文件、尽职调查报告、投资项目风险审查报告等投资决策相关资料。要求上报的，国资监管机构依据相关法律法规的要求，从投资项目的必要性、对企业经营发展的影响程度、投资风险承受能力等方面履行出资人审核程序。

第三节　国有资本投资风险管理

一、国有资本投资风险的种类

国有资本投资风险可看作是因国有资本投资收益不确定性可能导致损失的可能性。为了有效管控国有资本投资风险，首先应按照不同的标准对国有资本投资风险进行分类。国有资本投资风险，可按风险形成的原因和承担风险主体的不同加以分类。

（一）按风险形成的原因划分

按风险形成原因，根据2006年6月国务院国资委《关于印发〈中央企业全面风险管理指引〉的通知》（以下简称《指引》）的界定，国有资本投资风险可分为战略风险、财务风险、市场风险、运营风险、法律风险等。

战略风险是指在追求国有资本投资收益的系统化管理过程中，不适当的未来发展规划和战略决策可能损害国有资本投资回报的潜在风险。根据《指引》的相关阐释，国内外宏观经济政策以及经济运行情况、本行业状况、国家产业政策是导致战略风险失控的重要因素。而在国有资本投资过程中，不同层级国有资本投资主体的投资行为均有可能会受宏观经济、政治和产业政策等因素的影响，进而导致战略风险失控。由此可见，战略风险是所有层级的国有资本投资主体共同面临的投资风险。

财务风险是指因负债而增加的投资风险。其中，负债水平、现金状况、存货状况、费用规模、盈利能力等企业层面的因素，以及与企业相关的行业会计政策等信息是影响财务风险的重要因素。由此可见，国有资本投资运营公司/国有集团企业及其权属企业的国有资本投资会面临财务风险，而政府授权国资监管机构进行的国有资本投资虽不会直接面临此类风险，但所出资企业的财务风险也会导致其所持有的国有资本权益面临风险。

市场风险是指由于市场价格（包括金融资产价格和商品价格）波动、竞争加剧、供求关系失衡等因素导致国有资本投资价值遭受损失的风险。其主要表现形式有利率风险、汇率风险、股票价格风险和商品价格风险等，分别是指由于利率、汇率、股票价格和商品价格的不利变动而带来的风险。由于国资监管机构仅是依据股权关系对出资企业履行出资人职责，并不直接从事国有资本的市场投放，因此也不会直接面临市场风险；而作为市场投资主体的国有资本投资运营公司/国有集团企业及其权属企业，则要面临市场风险。

运营风险是指国有资本投资主体因经营上的原因而导致国有资本投资收益率变动的风险，也称商业风险。影响运营风险的因素主要有产品结构、新市场开发、组织效能、管理现状等。作为国有资本出资人代表的国资监管机构和国有资本投资运营公司，均不从事生产经营活动，因此在国有资本投资过程中不会直接面对运营风险，国有资本投资运营公司/国有集团企业的权属企业的投资活动则直接会面对这种风险。

法律风险是指国有资本投资过程中可能面临的法律问题，例如合同纠纷、侵权责任等。如前所述，无论是哪一层级的国有资本投资主体，在进行重大投资决策时，都需要进行合法性审查，以判断决策是否与相应的政治环境、法律法规相抵触，是否与现行政策规定相一致，是否存在其他不适当的问题。因此，法律风险是所有层级国有资本投资主体均会面对的风险。

（二）按承担风险的主体划分

按承担风险主体，国有资本投资风险可分为出资者投资风险和受资者投资风险。

出资者投资风险是指由于出资人投资的企业经营、投资状况等方面变化引起国有资本投资收益出现不确定性变动的风险。受资者投资风险是指出资人投资的企业在具体的投资活动中，由于自身预测能力的局限性，以及各种事先无法预测到的不确定性因素的影响，使未来投资收益的取得具有巨大的不确定性。

国有资本出资人从整体上可分为两种类型：终极出资者和中间出资人。终极出资者只能是国家，而中间出资人实际上是指各种法人。作为国有资本出资人代表，国资监管机构履行监管职责的实质是对国有资本投资运营公司/国有集团企业及其权属企业经营者财务行为的约束和激励，目标是确保国有资本安全和增值。由于国资监管机构与受资主体之间的关系是出资人与企业、股东与公司之间的平等民事关系，为确保受资主体独立运作法人财产，国资监管机构参与受资主体管理的方式只能是间接管理而不是直接支配。这种间接管理需要通过法人治理结构来实现，国资监管机构依据股权关系向受资主体委派董事或提名董事人选，规范董事的权利和责任，强化对外部董事的监督管理，督促其履职尽责，更好贯彻出资人意愿。因此，国资监管机构作为终极出资者代表，在国有资本投资过程中仅面临出资者投资风险，即其出资企业由于经营、财务状况等方面变化带来的国有资本投资收益取得的不确定性。

作为国资监管机构履行出资人职责的受资主体，国有资本投资运营公司/国有集团企业及其权属企业是国有资本投资项目的决策主体、执行主体和责任主体，因此会承担受资者投资风险。同时，这些企业也可能会作为出资人，对其所持股企业行使股东职责，故而也会面临出资者投资风险。

二、国有资本投资风险识别

做好国有资本投资风险管理，首先要及时、准确地识别国有资本投资风险。即在投资风险实际发生之前，投资管理部门（人员）系统地、连续地认识所面临的各种风险以及分析风险形成的潜在原因。做好国有资本投资风险的识别，还需要对投资过程进行全面而深入的调查研究，分析可能存在的风险因素和可能发生的风险类别，进而作出准确判断。为保证投资风险识别的针对性和有效性，各级国有资本投资主体应当确定投资风险识别主体，明确投资风险识别目标和范围、投资风险识别的技术和方法以及出具投资风险识别报告等。

（一）确定投资风险识别主体

在国资监管机构层面，一是在国有资本的投资决策阶段，国有资本投资风险识别可以由国资监管机构的内设部门组织实施，也可以委托第三方专业评估机构进行；二是在日常投资风险管理活动中，国资监管机构应当建立投资监管联动机制，发挥战略规划、法律合规、财务监督、产权管理、考核分配、资本运营、干部管理、纪检监察、巡视巡察、审计监督等相关监管职能合力，实现对出资企业投资活动过程监管全覆盖，及时发现投资风险。

国有资本投资运营公司/国有集团企业可以设置三层投资风险识别主体。第一层由企业内设的战略规划部、财务部、法律事务部等有关职能部门和业务单位，持续不断地收集与投资风险和风险管理相关的内外部初始信息。第二层是董事会下设的风险管理委员会及风险管理部。其中，风险管理委员会是董事会的投资风险管理识别部门，为董事会风险管控决策提供草案；风险管理部则具体组织企业投资风险识别，组织开展风险评估，以及时发现风险隐患和管理漏洞，并及时向上级报告，持续提高风险管理的有效性。第三层是董事会下设的审计委员会及内部审计部门。其主要承担业务部门和风险管理部门投资风险管理履职情况的审计责任，对投资风险管理体系运行有效性进行内部审计，跟踪检查整改措施的实施情况，并及时向董事会提交有关报告。

根据《指引》的规定，国有资本投资运营公司/国有集团企业的权属企业投资管理应当围绕总体经营目标，执行风险管理的基本流程。其中，识别和确定风险因素可以由企业选定投资、风控、法律、财务等业务人员成立风险识别小组组织实施，必要时也可聘请有资质、信誉好、风险管理专业能力强的专业机构协助实施。

（二）明确投资风险识别目标和范围

风险管控主体应明确国有资本投资风险识别目标，以及国有资本投资风险信息的搜集范围等，以便更为有针对性地识别国有资本投资风险及其风险源。

1. 明确国有资本投资风险识别目标

国资监管机构的投资风险识别目标，一是在作出将国有资本投向拟出资企业的投资决策前，要对被投资主体的各类风险进行辨识。二是对出资企业的重大投资活动进行风险管控，以帮助企业识别各类投资风险。

国有资本投资运营公司/国有集团企业的投资风险识别目标，一是在投资前的尽职调查阶段，由公司风险管理部门牵头，组织风险调查小组或委托专业机构进行尽职调查，发现目标企业的各类投资风险。二是充分发挥投资风险的三层识别作用，各层风险识别主体定期对实施中的投资项目进行跟踪分析，根据外部环境和投资项目的自身情况变化，及时发现各类投资风险。国有资本投资运营公司/国有集团企业的权属企业投资风险识别，一是在投资前的尽职调查阶段，由企业组织成立风险识别小组，或是委托专业机构对目标企业过去的财务状况、资产和业务的合规性、企业基本情况、竞争态势等进行调查分析。二是在投资后的风险管理过程中，企业风险识别主体应结合实际，定期或不定期对已投项目进行持续跟踪和动态监控，定期了解被投企业的经营情况并实地回访企业，针对正常经营出现重大变动的被投企业要进行重点关注和风险预警。

2. 明确国有资本投资风险识别范围

国有资本投资风险管理主体，应针对可能出现的各类投资风险，确定风险源信息和资料的搜集范围。

如前文所述，国资监管机构的投资风险来源于被投资主体，因此无论是在投资前的决策阶段还是投资后的风险管控阶段，国资监管机构均需关注出资企业投资业务的相关情况。一是在投资决策阶段，国资监管机构可以组织采取座谈会、听证会、实地走访等多种方式，搜集与投资决策事项有关的各项信息，包括出资企业的战略制定和实施情况、融资安排、会计核算与管理、市场条件变化、企业内部投资流程，以及企业的违法违规行为等信息。二是在投资风险管控阶段，国资监管机构通过投资管理信息系统，掌握出资企业的投资风险管理体系建设情况、年度投资计划、季度及年度投资完成情况、重大投资项目实施情况等。

国有资本投资运营公司/国有集团企业的投资风险信息搜集，一是在投资决策作出前的尽职调查阶段，企业的风险管理部门会委托专业机构，对目标企业的主体资格、经营管理的合法性、债权债务等可能存在的法律风险，目标企业的财务状况、经营能力、竞争能力、技术能力等进行调查。二是在日常投资风险管控方面，企业的风险管理部门通过投资管理信息系统，在本部门职责范围内进行投资风险基础信息的搜集与上报。

国有资本投资运营公司/国有集团企业的权属企业同样存在投资决策尽职调查阶段和日常投资管理阶段的投资风险信息搜集。一是在投资决策的尽职调查阶段，企业组建的尽职调查小组及委托的专业机构对目标企业的合法有效性、生产经营情况、行业及市场情况、资信情况、财务及资产情况、担保措施等方面进行调查。二是在投后风险管理过程中，企业要指派专业人员负责与被投企业保持联系，通过信息系统或实地调查，随时了解被投企业的生产经营、行业及市场情况、财务及资产情况、企业战略及规划等，以及时发现项目实施过程中的各类风险。

（三）运用投资风险识别技术和方法

1. 现场调查法

现场调查法是风险管理人员、有关咨询机构人员、研究机构人员等亲临现场，通过直接观察国有资本投资的操作和流程等，了解国有资本投资主体的投资活动，调查其中存在的风险隐患，并出具调查报告书，作为识别投资风险的重要参考依据。

该种方法一是可直接获得有关国有资本投资风险的第一手资料，在某种程度上确保所得资料和信息的可靠性。二是现场调查活动能够加深风险调查人员与实际操作人员之间的相互沟通和了解，不仅可以使实际操作人员获得更多有关风险识别和风险处理的经验和知识，也可使风险调查人员及时获得所需要的相关资料和信息。三是通过实地调查，风险调查人员更容易发现各类潜在风险，有助于使国有资本投资风险在萌芽阶段得到控制。因此，该种方法可普遍用于各类国有资本投资风险的识别。

2. 财务分析法

财务分析法是通过一定的方法分析国有资本投资运营公司/国有集团企业及其权属企业的资产负债表、利润表、现金流量表等相关的支持性文件，以了解企业的财务状况，以此来识别国有资本投资过程中国有资本投资运营公司潜在的财务风险。包括趋势分析法、比率分析法和结构分析法等（王周伟，2017）。

使用财务分析法识别国有资本投资风险时，需要借助一些财务指标，例如投资报酬率、净资产收益率、股票获利率和长期偿债能力等，这些财务指标是识别投资风险的重要依据。

3. 专家意见法

专家意见法，就是在识别风险时，采用信函的方式向有关专家提出问题，得到答复，将所回答的各种意见整理、归纳，并匿名反馈给有关专家，再次征求意见，然后再次综合反馈。如此反复多次，直到得到比较一致的意见为止。

综合现有制度文件来看，各级国有资本投资主体投资决策的风险审查部分均或多或少提及了专家或专业机构力量的介入。由此可以推断，专家意见法普遍适用于各类风险识别。

4. 案例分析法

案例分析法是要通过整理分析过去风险管理实践中的类似案例，总结经验和方法，吸取有关教训。各级国有资本投资主体应广泛收集国内外因忽视法律法规风险、市场风险、战略风险、财务风险等，缺乏应对措施导致投资项目蒙受损失的案例，分析案例中各类风险发生的原因、表现形式、后果及影响、经验教训等，进而识别国有资本投资过程中各类潜在的风险。

5. 大数据分析法

大数据分析法是指采用新的工具与方法，对复杂数据集进行分析，进而得出相应的结论。大数据分析可以有效地挖掘信息、预测风险和找出投资机会，帮助投资者做出更准确和科学的决策，主要包括数据采集、清洗、处理和可视化分析。例如，国有资本投资主体可以通过各种平台、交易所、财务报表、新闻媒体等渠道进行数据采集；对采集的数据进行清洗、预处理和维护，增强数据的质量，提高分析的准确性；将不同的数据按照一定的标准进行分析，以达到更清晰和高效的分析结果；对清洗后的数据辅之以可视化分析，以快速辨识国有资本投资过程中的各类潜在风险。

（四）提交投资风险识别报告

在风险识别过程中，各级国有资本投资风险识别主体应当运用前文提及的识别方法和工具进行投资风险识别，并形成几个重要的阶段性成果。

国资监管机构在汇总分析各方信息资料的基础上，运用各种定性和定量方法，对各类国有资本投资风险进行科学预测、综合研判，确定可能存在的风险及风险发生概率，最终形成明确的识别意见，出具识别报告，之后提交相关决策部门讨论。

国有资本投资运营公司/国有集团企业的风险管理部门根据风险信息资料，分析并编制投资风险列表，包括目标企业的战略风险、财务风险、运营风险、法律风险等投资风险；在此基础上，通过深入调查和分析，形成国有资本投资主体的风险图谱；在风险图谱中，根据不同风险出现频次确定高风险区的风险类型，并最终确定国有资本投资主体面对的最主要风险，形成风险识别报告提交总经理办公会审议通过后，报公司董事会审核。

国有资本投资运营公司/国有集团企业的权属企业风险识别小组运用各项风险识别技术与方法搜集整理投资风险信息，在分析、识别主要投资风险因素的基础上，对各主要投资风险因素发生的可能性及投资风险发生后对企业投资效益的影响程度进行分析和评价，并形成风险识别报告提交内部决策部门审议。

三、国有资本投资风险的防范

国有资本投资风险防范是指国有资本投资主体为应对投资风险而事先采取的一系列管理措施和行为。为了加强和规范国有资本投资管理，有效防范投资风险，提高投资回报，各级国有资本投资主体应该根据自身的功能定位和职责分工，分别从投资风险管理体系、相关制度、管理流程等方面采取得力措施，以有效防范国有资本投资风险。

（一）国资监管机构的投资风险防范

如前文所述，国资监管机构的投资风险来源于被投资企业。因此，国资监管机构应对出资企业履行好出资人职责、规划引导国有资本投资、完善投资监督管理体系、强化对投资活动过程的监督、健全相关制度。

1. 建立健全投资监管体系

一是国资监管机构应建立并优化投资管理信息系统。国资监管机构建立国有资本投资项目管理信息系统，对监管企业的年度投资计划、季度及年度投资完成情况、重大投资项目实施情况等投资信息进行监测、分析和管理。二是建立完善投资监管联动机制，发挥相关部门的监管职能合力，实现对企业投资活动过程监管全覆盖，及时发现投资风险，减少投资损失。

2. 实行投资项目负面清单管理

国资监管机构通过制定投资项目负面清单、强化企业主业管理、核定非主业投资比例等方式，管好投资方向。国资监管机构应根据国家有关规定和监管要求，建立发布国有资本投资项目负面清单，设定禁止类和特别监管类投资项目，实行分类监管。列入负面清单禁止类的投资项目，企业一律不得投资；列入负面清单特别监管类的投资项目，企业应报国资监管机构履行出资人审核把关程序；负面清单之外的投资项目，由企业按照本企业的发展战略和规划自主决策。

3. 强化章程约束，发挥董事作用

国资监管机构应当依法依规推进公司章程的制定和完善，规范国有资本投资过程中出资人代表、股东（大）会、党组织、董事会、经理层和职工代表大会的权责，推动各治理主体依照公司章程行使权利、履行义务；国资监管机构主要通过董事体现出资人的投资意愿，依据股权关系向出资企业委派董事或提名董事人选，规范董事的权利和责任，明确工作目标和重点。

4. 强化“事前 + 事中 + 事后”全流程监督

一是在投资风险事前管理方面，国资监管机构依据投资项目负面清单，从其履行出资人职责企业的投资方向、投资规模、投资结构和投资能力等方面，对出资企业年度投资计划进行备案管理。二是在投资风险事中管理方面，国资监管机构对其履行出资人职责企业实施中的重大投资项目进行随机监督检查，重点检查企业重大投资项目决策、执行和效果等情况，对发现的问题向企业进行提示。三是在投资风险事后管理方面，国资监管机构对其履行出资人职责企业的投资项目后评价工作进行监督和指导，选择部分重大投资项目开展后评价，并向企业通报后评价结果。

5. 指导督促企业加强投资风险管理

国资监管机构督促其履行出资人职责的企业加强投资风险管理，委托第三方咨询机构对企业投资风险管理体系进行评价，并及时将评价结果反馈给企业。

6. 健全企业违规投资责任追究制度

明确企业作为维护国有资产安全、防止流失的责任主体，健全内部管理制度，严格执行企业违规投资责任追究制度。建立健全分级分层、有效衔接、上下贯通的责任追究工作体系，严格界定违规投资责任，严肃追究问责，实行重大投资决策终身责任追究制度。

（二）国有资本投资运营公司/国有集团企业的投资风险防范

由前文可知，国有资本投资运营公司/国有集团企业同时具备国有资本出资人和受资主体的双重身份，作为出资人，这两类企业对其所持股企业的投资风险管理与国资监管机构的投资风险管理存在类似之处，故不再赘述。由于目前中央、地方各级国资监管机构制定的投资风险管理制度，绝大多数是以其出资企业为对象进行设计的，包括国有资本投资运营公司和国有集团企业。也就是说，虽然两者可能在投资风险管理的机构设置、管理信息系统设计、制度具体内容等方面存在着些许差异，但其投资风险防范的一般措施是类似的。故本章不再考虑它们之间的个体差异，而是笼统地介绍两者作为受资主体，在自身从事投资活动过程中，应采取的投资风险防范措施。

1. 加强投资风险管控体系建设

国有资本投资运营公司/国有集团企业应当建立健全投资全过程风险管控体系，完善相关制度，制定投资项目负面清单，以及建立优化投资管理信息系统等，从而实施全面风险管理防控。一是强化投资前期风险评估和风控方案制定，做好投资活动实施过程中的风险监控、预警和处置，防范投资后项目运营、整合风险，一些有必要或者应予以退出的项目，要做好项目退出时点与方式的安排。二是建立和明确投资决策机构及其权责、投资管理部门及其职责、投资风险控制部门及其职责、投资参与部门及其分工等。三是应当依据自身发展战略和规划，在国资监管机构制定发布的投资项目负面清单基础上，制定本企业投资项目负面清单，经企业董事会审核通过后，报国有资本出资人备案。四是应建立并优化投资管理信息系统，通过信息系统对本企业年度投资计划执行、投资项目实施等情况进行全程动态监控和管理，加强投资基础信息管理。

2. 规范国有资本投资运营公司/国有集团企业的投资报审程序

为有效防范投资风险，作为投资风险管控的责任主体，国有资本投资运营公司/国有集团企业应当主动接受国资监管机构的监督，规范向国资监管机构的投资报审程序。一是应当按规定及时向国资监管机构报送经企业内部决策通过的年度投资计划、投资项目进展情况以及年度投资完成情况等投资信息。二是应根据国资监管机构的审核意见，及时作出修改。企业按规定向国资监管机构报送年度投资计划后，国资监管机构依据相关法律、法规和国有资产监管规定，从投资方向、投资规模、投资结构和投资能力等方面，对年度投资计划和投资项目履行出资人审核程序。对存在问题的年度投资计划和投资项目，国资监管机构要按时反馈书面意见，由企业根据书面意见作出修改。

3. 强化投资事前风险管理

国有资本投资运营公司/国有集团企业应在明确当年投资计划的基础上，做好投资项目的选择和前期论证。一是应当按照企业的发展战略和规划编制当年的投资计划，包括年度总投资额、资金来源与构成，主业与非主业投资规模，投资项目实施年限、年度计划完成投资和实施进度等内容。年度投资规模应与企业年度财务预算相衔接，与合理的资产负债水平相适应。企业当年未完成的长期投资项目和拟开展的新投资项目均应纳入年度投资计划。二是在投资事前，企业应当围绕自身发展战略和规划，根据国资监管机构确认的新兴产业方向和企业主业，选择、确定投资项目，做好项目融资、投资管理、退出全过程的研究论证。对新投资项目，应当深入进行战略、市场、财务和法律等方面的可行性研究与论证。对股权类投资项目应开展必要的尽职调查，并按要求履行资产评估或估值程序。

4. 强化投资事中和事后风险管理

在投资事中风险管理方面，一是应定期对国有资本投资运营公司/国有集团企业实施中的投资项目进行跟踪分析、根据外部环境变化和项目自身情况，及时进行再决策。对重大投资项目，还应根据需要在再决策前开展中期评估；当出现影响投资项目实现的重大不利变化时，应启动中止、终止或退出机制。二是应当按照国资监管要求，定期将投资进展情况通过本企业内部的投资管理信息系统报送国资监管机构。在投资事后风险管理方面，一是应当及时报告企业年度投资的完成情况。在年度投资完成后，企业应当编制年度投资情况报告报送国资监管机构。二是投资项目完成后，企业应当围绕项目后评价、项目审计、投资回报三个重点强化风险管理。应当每年有针对性地选择部分已完成的重大投资项目开展后评价，在此基础上，完善企业投资决策机制，提高项目成功率和投资收益，总结投资成功经验和失败教训，为后续投资活动提供参考和警示；应当开展投资项目专项审计，重点审计投资决策、资金使用、投资收益、风险管控等关键环节；投资项目完成后，应当要求所投资企业积极实施利润分配，切实保障投资收益。

（三）国有资本投资运营公司/国有集团企业的二级企业投资风险防范

为有效防范国有资本投资风险，国有资本投资运营公司/国有集团企业全资、实际控股的二级企业也要建立健全投资管理体系和投资管理制度，提升投资管理的信息化水平，科学编制投资计划，制定投资项目负面清单，切实加强项目管理，履行投资信息报送义务和配合监督检查义务。

1. 建立健全投资监管体系

（1）二级企业在母公司的授权范围内，按照公司章程和母公司的投资管理制度，结合自身实际，建立健全自身投资管理制度，并报母公司相关部门备案。投资管理制度包括但不限于：投资管理流程、管理部门及其职责，投资决策程序、决策机构及其职责，投资风险控制机构及其职责，投资计划管理，投资审批权限，投资风险管控制度，投资项目中止、终止或退出制度，投资项目后评价制度，违规投资责任追究制度等。（2）二级企业建立并优化投资管理信息系统，加强投资基础信息管理，提升投资管理的信息化水平，通过信息系统对本企业年度投资计划执行、投资项目实施等情况进行全程动态监控和管理。（3）二级企业根据国资监管机构和母公司发布的国有企业投资项目负面清单，确定本企业的投资项目负面清单，经党委会前置研究、董事会审议通过后报送母公司董事会审议。

2. 加强投资事前风险管理

与国有资本投资运营公司/国有集团企业的投资事前管理类似，二级企业应当做好投资项目的选择和前期论证。一是规范投资项目的申请报批程序。企业的投资项目要符合国家和地区产业规划、企业发展战略和规划，要与企业财务预算和合理的资产负债水平相适应。对投资项目负面清单特别监管类的投资项目，经企业党委会前置研究、董事会审核通过，报送母公司党委会前置研究、董事会核准，通过后提交国资监管机构审核。二是企业做好投资、退出等过程的研究论证。对新投资项目，应深入进行技术、市场、财务和法律等方面的可行性研究与论证，股权类重大投资项目在投资决策前要由有资质的独立第三方咨询机构出具投资项目风险评估报告。

3. 强化投资事中和事后风险管理

在投资事中风险管理方面，二级企业应定期对实施、运营中的投资项目进行跟踪分析，如果实施过程中出现投资条件恶化、投资合作方严重违约、投资目的无法实现等重大不利变化时，应当及时采取中止、终止或退出机制，并及时更新投资管理信息系统中的投资项目信息。在投资事后风险管理方面，一是企业应当建立完善投资项目后评价制度，选择部分已完成的投资项目组织开展后评价，形成后评价专项报告。通过后评价，完善企业投资决策机制，提高项目成功率和投资收益，总结投资经验，为后续投资活动提供参考，提高投资管理水平。二是企业还应开展重大投资项目专项审计，对投资风险管理等方面进行重点审计。

4. 积极履行投资信息报送义务和配合监督检查义务

二级企业应当积极向母公司报送投资信息。例如，企业应将拟定的投资管理制度、投资负面清单、年度投资计划、季度及年度投资完成情况等信息报送母公司，履行相应的研究、审议程序；对投资项目负面清单特别监管类的投资项目，企业要在履行完内部决策程序后，报送母公司党委会前置研究、董事会核准，通过后再报国资监管机构审核；企业投资项目发生重大变更时，要在投资管理信息系统及时变更投资项目信息等。同时，企业还应积极配合母公司的监督检查。例如，母公司审核批准企业报送的投资管理制度、投资决策程序，对企业的年度投资计划和投资项目进行备案或核准，对企业的重大投资项目实施后评价等动态监督等。对母公司的问题反馈，企业应当按照评价结果对存在的问题及时进行整改等。

第八章

国有资本运营管理

实现国有资本增值和服务国家战略是国有资本运营的两大目标，而国有资本运营管理对于实现国有资本运营的预期目标，进而对推动国有资本和国有企业做强、做优、做大，推进国有经济布局优化和结构调整具有重要意义。基于国有资本运营管理的重要性，本章主要阐释国有资本运营管理的含义、主体、目标和原则，介绍国有资本运营的主要方式的含义、实施动因和实施要点，探讨国有资本运营风险的含义、类型和防范措施以及国有资本运营风险管理的一般程序。

第一节 概　述

一、国有资本运营管理的含义

资本运营是指为获得资本增值而对资本配置和使用过程进行运筹与经营的活动。资本运营有广义和狭义之分。广义的资本运营是指以资本增值为目的的企业全部经营活动，即包括资本的优化配置和生产经营活动；狭义的资本运营则主要指以价值化、证券化了的资本或者可以按价值化、证券化操作的物化资本为基础，为提高资本效率和效益而进行的并购、资产剥离等活动。本章主要探讨以并购、买壳上市、战略联盟、资产剥离、分拆上市、股份回购等为具体方式的国有资本运营及其管理问题。如无特别说明，本章主要采用狭义“资本运营”概念。

国有资本运营是指国有资本出资人及其投资设立的企业，以实现国有资本增值和服务国家战略为目标，对国有资本及其运动进行的运筹和经营活动。国有资本具有一般资本的自然属性——增值性，因此谋求资本增值是国有资本运营的核心目标，也是做强、做优、做大国有资本的前提。同时，国有资本又具有特殊的社会属性，甚至是政治属性，它要服务于国家利益，服务于国家战略。国有资本运营管理，是指为实现国有资本的运营目标，对国有资本运营活动进行的计划、组织、监督和控制。

二、国有资本运营及其管理的主体

（一）国有资本运营主体

国有资本运营主体是持有国有资本，负责国有资本具体运作，直接承担国有资本增值和服务国家战略责任的各类国有企业，包括国有独资公司、国有全资公司、国有控股公司等。国有资本的所有者是国家，而国家并不具有人格化，无法直接行使国有资本所有权，只能按照一定程序委托给政府行使（肖红军，2021），具体又会由政府职能机构或部门作为出资人代表，履行国有资本出资人职责，如财政部门、国资委等。这些机构或部门通常只进行国有资本注资投资和监管，而不直接从事国有资本的运营活动，国有资本的运营由政府出资设立的国有独资公司以及直接或间接控制的公司来实施。在现行国有资本监管体制下，国有资本运营主体包括两个层次。

第一层次运营主体是政府出资设立的国有资本投资公司、国有资本运营公司、产业集团公司（以下简称“三类公司”）。2021 年，国务院国资委围绕改革国有资本授权经营体制，提出对国有资本投资公司、国有资本运营公司、产业集团公司“一企一策”授权放权，由此形成了投资公司、运营公司、产业集团三类既有区别又有配合的企业形态（闫永等，2023），也成为了以管资本为主国有资本授权经营体制的重要构件。

三类公司在授权范围内，围绕各自功能定位对国有资本进行运营。国有资本投资公司主要以服务国家战略、优化国有资本布局、提升产业竞争力为目标，在关系国家安全、国民经济命脉的重要行业和关键领域，按照政府确定的国有资本布局和结构优化要求，以对战略性核心业务控股为主，通过开展投资融资、产业培育和资本运作等，培育核心竞争力和创新能力，着力提升国有资本控制力、影响力；国有资本运营公司主要以提升国有资本运营效率、提高国有资本回报为目标，以财务性持股为主，通过股权运作、基金投资、培育孵化、价值管理、有序进退等方式，盘活国有资产存量，引导和带动社会资本共同发展，实现国有资本合理流动和保值增值；产业集团公司是在国家重要行业及关键领域，发挥在国民经济中的重要支柱作用，聚焦做强、做优、做大实体经济，既要保障国民经济根基稳定，又要发挥抵御宏观风险的中流砥柱作用，围绕确定的主业范围，从事生产经营和管理，更加注重产业发展和科技进步，同时逐步增强国际化经营能力，培育为具有世界水平的跨国公司。

第二层次运营主体是三类公司直接或间接控股的公司。第二层次运营主体按照股东意志，在授权范围内进行资本运营。对于第二层次运营主体，除国有全资公司外，国有控股公司的全部资本中既有国有资本，又有非国有资本，其资本运营的对象是包含国有资本在内的公司全部资本，国有资本的功能以及国有资本的运营目标需要通过公司全部资本的运营来实现。

（二）国有资本运营管理主体

国有资本运营管理的主体是国有资本的出资人、出资人代表以及经授权履行国有资本出资人职责的国有企业。在现行国有资本监管体制下，也可把国有资本运营管理主体进一步分为两个层次。

第一层次管理主体是政府及其国资监管机构[①]。政府及其国资监管机构主要负责制定和完善国有资本运营制度，对其直接出资设立的三类公司开展的国有资本运营活动进行计划、组织、监督和控制。在对三类公司的国有资本运营活动进行管理时，政府及其国资监管机构应立足国资监管工作全局，着眼于国有资本整体功能和效率，系统谋划、整体调控，在更大范围、更深层次、更广领域统筹配置国有资本，持续优化布局结构，促进国有资本合理流动、保值增值，推动国有经济不断发展壮大，更好服务国家战略目标。

第二层次管理主体是三类公司。三类公司作为经政府及其所属职能部门授权的出资人代表，依据《中华人民共和国公司法》等相关法律法规行使股东权利，对所出资企业的资本运营活动进行管理，以实现其出资意图。三类公司的出资意图通常是由其各自的功能定位决定的，由于三类公司具有不同的功能定位，因此其在管理所出资企业的资本运营活动时，着力点也应有所不同。国有资本投资公司应重点关注所出资企业的资本运营活动是否服务于国家战略、是否有利于优化国有资本布局、是否有利于提升国有资本控制力和影响力；国有资本运营公司应重点关注所出资企业的资本运营活动是否有助于促进国有资本流动和提升国有资本回报；产业集团公司应重点关注所出资企业的资本运营活动是否聚焦主责主业、是否有利于产业链顺畅运转、是否有助于保障国民经济和社会平稳运行、是否有利于培育具有全球竞争力的“航母级”国有企业。

三、国有资本运营管理的目标

对国有资本运营活动进行管理的目的在于保障国有资本运营目标的实现，因

---

① 本章主要探讨一般性国有资本的运营管理问题，因此本章的国资监管机构主要是指国资委。

此国有资本运营管理的目标主要体现为保障国有资本实现增值、保障国有资本服务国家战略。

（一）保障国有资本实现增值

资本增值是国有资本运营主体进行资本运营的核心目标，但是这一目标最终是否能够实现会受到多方面因素的影响，例如，国有资本运营活动是否经过科学筹划、国有资本运营活动的具体实施过程是否按照预先制定的方案进行、国有资本运营活动的责任人是否履职尽责等。国有资本运营管理主体应对所出资企业的国有资本运营活动进行事前指导和统筹，对决策过程、实施过程进行严密的监督和控制，以保障所出资企业的国有资本运营活动有利于实现国有资本增值。

由于国有资本运动的循环往复特性，为最大限度地实现国有资本增值，国有企业在进行资本运营时既需要考虑短期目标，更要注重长期目标。短期目标强调企业利润最大化和所有者（股东）权益最大化，长期目标要以企业价值可持续创造为关键，促进国有资本保值增值。

（二）保障国有资本服务国家战略

国有资本不仅拥有一般资本的自然属性，还拥有国家属性。这种特殊属性使得国有资本运营除具有追求资本增值的一般目标以外，还具有服务国家战略的特殊目标，需要平衡好国有资本所承担的经济责任、社会责任和政治责任之间的关系。党和政府出台的文件多次强调国有资本要服务于国家战略。例如，2013 年 11 月发布的《中共中央关于全面深化改革若干重大问题的决定》和 2015 年 9 月发布的《中共中央　国务院关于深化国有企业改革的指导意见》提出，国有资本要紧紧围绕服务国家战略，向关系国家安全、国民经济命脉的重要行业和关键领域集中，向前瞻性战略性产业集中。

国有资本运营管理主体应切实尽职履责，保障所出资企业的国有资本运营活动服务于国家战略。政府负责制定完善经济社会发展规划、产业政策等，国资监管机构应根据政府宏观政策和有关管理要求，建立健全国有资本运作机制，推动国有资本更多投向关系国家安全、国民经济命脉和国计民生的重要行业和关键领域。国资监管机构作为三类公司的出资人，还应以服务国家战略为导向，对三类公司的资本运营活动进行计划、组织、监督和控制。三类公司应根据自身功能定位，以服务国家战略为导向进行出资，对所出资企业建立财务型、战略型或混合型管控模式，依托股权，通过股东（大）会、董事会、监事会等现代公司治理机制依法行使股东权利，保障所出资企业的国有资本运营活动有利于实现自身出资意图。

四、国有资本运营管理的原则

（一）权责清晰原则

权责清晰是提高管理效率的基础，国有资本运营管理主体在对国有资本运营主体的资本运营活动进行管理时应遵循权责清晰原则。国有资本运营管理主体与国有资本运营主体应通过建立授权放权清单等形式，明确双方在国有资本运营事项上的权利和责任。

（二）放管结合原则

国有资本运营管理主体应遵循放管结合原则对国有资本运营主体的资本运营活动进行管理，该管的要科学管好，不该管的要充分放权。国有资本运营管理主体要把握好“放”和“管”的平衡，既不能紧抓权力不放，也不能放任自流，力求最大程度地提高国有资本运营主体的资本运营效率和效果。

（三）依法依规管理原则

国有资本运营管理主体应严格依据《中华人民共和国公司法》《中华人民共和国企业国有资产法》《企业国有资产监督管理暂行条例》等法律法规规定的权限和程序，对国有资本运营主体的资本运营活动履行管理职责。国有资本运营管理主体应注重通过向国有资本运营主体派驻董事、监事等方式来依法履行股东职责，对国有资本运营活动的决策和实施过程进行监督与控制。

（四）市场化管理原则

国有资本运营管理主体应遵循市场经济规律和企业发展规律，更多采用市场化方式对国有资本运营主体的资本运营活动进行管理，以充分激发国有资本运营主体的活力和创造力，提高其资本运营活动的效率和效果。

（五）分类管理原则

国有资本运营管理主体应根据国有资本运营主体的不同功能定位对其资本运营活动进行分类管理。具体而言，国有资本运营管理主体需要依据国有资本运营主体不同的战略定位和发展目标，科学制定差异化的管理目标、管理重点和监管措施，因企施策管好国有资本运营主体的资本运营活动，促进国有资本运营的经济效益和社会效益有机统一。

第二节　国有资本运营的主要方式

一、扩张型资本运营方式

资本扩张是指在现有资本规模和结构下，通过内部积累和吸纳外部资源等方式实现资本规模的扩张。资本的本质属性是尽可能多地实现价值增值，因此资本存在原始的扩张冲动（叶育甫，2017）。根据企业发展方向可将资本扩张分为三种类型。一是横向型资本扩张，即以扩大经营规模、获得规模经济、实现企业横向发展等为目的的资本扩张行为。二是纵向型资本扩张，即以降低经营成本、提升产业链影响力和控制力、实现企业纵向发展等为目的的资本扩张行为。三是混合型资本扩张，即以拓展新业务、实现多元化经营等为目的的资本扩张行为。扩张型资本运营的具体方式主要有并购、买壳上市、战略联盟。

（一）并购

1. 并购的含义

并购是合并与收购两种产权交易方式的简称，是指并购方通过获取被并购方的部分或全部股权，实现对被并购方控制的资本运营方式。合并包括吸收合并（兼并）和新设合并。若合并完成后，被合并方解散而合并方存续，则称之为吸收合并；若合并完成后，并购方和被并购方均解散，同时成立一家新公司，则称之为新设合并。收购是指收购方通过购买被收购方全部和部分股权从而实现控制被收购方的资本运营行为，收购完成后，收购方和被收购方一般均仍以独立法人实体存在。

并购的实质是在企业控制权运动过程中，各权利主体进行的一种权利让渡行为（汪洪涛和朱翊照，2017）。在并购过程中，并购方通过付出一定代价获取被并购方的控制权，被并购方则通过让渡控制权获取一定的收益。并购能够使国有企业以较短的时间或较低的成本扩张经营规模、提高行业竞争力、增强产业链影响力和控制力、进入新行业新领域，是国有企业进行扩张型资本运营最主要的方式。

2. 国有企业并购的类型

按并购双方的行业关系，可分为横向并购、纵向并购和混合并购三类。（1）横向并购是指处于相同行业、提供相同或相似产品的企业之间进行的并购。国有企业通过横向并购可增强规模效益，提高市场占有率和竞争力。2014 年中国南车并购中国北车、2016 年宝钢股份并购武钢股份、2019 年中国船舶工业集团与中国船舶重工集团合并等都属于横向并购。(2) 纵向并购是指处于产业链上下游、具有直接投入产出关系的企业之间进行的并购。根据并购的方向，纵向并购又可分为前向并购（即向上游并购）和后向并购（即向下游并购）。国有企业通过纵向并购可降低经营成本，快速实现纵向一体化，增强对产业链的影响力和控制力。2017 年神华集团并购中国国电集团、2018 年中国核工业集团并购中国核工业建设集团等均属于纵向并购。(3) 混合并购是指处于不同行业、不存在竞争关系或产业链上下游关系的企业之间进行的并购。国有企业通过混合并购可快速进入新行业新领域，进行多元化经营，分散经营风险，增加利润贡献点。2013 年大唐电信并购广州要玩娱乐网络技术有限公司、2023 年建发股份并购红星美凯龙等均属于混合并购。

按并购完成后交易双方的存续状态，可分为吸收合并式并购、新设合并式并购和控股式并购。(1) 吸收合并式并购是指在并购完成后并购方法人资格仍存续，而被并购方法人资格随即注销。2014 年中国南车并购中国北车、2016 年宝钢股份并购武钢股份、2018 年中国核工业集团并购中国核工业建设集团等均属于吸收合并式并购。(2) 新设合并式并购是指并购方和被并购方均在并购完成后注销法人资格，转而注册成立一家新的具有法人资格的企业。2005 年中国港湾建设（集团）总公司和中国路桥（集团）总公司合并成立中国交通建设集团、2021 年四川省交通投资集团和四川省铁路产业投资集团合并成立蜀道投资集团等均属于新设合并式并购。(3) 控股式并购是指并购方通过支付现金或发行股票等方式获取被并购方的全部或部分股权，达到控制被并购方的目的，并购完成后，并购方和被并购方的法人资格仍然存续。例如，2016 年中国人寿并购广州银行、2022 年华润三九并购昆药集团、2023 年建发股份并购红星美凯龙等均属于控股式并购。

按并购对价的支付方式，可分为现金支付式并购、股份支付式并购、承担债务式并购和混合支付式并购。(1) 现金支付式并购是指并购方以现金作为支付手段购买被并购方资产或股权而实现的并购。例如，2022 年华润三九并购昆药集团、2023 年建发股份并购红星美凯龙等均属于现金支付式并购。(2) 股票支付式并购是指并购方通过发行股票方式购买被并购方的资产或股权而实现的并购。2014 年中国南车并购中国北车、2016 年宝钢股份并购武钢股份、2022 年电科数字并购上海柏飞电子科技有限公司等均属于股票支付式并购。(3) 承担债务式并购是指并购方以承担被并购方部分或全部债务为对价，获取被并购方资产或股权而实现的并购。2016 年中化国际并购沈阳中化农药化工研发有限公司、2018 年北京海淀科技金融资本控股集团并购金一文化等均属于承担债务式并购。(4) 混合支付式并购是指并购方采取两种及以上支付方式购买被并购方的资产或股权而实现的并购。2015 年华润双鹤并购华润赛科药业有限责任公司、2022 年西仪股份并购重庆建设工业（集团）有限责任公司等均属于混合支付式并购。

3. 国有企业并购的动因

（1）推进国有经济布局优化和结构调整。

推进国有经济布局优化和结构调整作为国资国企改革的重要任务，是国有企业开展并购活动的重要因素。国有企业可通过并购向关系国家安全、国民经济命脉的重要行业领域集中，向关系国计民生、应急能力建设、公益性的行业领域集中，向战略性新兴产业集中，优化国有经济布局；也可通过并购在产业链、供应链的关键环节和中高端领域进行布局，促进产业结构调整。

（2）获取并购协同效应。

获取并购协同效应是国有企业进行并购的重要原因。通常来说，并购协同效应包括经营协同效应、管理协同效应和财务协同效应。国有企业通过并购获取经营协同效应，可以降低交易成本，实现规模经济，提升市场竞争力和影响力；通过并购获取管理协同效应，可以优化管理体系，降低管理成本，提高管理效率；通过并购获取财务协同效应，可以优化资本结构，降低财务成本，实现财务效益最大化。

（3）实现企业转型升级。

面对激烈复杂的市场竞争，国有企业必须不断进行转型升级，不断提升产品竞争力。但对于有的国有企业而言，由于自身研发能力和技术水平的不足而无法实现转型升级，或者通过自身力量实现转型升级需要耗费较长的时间和较高的成本。在这种情况下，并购就是国有企业实现转型升级的较优选择。国有企业通过并购可以提高研发能力，甚至直接获取新技术，从而快速突破产品优化升级或者开发新产品的技术壁垒，实现企业转型升级。

（4）增强产业链控制力。

党的二十大报告明确提出，要着力提升产业链供应链韧性和安全水平[①]。增强产业控制力是保障产业链安全的重要途径。国有企业不仅可通过横向并购减少市场竞争对手的数量，提高市场占有率，还可通过纵向并购进入上游的原材料市场和下游的销售市场，提高产业链条完整性，进而增强企业对产业链的影响力和控制力。

（5）管理者追求自身利益。

根据委托代理理论，当国有企业激励与约束机制不健全时，管理者会通过道德风险和逆向选择等机会主义行为攫取个人私利。就并购行为而言，有的国有企

① 《高举中国特色社会主义伟大旗帜　为全面建设社会主义现代化国家而团结奋斗——在中国共产党第二十次全国代表大会上的报告》，中国政府网，2022 年 10 月 16 日。

业管理者会出于获取高额薪酬、提升个人声誉、获得政治晋升等动机开展一些与企业发展战略不契合的低效率甚至无效率的并购活动，这些并购活动会损害国有企业整体利益，不利于企业的长期持续健康发展。

（6）履行社会责任。

国有企业追求经济效益的同时，还承担着扩大就业、维持社会经济秩序稳定等重要社会责任。因此，国有企业有时会出于履行社会责任动机开展一些并购活动。例如，大型国有企业通过并购实力较弱或者濒临破产的中小型企业，以强弱联合的方式带动中小型企业脱困，助力中小型企业实现长期平稳健康发展，从而稳定和扩大就业、保障社会经济的有序健康发展。

4. 国有企业并购的实施要点

（1）明确并购的目的。

明确并购目的是开展并购活动的前提，也是提高并购效率的基础条件。因此，国有企业在实施并购交易之前，必须首先明确进行并购的目的。在目的清晰并且合理的基础上，国有企业再根据自身情况等因素确定是否实施并购。

（2）做好并购前期准备工作。

前期准备阶段是并购活动的初始阶段，并购交易能否顺利完成在很大程度上取决于前期准备工作是否充分。因此，国有企业在并购交易实施前，必须进行全面、深入、细致的前期准备工作，例如，基于并购动因并结合自身情况选择目标企业，对目标企业开展尽职调查以全面翔实地获取目标企业的信息并进行综合评价等。

（3）规范并购交易的程序。

国有企业想要顺利、高效地完成并购工作，必须要加强对并购交易程序的规范化建设。规范化的并购交易程序不仅有利于积累国有企业的并购活动实践经验，从而为新的并购交易提供指导和借鉴，而且可以有效遏制管理者的主观臆测，避免并购的随意性和盲目性，减少管理者的机会主义行为，从而提高并购效率。

（4）对并购实施效果进行考核评价。

建立健全并购实施效果的考核评价机制是提高国有企业并购效率的重要手段。一方面，国有企业要通过考核评价机制形成对管理者的有效激励，以提高薪酬待遇、政治晋升等方式激励管理者在整个并购活动过程中勤勉工作；另一方面，国有企业要通过考核评价机制形成对管理者的有效约束，以降薪、撤职、追究刑事责任等方式充分抑制管理者在并购活动中的道德风险和逆向选择等机会主义行为。

（5）做好并购后的整合工作。

并购交易后的整合是并购活动的最终阶段，在很大程度上决定着并购活动能否实现预期目标，是并购活动中的重点和难点工作。国有企业在并购交易完成后，需要从经营战略、资产、组织结构、财务管理、人力资源、企业文化等经营管理过程的各个方面进行充分有效的整合。

（二）买壳上市

1. 买壳上市的含义

买壳上市是指拟上市公司通过收购一家已上市公司（壳公司）的股权，在控制该上市公司后将其自身资产注入，从而实现间接上市的资本运作行为。所谓壳公司，也称壳资源，是已公开发行证券并在市场上公开交易的上市公司，通常分为实壳公司、空壳公司和净壳公司三种（叶育甫，2017）。

从买壳上市的含义来看，买壳上市包括以下两个步骤：第一，买壳。即拟上市公司收购一家已上市公司的股份并达到控制程度。第二，资产注入。拟上市公司将自身资产注入到壳公司，实现间接上市的目的。

2. 国有企业买壳上市的动因

（1）实施混合所有制改革。

自1999年党的十五届四中全会明确提出发展混合所有制经济之后，混合所有制改革就成为了国有企业改革的重要方向。积极开展和深入推进混合所有制改革是国有企业的重要任务，是驱动国有企业进行买壳上市的重要因素。国有企业通过买壳上市，可以为企业引入民营资本、国外资本等非国有资本，实现国有资本和非国有资本的有机融合。

（2）提高国有资产证券化率。

国有资产证券化是盘活国有资产、拓展国有企业价值创造渠道、激发国有企业活力的重要路径。国有企业可以通过买壳上市把原本流动性较差的国有资产推向资本市场，转化为流动性较强的有价证券，从而提高国有资产证券化率，增强国有经济活力。

（3）节约上市时间和成本。

在审核制下，企业通过首次公开募股（IPO）方式实现上市，需要耗费较长的时间和较高的成本。相比于IPO，买壳上市审批程序较为简单，所需的时间较短。因此，对于具有上市需求尤其是难以通过IPO实现上市的国有企业而言，节约上市时间和成本是其进行买壳上市的重要动因。由于我国自2023年2月开始全面实施股票发行注册制，IPO所需的时间和成本大幅下降，这会使国有企业为节约上市时间和成本而进行买壳上市的情况减少。

（4）拓宽融资渠道。

充足的资金是企业发展的支撑，企业想要持续健康发展，必须不断拓展融资渠道，提升融资能力。国有企业可以通过买壳上市拓宽融资渠道。具体而言，国有企业在成功实施买壳上市后，可以通过配股、增发新股等方式从资本市场快速筹集大量资金，从而建立起持续的资金补充机制，为国有企业发展提供源源不断的资金支持。

（5）提升企业知名度。

由于资本市场的容量有限，上市公司是优质公司的象征，是投资者关注的焦点，这使得买壳上市具有宣传效应。国有企业可以通过买壳上市提升自身知名度，树立企业的良好形象，从而吸引更多的投资者关注，为企业长远发展奠定基础。

3. 国有企业买壳上市的实施要点

（1）明确买壳上市的目的。

明确目的是实施买壳上市的前提，也是提高买壳上市成功率和实施效果的前提。因此，国有企业在实施买壳上市之前，必须首先明确进行买壳上市的目的。在目的清晰并且合理的基础上，国有企业再根据自身情况等因素决定是否实施买壳上市。

（2）做好壳公司的选择。

壳公司的合适与否是决定买壳上市能否成功完成的关键因素。因此，国有企业应基于买壳上市动因，以股权结构、股本规模、股票价格、经营状况、反收购能力、收购后的整合工作难度等作为评判标准选择若干个目标壳公司，再从中选出最优目标壳公司和备选目标壳公司。

（3）制订恰当的交易方案。

在确定最优目标壳公司以后，国有企业需要对其开展尽职调查，获取其财务状况、经营情况等方面的准确、全面、完整的信息。然后根据最优目标壳公司的相关信息，结合自身情况制订科学、严谨、完整、细致的实施方案。对于缺乏经验的国有企业，可以聘请中介机构辅助制订交易方案。

（4）做好买壳后的整合工作。

买壳上市包括买壳和资产注入两个步骤。在完成买壳后，首先，国有企业应把自身优质资产注入壳公司，以便为企业上市后的持续健康发展奠定良好基础；其次，国有企业需要认真做好组织体制、人力资源、企业文化等方面的整合工作，以保障国有企业在买壳上市后能够高效运行，充分发挥买壳上市的价值创造效应。

（三）战略联盟

1. 战略联盟的含义

战略联盟是指两个或两个以上的企业为实现共用资源、共有市场等战略目标，通过签订系列协议或契约形成的地位平等、优势互补、利益共享、风险共担、生产要素水平式双向或多向流动的合作体。

战略联盟和并购都可借助外部资源来助力企业发展，是企业进行资本扩张的主要方式，二者具有一些共同的特点。在有些情况下，参与战略联盟的各方会演变为并购方与被并购方，这种基于战略联盟的并购模式有助于双方通过彼此合作更加充分地获取并购交易所需的各种信息，进而有助于双方高效率地就并购条件达成一致。

战略联盟和并购作为两种不同的资本运营方式，也存在较大的区别。一是参与战略联盟的各方地位平等，一般不会发生产权转让和控制权转移行为，而并购以产权转让和控制权转移为基本特征；二是参与战略联盟的各方通常只会获取对自身发展有用的资源，而并购交易完成后，并购方不仅会获得有利于自身发展的资源，往往也会获得对自身发展无用的冗余资源；三是由于战略联盟是介于市场与企业之间的一种柔性组织，企业通过战略联盟获取资源是以联盟关系的维持作为基础，具有较大的不稳定性，而企业通过并购交易获取资源具有较强的稳定性。

2. 战略联盟的类型

根据战略联盟的组织形式，可分为股权型战略联盟和非股权型战略联盟。（1）股权型战略联盟是由参与各方以股权为纽带建立的联盟组织，可分为合资公司式股权战略联盟和相互持股式股权战略联盟。福田汽车与戴姆勒股份公司合资成立的北京福田戴姆勒汽车有限公司属于合资公司式股权战略联盟，2017 年中石油集团与鞍钢集团通过交叉持股形成的战略合作关系属于相互持股式股权战略联盟。（2）非股权型战略联盟也称契约型战略联盟，是指参与各方通过签订契约进行合作从而实现共同战略目标的战略联盟。相对于股权型战略联盟，非股权型战略联盟更加强调各参与方之间的协作，在经营灵活性、自主性和经济效益等方面更具优越性，也更具有战略联盟的本质特征（刘彦龙，2008）。山东文旅集团、山东港口邮轮文旅集团联合发起的山东沿海城市旅游联盟属于非股权型战略联盟。

根据联盟各方在产业链中的关系，可分为横向型战略联盟、纵向型战略联盟和混合型战略联盟。（1）横向型战略联盟是指由处于同一产业或部门，提供相同或类似产品，相互之间存在竞争关系的两个或两个以上企业组成的战略联盟。北京福田戴姆勒汽车有限公司、山东沿海城市旅游联盟均属于横向型战略联盟。（2）纵向型战略联盟是指由处于同一产业的上下游，提供不同产品的两个或两个以上企业组成的战略联盟。2021 年国药控股与华领医药技术（上海）有限公司通过签订战略合作协议组建的战略联盟属于纵向型战略联盟。（3）混合型战略联盟是指由处于不同产业或部门，相互之间不存在直接投入产出关系的两个或两个以上企业组成的战略联盟。中国诚通控股集团发起的中国国资国企产业创新战略联盟属于混合型战略联盟。

3. 国有企业参与战略联盟的动因

（1）获取外部资源。

根据资源基础理论，企业拥有的资源各不相同，具有异质性，而企业的竞争优势就是来源于其拥有的异质性资源。但是企业不可能拥有满足自身发展所需的全部资源，需要从外部获取自身所缺的资源，而战略联盟就是获取外部资源的途径之一。国有企业可通过参与战略联盟，与联盟伙伴进行资源共享，获取自身发展所需的资金、技术、销售渠道、管理经验等外部资源。

（2）降低交易成本。

根据交易成本理论，企业需要在最大化实现经营活动预期目标的基础上，使经营活动相关的交易成本最小化。战略联盟可以增加成员企业之间的相互依赖性，降低交易中的机会主义成本。国有企业可通过与交易伙伴组成战略联盟，与交易伙伴进行高效沟通，增强交易伙伴对自身的信任感，提高交易效率，降低交易成本。

（3）分担风险。

复杂多变的市场环境使得企业经营过程中蕴藏着很多潜在风险，企业必须不断提高应对风险的能力。单个企业应对风险的能力往往是非常有限的，而通过与其他企业组建战略联盟可以有效提高企业的风险应对能力。国有企业通过参与战略联盟，可与伙伴企业共同承担研发风险、市场准入风险、市场需求变化风险、产业政策变动风险等经营过程中可能发生的各类风险。

（4）扩大产业规模。

扩大产业规模也是驱动国有企业参与战略联盟的重要因素之一。国有企业通过参与战略联盟，可以扩大生产规模，获取规模效应，并且可以拓展新的市场，从而实现产业规模的横向扩大；也可通过参与战略联盟拓展产业链，进入上游或下游行业，从而实现产业规模的纵向扩大。

4. 国有企业参与战略联盟的实施要点

（1）明确参与战略联盟的目的。

国有企业在参与战略联盟之前首先需要明确参与目的。明确的目的是国有企业进行联盟伙伴选择、联盟运行方案制定等战略联盟具体实施工作的前提，关系着国有企业参与战略联盟的效果。如果盲目参与战略联盟，可能不仅不会给国有企业带来利益，反而会对国有企业发展产生负面影响。

（2）做好联盟伙伴的选择。

选择合适的联盟伙伴是国有企业实现参与战略联盟目标的重要基础。合适的联盟伙伴能够提高战略联盟的运行效率，为国有企业创造更多的利益，因此，国有企业必须高度重视联盟伙伴的选择工作。国有企业应基于参与战略联盟的目标，结合自身情况，以发展战略协调性、资源互补性、企业文化兼容性、企业能力匹配度、信任度等作为评判标准，选择最佳的联盟伙伴。

（3）形成战略联盟运作的动态调整机制。

战略联盟是在参与各方的目标协调一致的基础上组建的，随着时间的推移，企业的内部情况以及外部环境会发生变化，进而导致企业参与战略联盟的目标发生变化，此时企业需要重新评估参与战略联盟的必要性。因此，国有企业必须建立健全战略联盟运作的动态调整机制，能够随着自身目标变化及时与联盟伙伴协商变更合作协议，或者及时退出原战略联盟，然后根据新目标参与新的战略联盟。

（4）获得在联盟中的话语权。

国有企业参与战略联盟时，应不断设法提升自身在联盟中的话语权。话语权越大，越有利于国有企业维护自身利益，抑制联盟伙伴的机会主义行为，保障自身参与战略联盟的目标得到实现。

（5）提升资源整合能力。

获取自身发展所需的外部资源是企业参与战略联盟的重要动因。企业在获取外部资源后，必须将其与自身资源进行整合，才能充分发挥资源互补作用。因此，国有企业要提高资源整合能力，能够把通过参与战略联盟获取的外部资源与自身所拥有的内部资源进行优化整合，充分发挥外部资源与内部资源的协同效应。

二、收缩型资本运营方式

收缩型资本运营是指企业为提高运营效率和谋求长远发展，通过一定的资本运营方式缩减自身所拥有的资产或业务。收缩型资本运营虽然会导致短期内企业规模降低，但其根本目的在于通过对企业的资产或业务进行重组，优化企业资源配置，提高企业的整体运行效率（欧阳芳，2016），促进企业实现长期健康发展。国有企业进行收缩型资本运营的具体方式主要是资产剥离、分拆上市、股份回购。

（一）资产剥离

1. 资产剥离的含义

资产剥离是指企业把一部分与长期发展战略不相适应、与核心业务协同性较低、业绩贡献较小或未来发展潜力较小的资产或业务等进行出售，从而提高企业的资产整体质量和运行效率。资产剥离并非意味着企业经营不善，只是把不适应企业当前和未来发展战略的部分资产合理处置，以优化企业资源配置，集中资源发展核心业务。

2. 国有企业资产剥离的类型

按资产剥离的主动性，可分为主动性资产剥离和被动性资产剥离。（1）主动性资产剥离是指企业出于适应自身发展战略等目的而主动进行的资产剥离。（2）被动性资产剥离是指企业由于违反了相关法律法规或遵从政府指令等原因而被迫实施的资产剥离。

按标的资产的性质，可分为物质类资产剥离和股权类资产剥离。（1）物质类资产剥离的对象主要是企业直接拥有的固定资产、无形资产等物质性资产。（2）股权类资产剥离的对象主要是企业下属子公司的股权。

按交易双方的关系，可分为关联性资产剥离和非关联性资产剥离。（1）关联性资产剥离是指交易双方存在关联关系的资产剥离。（2）非关联性资产剥离是指交易双方不存在关联关系的资产剥离。

按是否影响企业战略，可分为战略性资产剥离和战术性资产剥离。（1）战略性资产剥离是指企业出于适应未来发展战略而进行的资产剥离。（2）战术性资产剥离是企业在不改变发展战略的条件下，出于盘活资产、改善短期绩效、摆脱财务困境等目的进行的资产剥离。

2017 年中航重机出售其所持有的中国航空工业新能源投资有限公司 69.3% 的股权，兼具主动性资产剥离、股权类资产剥离、关联性资产剥离、战略性资产剥离的特征①。2017 年中航地产的全资子公司江西中航地产有限责任公司出售其所持有的南昌中航国际广场二期项目，属于物质类资产剥离②。2018 年双环科技出售其所持有的武汉宜化塑业有限公司 100% 的股权，属于非关联性资产剥离③。2014 年四川长虹出售其所持有的四川虹欧显示器件有限公司 61.48% 的股权，属于战术性资产剥离④。

3. 国有企业资产剥离的动因

（1）深化国有企业改革。

剥离国有企业的非主业、非优势业务（即“两非”），处理国有企业的无效资

---

① 《中航重机股份有限公司关于拟转让所持航空工业新能源 69.3% 股权给航空规划院暨关联交易的公告》，巨潮资讯网，2017 年 12 月 13 日。

② 《中航地产股份有限公司关于重大资产出售相关承诺事项的公告》，巨潮资讯网，2017 年 2 月 14 日。

③ 《湖北双环科技股份有限公司关于转让武汉宜化股权的进展公告》，巨潮资讯网，2018 年 11 月 1 日。

④ 《四川长虹电器股份有限公司出售资产公告》，巨潮资讯网，2014 年 11 月 1 日。

产、低效资产（即“两资”），推进国有企业聚焦主责主业，优化国有企业资源配置，推动国有资本和国有企业做强、做优、做大，是深化国资国企改革的重要内容。国有企业进行资产剥离的重要动因之一就是通过清理“两非”“两资”、聚焦主责主业来深化国有企业改革。

（2）提升核心竞争力。

根据资源优化配置理论，企业应该集中有限的资源，重点发展核心业务，才能提升自身的核心竞争力。国有企业可通过剥离与主业无关联或者关联性不大的资产、盈利性较低或者亏损的资产，消除这些资产产生的负协同效应，将企业有限的资源集中于发展核心业务，从而提升国有企业核心竞争力，促进国有企业长期健康发展。

（3）实施战略转型。

企业的发展战略会随着外部环境、内部条件等因素的变化而变化，不同的发展战略所需的资产组合是不同的。因此，对于需要进行战略转型的国有企业而言，必须要重新配置资产组合，把与新的发展战略不相适应的资产进行剥离，并补充新战略所需的新资产。

（4）快速筹集资金。

在国有企业的经营过程中，有时会出现在短期内需要筹集大量资金的情况，例如，偿还到期债务、进行必要的投资等，若通过银行贷款、发行债券、发行股票等方式筹集资金可能在时间上来不及或者需要付出高昂的筹资成本，此时国有企业可通过出售部分盈利性较差或者对企业未来发展影响不大的非核心资产快速筹集所需资金。

（5）改善财务状况。

外部环境的不确定性以及管理者能力的有限性等因素会使得国有企业的一些投资没有获得预期收益甚至产生损失，从而损害国有企业的财务状况。在这种情况下，国有企业可通过资产剥离及时止损，减轻国有企业的财务负担，改善国有企业的财务状况。

4. 国有企业资产剥离的实施要点

（1）明确资产剥离的目的。

对资产剥离行为的正确认识是合理和有效实施资产剥离的前提。进行资产剥离并不意味着企业经营不善，更多的是为了把企业有限的资源集中于发展主业，以提升企业核心竞争力，促进企业长期健康发展。因此，国有企业必须要正视资产剥离行为，将实现长期可持续发展作为资产剥离主要目的，敢于、善于进行资产剥离。

（2）做好标的资产和剥离时机的选择。

国有企业在选择标的资产时首先应对自身掌握的各类资产进行梳理，然后从盈利情况、未来发展前景、与企业发展战略匹配度等方面对各类资产进行全面、准确地评估，最后综合考虑短期利益和长期发展，选择最合适的标的资产。

资产剥离的时机是影响资产剥离实施效果的重要因素，过早或过晚进行资产剥离都不利于充分发挥资产剥离的作用。国有企业在选择资产剥离的时机时，要把自身经营状况与市场环境变化等因素结合起来整体考虑，选择最合适的时机实施资产剥离，使资产剥离的价值最大化。

（3）做好资产剥离后的资源整合工作。

国有企业实施资产剥离，不仅要关注短期目标，更要着眼于长期目标，重视资产剥离后的资源整合工作。在完成资产剥离以后，国有企业需要把获得的资金等资产合理分配到核心业务中，并根据未来发展方向对企业的资源进行优化配置，使资产剥离不仅能解决国有企业的短期问题，更能促进国有企业长期持续健康发展。

（4）做好信息披露工作。

国有企业在实施资产剥离的过程中，必须遵守信息披露规则，通过资产剥离公告、财务报告等途径向外部利益相关者充分披露资产剥离的动因、标的资产交易价格的评估方法、对价支付方式、资产受让方是否为关联方等相关信息，防止外部利益相关者对企业的资产剥离行为产生误解，从而避免资产剥离对企业股价、企业形象等造成损害。

（二）分拆上市

1. 分拆上市的含义

分拆上市是指公司将其拥有的部分资产或业务，以直接控制或者间接控制的子公司形式，独立在证券市场公开上市的资本运营行为。分拆上市对母公司而言是一种资本收缩行为，因为分拆上市完成后，母公司与上市的子公司之间是一种股权连接关系，不再直接对其进行经营管理，但对于母公司与子公司组成的集团而言，分拆上市实际上是一种资本扩张行为。狭义的分拆上市仅指已经上市的公司将其部分业务或资产以子公司形式单独上市，广义的分拆上市则是指已经上市的公司或者尚未上市的公司将其部分业务或资产以子公司形式单独上市（叶育甫，2017）。

2. 国有企业分拆上市的动因

（1）深化国资国企改革。

推进混合所有制改革、提高国有资产证券化率是深化国资国企改革的重要任务。国有企业通过把部分资产分拆出去形成独立的上市子公司，一方面可使流动性较差的资产转化为流动性较强的股票，提高国有资产证券化率；另一方面可为子公司引入民营资本、国外资本等非国有资本，在子公司层面以及母公司与子公司组成的集团整体层面推动混合所有制改革，进而实现深化国资国企改革的目的。

（2）培育战略性新兴产业。

战略性新兴产业代表新一轮科技革命和产业变革的方向，是国家培育发展新动能、赢得未来竞争新优势的关键领域。培育壮大战略性新兴产业，是构建现代化产业体系的关键一环，对于增强我国在全球产业链供应链中的竞争力影响力具有重要作用。国有企业通过把处于战略性新兴行业的优质资产分拆出去独立上市，可使上市后的子公司借助于资本市场实现快速发展，提升子公司的核心竞争力和品牌价值，从而达到培育壮大战略性新兴产业的目的。

（3）拓宽融资渠道。

根据筹资策略理论，融通资金是企业进行分拆上市的重要原因。国有企业通过分拆上市可同时为母子公司拓宽融资渠道。对于母公司来说，可通过让渡子公司的部分股权、获得现金分红等方式获取资金；对于子公司而言，不仅通过上市直接募集大量资金，后续还能通过增发股份等方式从资本市场持续获取资金。

（4）实施归核化战略。

分拆上市是企业实施归核化战略的重要手段之一。对于经营业务多元的国有企业来说，可通过把部分业务分拆出去独立上市来实施归核化战略，把企业的整体资源进行优化配置，使母子公司各自专注发展自身的核心业务，提高母子公司各自的管理效率，为母子公司自身及其组成的集团层面创造出更大的效益。

（5）修正企业估值。

对于经营业务多元、子公司数量众多的国有企业来说，由于信息不对称，外部投资者很难了解企业的真实情况，容易导致企业价值被低估。在这种情况下，国有企业通过把子公司分拆上市，不仅可以缓解信息不对称，还可传递自身价值被低估的信号，从而引导资本市场作出正面反应，使被低估的企业价值回归合理水平。

3. 国有企业分拆上市的实施要点

（1）明确分拆上市的目的。

国有企业在实施分拆上市之前必须首先明确目的，并结合自身的短期目标和长期战略规划分析目的的合理性。实施分拆上市不仅要有利于实现国有企业的短期利益，还必须有利于国有企业的长期可持续健康发展。

（2）做好标的资产的选择。

分拆上市并非“一拆就灵”，只有具备高成长性的优质资产上市后才能获得资本市场的青睐，进而促进母子公司实现持续健康发展。因此，国有企业在实施分拆上市之前，需要对自身的各类资产进行梳理和评估，选择既能获得资本市场青睐、又有利于母公司实现发展战略的优质资产作为实施分拆上市的标的资产。

（3）做好上市地点的选择。

选择合适的上市地点是影响分拆上市实施效率的重要因素。分拆上市的地点通常可选择境内的主板、创业板、科创板以及境外的港股等多个资本市场。不同的资产市场对分拆上市的要求各不相同，国有企业应紧跟各个资本市场的最新政策，了解各个资本市场对于分拆上市的具体要求，然后根据自身条件，综合考虑上市的成功率、上市的时间成本、与自身发展战略的匹配度等多方面因素，选择最合适的上市地点。

（4）注重分拆上市后母子公司的长远发展。

子公司上市并不意味着分拆上市的圆满完成，分拆上市必须能够推动母子公司的长远发展。因此，国有企业在成功分拆子公司上市之后，一方面应持续关注子公司的长远发展，指导子公司充分利用资本市场发展核心业务，不断提高核心竞争力；另一方面应充分和高效利用通过分拆子公司上市获得的资金，使分拆子公司上市为自身带来的价值创造效应最大化。

（三）股份回购

1. 股份回购的含义和类型

（1）股份回购的含义。

股份回购是指上市公司按照一定的程序，以一定的价格购回本公司发行在外的部分流通股的行为。回购所得股票可能被注销，也可能被上市公司作为库藏股用于实施股权激励等方面。

（2）股份回购的类型。

按回购目的，可分为常规回购和战略回购。①常规回购是指上市公司存在大量闲置资金但是又无合适的投资机会时所进行的股份回购，通常被作为发放现金股利的替代方案，因此也称为红利替代型回购。②战略回购是指上市公司为了实现某种战略目标所进行的股份回购。

按回购地点，可分为场内公开回购和场外协议回购。①场内公开回购是指上市公司在股票市场中以公允的市场价格买回本公司的股票。②场外协议回购是指上市公司通过签订协议的方式以约定价格购买其他股东持有的本公司股票。

按筹资方式，可分为自有资金回购、举债回购和混合回购。①自有资金回购是指上市公司利用自有资金买回本公司的股票。②举债回购是指上市公司通过债务融资方式获取资金买回本公司的股票。③混合回购是指上市公司采用自有资金与债务融资搭配的方式买回本公司的股票。

按回购价格确定方式，可分为固定价格要约回购和荷兰式拍卖回购。①固定价格要约回购是指上市公司以某一固定价格买回本公司的股票，该固定价格一般高于股票市价。②荷兰式拍卖回购是指上市公司先给定回购价格区间和数量，再由股东在价格区间内选择某一价格以及愿意出售的股票数量进行投标，上市公司汇集所有投标情况后，根据计划回购数量确定最终回购价格。

2. 国有企业股份回购的动因

（1）深化混合所有制改革。

员工持股计划是国有企业混合所有制改革的重要实现方式。实施员工持股计划有助于激发管理层以及普通员工的工作积极性，提高国有企业的凝聚力和竞争力。国有上市公司通过实施股份回购，可以把买回的公司股票用于执行员工持股计划，达到深化混合所有制改革的目的。

（2）提升公司股价。

信号传递理论认为，由于管理层对公司股票价值的判断比普通投资者更准确，当管理层作出股份回购决策时，会向市场传递公司股票价格被低估的信号，进而增强投资者信心，提升公司股价。因此，对于股票价值被低估的国有上市公司而言，可以通过实施股份回购向外部投资者传递积极信号，提升公司股价。

（3）降低代理成本。

根据委托代理理论，当国有企业拥有过多现金流时，管理者容易出于自利动机使用现金流，增加国有企业的第一类代理成本，损害企业利益。在这种情况下，国有企业可利用闲置资金进行股份回购，压缩管理者实施机会主义行为的空间，降低第一类代理成本，提高国有企业价值。

（4）提升企业财务灵活性。

股份回购可作为上市公司发放现金股利的替代方案。因此，对于具有发放现金股利需求的国有上市公司而言，可以以实施股份回购作为替代方案，从而提升企业的财务灵活性，减轻企业的财务负担。

（5）防御敌意收购。

股份回购具有防御敌意收购的作用。当国有上市公司面临敌意收购威胁时，通过实施股份回购，不仅可以增加控股股东的持股比例，减少敌意收购方所能占有的股票份额，而且还有可能拉升公司股价，增加敌意收购方的收购成本，从而使敌意收购方难以达到目的。

3. 国有企业股份回购的实施要点

（1）审慎作出股份回购决策。

股份回购是一把“双刃剑”，既可能给企业带来正面效应，也可能给企业带来负面效应。因此，国有企业必须正确认识股份回购，在实施股份回购之前根据自身情况、资本市场环境、国家政策导向等，充分论证股份回购给自身可能带来的正面效应和负面效应。只有当股份回购不会带来负面效应或者所带来的负面效应可以忽略时，实施股份回购才是最有效的。

（2）选择恰当的股份回购时机。

恰当的时机是决定股份回购能否达到预期效果的关键因素之一。国有企业实施股份回购时应综合考虑自身状况、股票价格、资本市场环境、资本市场运行规律等多方面因素，选择最恰当的时机实施股份回购，在确保实现股份回购预期目标的基础上，尽可能降低实施股份回购的成本，发挥股份回购价值的最大化。

（3）选择最优的资金支付方式。

使用自有资金进行股份回购能够发挥降低代理成本的作用，但也可能导致企业无法应对突发的资金需求。使用债务筹资方式进行股份回购可以维持企业的资金储备，还能够产生债务税盾作用，但是会给企业带来债务融资成本和偿债风险。国有企业在确定股份回购的资金支付方式时，必须根据自身情况，结合使用自有资金和使用债务筹资的优缺点，确定最佳的资金支付方式。

（4）注意保护中小股东和债权人利益。

由于信息不对称的存在，中小股东和债权人对企业的了解程度远低于大股东，从而使得大股东主导下的股份回购可能会损害中小股东和债权人利益，进而破坏企业的外部发展环境，不利于企业长期健康发展。因此，国有企业实施股份回购时，必须充分考虑中小股东和债权人的利益，维护企业良好的外部发展环境，保障国有企业能够长期健康发展。

第三节　国有资本运营风险管理

一、国有资本运营风险的含义

国有资本运营风险是指在国有资本运营过程中，由于内外部环境的复杂性、变动性以及国有资本运营主体认知能力和运作能力的有限性，导致国有资本运营失败或者运营效果偏离预期目标的可能性。要准确理解国有资本运营风险，需要从两个方面认识国有资本运营风险产生的原因：一是国有资本运营风险产生的原因主要来自运营环境的复杂性和不确定性；二是由于国有资本运营主体自身认知和判断力具有有限理性，其对运营环境的认知可能产生偏差，从而也会导致运营风险的产生。

二、国有资本运营风险的类型

关于资本运营风险的分类，目前学术界和实务界的主流观点是按照风险是否可规避和控制，将资本运营风险分为系统性风险和非系统性风险。系统性风险无法采取措施进行有效规避，非系统性风险则可以通过采取一定措施进行规避，或加以控制甚至消除。本章节按照这一观点把国有资本运营风险分为系统性风险和非系统性风险两大类。

（一）系统性风险

国有资本运营的系统性风险主要包括政策风险、社会风险和自然风险。

1. 政策风险

国有资本运营的政策风险又可分为税收政策风险、金融政策风险和产业政策风险。

税收政策风险是指税率、税收优惠等税收政策变化导致国有资本运营失败或者运营效果偏离预期目标的可能性。国有资本运营活动通常都会涉及税务问题，从而使得国有资本运营活动的实施效果会受到税收政策变化的影响，这是税收政策风险产生的根源。

金融政策风险是指利率、汇率变动导致国有资本运营失败或者运营效果偏离预期目标的可能性。许多国有资本运营活动实施过程中都会进行债务融资，利率变动主要是会给这类国有资本运营活动带来风险。汇率变动主要是会对需要使用外币的国有资本运营活动带来风险，如境外并购、分拆子公司到境外上市等。

产业政策风险是指产业政策变动导致国有资本运营失败或者运营效果偏离预期目标的可能性。国有企业的许多资本运营决策是基于当前的产业政策所作出的，一旦产业政策发生变动，可能直接导致国有资本运营失败。

2. 社会风险

社会风险是指历史、宗教、文化等社会因素对实现资本运营预期目标产生的不确定性。社会风险的存在要求国有企业在进行国有资本运营决策时必须充分考虑社会风险因素，避免因忽略社会风险因素导致国有资本运营失败或未实现预期目标。

3. 自然风险

自然风险是指地震、火灾、干旱、水灾、冰雹、海啸、瘟疫等自然力因素对实现资本运营预期目标产生的不确定性。自然力因素变动对国有资本运营活动的影响是巨大的，并且通常难以预测和防范。

（二）非系统性风险

国有资本运营的非系统性风险主要包括经营风险、财务风险、信息风险、违约风险、法律风险。

1. 经营风险

经营风险是指国有企业的经营行为不当导致国有资本运营失败或无法实现预期目标的可能性。经营风险产生的原因主要有两个方面。一是经营方向选择不当。国有企业的经营方向选择不当可能会导致基于经营方向作出的国有资本运营决策错误，进而使国有资本运营活动失败或者无法实现预期目标。二是经营行为脱离市场变化。国有企业的资本运营活动通常是其经营战略的具体体现，而经营战略必须根据市场变化进行动态调整。如果国有企业在经营过程中不能及时、准确地掌握和适应市场变化，就会给国有资本运营活动的决策和实施带来风险。

2. 财务风险

财务风险是指国有企业的财务问题导致国有资本运营失败或预期目标无法实现的可能性。对于并购、买壳上市、股份回购等需要大量资金支持的国有资本运营活动来说，如果国有企业出现资金链断裂等财务问题，会使得这类资本运营活动无法完成或者无法达到预期目标。

3. 信息风险

信息风险是指因国有企业未能获取充足的信息导致国有资本运营失败或预期目标无法实现的可能性。国有企业在决定是否进行国有资本运营、采用何种方式进行、具体过程如何实施等问题时，应以充足的有效信息为依据。如果国有企业获取的信息不足，就会导致国有资本运营决策失误或实施效果不及预期。

4. 违约风险

违约风险是指因交易对方违约导致国有资本运营失败或预期目标无法实现的可能性。交易对方违约对于国有资本运营影响巨大，极有可能直接导致国有资本运营活动无法完成。因此，国有企业在实施国有资本运营活动之前，必须做好尽职调查，对交易对方进行全面细致的评估。

5. 法律风险

法律风险是指因违反相关法律法规导致国有资本运营失败或预期目标无法实现的可能性。法律风险不仅会对资本运营活动本身产生重大影响，还可能会对企业短期发展和长期发展造成严重损害。因此，国有企业进行国有资本运营必须要遵守法律法规。

三、国有资本运营风险管理的一般程序

（一）确定国有资本运营风险管理目标

国有资本运营风险管理的目标就是通过对国有资本运营风险的管理，防范和化解风险，尽量减少风险可能造成的损害，保障国有资本运营活动能够促进国有资本保值增值或服务国家战略。国有资本运营主体在制定资本运营风险管理目标时必须结合自身实际情况，不宜把目标定得过高或过低。

（二）识别国有资本运营风险

识别风险是国有资本运营风险管理的基础。国有资本运营主体在实施资本运营活动之前，应全面梳理各个环节中可能的风险点，然后运用头脑风暴法、专家意见法等风险识别方法找出资本运营活动面临的风险。在资本运营活动实施的过程中，国有资本运营主体还应根据自身情况和外部因素的变化重新梳理风险点并重新进行风险识别。

（三）评估国有资本运营风险

在资本运营风险识别完成以后，国有资本运营主体需要深入分析风险事件，以定性、定量的方法，全面评估风险发生的概率、造成的损害程度、自身的风险应对能力。国有资本运营主体可根据发生概率、损害程度、自身风险应对能力把资本运营风险分成重度、中度、轻度三个等级进行分类管理，这样有利于提高风险管理效率。在资本运营活动的实施过程中，若风险发生的概率、造成的损害程度以及自身的风险应对能力发生改变，国有资本运营主体需要重新进行风险评估。

（四）制定国有资本运营风险应对措施

在资本运营风险评估完成以后，国有资本运营主体应基于风险管理目标，根据风险等级和自身条件，科学、严谨、有针对性地制定资本运营风险的应对措施。制定国有资本运营风险应对措施的主要目的是降低风险发生的概率、改变风险发生的时间、控制风险的影响范围以及减轻风险造成的损害程度。

（五）总结国有资本运营风险管理经验

在资本运营活动结束之后，国有资本运营主体应从寻找风险点、风险识别方法、风险评估方法、风险应对策略等方面总结经验和教训，以便为下一次资本运营活动的风险管理提供借鉴，使自身的风险管理能力不断得到提升。

四、国有资本运营风险的防范措施

（一）国有企业层面

1. 完善国有资本运营决策机制

完善决策机制是降低国有资本运营决策风险的关键。因此，国有企业必须不断完善国有资本运营决策机制，提高国有资本运营决策的科学性、严谨性和可行性，最大限度降低国有资本运营的决策风险。具体而言，一方面要建立健全现代企业的公司治理机制，使党委会、董事会、监事会、经理层在国有资本运营决策过程中各司其职，相互协作，相互制衡；另一方面要不断完善并严格执行“三重一大”决策程序等企业内部制度。

2. 建立健全国有资本运营风险防范的组织体系

完善的组织体系是国有企业防范资本运营风险的重要保障。因此，国有企业要根据自身条件，并结合国资监管要求等因素，建立健全“决策层—管理层—执行层”三层架构的资本运营风险防范组织体系。决策层主要包括党委会和董事会。党委会负责总体上、方向上把控国有资本运营风险；董事会及其专门委员会负责国有资本运营风险防范的全面工作。管理层主要是经理层及其风险管理职能部门、内部审计部门。风险管理职能部门负责制定和实施国有资本运营风险管理制度、对国有资本运营过程中的风险进行实时监控；内部审计部门负责对国有资本运营风险防范的有效性进行监督与评价；经理层负责国有资本运营风险管理的日常工作。执行层主要是具体实施国有资本运营活动的业务部门或者工作小组，其职责是在实施国有资本运营活动的过程中承担风险防范直接责任，应及时发现国有资本运营过程中的风险点并向上级汇报。

3. 建立健全国有资本运营风险预警机制

风险预警机制的建立和健全是国有资本运营风险管理体系建设中的重点和难点工作，对于国有企业防范资本运营风险具有重要意义。因此，国有企业必须建立起有效的风险预警机制，借助风险识别、风险分析、风险预警等风险管理方法，准确识别国有资本运营全过程中的各类风险，分析风险产生的原因，及时发布预警信息，使企业能够快速制定风险应对方案。国有企业应充分利用互联网、大数据、人工智能等现代化技术手段健全国有资本运营风险预警系统，不断提高风险防范能力。

4. 提升国有资本运营风险的识别能力

信息是进行风险识别的基础，因此，首先，国有企业应提高自身的信息收集能力，充分获取识别资本运营风险所需的信息。其次，国有企业应选择合适的风险识别方法，以提高资本运营风险识别结果的科学性、可靠性和有效性。常用的风险识别方法有头脑风险法、专家意见法、决策树法等，国有企业需要根据自身情况，综合考虑效率和效果，选择一个或多个方法识别国有资本运营风险。最后，国有企业应该提高学习能力，通过积极学习和借鉴其他企业风险识别的成功经验，提升自身的风险识别能力。

5. 建立健全国有资本运营风险防范清单制度

首先，国有企业应建立健全资本运营风险点制度。找准风险点有利于提高风险识别的效率，国有企业在实施资本运营活动之前应全面梳理各个工作环节可能出现的风险点，建立资本运营风险点清单，并且要随着资本运营活动的增加对风险点清单进行补充和完善，为新的资本运营活动提供参考和借鉴。其次，国有企业应建立健全资本运营存量风险清单制度。资本运营风险会随着资本运营活动的进行动态变化，因此国有企业应建立资本运营存量风险清单，根据已经消除的风险情况和新识别出的风险情况及时调整存量风险清单。最后，国有企业应建立资本运营风险应对措施清单制度。国有企业应在每次资本运营活动完成以后对风险应对的经验和教训进行总结，建立风险应对措施清单，为下一次资本运营活动中的风险应对提供参考和借鉴。

6. 建立健全国有资本运营风险防范的激励机制

有效的激励机制是促使国有资本运营风险管理各责任主体切实履行职责的关键，对国有资本运营风险防范的成效具有决定性影响。国有企业应从奖励和问责两个方面建立健全国有资本运营风险防范的激励机制：在奖励方面，通过提高薪酬待遇、给予股票期权、政治晋升等方式激发国有资本运营风险防范相关责任人的工作积极性；在问责方面，通过降低薪酬待遇、降级、撤职、追究刑事责任等方式约束国有资本运营风险防范相关责任人，促使其勤勉尽责。

（二）国资监管机构层面

1. 加强对国有企业资本运营活动的监管

加强出资人监管是有效防范国有资本运营风险的重要措施。国资监管机构必须切实履行监管职能，从事前和事中两个维度对国有企业的资本运营活动进行监管，降低国有资本运营活动的风险。在事前监管方面，国资监管机构应制定和完善国有资本运营的相关制度，从制度层面对国有企业的资本运营活动进行事前约束，从而降低国有资本运营活动的决策风险。在事中监管方面，国资监管机构可向所监管的国有企业派出董事和监事，对国有资本运营活动的决策过程和实施过程进行控制和监督，以降低国有资本运营活动的决策风险，并对国有资本运营活动实施过程中的风险积极进行管理。此外，国资监管机构还可在国有企业实施国有资本运营活动的过程中开展专项检查，降低国有资本运营活动实施过程中的风险。

2. 建立健全国有企业违规资本运营责任追究制度

国资监管机构应建立健全国有企业资本运营违规行为的责任追究制度，完善责任倒查和追究机制，构建权责清晰、约束有效的国有资本运营责任体系。国资监管机构要综合运用组织处理、经济处罚、禁入限制、党纪政纪处分和追究刑事责任等手段对国有资本运营活动中的违规行为进行严厉查处，从而对国有企业资本运营活动的各责任人形成强大的威慑力，促使其在国有资本运营活动中勤勉尽责，降低国有资本运营的决策风险和实施过程中的风险，在风险发生时做好应对工作。

3. 推进国资国企在线监管系统建设

国资国企在线监管系统的建立和完善，对于提高国资监管机构的监管效率具有重要作用。通过国资国企在线监管系统，国资监管机构可实时获取国有企业的资本运营信息，从而及时发现国有企业的资本运营风险。此外，国资监管机构还可通过国资国企在线监管系统把多家国有企业的资本运营信息进行对比分析，提高识别国有企业资本运营风险的效率。

4. 建立健全国有企业资本运营的外部监督协同机制

国资监管机构应充分发挥监督主体作用，统筹出资人监督和纪检监察监督、巡视监督、审计监督以及社会监督力量，针对国有企业的资本运营活动，建立健全科学有效的外部监督协同机制，形成强大的监督合力，促使国有资本运营活动的各责任人切实履行职责，从而降低国有资本运营的决策风险和实施过程中的风险。

第九章

国有资本经营预算管理

建立与社会主义市场经济体制相适应的国有资本经营预算制度，是当前我国财政改革的重要组成部分，也是深化国资国企改革的一项重要内容。国有资本经营预算是一个涉及面广的复杂体系，本章主要阐释国有资本经营预算的基本概念及国有资本经营预算管理的必要性，概括国有资本经营预算管理体制的演变及其特征，在此基础上系统阐述国有资本经营预算管理体制的目标、原则、主体及其职责，探讨国有资本经营预算的编制、执行与决算、监督与绩效评价。

第一节 概 述

一、国有资本经营预算的概念

（一）国有资本经营预算的含义

国有资本经营预算是指国家以所有者身份，依法取得国有资本经营预算收入、安排国有资本经营预算支出的专门预算，是对经营性国有资本收益进行价值管理和分配的工具。国有资本经营预算既是国家预算的一部分，又具有经营管理的职能；既是一般经济管理方法在国有经济活动中的应用，又是规范国有经济管理的一项制度安排。国有资本经营预算的内涵可从以下三个方面进一步理解。

第一，国有资本经营预算是政府以国有资本出资人身份进行的预算。政府通过严格的制度规范和流程管理，监督国有资本的收支管理活动，发挥国有资本经营预算的分配与监督职能，避免国有资本无秩序、低效率地运营。

第二，国有资本经营预算是针对国有资本的经营预算收入和预算支出进行的管理活动。通过将国有资本经营预算收支纳入日常管理，将资本优先分配到亟须发展的行业或领域，从而推动国有资本实现有序流动和优化配置，最大限度地提升国有资本经营效率和效益。

第三，国有资本经营预算反映了国有资本的所有者与经营者之间的关系。国有资本经营预算收支能够凸显国有企业经营状况，反映国有资本所有者与国有资本经营者之间的收益分配和再投资关系，成为政府对国企管理者实施监督管理与考核评价的手段，从制度层面为国有资本的保值增值提供保障。

（二）国有资本经营预算与其他政府预算的关系

国资国企改革的一个重要目标是进一步提高国有资本的运营水平，以更好发挥国有资本在稳定国民经济运行、服务国家战略和实现全体人民共同富裕中的基础作用，这就需要处理好国有资本扩大再生产与分配的关系。为了进一步转变和拓宽国家财政职能，增强财政宏观调控能力，强化预算约束，我国已经建立了全口径的预算体系，具体包括：一般公共预算、政府性基金预算、国有资本经营预算及社会保险基金预算四部分（以下简称“四本预算”）。一般公共预算以税收为主体，用于保障和改善民生、推动经济社会发展、维护国家安全、维持国家机构正常运转等。政府性基金预算依照法律和行政法规的规定征收及筹集资金，专项用于支持特定公共事业发展。国有资本经营预算是国家依法取得国有资本经营收益①，专项用于国有企业发展。社会保险基金预算通过社保缴款、一般公共预算安排和其他方式筹集资金，专项用于各类社会保险支出。国有资本经营预算不是独立存在的预算体系，而是与其他预算相辅相成、相互补充（周宇，2016）。四本预算既完整独立又统筹衔接，通过有效发挥全口径预算功能，有力助推经济高质量发展。

四本预算的权力依据不同。一般公共预算是政府凭借国家权力，以社会管理者的身份筹集财政收入，具有明显的政治色彩（龚旻，2020）。政府性基金预算以国家政治权和社会公共管理权为依据，是为鼓励或支持某些项目发展而征收的具有特定用途的资金。国有资本经营预算以国有资本所有者享有的收益权、支配权等财产权为权力依据。社会保险基金预算是以国家公共权力及其派生的对国民收入的分配、再分配权为依据，体现了国家作为社会管理者享有的政治权力。

权力依据的不同决定了四本预算目标的差异性。一般公共预算通常集中于非营利性活动，重在实现社会目标，可与国有资本经营预算互补发挥作用。一是国

---

① 根据中央及地方政府相关文件，国有资本经营收益和国有资本收益在文件中都有使用且含义基本一致，为表述一致，本章及第十章仅使用国有资本经营收益的表述。

有资本经营预算的部分收入可以用于补充一般公共预算资金（杨超和谢志华，2019），保障政府公共财政职能的实现，服务于国计民生。二是国有资本经营预算能够有效调节国有资本运营，促进国有资本保值增值，从而增强一般公共预算收入的稳定性。三是一般公共预算支出能够为国有资本高效运营创造良好条件，维护公平公正的市场竞争环境，提高国有资本经营预算收入。政府性基金预算具有特定用途，与国有资本经营预算存在重合，可以实现资金相互流通和转移，并且有益于促进国家预算资金的科学、合理配置（陈少晖和廖添土，2012）。社会保险基金具有相对独立性，其关注点是为社会福利和社会民生提供基本保障。国有资本经营预算的资金来源于国有资本运营，重在实现经济目标，为国有企业发展提供资金支持，同时也可为社会保险基金提供资金支持，弥补资金缺口。

二、国有资本经营预算管理的必要性

国有资本经营预算管理是为实现国有资本功能，通过一定的法律法规和制度对国有资本经营收益分配进行的一系列组织、调节、控制和监督活动的总称。对国有资本经营预算实施管理，无论是从政策依据还是现实意义来看，均十分必要。

（一）服务于经济高质量发展

源自国有资本具有的社会性功能属性，国有资本经营预算是国家调节、控制、管理国有经济的重要经济手段（杨克智和杜海霞，2018）。一是调控宏观经济总量。国有资本投资是社会总需求的重要组成，也是政府投资的重要形式之一，其增加或减少能够扩张或收缩社会总需求，进而对社会总需求产生重大影响。因此，国有资本经营预算管理通过国有资本投资对经济周期进行宏观调节，从而减轻国家通过公共财政调控宏观经济总量的压力。二是调控宏观经济结构。国有资本经营预算管理可以为国有资本投资指明方向（曾昌礼，2018），例如，引导国有资本退出产能过剩的行业、领域，投向重点行业和关键领域，从而实现国有经济宏观布局的调整与产业结构的优化；通过调整预算支出，牵引多种所有制经济协同发展，契合当前深化国企混合所有制改革战略，实现所有制结构调控。国有资本经营预算管理既可以调控宏观经济总量，还可以优化宏观经济结构，助力实现经济的高质量发展。

（二）有利于政府部门充分发挥职能作用

国有资本经营预算反映预算期内国有资本经营的目标，是国有资本经营计划的财务安排。从财产权利的角度看，国有资本经营预算管理是落实国家股东权利和地位的有效途径，为国家行使国有资本出资人职能奠定坚实的制度基础。一般公共预算的编制和实施体现政府行使社会经济管理职能的需要，而国有资本经营预算管理则体现政府行使国有资本所有者职能的需要。政府管理部门通过国有资本经营预算，一方面进一步明确和落实国有资本出资人的收益权，完善收益分配的管理程序，维护国有资本出资者的合法权益；另一方面规范国有资本监管主体与运营主体之间的关系，强化国有资本运营的过程监控，反映国有资本经营过程、结果以及经营效率的财务信息（曾昌礼，2018），加强国有资本经营收益的管理，提高资本运营质量。

（三）有助于促进国企经营管理水平提升

预算管理与企业管理实践密切相关，可对参与者产生有效的激励约束（陈艳利等，2018）。国有资本经营预算作为预算体系的重要组成，可以推动国有企业实现盈利目标、资源合理配置等的统一筹划、管理和控制，通过对国有资本经营收益的再次分配，引导国有企业朝持续、健康、规范的方向发展。通过加强国有资本经营预算管理，为企业经营提供基本规范指导，提升国有企业的运行效率和企业价值（陈艳利和和珍珍，2019）。

第二节　国有资本经营预算管理体制

国有资本经营预算管理体制是国有资本经营预算管理系统的结构和组成方式，它涉及国有资本经营预算收支划分和预算主体职责等基本问题。

一、国有资本经营预算管理体制的演变及其特征

（一）国有资本经营预算管理体制的演变

我国建立国家预算制度之初，并没有国有资本经营预算的概念。计划经济体制时期实施的是统收统支、高度集中的单式预算（廖添土，2015）。随着社会主义市场经济的发展，为响应国企改革以及国有资本监管体制改革的要求，国有资本经营预算管理体制历经多次演变。

1. 第一阶段（1956～1985 年）：实行“利润上交”和“利改税”制度

随着 1956 年社会主义改造的完成，国家对经济活动采取直接指令性行政管理。国有企业作为国家的生产单位，与国家之间主要是交拨款关系。一方面，采用“利润上交”的方法，把全部收入上交国家，亏损则由国家弥补；另一方面，

维持简单生产和扩大再生产所需的资金由国家统一划拨。随着政府公共管理职能与所有者职能分离，1983 年 3 月国务院召开的全国工业交通会议上提出，对国有企业推行“以税代利”的改革，推动国有企业的整顿和调整。1983 年 4 月国务院同意财政部报送的报告及国有企业“利改税”试行办法，自当年 6 月 1 日起，国有企业开始普遍推行“利改税”制度。

2. 第二阶段（1986～1992 年）：实行建设性预算

1986 年 3 月第六届全国人大第四次会议提出编制复式预算的议案，1988 年财政部正式提出编制并实施复式预算，并于 1991 年向国务院报送复式预算方案。为配合编制复式预算的需要，国务院于 1991 年 10 月颁布了《国家预算管理条例》，明确了国家预算收入和预算支出的分类，要求在保证经常性支出合理需要的前提下安排建设性支出，并要求国家预算按照复式预算编制，分为经常性预算和建设性预算，二者应保持合理的比例和结构。然而建设性预算未能实现政府社会经济管理职能与国有资产所有者职能有效分离、未能清晰地反映国有资产收支状况，从而导致国有产权归属问题与国有企业委托问题未能得到有效解决，这也决定了它很快就被新的制度取代。

3. 第三阶段（1993～1997 年）：实行国有资产经营预算

1993 年 11 月党的十四届三中全会通过的《中共中央关于建立社会主义市场经济体制若干问题的决定》，明确提出了建立国有资产经营预算，在完善国有资本产权归属和委托经营问题上迈出关键一步。此后陆续通过了一系列法规，明确了国有资产经营预算取代建设性预算，成为复式预算的组成部分。1995 年 11 月国务院通过的《预算法实施条例》提出，各级政府预算按照复式预算编制，分为政府公共预算、国有资产经营预算、社会保障预算和其他预算。相较于建设性预算而言，国有资产经营预算能更为清晰地反映国有资产收支状况，为化解我国长期存在的国有产权归属与国有企业委托代理问题奠定了基础，但国有资产的概念过于庞大。1994 年实施分税制改革，国有企业将税后利润留在内部为自身发展提供流动性，但也产生了过度投资、在职消费、资金使用效率不高等一系列问题。

4. 第四阶段（1998～2002 年）：实行国有资本金预算

1998 年 3 月国务院政府机构实施改革，国家国有资产管理局被撤销，其职能纳入财政部；1999 年 6 月财政部内设机构职能调整，由预算司负责履行编制国有资本金预算的职责。财政部明确提出，初步建立起政府公共预算、国有资本金预算和社会保障预算制度，这意味着国有资本金预算取代了国有资产经营预算。国有资本金预算是国家作为资本所有者将其资金用于资本性支出的收支计划，从概念表述上看，由资产转变为资本，更契合国有资本的性质特点，体现了国家更加尊重和重视国有资本出资人地位，也更加适应财政职能转变和国有资本监管体制改革的要求。

5. 第五阶段（2003 年至今）：实行国有资本经营预算

2003 年 3 月国务院国资委成立，标志着国有资本监管体制开启了新模式，同年党的十六届三中全会提出建立国有资本经营预算制度。2007 年 9 月《国务院关于试行国有资本经营预算的意见》对国有资本经营预算的收支范围、编制审批、职责分工和组织实施做出相应规定，这是国有资本经营预算制度的里程碑，标志着国有企业同国家之间“缴税留利”的分配关系终结，中央企业除了缴税之外，开始向国家分红。2008 年 10 月第十一届全国人大常委会第五次会议通过了《中华人民共和国企业国有资产法》，将建立健全国有资本经营预算制度的基本框架纳入其中，为国有资本经营预算制度提供法律保障。2010 年 12 月财政部印发《关于完善中央国有资本经营预算有关事项的通知》，提出进一步扩大中央国有资本经营预算实施范围，部分地方开始正式编制省级国有资本经营预算。2014 年 8 月第十二届全国人大常委会第十次会议通过的《中华人民共和国预算法》明确了国有资本经营预算制度的法律定位，为加强和规范国有资本经营预算管理，优化国有资本配置提供政策支持。2016 年 1 月财政部印发《中央国有资本经营预算管理暂行办法》，规定了预算收支范围、预算编制和批复、预算执行和决算、预算绩效管理与监督检查，强调了国有资本经营预算支出方向，并对预算编制事前、事中、事后的合规性做出相应说明。随着相关法律法规的不断出台和完善，近年来纳入国有资本经营预算的国有企业范围不断增加，国有资本经营预算范围有所扩大。

（二）国有资本经营预算管理体制的演变特征

1. 市场经济的发展催生了国有资本经营预算制度的形成

在很长的一段时期，我国并未要求国有资本经营收支单独编列预算，而是与经常性预算收支混列在一起，这无法体现政府社会管理者和国有资本所有者两种职能及其分类收支活动的运行特征（周茂青和陈少晖，2014）。随着国企改革的进一步深入，以产权关系为基本纽带形成的大型国有企业集团已经成为现代国有企业的主流组织形式。因此国有资本经营预算伴随着政府社会经济管理职能与国有资本所有者职能分离而逐渐走向实践，这在一定程度上完善了国家与国有企业之间的财务收益分配（薛贵，2016）。建立国有资本经营预算管理体系，推动国有企业以市场公平竞争主体的身份反映国有资本经营收支活动状况，有利于国有资本增值和再投入计划的顺利进行。

2. 国企改革的推进促进了国有资本经营预算的开展

国有资本经营预算与经济体制改革、财税体制改革和国企改革密切相关。国有资本经营预算将国有资本经营预算收入和预算支出纳入预算管理，不仅体现了国有资本经营预算收支方面的制度变化和管理优势，还可以提高国有资本的运营效率，增强国有资本的控制力。随着国有资本监管体制的变化和国企改革的推进，国有资本经营预算作为一种重要的管理手段，可以充分发挥预算的分配、调节和监督职能，体现国有资本由行政色彩较重的粗放管理转向精细的、重视过程控制且以资本增值为目标的预算管理。

3. 公共财政体系的构建使国有资本经营预算成为必然

随着公共财政框架构建和国有资本监管体制改革工作的逐步推进，国有资本经营预算的作用日显突出。事实上，国有资本经营预算拥有一般公共预算不能替代的功能、特点和作用，其收入来源主要是国有资本经营收益，支出安排也以实现国有资本绩效为目的，而这恰恰是一般公共预算不可能也不应该出现的内容。因而，国有资本经营预算与一般公共预算等共同成为政府预算体系和公共财政体系的重要部分。

4. 国有资本经营预算管理制度体系渐趋完善

国有资本经营预算需要编制、执行、监督、评价等程序相互配合、相互支持的制度体系，由各个要素构成具有整体目的性和内在联系性的制度综合体。2007年以后，各级财政部门、国资委及相关部门围绕国有资本经营预算的职责分工、预算编制与审批、收支管理、执行管理、绩效评价等方面，从制度层面着手规范完善，初步形成了国有资本经营预算制度体系，为国有资本经营预算编制、执行与绩效评价工作的开展与有序推进奠定了制度基础。多年的发展实践已验证，国有资本经营预算制度促进了国家预算制度体系的完善，推动预算制度更趋向于规范化和制度化。

二、现行的国有资本经营预算管理体制

预算管理体制是划分预算管理的职责权限、组织原则、管理方式和机构设置的制度。完善的国有资本经营预算管理体制是由众多基本要素构成的完整体系，这些基本要素相互联系，构成一个整体。因而，国有资本经营预算管理体制应该明确预算管理的目标、原则、主体及职责等。

（一）国有资本经营预算管理的目标

1. 增强政府的宏观调控能力

国有资本经营预算是与一般公共预算并列的独立预算体系，通过建立国有资本经营预算，如实反映国有资本经营收支状况，并充分体现其相应的收支活动运

行特征，确定国家作为国有资本所有者应享有的分配权利，维护国有资本出资者的合法权益。政府围绕宏观调控目标和国家有关产业发展政策，加强对国有资本的整体规划和调控，加快产业结构调整和经济发展方式的转变，促进国有经济结构战略性调整，实现国有资本经营收益的最大化。

2. 优化国有资本资源配置

国有资本经营预算能够在更宏观的层面进行资源配置，是市场配置资源的重要补充手段，能够解决市场失灵和政府政策不完善等问题。从资源配置的领域来看，国有资本经营预算集中国有资本投向关系到国民经济命脉的重点行业，推进国家经济结构调整，直接高效地落实国家有关产业、国有经济布局调整等相关政策。国有资本经营预算满足政府社会和经济管理的需要，体现国有资本在宏观经济调控中的导向作用，提高政府资源配置的效率和效果。

3. 强化国有企业的科学规范管理和责任意识

建立国有资本经营预算制度，形成一套既符合国有资本管理需要，又体现国有资本运营机构内部规范化运作的制度及程序，有助于推动国有企业的科学、规范化管理。国有资本经营预算管理要求提交反映国有资本经营过程、结果以及经营效率的财务信息，有助于强化对国有资本营运过程的监控，从而加强对国有企业的制约与控制。国有企业通过向国家上交国有资本经营收益，有利于提升国有企业作为受托人的保值增值责任意识，进一步明确国有企业的市场主体地位，推动提高国有资本的营运质量。

（二）国有资本经营预算管理的原则

编制国有资本经营预算要立足实际，根据以下原则制定适合本行政区域的国有资本经营预算管理办法。一是统筹兼顾，适度集中。国有资本经营预算管理应统筹兼顾企业自身积累和发展、国有经济结构调整及国民经济宏观调控的需要，适度集中国有资本经营收益，合理确定预算收支规模。二是相对独立，相互衔接。国有资本经营预算应既保持其完整性和相对独立性，避免与一般公共预算、政府性基金预算、社会保险基金预算交叉重复，又保持与其他预算的相互衔接。三是分级编制，逐步实施。国有资本经营预算应实行分级管理、分级编制，从中央到地方，根据实际条件逐步实施。中央统一领导预算管理工作，制定预算管理法律法规和方针政策，并具体指导和协调地方编制工作。地方在中央统一领导下，负责本行政区域的国有资本经营预算管理工作。四是量入为出，收支平衡。国有资本经营预算收支应实事求是，按规定应当列入预算的收入不得隐瞒、少列或多列，不得将上年非正常收入作为编制预算收入的依据或将预算收入转为预算外收入，预算支出根据预算收入规模合理确定，按照收支平衡的原则编制。

（三）国有资本经营预算主体及其职责

根据政府预算的统一性和完整性原则，预算的编制、审批与执行不应脱离政府预算之外，国有资本经营预算亦应遵循“统一领导、分级管理”的管理原则。国有资本经营预算的管理，既要体现政府预算的完整和统一，又要保证不同预算的相对独立性，能够满足各类不同性质预算支出的需要。我国已初步形成了多层次的国有资本经营预算体系，各预算主体的职责分工明确（见图9－1）。

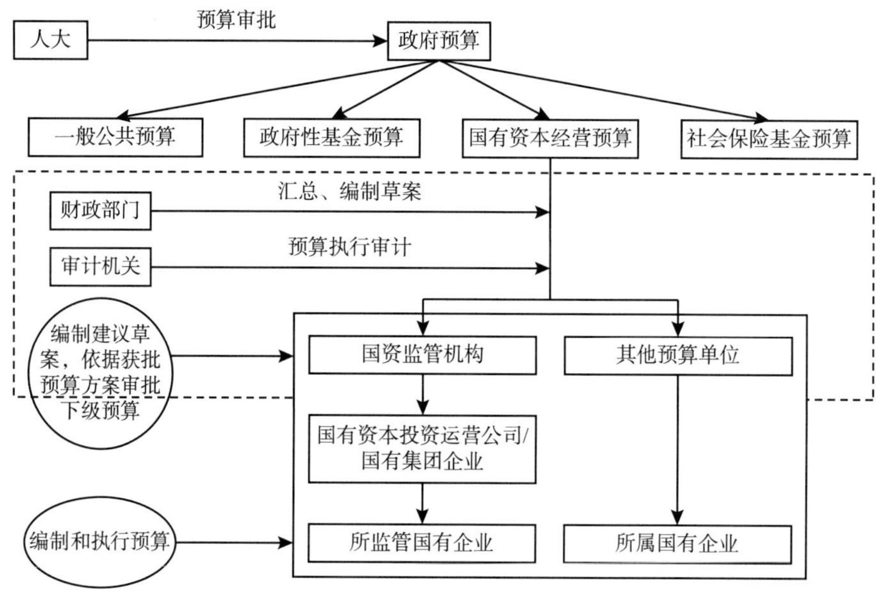

图9－1　国有资本经营预算主体

1. 财政部门

财政部门是国有资本经营预算的主管部门，应履行以下职责：负责制（修）订国有资本经营预算的管理制度、编制办法和收支科目；编制、申报国有资本经营预算草案；编制、申报国有资本经营决算草案；报告国有资本经营预算收支执行情况；会同有关部门制订国有资本经营收益收取办法；负责收取国有资本经营收益；监督国有资本经营预算执行、拨付预算资金并监督使用。

2. 国资监管机构

国资监管机构[①]作为国有资本经营预算的重要责任主体，应履行以下职责：

① 因目前经营性国有资产尚未实现全覆盖的统一监管，故由各级国资预算单位（包括国资监管机构和其他预算单位）负责组织所监管企业的国有资本经营预算。本书主要研究的是国资监管机构所监管的国有企业，因此本章和第十章的国资监管机构仅指一般意义上的国资预算单位。

负责研究制定国有经济布局和结构调整的措施；参与制定国有资本经营预算的有关管理制度；提出年度国有资本经营预算建议草案；组织和监督检查国有资本经营预算的执行；编报国有资本经营决算草案；负责组织所监管企业上交国有资本经营收益。

3. 国有资本投资运营公司/国有集团企业

国有资本投资运营公司/国有集团企业负责提出本企业及其所监管企业的预算支出计划建议，组织预算收入的收缴和预算支出的执行，完成预算目标，一般应履行以下职责：审核所监管企业编制的国有资本经营预算支出计划建议，对不符合国家政策的，要求所监管企业进一步修改完善并再次提交，同时整理汇总所监管企业编制的预算支出计划建议，上交国资监管机构；组织所监管企业按时足额上交国有资本经营收益；严格执行经审批的国有资本经营预算草案，监督预算资金投向是否合规。

第三节　国有资本经营预算的编制

国有资本经营预算欲取得成效，不仅依赖于由上而下的制度安排，更依赖于由下而上的预算实践及其衔接。科学合理的编制预算应重点明确以下问题：一是预算编制主体及其职责，即解决谁来编制预算的问题；二是预算编制程序，即解决按什么步骤编制预算的问题；三是预算编制内容，即解决编什么预算的问题；四是预算编制报告，即解决以什么形式表现预算内容的问题。

一、国有资本经营预算的编制主体及其职责

预算编制主体是指有权编制并执行预算的主体，这一问题本质上涉及预算编制的组织体系。除了要明确预算编制主体，还要明晰各主体相互之间的关系和权责界定。2018 年 12 月第十三届全国人大常委会第七次会议修正的《预算法》第二十五条规定，“国务院财政部门具体编制中央预算、决算草案”“地方各级政府财政部门具体编制本级预算、决算草案”，这为财政部门编制国有资本经营预算提供了法律依据。我国已搭建了“人民政府—财政部门—国资监管机构—国有资本投资运营公司/国有集团企业—权属企业”的监管架构，与这一架构相配合，国有资本经营预算编制主体主要包括三个层级：

各级财政部门是国有资本经营预算的主管部门，也是国有资本经营预算的一级编制主体。对国有资本运营状况测算后，各级财政部门向本级国资监管机构下达国有资本经营预算编制任务，同时承担编制国有资本经营预算草案的主要责任。

履行国有资本出资人职责的国资监管机构是国有资本经营预算的二级编制主体。国资监管机构负责编制国有资本经营预算建议草案和国有资本经营预算支出计划建议的汇总组织工作，但不只是简单地将国有资本投资运营公司/国有集团企业的预算信息加以汇总，更重要的是根据所辖范围国有经济长远发展的需要和实际掌握财力的大小权衡轻重缓急，发挥应有的宏观调控作用。

国有资本经营预算的三级编制主体是国有资本投资运营公司/国有集团企业及其所监管企业。作为实际的产权运营主体，国有资本投资运营公司/国有集团企业及其所监管企业负责编制国有资本经营预算支出计划建议，报国资监管机构，并抄报财政部门①。

二、国有资本经营预算编制的程序

中央政府和地方政府分别代表国家履行出资人职责，因此，也应由财政部和地方各级政府财政部门分别对中央国有资本和地方所辖范围的国有资本编制预算，然后由财政部汇总完成全国的国有资本经营预算。

（一）中央国有资本经营预算编制程序

中央国有资本经营预算按照国家宏观调控政策、国有资本布局规划及国家确定的中央国有资本经营预算支持的重点和方向等要求，按年度编制。中央国有资本经营预算收入由财政部根据中央企业年度盈利等情况和中央企业国有资本经营收益政策进行测算编制。中央国有资本经营预算支出可按照下列程序编制：财政部按照党中央、国务院关于国资国企改革精神和国有资本经营预算相关政策要求，印发中央国有资本经营预算编制通知，开始下一年度中央国有资本经营预算编制工作；国务院国资委根据财政部的通知要求，组织其监管中央企业编报国有资本经营预算支出计划建议；国务院国资委对所监管中央企业报送的年度国有资本经营预算支出计划建议进行初审后，编制本部门国有资本经营预算建议草案报财政部；财政部根据当年预算收入规模、国务院国资委及中央企业报送的国有资本经营预算建议草案和国有资本经营预算支出计划建议等，进行统筹平衡后，编制中央国有资本经营预算草案，并报国务院审批；国务院审批后提交全国人大审议。

（二）地方国有资本经营预算编制程序

地方国有资本经营预算的编制也应与国有资本监管体制实现有机结合，采取

---

① 国有资本投资运营公司/国有集团企业所监管企业需编制财务预算，但财务预算的内容和目标与国有资本经营预算有所不同。财务预算为实现财务管理目标服务，主要反映企业未来一定期间的现金收入、经营成果和财务状况，有助于实现企业规划及发展策略，提高经营效率。

自上而下与自下而上相结合、层层审批的编制程序，一般可按照以下三个环节编制[①]。

1. 布置下达

布置下达主要是结合年度部门预算的要求，逐级下发编报下年度国有资本经营预算的通知。具体如下：财政部门作为最终的预算编制主体，根据国有资本运营状况，按照相关规定测算后，向国资监管机构布置编报国有资本经营预算；国资监管机构接到财政部门的预算编制任务后，向国有资本投资运营公司/国有集团企业下发编报国有资本经营预算的通知，组织、协调和督促所监管企业开展国有资本经营预算编制相关工作；接收到编报任务的国有资本投资运营公司/国有集团企业向其所监管企业布置预算编报任务。

2. 申报计划

申报计划主要是国有企业按规定时间向国资监管机构编报本企业国有资本经营预算支出计划建议。具体如下：国有资本投资运营公司/国有集团企业所监管企业根据本企业的实际经营状况和发展目标，编报本企业国有资本经营预算支出计划建议，并上交至国有资本投资运营公司/国有集团企业；国有资本投资运营公司/国有集团企业根据所监管企业编报的国有资本经营预算支出计划建议，审核、汇总后编制国有资本经营预算支出计划建议，并上报国资监管机构审核；国资监管机构审核并汇总整理后，编制国有资本经营预算建议草案，并报送财政部门。

3. 审核上报

财政部门根据国资监管机构报送的预算建议草案，统筹兼顾、综合平衡后，汇总编制国有资本经营预算草案，经政府审批后报人大批准。具体如下：各级财政部门复核国有资本经营预算建议草案，据此编制国有资本经营预算草案，并将其上报本级政府部门审批；国有资本经营预算草案经同级政府批准后，上报同级人大审批，为提升预算审批效率，通常采取与其他预算一并呈报审批的方式；人大批复后，财政部门批复国资监管机构等预算单位，要求严格按照预算执行，如遇国家政策或外围环境发生重大变化，必须报经财政部门的批准；国资监管机构等预算单位依据财政部门的批复，向国有资本投资运营公司/国有集团企业进行转批复，再批转给从事具体经营的所监管企业，同样要求其按照预算批复严格执行，如确需调整，必须报批。

① 地方各级政府通常以中央国有资本经营预算管理办法为参考，制定适用于本行政区域的国有资本经营预算管理办法，各地方的国有资本经营预算编制程序并不完全相同，本章仅提供参考。

三、国有资本经营预算编制的内容

预算是收支安排的依据，国有资本经营预算由预算收入和预算支出组成。国有资本经营预算的编制内容，主要指国有资本经营预算编制的范围问题，即哪些收入、支出应该纳入国有资本经营预算之中。国有资本经营预算报告是反映预算年度内各项预算收入来源、各项预算支出安排等重要财务指标预测及保障措施的文书。

（一）国有资本经营预算收入

预算收入是指在预算年度内有计划地筹措归国家支配的资金，是实现国家职能的财力保证。国有资本经营预算收入是国有企业上交，纳入国有资本经营预算管理的国有资本经营收益，主要包括应交利润，国有股股利、股息，国有产权转让收入，企业清算收入及其他国有资本经营收入等。

应交利润，即国有独资企业按规定应当上交国家的利润。除法律、行政法规另有规定外，以经审计年度合并财务报表反映的归属于母公司所有者的净利润（含本年数和调整以前年度数）为基础，在弥补以前年度亏损和计提法定公积金及抵扣其他国家规定允许扣除的项目后，按一定比例上交。其中：（1）可抵扣的以前年度亏损，经审计年度合并财务报表期初未分配利润为负数的，可予以抵扣；（2）调整以前年度损益（经审计年度合并财务报表反映的归属于母公司所有者的净利润），应相应补交或抵减应交利润；（3）可抵扣的法定公积金，按照国有独资企业经审计年度合并财务报表反映的归属于母公司所有者的净利润（含本年数和调整以前年度数），扣除以前年度亏损后的10%进行抵扣①；（4）其他国家规定允许扣除的项目，是指符合国家法律法规、企业会计准则及国家相关规定的项目。

国有股股利、股息，即国有控股、参股企业按照股东（大）会，没有设立股东（大）会的为董事会，表决通过的利润分配方案，应付国有股权（股份）的股利、股息。国有股东代表应参照国有独资企业的利润分配比例原则，依法依规在股东（大）会发表意见并行使表决权；当年不予分配的，应当说明暂不分配的理由和依据，并出具股东（大）会的决议。

国有产权转让收入，即国有独资企业的产权和国资监管机构直接持有的国有控股、参股企业国有股权（股份）的转让净收入。

企业清算收入，即国有独资企业清算收入和国资监管机构直接持有的国有控

---

① 各地抵扣比例存在差异，通常为10%。

股、参股企业国有股权（股份）享有的清算收入，扣除清算费用后按100%上交。

其他国有资本经营收入。例如，经政府批准同意处置特定土地等重大资产所形成的专项收入和其他收入等。

（二）国有资本经营预算支出

国有资本经营预算支出是一项政策性很强的资源配置活动，涉及国家经济发展的整体战略布局和企业经济发展的长期利益与短期利益的协调，必须遵循局部利益服从于整体利益，短期利益服从于长期利益的原则。国有资本经营预算支出主要用于国有资本再投资，一般包括资本性支出、费用性支出和其他支出等。

国有资本经营预算的资本性支出，是根据产业发展规划、国有经济布局和结构战略性调整、国有企业发展要求以及国家战略、安全需要安排的预算支出。具体形式主要包括以下三种：（1）股本投入支出，即国家增加国有独资企业的实收资本或股份制企业的股本而发生的投资支出；（2）固定资产投资支出，是政府或相关授权机构基于对国家重点项目的支持等，负责固定资产投资而发生的支出；（3）流动资金支出，即政府或相关授权机构开展实物投资涉及的流动资金支出。

国有资本经营预算的费用性支出主要是指国企改革发展中的成本支出。具体形式主要包括以下三种：（1）企业政策性亏损补贴支出，即国家出于战略需要，按计划拨付给那些政策性亏损的国有企业，以用于弥补亏损的专项资金支出；（2）财政贴息支出，即国家为了鼓励国有企业进行技术改造而专门拨付财政资金，主要用于技术改造项目贷款的利息补贴；（3）其他支出，如债务利息支出。

其他支出根据国家、省、市宏观经济政策需要统筹安排确定，包括调入一般公共预算、用于社会保障支出和其他公共支出等，用于国有资产日常监管、专项审计、评估、清产核资、咨询、调研、培训等相关费用的监管专项支出。

（三）国有资本经营预算报告

根据2017年9月《中央国有资本经营预算编报办法》，财政部于每年6月15日前印发中央国有资本经营预算编制通知，开始下一年度中央国有资本经营预算编制工作①。

1. 中央企业编制的国有资本经营预算支出计划建议

国务院国资委根据财政部通知要求，组织其监管中央企业编报支出计划建议。国务院国资委所监管中央企业根据有关编报要求，编制本企业国有资本经营

---

① 各地财政部门通常依据财政部《中央国有资本经营预算编报办法》出台适用本行政区域的国有资本经营预算编制要求，本章以中央国有资本经营预算的编制为例说明。

预算支出计划建议，并于每年8月底以前报国务院国资委，同时抄报财政部。中央企业编制的国有资本经营预算支出计划建议包括以下内容：（1）支出计划文本。具体包括：中央企业基本情况；支出计划概述，包括政策依据、支出规模、资金筹集方案、承担主体、实施方案和要实现的政策目标等；支出绩效目标，包括实施期（年度）绩效目标及指标设置情况等；中央企业认为需要说明的其他内容。（2）中央企业国有资本经营预算表。具体包括：中央企业国有资本经营预算支出表，反映中央企业按功能分类和经济分类的国有资本经营预算支出安排情况；中央企业国有资本经营预算支出明细表，反映中央企业国有资本经营预算支出明细情况；中央企业国有资本经营预算支出计划绩效目标表，反映实施期以及年度支出计划绩效目标设置情况。

2. 国务院国资委编制的国有资本经营预算建议草案

国务院国资委对所监管中央企业编报的国有资本经营预算支出计划建议进行审核汇总，并编制预算初步安排建议，于每年9月底前报送财政部。国务院国资委编制的国有资本经营预算建议草案包括以下内容：（1）编制报告。具体包括：所监管中央企业的整体情况简介，包括企业户数、经营状况、行业分布和企业国有资本经营状况等；预算编制的组织及企业编报情况；预算编制的说明及依据，对中央企业支出计划和绩效目标的审核、调整情况，以及据此形成的国务院国资委国有资本经营预算支出绩效目标设置情况；年度预算支出规模以及功能分类、经济分类情况。（2）国务院国资委国有资本经营预算表。其中：国有资本经营预算支出表，反映所监管中央企业国有资本经营预算支出按功能分类和经济分类汇总情况；国有资本经营预算支出明细表，反映所监管中央企业国有资本经营预算支出明细情况；国有资本经营预算支出绩效目标表，反映国务院国资委对中央企业国有资本经营预算支出计划绩效目标的审核调整情况。（3）中央企业编报的国有资本经营预算支出计划（以附件形式呈现）。

3. 财政部编制的中央国有资本经营预算草案

根据国家宏观调控目标，结合国家重点发展战略、国有企业历史遗留问题解决进程、国有资本布局调整要求，财政部对国务院国资委报送的预算初步安排建议进行审核，结合绩效目标审核意见和以前年度绩效评价结果，按照“量入为出、收支平衡”的原则，测算年度支出预算控制数，并于每年10月20日前将控制数下达给国务院国资委。国务院国资委根据财政部下达的预算控制数，结合其监管中央企业的经营情况、历史遗留问题解决及改革发展进程等，细化编制支出预算和支出绩效目标，并于每年12月5日前将预算建议草案报送财政部。

财政部根据国务院国资委预算建议草案，编制中央国有资本经营预算草案。主要包括以下内容：（1）编制说明。一般包括以下内容：预算编制的指导思想和重点；预算编制范围；预算编制情况说明，包括收支预算总体情况和收入、支出预算具体编制说明；其他需要说明的事项。(2) 国有资本经营预算表，是反映国有资本经营预算收入、支出状况的一系列表格。主要包括：国有资本经营预算收支总表（见表9-1），反映国有资产主要资金来源及其使用方向，体现国有资本经营预算收支的总体情况；国有资本经营预算收入表，反映国有资本经营预算收入情况；国有资本经营预算支出表，反映国有资本经营预算支出按功能分类和经济分类汇总情况；国有资本经营预算支出明细表，反映国有资本经营预算支出明细情况；国有资本经营预算支出绩效目标批复表，反映审核调整后的支出绩效目标设置情况。

表9-1　　国有资本经营预算收支总表

填报单位：　　　　编制日期：　　年　　月　　日　　　　单位：万元

收入		支出			
项目	预算数	项目	合计	中央本级	转移支付
一、利润收入		一、国有资本经营预算补充社保基金支出			
二、股利、股息收入		二、解决历史遗留问题及改革成本支出			
三、产权转让收入		三、国有企业资本金注入			
四、清算收入		四、国有企业政策性补贴			
五、其他国有资本经营收入		五、金融国有资本经营预算支出			
		六、其他国有资本经营预算支出			
本年收入合计		本年支出合计			
上年结转		国有资本经营预算调出资金			
		结转下年			
收入总计		支出总计			

第四节　国有资本经营预算的执行与决算

国有资本经营预算执行是实现国有资本经营预算管理目标的关键环节。按照国家行政管理系统，我国的预算执行遵循“统一领导，分级管理”的原则，经过审批的国有资本经营预算由财政部门组织执行，并下达给各级国资监管机构具体实施。

一、国有资本经营预算的执行

（一）国有资本经营预算收入管理

国有资本经营预算收入管理是为确保国有资本经营预算资金规范运行而进行的一系列组织、调节、控制活动的总称。国有资本经营预算执行的首要任务是提高国有企业上交国有资本经营收益的自觉性，保证各项国有资本经营收益及时足额地收缴入库，以有利于优化对收入的资源配置。

国有资本经营预算收入由财政部门负责收缴，国资监管机构负责组织所监管企业及时、足额上交。国有企业按规定应上交的国有资本经营预算收入，应当及时、足额上交财政部门，任何部门和单位不得擅自减免国有资本经营预算收入，国有资本经营预算结余资金应当在下一年度预算编制中统筹考虑。

国有资本经营预算收入的执行与一般公共预算不同。国有资本经营预算收入由各级财政部门、国资委等履行出资人职责的机构统一收取、组织上交，具体的收缴工作机制由各级财政部门与国资委等履行出资人职责的机构等有关部门协商制定。一般公共预算、政府性基金预算收入由税务征管机关、海关等行政部门凭借政治权力取得（王伟，2015），例如，海关需要上级部门的授权才能代表国家监管部门参与收入分配、组织预算收入。而国有资本经营预算收入是国家凭借所有者身份取得的国有资本经营收益，与其他预算相比有明显不同。

（二）国有资本经营预算支出管理

各级财政部门及履行出资人职责的国资监管机构负责监督国有资本经营预算支出执行情况。国有企业是国有资本经营预算支出执行的主体，在经批准的预算范围内提出预算支出申请，经国资监管机构初审后报财政部门。财政部门审核后下达资金计划，按照财政国库管理制度规定拨付资金。国有企业收到财政部门拨付的款项后，应当按照国有资本经营预算批复的用途或项目、绩效目标、企业编制的国有资本经营预算支出计划、企业内部控制制度的规定、预算资金使用调整的规定以及预算管理的其他要求等，科学规范使用。

国有企业应严格执行经批复的预算，不得擅自增支、减支，执行过程中原则上不予调整。执行中因政策调整等特殊情况需要调整预算的，由国有企业提出书面申请，报财政部门审核；对于需要增加或减少预算总支出、需调整预算安排的重点支出数额等情况的，由财政部门编制预算调整方案，报各级人大常务委员会审查和批准。对于资本性支出，因宏观政策调整、市场环境变化、企业战略规划调整等因素，项目无法按照预算批复用途继续实施的，国有企业应及时向本级国资监管机构报送项目预算调剂申请。对于费用性支出，专项任务未完成且未使用的预算资金，符合相关规定的可结转至下年度继续使用；专项任务完成并组织清算后，实际支出小于预算安排的，或因宏观政策调整等因素影响，专项任务无法继续推进的，应当清理为结余资金，按照有关规定退回。中央预算的调整方案必须提请全国人民代表大会常务委员会审查和批准。县级以上地方各级政府预算的调整方案必须提请本级人民代表大会常务委员会审查和批准。

二、国有资本经营预算的决算

国有资本经营预算的决算是国有资本经营预算执行的总结，是国家决算的重要组成部分。国有资本经营预算的决算按有关规定和程序编报，汇入同级政府决算，报同级人民代表大会批准。国有资本总决算汇入政府总决算，报全国人民代表大会批准。

（一）国有资本经营预算的决算程序

预算年度结束后，由财政部门负责汇总编制国有资本经营决算草案，经本级政府审批后报人大批准，可按照以下具体程序实施国有资本经营预算：根据国有资本经营收益入库的序时进度，财政部门按照编制决算的统一要求，部署编制本年度国有资本经营决算草案工作，制发国有资本经营决算报表格式和编制说明；国资监管机构按照财政部门下发的编报国有资本经营决算草案通知，负责组织、协调和督促所监管企业开展国有资本经营决算草案编制相关基础工作；国有资本投资运营公司/国有集团企业按照国资监管机构的部署，认真编制本企业决算草案，并附决算草案说明书，经法人签章后按规定时间上报审核；国资监管机构根据所监管国有企业编制的国有资本经营支出决算，汇总编制所监管企业的国有资本经营决算草案报财政部门；财政部门根据当年国有资本经营预算执行情况和国资监管机构上报的决算草案，审核并汇总编制国有资本经营决算草案；国有资本经营决算草案经审计部门审计后，报人民政府审定，由人民政府提请人民代表大会常务委员会审查；国有资本经营决算草案经人民代表大会常务委员会批准后，财政部门向有关国资监管机构批复决算，国资监管机构应当按《中华人民共和国预算法》要求自批准之日起30日内，向各国有资本投资运营公司/国有集团企业批复决算。

（二）国有资本经营预算的决算内容

国有资本经营预算的决算是预算管理工作的重要环节和最后阶段。国有资本经营预算的决算需要经过审查和批准，通常在年度终了时清理核实全年国有资本经营预算收入、支出数字和往来款项，做好数字对账工作。国有资本经营决算表主要包括：国有资本经营预算收支决算总表（见表9－2），运用收入、支出类科目，反映国有资产主要资金来源及其使用方向，体现国有资本经营决算收支汇总情况；国有资本经营预算收入决算表，反映国有资本经营预算收入的决算情况；国有资本经营预算支出决算表，反映国有资本经营预算支出按功能分类和经济分类的汇总情况；国有资本经营预算支出决算明细表，反映国有资本经营决算支出的明细情况。

表9－2　　国有资本经营预算收支决算总表

填报单位：　　编制日期：　年　月　日　　单位：万元

收入		支出	
项目	决算数	项目	决算数
一、利润收入		一、国有资本经营预算补充社保基金支出	
二、股利、股息收入		二、解决历史遗留问题及改革成本支出	
三、产权转让收入		三、国有企业资本金注入	
四、清算收入		四、国有企业政策性补贴	
五、其他国有资本经营收入		五、金融国有资本经营预算支出	
		六、其他国有资本经营预算支出	
本年收入合计		本年支出合计	
转移性收入		转移性支出	
国有资本经营预算转移支付收入		国有资本经营预算转移支付支出	
国有资本经营预算上解收入		国有资本经营预算调出资金	
上年结转结余		结转下年	
收入总计		支出总计	

第五节　国有资本经营预算的监督与绩效评价

国有资本经营预算管理的各个环节都需要有严格的制度性监督和标准化评价予以保障。国有资本经营预算的主体包括预算主管部门（财政部门）、预算单位（国资监管机构）和预算执行企业，应针对各预算主体在国有资本经营预算管理中所扮演的不同角色分别进行监督和评价。

一、国有资本经营预算的监督

（一）国有资本经营预算监督的目的

第一，促进国有资本经营预算的程序化和规范化。监督是预算程序必不可少的环节。国有资本经营预算作为我国财政管理工作和政府预算的重要组成部分，主要监督预算资金的分配和支出过程，有利于发现和解决各级预算主体在支出管理活动中的问题与不足，对于保障资金的科学合规使用以提高政府预算的透明性、提高预算资金使用效率都具有积极作用。

第二，提高国有资本运营效益，增强政府的宏观调控能力。国有资本经营预算监督对预算的编制和执行过程进行全面有效的监督，约束预算主管部门、预算单位和预算企业在预算编制和执行过程中的违规腐败行为，监督国有资本经营收益上交和资金的支出过程，优化国有资产配置，提高预算资金的使用效率与效益，增强政府的宏观调控能力。

（二）国有资本经营预算监督的主体及职责

国有资本经营预算管理监督体系环节众多，包括横纵两个子体系。纵向监督体系包括“人大—财政部门—国资监管机构—国有资本投资运营公司/国有集团企业—所监管企业”；横向监督体系的监督主体为人大、财政部门、审计部门等，监督客体为国资监管机构和国有企业。各预算监督责任主体以责任为核心各司其职，明晰权责边界与责任配置，助力提高国有资本经营预算监管效能。

第一，人大作为最高的权力机关，主要承担以下监督责任（许聪，2018）。一是审批财政部门的预算草案。人大审核财政部门编制的国有资本经营预算草案是否符合国家当前政策，是否有助于国民经济平稳运行，如果预算草案编制不符合要求，则要求财政部门修改后提交。二是监督财政部门的预算收支管理是否合规。主要监管财政部门是否按时足额收缴国有资本经营收益，是否按时足额拨付预算资金给相关预算执行单位。财政部门应定期、如实向人大及其常委会上报国有资本经营预算执行情况，一旦发现因未能按时足额上交国有资本经营收益、拨付国有资本经营预算资金导致不能按正常的进度推进预算执行的情况，责令财政部门及时纠偏。三是审核国有资本经营决算草案。人大可以聘请第三方审计机构，或者由审计部门向人大提交反映国有资本经营预算执行情况的审计报告，审查财政部门是否按照既定预算，及时、足额地向预算执行单位拨付预算资金，以便于人大掌握并评估国有资本经营预算执行情况。

第二，财政部门作为预算编制机构，负责向本级政府报告国有资本经营预算执行情况，监督国资监管机构及其所监管企业的国有资本经营预算执行情况，确保预算资金在各部门中合理分配使用。财政部门承担的监督职责主要体现在以下几个方面：一是监督国资监管机构按时编制国有资本经营预算建议草案，对于不符合国家政策要求的预算建议草案，要求国资监管机构修改完善并再次提交；二是监督国资监管机构组织其所监管企业按时足额上交国有资本经营收益；三是监督国有资本经营预算资金的发放和使用情况，确保资金准确、及时投入到规定的行业、领域中。针对监管过程中发现的问题，财政部门应及时予以纠正。

第三，审计部门按规定对国有资本经营预算执行情况进行审计监督、检查。具体审计内容包括：一是关注预算分配情况，包括审查预算单位是否完整，预算编报是否科学、合理；二是关注预算执行情况，包括预算收入的收缴、管理和使用以及预算支出等执行情况；三是关注预算支出绩效，主要是审查国有资本经营预算功能定位是否清晰，是否与其他预算之间存在交叉，资本性支出项目是否属于关键领域及重点行业。

第四，国资监管机构负责监督、检查和评价所监管企业的国有资本经营预算执行情况。国资监管机构承担的监督责任可从以下方面体现：一是审核国有资本投资运营公司/国有集团企业的预算支出计划建议，对于不符合国家政策要求的预算支出计划建议，要求其进一步修改完善并再次提交；二是监督国有资本投资运营公司/国有集团企业的国有资本经营收益按时足额上交财政部门；三是严格执行国有资本经营预算，监督国有资本投资运营公司/国有集团企业的预算资金投向是否合规。

二、国有资本经营预算的绩效评价

预算反映了资金年度安排的计划，决算反映了财政收支运行的结果，而绩效评价揭示预算收支的效益。国有资本经营预算绩效评价是指运用科学的评价标准、程序和方法，对一定时期国有资本经营预算的执行情况、资本使用效益情况等进行的客观、公正、全面的分析和评价。

（一）国有资本经营预算绩效评价的必要性

1. 国有资本经营预算绩效评价有助于实现制度效果

由于国有资本经营者与所有者的利益难以完全一致，政府部门与国有企业形成的多重委托代理关系难免衍生委托代理问题。为了降低预算执行难度，编制主体可能会选择编制执行难度低、任务量少的预算，或者夸大本级预算的执行难度，或者在预算执行过程中，各级预算代理人为实现自身利益，可能产生擅自挪用甚至侵占预算资金等道德风险问题，这会严重阻碍实现国有资本经营预算的预期效果。因而国有资本经营预算的考核评价成为落实国有资本经营预算管理的重要制度保障。

2. 国有资本经营预算资金绩效评价结果可为下一年度预算编制提供参考

国有企业申请使用国有资本经营预算资金时，应提出资金使用的绩效目标，经国资监管机构和财政部门审核批复后，作为项目绩效目标管理、绩效运行监控、绩效评价和评价结果运用的重要依据；设置绩效目标的国有企业在预算年度终了对照绩效目标，对其完成情况进行自评。财政部门会同国资监管机构对国有企业的资金使用和国有资本经营预算资金使用情况开展绩效评价，重点关注贯彻国家战略、收益上交、支出结构、使用效果等情况。绩效评价信息在全过程预算管理中发挥纲举目张的牵引作用，评价信息将充分运用到下一年度预算资源的安排上，形成闭环管理。

（二）国有资本经营预算绩效评价的实施

1. 确定预算绩效评价主体

确定预算绩效评价主体是进行预算评价工作的基本前提。绩效评价主体和评价对象比较多元，“人大—财政部门—国资监管机构—国有资本投资运营公司/国有集团企业—所监管企业”的多层次国有资本经营预算绩效评价体系，应与预算管理体系保持一致，逻辑链条的上一层级可以作为评价主体对下一层级施加评价，与之对应的下一层级自然就是被评价对象，可以是人大对财政部门的评价、财政部门对国资监管机构的评价、国资监管机构对国有资本投资运营公司/国有集团企业的评价以及国有资本投资运营公司/国有集团企业对所监管企业的评价。

国有企业申请使用国有资本经营预算资金时，提出预算资金使用的绩效目标，经本级国资监管机构审核批复后，将预算资金使用情况作为开展自评和重点评价的依据。国资监管机构对所监管国有企业的国有资本经营预算资金的使用开展绩效评价，可聘请中介机构对项目进行专项审计，形成综合绩效评价意见。财政部门会同国资监管机构对使用国有资本经营预算资金的重大项目开展重点绩效评价。

2. 确定绩效评价的原则

国有资本经营预算绩效评价的主要原则如下：一是客观与科学性原则，客观性是保证预算绩效评价可信度的基础，通过对国有资本经营预算绩效评价的方法、程序及评价指标科学合理的设置，形成规范的绩效评价体系；二是可操作与透明性原则，规范的国有资本经营预算绩效评价程序保障绩效评价的可操作性，且评价过程的公开透明可以加强对国有资本经营预算执行的约束力；三是目标导向与反馈性原则，绩效评价以实现国有资本经营预算的双重职能的目标为导向，通过对绩效评价情况的反馈，优化国有资本经营预算管理。

3. 确定绩效评价的主要内容

根据2017年9月国务院办公厅《关于开展2017年度中央企业国有资本经营预算支出绩效评价工作的通知》和2018年11月《关于贯彻落实〈中共中央 国务院关于全面实施预算绩效管理的意见〉的通知》，除一般公共预算外，各级政府还要将政府性基金预算、国有资本经营预算、社会保险基金预算全部纳入绩效管理，通过对企业历年国有资本经营预算支出事项实施情况的梳理，对企业国有资本经营预算支出效果进行整体评价。在此基础上，对企业经营管理状况及未来资金需求进行诊断，作为以后年度研究、制订国有资本经营预算注资规划的参考依据。具体包括：各项国有资本经营预算支出是否达到项目预期效果和目的，各项国有资本经营预算支出对项目承担企业发挥的作用，国有资本经营预算支出对企业落实国家或地方战略、自身战略目标和转型升级等方面发挥的作用，相关国有资本经营预算支出对行业和社会发挥的作用等。

国有资本经营绩效评价的内容随国有资本经营预算主体职责的不同而有所差别。人大对财政部门，以及财政部门对国资监管机构的评价，可围绕国有资本管理与国有资本效益，从定性和定量的角度分别展开评价。其中国有资本管理旨在评价各类支出项目的目标设定是否准确、资金管理制度是否完善、资金到位是否及时以及资金的使用是否合规。国有资本效益评价主要围绕国有资本经营预算带来的宏观绩效和微观绩效，前者如产业结构优化升级、国有资本整合、环境改善和促进社会就业等贡献，后者如促进技术进步、提高盈利能力、发展能力和上缴利税等贡献。

财政部门对国资监管机构以及国资监管机构对所监管国有资本投资运营公司/国有集团企业展开的预算考核评价项目应分为两部分：（1）合规性考核。主要考核下级预算主体编制的预算草案是否可以实现国有资本保值增值和优化资源配置的目标，是否将预算资金投入到预算规定的领域等。（2）对国有资本经营绩效以及预算执行情况的定量考核。评价内容主要包括三部分：一是国有资本经营预算的编制质量，主要是评价预算是否达到实现国有资本保值增值，优化资本配置以及国有经济结构的效果；二是国有资本经营预算的执行情况，主要考察该年度内国有资本经营预算实际完成情况，包括将预算收入实际执行情况（如国有资本经营收益收缴完成率、国有资本经营收益收缴增长率等）和预算支出实际执行情况（如国有资本金支出占比、费用性支出占比、转移资金占比等）等与按程序批复下达的预算收支进行比较，既了解该年度预算执行情况，又能为下年度制定更精确的预算提供依据；三是围绕盈利能力、资产质量、债务风险和可持续发展能力等，考核评价国有资本使用效率情况。

第十章

国有资本经营收益管理

国有资本经营收益管理是国资国企改革的重要组成部分，加强国有资本经营收益管理有利于优化国有资本配置，强化国有企业经营成果全民共享的机制，进而能够更好地保障和改善民生，促进经济社会全面发展。本章主要阐释国有资本经营收益管理的含义、意义及原则，并概括国有资本经营收益管理制度的演变及改革依据，在此基础上从国有资本经营收益分配视角探讨国有资本经营收益收缴的对象、范围、内容及其执行和国有资本经营预算支出的目标、结构及其执行。

第一节　概　　述

一、国有资本经营收益管理的含义

（一）国有资本经营收益

国有资本经营收益，也称“国有资本经营红利”抑或“国有企业红利”，通常是指国家以所有者身份从国家出资企业依法取得的国有资本投资收益。作为资本收益的一种表现形式，国有资本经营收益是运营国有资产所产生的收益，主要来源于经营性国有资产的价值增值（华国庆，2012）。国有资本经营收益的收缴是充实财政收入、促进国有经济发展的有力举措，规范、合理的国有资本经营收益管理制度有利于促进民生福利与保障国有企业持续发展双重目标的实现。

国有资本经营收益的性质主要体现在国有资本所有权的派生权利和非税收入两个方面（华国庆，2012）。第一，国有资本经营收益依据的是国有资本所有权及其派生出来的收益索取权和支配权。根据“谁投资、谁所有、谁受益”的原则，所有者依法对自己的财产享有占有、使用、收益和处分等权利。国家凭借国有资本所有权依法享有国有资本经营收益，包括应交利润，国有股股利、股息，国有产权转让收入，企业清算收入以及其他国有资本经营收益，并参与国有资本经营预算支出安排，保证国有资本经营收益合理归属。第二，国有资本经营收益属于非税收入，是国家财政收入的重要组成部分。政府凭借其身份，通过多种途径取得财政收入，总体上可分为税收收入和非税收入两大类。税收收入是国家凭借政治权力取得的财政收入，而国有资本经营收益是国家凭借所有者身份取得的国有资本投资收益，属于非税收入。

（二）国有资本经营收益管理

国有资本经营收益管理是为保证国有资本的所有者、经营者和使用者的共同利益，建立以国家为主体的国有资本经营收益管理关系，对国有资本运营过程所实现的收益进行分配使用的管理过程。

国有资本经营收益管理主要涉及对国有资本经营收益的分配，具体体现为国有资本经营收益的收缴和支出。政府与企业间存在两层分配关系。第一层分配关系是国家向企业征收的企业所得税，具有强制性、无偿性的特点，体现了国家依托政治权力形成的税收征纳关系。第二层分配关系是国家作为国有资本所有者收取的一部分税后利润，具有不确定性、灵活性的特点，体现了国有产权的利润分配关系。国有资本经营收益分配体现的是第二层分配关系，包括首次分配和再分配，即国有资本经营收益收缴和国有资本经营预算支出。国有资本经营收益管理实施的科学性、合理性通过国有资本经营预算来实现，通过编制国有资本经营预算，确定国有资本经营收益收取的对象、范围、内容、比例和程序，以及国有资本经营预算支出的资金流向和用途等，实现有计划的收支。因此，在国有资本经营收益分配的具体实施过程中，国有资本经营收益收缴也即是对国有资本经营预算收入的收缴，国有资本经营预算支出也即是对国有资本经营预算收入的分配。

二、国有资本经营收益管理的意义

国有资本经营收益管理的意义在于通过明确科学的管理原则、采用科学的方法提升国有资本经营收益分配的质量，进而更好实现政府职能和国有企业功能使命。

（一）增强国家宏观调控能力，优化产业布局

国有资本经营收益是非税收入的重要组成部分，也是我国财政收入的重要来

源。规范国有资本经营收益管理有利于保证财政收入来源的稳定性，国家财力增强有利于更好地进行宏观调控，同时也确保国有资本投资方向的合理性，按照“有退有进，有所为有所不为”原则调整国有资本结构和产业布局，为维持经济健康发展和社会稳定提供支撑。

（二）积累发展资金，扩大社会再生产

做强、做优、做大国有资本和国有企业，必须在保证简单再生产顺利进行的同时，通过收益所得积累发展资金，实现扩大再生产。扩大再生产所需的资金主要依靠企业的内部积累，即通过生产经营创造的利润来实现。国有资本经营收益是国有资本按产权份额获取的利润分配额，其投入国有企业的部分是促进社会积累、实现扩大再生产的重要资金来源。从目前国有企业在经济运行中的表现看，国有资本经营收益已成为财政收入的重要来源。收取的国有资本经营收益直接或者间接投入社会再生产过程，成为扩大再生产的重要源泉，实现更多价值创造，进而促进国民经济良性可持续发展。

（三）保障和改善民生，促进社会和谐

国有资本的全民所有特性决定了其获取的收益必须进入财政分配总盘子。国有资本经营收益充实财政收入，能够支持大规模的公益事业建设，保障和改善民生。例如，用于公共基础建设和医疗支出、增强社会保障、弥补金额庞大的社保资金缺口、支持义务教育等，这都是事关民生福祉的公益事业，其发展程度直接关乎国家稳定和社会和谐。2017 年 1 月财政部印发《关于切实做好 2017 年基本民生支出保障工作的通知》，明确提出提高国有资本经营预算调入一般公共预算的比例，以统筹用于保障基本民生。

（四）促进行业竞争，实现社会公平

我国国有企业经过四十余年的多轮改革，国有经济整体实力大大提升，国有企业的竞争力及盈利能力有所增强，利润整体呈上涨趋势，已经有能力上交国有资本经营收益，尤其是石油、电信、电力、金融和烟草等垄断行业。合理分配国有资本经营收益，能够平衡行业间国企内部留存，降低因政策或者行业垄断等形成超额利润的国有企业与其他国有企业之间积累能力和职工收入的差距，促进行业间公平竞争，实现收入分配的社会公平。

（五）保障国有资本安全，实现国有资本保值增值

国有资本经营收益管理有助于解决国有资本经营收益管理缺位导致的国有资本流失，如果国有企业创造的利润需要上交却未能上交国家，而是留归企业内部

自由支配，很容易因缺少规范、透明、严格的监督管理而影响国有资本安全。政府作为实质上的国有企业主要出资人，以资本所有权获取、集中国有资本经营收益并将其纳入国有资本经营预算，将部分收益作为资本投入企业运营以创造新的收益，保障国有资本安全的同时实现国有资本的保值增值，推动国有资本优化配置和良性循环。

（六）统筹资金，为暂时资金困难的国有企业提供资金支持

国有企业通常将剩余利润用于自身发展，也有企业因初创或者其他原因暂时陷入资金困境，但这些企业又是符合产业政策且确属暂时困难，需要政府注入新的资本。国有企业是国民经济支柱，承担较多的社会职能，企业创业期或者遇其他状况而面临资金困难也并不罕见。政府应审时度势，准确判断，科学决策，将收缴的部分国有资本经营收益用于支持国企，补充资本金之不足，优化国有资本配置。因此，统筹管理国有资本经营收益，将部分国有资本经营收益通过充实财政收入、以二次分配反哺企业，对于满足国有企业资金需求、实现可持续发展具有重要意义。

三、国有资本经营收益管理的原则

实现国有资本经营收益管理的合理性，在决策上应当体现民主参与原则，在对象上体现统筹兼顾原则，在过程中体现合法性原则。

（一）民主参与原则

全体人民拥有国有资本的最终收益权，也有权参与、决定国有资本经营收益分配的执行，各级人民代表大会对国有资本经营预算草案行使审批权，对国有资本经营预算执行情况进行监督。目前部分国有资本经营收益的收缴、支出等管理办法通常会采取发布征求意见稿的形式，征求社会公众的意见，提高了公民参与度，促进了民意沟通。

（二）统筹兼顾原则

国有资本经营收益管理应当保证国有资本的所有者、经营者和使用者的共同利益。上交国有资本经营收益是国有企业的义务和责任，通过适度集中国有资本经营收益，以再分配的方式引导财政资金流向，在反哺国有企业的同时增进社会福利，推动国家与国有企业之间的利润分配合理化，实现“取之国企，用之国企，惠及公众，还利于民”。

（三）合法性原则

合法性原则要求国家颁布相关法规，明确国有资本经营收益收缴和再分配的具体要求，国家和企业必须严格依法执行。国有企业按规定应上交的国有资本经营收益，应当及时、足额上交各级财政，对拒不上交国有资本经营收益的企业，依法追究企业负责人的法律责任。国有资本经营预算支出按照经批复的预算支出项目为依据执行，未列入预算的不得支出，未经批准不得擅自调剂。

第二节　国有资本经营收益管理制度的演变及改革依据

一、国有资本经营收益管理制度的演变

新中国成立以来，国有企业改革的一个主要轨迹是国有企业定位从最初的“国家生产车间”到独立运行的市场经济主体，与此相伴的是国家与企业之间收益分配关系的变化。我国国有资本经营收益管理制度的演变可分为六个阶段，即“统收统支—利润留成—利改税—承包经营—税利分流—分类收缴”的制度演变过程（张宇霖等，2022）。各个阶段的基本内容、主要特征及主要文件如表 10－1 所示。

表 10－1　　国有资本经营收益管理制度演变

阶段	基本内容	主要特征	主要文件
统收统支 1949～1977 年	国家以所有者身份直接收取企业利润	企业没有经营自主权，由政府配置社会资源	1950 年 3 月中央人民政府政务院《关于统一国家财政经济工作的决定》 1961 年 1 月中共中央批转财政部党组《关于改进财政体制和加强财政管理的报告》
利润留成 1978～1982 年	留存部分利润用于建立企业基金，主要用于职工集体福利	开始市场经济体制改革，但市场配置资源能力较弱	1978 年 11 月国务院批转财政部《关于国营企业试行企业基金的规定》 1979 年 7 月国务院《关于国营企业实行利润留成的规定》
利改税 1983～1985 年	以税收取代企业利润收缴	从“税利不分”向完全“以利代税”转变	1983 年 4 月国务院批转财政部《关于国营企业利改税试行办法》 1984 年 9 月国务院转批财政部《国营企业第二步利改税试行办法》

续表

阶段	基本内容	主要特征	主要文件
承包经营 1986～1992年	遵循“包死基数，确保上交，超收多留，欠收自补”的承包经营原则	企业所有权和经营权开始分离，但政企税收关系仍属于税利不分状态	1986年12月《国务院关于深化企业改革增强企业活力的若干规定》
			1988年2月国务院《全民所有制工业企业承包经营责任制暂行条例》
税利分流 1993～2006年	先按税法规定缴纳企业所得税，对税后利润在国家与企业间进行第二次分配	市场发挥资源配置作用，国家凭借政治权利和财产权利参与企业收入分配界限逐渐明确	1993年12月《国务院关于实行分税制财政管理体制的决定》
分类收缴 2007年至今	按行业分类缴纳国有资本经营收益	政企分开推动政企收益分配关系明晰，国有资本经营收益分配逐渐向民生领域倾斜	2007年12月财政部和国务院国资委《中央企业国有资本收益收取管理暂行办法》
			2016年1月财政部《中央国有资本经营预算管理暂行办法》
			2016年7月财政部《中央企业国有资本收益收取管理办法》

（一）统收统支阶段（1949～1977年）

自新中国成立至改革开放前，我国实施计划经济体制。政府直接从事国有资本的运营管理，兼具所有者和管理者双重身份，此时的国有企业没有经营自主权，只是按政府下达的指令进行生产，政府拨付生产经营资金，并收取利润。国家与国有企业的收益分配关系表现为高度集权的统收统支特征。统收统支在国民经济恢复与后期经济建设过程中起过重要作用，但企业因缺乏经营自主权和自身独立经济利益，导致管理者和职工的生产经营积极性不高、主动性不强，企业活力和创新力不足、经济效益不高。

（二）利润留成阶段（1978～1982年）

1978年改革开放后，我国开始着力于通过体制机制改革，解放和发展生产力，国家与企业之间收益分配关系的调整也成为改革的重要内容。在这一阶段，首先实行的是企业基金制度，1979年在企业基金制度的基础上试行利润留成制度，并规定独立核算的盈利企业可以按照国家规定的比例留存部分利润自主支配，用于建立生产发展基金、职工福利基金和职工奖励基金。利润留成制度给予企业更大的经营自主权，增强了企业寻求创新、增产增收的动力，有助于长远发展。但这一制度也存在缺陷，主要是企业留成比例的弹性较大、利润留成基数和留成比例缺乏合理性标准等，国家与企业之间收益分配关系还欠规范和稳定，进而也导致了国家财政收入的不稳定。

（三）利改税阶段（1983～1985 年）

利改税是以缴纳税收取代国有企业利润上交的收益分配制度，经历税利并存和完全以税代利两个阶段。利改税，即国家仅征收企业所得税和调节税，税后利润归企业使用，国家与企业之间的收益分配关系因此转换为税收征缴关系。利改税扩大了国有企业对税后剩余利润的自主支配权，本质上也是扩大了国有企业作为微观经济主体享有的财产权利。由于税收具有固定性、强制性等特点，利改税实现了财政收入的稳定增长，为构建现代税收体系奠定了基础。但利改税在理论上忽视了国有企业的特殊性，国家依据政治权利还是依据财产权利参与企业收入分配的界限模糊，同时具体实施过程中所得税税率过高，导致企业税收负担过重（袁振宇，1991）。

（四）承包经营阶段（1986～1992 年）

为了转变企业经营机制，1986 年开始试行承包经营责任制，1988 年进一步明确“以承包经营合同形式，确定国家与企业的责权利关系”，目的是增强企业自主性和经营活力，提高经济效益。承包经营责任制将国家与国有企业之间的收益分配关系以合同的形式确定下来，形成法律约束力，进一步调动经营者和员工的积极性，增强企业活力和自主创新能力，短期内提高了国有企业经营效率，有助于企业法人主体地位确定。但该制度并未从根本上解决税利不分的问题，没有打破原来的机制壁垒，同时包盈不包亏直接诱发了企业经营承包者的短视经营行为，国有企业的经营风险、债务压力等不断向政府积累和转移，导致这一时期国家财政收入大幅降低。

（五）税利分流阶段（1993～2006 年）

1993 年财税体制重大改革推动国家与企业之间的收益分配关系再次调整。税利分流是处理国家与企业收益分配关系的一种形式，即企业先按税法规定向国家缴纳企业所得税，国家和企业对税后利润进行第二次适当分配。税利分流制度于 1994 年开始全面推行，在税收层面，企业按照国家规定的统一税率纳税，在税后利润分配层面，建立国有资产投资收益按股分红、按资分利或税后利润上交的分配制度。税利分流扩大了国有企业财权，将国家凭借政治权利和财产所有权参与国有企业收益分配的双重管理身份区分，创造企业平等竞争的条件，促进统一市场形成。但该制度颁布后便面临着执行难题，1994 年国有企业发生大面积亏损，同时考虑到国有企业承担了大量社会职能，作为阶段性措施，国家暂缓收缴税后利润。

（六）分类收缴阶段（2007 年至今）

国有企业经营状况好转后，如何规范国家、企业之间的收益分配关系，再次被提上了议程。2007 年国有资本经营收益收缴制度重启，结束了国有企业只交税不分红的历史。国有资本经营收益分类收缴制度不断完善，国有资本经营收益的收缴比例历经数次变更，国有资本经营收益收缴范围也不断扩大。国有资本经营收益考虑行业差异性和复杂性等因素分类划分收益收取比例，便于加强国有资本经营收益管理。但仍有可进一步完善的空间，例如，尚存在国有资本经营收益分配比例仍然较低、收益计算口径不合理、收益征收的范围不明确、流入民生比例仍偏低、企业上交和财政收缴收益的意识不强、地方预算推动速度较慢等问题。

二、国有资本经营收益管理制度改革依据

（一）理论依据

1. 产权理论

根据科斯（Coase）对产权的阐释，企业剩余利润最终归所有者占有，这是所有者运营企业并实现收益的动机，产权因而成为提高社会资源配置效率的关键因素。产权的范畴很广泛，包括所有权（占有权）、使用权、转让权、决策权、收益权等，其中使用权和收益权是财产权利的核心和关键，收益权更是产权的最终体现。因此，取得国有资本经营收益是国家所有者身份的本质要求，是国家行使所有者权利的表现。此外，国有资本所有权作为一种特殊的产权，由政府代表人民行使所有者权利。现实中政府承担双重角色，即社会管理者身份和所有者身份。1993～2006 年利税分流期间，政府虽作为出资人，但仅以社会管理者的身份收取国有企业缴纳的税收，却未能行使国有资本所有者应享有的收益权利。因此，应从法律和制度上理顺国家与国有企业之间的收益分配关系，保障国家享有国有资本收益的分配权。

国有资本经营收益管理本质上体现了国有产权的分配关系。国家基于国有资本所有者的身份，对国有企业创造的收益享有分配权。国有企业产生的收益既可用于国有资本累积或增加对企业的股权投资，也需上缴财政，一部分进入竞争性行业以提升投资效率和效益，一部分用于公共建设以保障民生福利。与此同时，须建立法律监督、舆论监督、行政监督等多渠道的财务监督体系，以保证合理、规范使用收取的收益，提升资金使用效益。综上，国有资本经营收益管理是国家以资本所有者身份行使资本管理的重要内容，建立健全国有资本经营收益管理制度符合社会主义市场经济体制下产权运行的基本规则。

2. 委托代理理论

现代公司制企业的最大特点是所有权与经营权相分离。所有权与经营权相分离的优势是能够充分发挥经营者的经营管理才能，提升经营绩效，但与此同时，也会因信息不对称带来代理人逆向选择、道德风险等损害委托人利益的代理问题。就国有企业而言，全体人民虽然是国有资本的真正所有权人和国有资本经营收益的最终享有者，但无法直接参与国有资本的运营管理过程，也就无法具体行使所有权和收益分配权等权能。政府以第一层级代理人身份代表人民行使出资人的权利，参与国有资本的经营运作，履行出资人的义务，由此形成了人民与政府的第一层委托代理关系。而由于国有资本规模巨大、国有企业数量众多，政府实际上也无法直接经营国有企业、运营国有资本。基于此，只能通过授权国资监管机构履行出资人职责，将国有企业经营权和国有资本运营权委托给国有资本投资运营公司/国有集团企业，进而形成了第二层委托代理关系。因产权关系而形成的国有资本经营双重委托代理关系引致了双重收益分配关系。在第二层委托代理关系中，客观上存在着政府与国有资本经营者之间的利益冲突。政府应按所有权关系获得资本收益，有权要求代理人（经营者）上交国有资本经营收益。收取国有资本经营收益既是基于产权关系确定的国有企业应履行的义务，又是倒逼国有企业经营者加强创新、提升企业竞争力的一项制度安排，还是降低代理成本的有效途径。

（二）现实依据

国有资本经营收益管理与国企改革紧密相关，国企改革是国有资本经营收益管理发展的重要推动力量。20 世纪 90 年代中后期，我国国有企业陷入经营困境，考虑到企业的发展，采取暂时不征收国有资本经营收益的策略。为走出困境，政府采取“抓大放小”“扭亏脱困三年计划”“股份制”等改革政策，提高了国企活力，经营状况明显改善。2001 年 3 月，第九届全国人大第四次会议批准的《关于国民经济和社会发展第十个五年计划纲要的报告》指出，大多数国有大中型亏损企业脱困目标基本实现，2000 年国有及国有控股工业企业实现利润 2392 亿元。国有企业经营绩效的改善和利润留存的增多为重启国有资本经营收益收缴制度创造了条件。2005 年一份名为《国企分红：分多少？分给谁》的研究报告[①]引发社会各界对于国有企业红利收缴必要性的广泛关注，并对国有资本经营收益收缴和分配问题展开深入讨论。2007 年 9 月《国务院关于试行国有资本经营预算的意见》发布标志着国有资本经营预算体系基本框架初步形成，同年 12 月财政部和国务院国资委联合出台《中央企业国有资本收益收取管理暂行办法》，国有资本

① 高路易、高伟彦、张春霖：《国企分红：分多少？分给谁?》，世界银行网站，2005 年 10 月 17 日。

经营收益收缴制度重启。

随着国有资本出资人制度和授权经营体制的建立，政企关系逐步明晰，政府发挥宏观调控作用，进一步落实企业自主经营权。国企改革特别是以产权结构调整为导向的混合所有制改革，引入市场竞争机制，促进国有企业市场经济主体地位确立，有效激发市场经济活力，国有企业规模逐年扩大，经济效益得到大幅提升。2013 年全国国有及国有控股企业利润总额为 2.6 万亿元①，2022 年达到 4.3 万亿元②，增幅高达 65%。国有企业实现经营机制的市场化转变，激发了企业活力，提高了核心竞争力，为国有资本经营收益收缴制度改革奠定了经济基础。伴随国有资本经营收益收缴制度改革的推进，国家出台了相关配套政策和法律法规为国有资本经营收益管理提供依据。例如，《中央国有资本经营预算编报办法》以及《中央企业国有资本收益收取管理办法》等为国有企业税后利润收缴提供了政策性依据，《中华人民共和国企业国有资产法》《中华人民共和国公司法》以及《中华人民共和国预算法》等为国有资本经营收益管理提供了法律支持。

国有企业的全民所有性质决定了国有资本经营收益管理的必要性。一方面，国有企业投资形成的国有资本应为全体公民共有财产，其经营收益应当具有增进人民福利的社会保障功能，将国有企业实现的部分利润用于保障和改善民生，实现国企红利真正“用之于民”；另一方面，收益收缴本质是收入分配改革，通过国有资本经营收益分配，将国有企业利润适度集中、合理分配，提高社会分配公平性。

第三节 国有资本经营收益收缴

一、国有资本经营收益收缴的对象和范围

国有资本经营收益收缴对象指纳入国有资本经营预算实施范围的、由各级人民政府授权财政部门或国资委履行出资人职责的国有企业，主要包括国有独资企业、国有控股企业以及国有参股企业。纳入国有资本经营预算实施范围的企业通常实行清单制管理，该清单根据财政部门相关文件及时动态调整，避免因企业遗漏导致的国有资本经营收益流失。

自 2007 年以来，随着国有资本经营收益收缴制度的不断完善，国有资本经营

① 《财政部公布 2013 年全国国有企业财务决算情况》，中国政府网，2014 年 7 月 28 日。

② 《2022 年 1～12 月全国国有及国有控股企业经济运行情况》，财政部网站，2023 年 2 月 1 日。

收益收缴所覆盖的国有企业范围不断扩大。以中央企业为例，2012 年 1 月《财政部关于扩大中央国有资本经营预算实施范围有关事项的通知》将工信部、体育总局、卫生部等所属 301 家中央企业纳入中央国有资本经营预算实施范围。2016 年 1 月财政部印发的《中央国有资本经营预算管理暂行办法》中显示部分金融企业参与编制国有资本经营预算。根据《关于 2016 年中央国有资本经营决算的说明》，2016 年参与国有资本经营预算编制的中央企业共 846 户，包括中央非金融类一级企业和财政部直接持股的部分中央金融企业[①]，2023 年数量达到 1971 户[②]，更多国有企业被纳入国有资本经营收益收缴范围。在以管资本为主的监管体制转型背景下，国有资本经营收益收缴将覆盖全行业、全领域，收缴对象应囊括国家直接或间接出资所形成的国有企业。

二、国有资本经营收益收缴的内容

根据现行中央和地方国有资本经营收益收取管理办法，国有资本经营收益包括国有企业经营性收益和资源性收益，通常指以下形式的收益：（1）应交利润，即国有独资企业按规定应当上交国家的利润，计算时可按照相关要求扣除以前年度未弥补亏损和法定盈余公积金；（2）国有股股利、股息，即国有控股、参股企业国有股权（股份）获得的股利、股息收入；（3）国有产权转让收入，即转让国有产权、股权（股份）获得的收入；（4）企业清算收入，即国有独资企业清算收入（扣除清算费用），国有控股、参股企业国有股权（股份）分享的公司清算收入（扣除清算费用）；（5）其他国有资本经营收益。

三、国有资本经营收益收缴的比例

制定合理的国有资本经营收益分配比例是提高资金运营效能的前提。将企业实现的利润适度集中，一方面能够遏制企业因内部留存过多而可能发生的过度投资冲动，另一方面有助于推进再分配调节，加强资源统筹，在保持企业可持续发展的同时保证资源使用的有的放矢。2007 年 12 月财政部和国务院国资委联合出台了《中央企业国有资本收益收取管理暂行办法》，规范了中央企业国有资本经营收益的管理。国有股股利、股息，国有产权转让收入，企业清算收入以及其他国有资本经营收益，一般采取全额收取的方式。考虑到行业属性及其他影响因素导致的国有企业税后利润水平存在较大差异，对国有独资企业应交利润的

① 《关于 2016 年中央国有资本经营决算的说明》，财政部网站，2017 年 7 月 12 日。

② 《关于 2023 年中央国有资本经营预算的说明》，财政部网站，2023 年 3 月 27 日。

收取并没有采用“一刀切”的做法，而是采取了不同行业不同比例的方式分类收取国有企业部分税后利润，收缴比例具体划分为三类，分别为10%、5%和暂缓3年上交或免交。

财政部、国务院国资委对中央国有独资企业的分类及各类中央企业应交利润的上交比例进行了多次调整。2010年12月财政部印发《关于完善中央国有资本经营预算有关事项的通知》，将中央企业划分为四类收取国有资本经营收益，并适当提高了国有资本经营收益的上交比例。2012年经国务院批准，中国烟草应交利润上交比例提高为20%，其他类别上交比例不变。2013年11月党的十八届三中全会通过的《中共中央关于全面深化改革若干重大问题的决定》，明确提出提高国有资本经营收益上交比例。自2014年起，国有资本经营收益收缴比例在原有四类比例基础上各提高5个百分点，并划分为五类标准。2015年9月发布的《中共中央 国务院关于深化国有企业改革的指导意见》再次提出将国有资本经营收益收缴比例提高。截至2023年，中央企业税后利润收取比例分为五类：第一类为烟草企业，收取比例25%；第二类为石油石化、电力、电信、煤炭等资源型企业，收取比例20%；第三类为钢铁、运输、电子、贸易、施工等一般竞争型企业，收取比例15%；第四类为军工企业、转制科研院所、中国邮政、国铁集团、中央文化企业、中央部门所属企业，收取比例10%；第五类为政策性企业，免交当年应交利润①。

地方国有独资企业年度利润上交比例通常以中央企业国有资本经营收益收取比例为参考，由各地政府根据所管辖范围内国有企业功能定位或规模等自行确定。以山东省为例，2023年8月《山东省人民政府办公厅关于印发山东省省级国有资本经营预算管理办法的通知》指出，山东省省属国有独资企业、企业化管理事业单位按照不低于30%的比例上缴利润收入，其中金融企业、资源类企业上交比例不低于35%，省政府另有规定的除外，此利润收入上交比例通常实行动态调整。其他省市国有资本经营收益收缴比例各有不同，例如，2022年上海市市级国有资本经营收益收缴比例分为四类，一般企业为30%（其中功能保障类企业为20%），文化类、公益类企业为10%，应交利润不足10万元的小微企业，免交当年应交利润②；安徽省2022年国有资本经营收益收缴比例分为三档，商业Ⅰ类为25%，商业Ⅱ类和公益类企业为20%，文化类企业为10%③；吉林省2023年国有资本经营收益统一按30%比例计算上交④。

---

① 《关于2023年中央国有资本经营预算的说明》，财政部网站，2023年3月27日。

② 《2022年预算报告解读（一）：关于本市国有资本经营预算的有关情况》，上海市财政局网站，2022年7月1日。

③ 《省财政厅开展2022年省属企业国有资本收益申报工作》，安徽省财政厅网站，2022年3月31日。

④ 《关于做好省属企业2023年国有资本收益申报工作的通知》，吉林省财政厅网站，2023年4月27日。

四、国有资本经营收益收缴的执行

国有资本经营收益是财政收入的重要组成部分。国有资本经营收益收缴执行的合理性、合规性、准确性将直接影响国有资本经营收益管理制度体系的运转效果，进而影响财政收入分配秩序稳定性。因此，应明确各相关主体的职责，依法依规落实好国有资本经营收益的收缴工作。

（一）国有资本经营收益申报

2022 年 6 月发布的《财政部关于做好 2022 年中央企业国有资本收益申报工作的通知》指出，中央企业应按规定时间，向中央部门（机构）和中央企业所在地财政部监管局申报 2022 年国有资本收益。其中中国烟草、中国邮政、国铁集团向财政部和财政部北京监管局申报，北大荒集团向财政部和财政部黑龙江监管局申报。地方国有企业通常向国资监管机构申报国有资本经营收益。

国有资本经营收益的申报主体及申报材料通常分为以下几种情况：（1）应交利润按照净利润和规定的上交比例由国有独资企业申报，并附送经依法审计的年度合并财务会计报告，国有独资企业拥有全资公司或者控股子公司、子企业的，由集团企业根据国有独资企业经依法审计的年度合并财务会计报告反映的归属于母公司所有者的净利润为基础申报；（2）国有股股利、股息由国有控股、参股公司据实申报，并附送经依法审计的年度合并财务会计报告和股东（大）会决议通过的利润分配方案；（3）国有产权转让收入由企业或国资监管机构据实申报，并附送产权转让合同和经核准或备案的资产评估报告；（4）企业清算收入由清算组或管理人据实申报，并附送经依法审计的清算报告，涉及资产评估项目应附送经核准或备案的资产评估报告；（5）其他国有资本经营收益由相关企业或单位申报，并附送有关经济事项发生和金额确认的资料。

（二）国有资本经营收益申报审核

国有资本经营收益申报审核是国有资本经营收益及时、足额收缴的重要保证，也是顺利推进国有资本经营预算制度的重要前提。总体而言，企业提交的国有资本经营收益申报材料由国资监管机构、财政部各地监管局和财政部门审核。

国有企业填报国有资本经营收益申报表及相关材料，提交到国资监管机构或财政部各地监管局进行初审，初审后提出初审意见并报财政部门复核。审核过程应当严格、细致、准确。一是在审核开始前，准备工作要充分，应加强对审核中重点、难点问题的分析研讨，明确审核要点，规范审核流程，并及时进行政策宣传，加强对政策文件解读，提高企业国有资本经营收益上交的自觉性。二是审核过程中，要严把质量关，以经审计的财务会计报告、企业利润分配方案、产权转让协议和资产评估材料、企业清算报告等材料为基本依据，对国有资本经营收益各项应缴项目进行严格核对和计算。同时注重资料关联性，通过对比企业往年申报材料或实际生产情况等对企业申报数据的真实性、准确性进行研判分析，对审核中发现的问题及时与企业沟通协调，必要时进行现场审核，确保国有资本经营收益应缴尽缴。

（三）国有资本经营收益收取

国有资本经营收益通常由国资监管机构组织并由财政部门负责收取。中央企业上交的国有资本经营收益纳入中央国有资本经营预算收入管理，地方国有企业国有资本经营收益纳入地方本级国有资本经营预算收入管理。财政部门负责管理各项财政收支，通过对国有资本经营收益进行预算、规划和管理，实现国有资本经营收益的有效分配，提高使用效率。财政部各地监管局根据财政部授权管理属地中央各项财政收支，承担国有资本经营预算管理有关监督工作。各级国资委作为代表本级政府履行出资人职责、监管国有资本、制定国资监管规则的特设机构，其职责主要围绕国有企业改革、国有企业运行、国有资本保值增值等方面，是国有资本经营收益收缴的主要组织者。

（四）国有资本经营收益收缴的监督检查

各级财政部门、国资监管机构以及财政部各地监管局负责监督国有资本经营收益收缴工作，通过建立国有资本经营收益收缴情况的有效信息沟通渠道，及时掌握收益收缴动态，督促相关企业在规定时间内足额上交国有资本经营收益。

第四节　国有资本经营预算支出

一、国有资本经营预算支出的目标

国有资本经营预算支出是根据国家宏观经济政策需要以及不同时期国有企业改革发展任务，对收缴的国有资本经营收益进行分配使用。国有资本经营预算支出的目标，一方面在于维护国有企业经营自主权，自主使用留存利润进行扩大再生产，扩充国家财政收入，实现国有资本经营收益最大化，保持国有资本的保值增值；另一方面在于规划产业发展，完善国有经济布局和结构调整，维护国家战略安全，提供公共服务，改善全民物质生活水平。

二、国有资本经营预算支出的结构

按照资金使用性质，国有资本经营预算支出结构可划分为资本性支出、费用性支出和其他支出。资本性支出主要是根据产业发展规划、国有经济布局和结构调整、国有企业发展要求，以及国家战略安全等需要安排的国有资本经营预算支出，是实现国有资产保值增值、发展国有企业、创造新的国有资本经营收益的必要支出，如公益性设施投资、自主创新、环境保护等。费用性支出是深化国有企业改革的重要助力，主要用于弥补国有企业改革成本和解决历史遗留问题，包括用于支持企业剥离国有企业办社会职能、解决国有企业存在的体制性、机制性问题等方面的支出。其他支出主要指社会保障等公共支出。

根据资金流向，国有资本经营预算支出可大致归纳为“国企体内循环”“民生支出”和其他支出。“国企体内循环”主要指国有资本经营收益再分配后流入企业的部分，即国有资本经营收益再回笼支持国有企业自身发展。“民生支出”通常指调入一般公共预算和社保基金的部分。一般公共预算、政府性基金预算、国有资本经营预算和社会保险基金预算统称为财政预算体系的“四本预算”，“四本预算”之间存在一定的勾稽关系，以达到统筹财政资源的目的。部分国有资本经营收益调入一般公共预算、补充社保基金有助于充分发挥国有资本的社会保障功能，体现了国有资本全民所有、全民受益的理念。

三、国有资本经营预算支出的执行

2017 年 3 月财政部印发的《中央国有资本经营预算支出管理暂行办法》，2019 年 9 月国务院国资委印发的《中央企业国有资本经营预算支出执行监督管理暂行办法》，对国有资本经营预算支出执行的组织过程、实施主体等作出明确界定，地方国有资本经营预算支出管理办法参考上述办法制定。

（一）国有资本经营预算支出执行程序

国有资本经营预算支出执行的主要依据为经各级人民代表大会批复的国有资本经营预算草案中的各支出项目安排。国有企业编制下一年度国有资本经营预算支出计划建议，根据预算支出项目性质以及企业内部政策要求等实际情况，一般先由企业内部决策程序审议，审议通过后，经过依次向各级国资监管机构、财政部门、人民政府、人民代表大会逐层向上报送和向下批复的程序，最终由财政部门将批复意见下达给国资监管机构，各级国资监管机构向所监管的国有资本投资运营公司/国有集团企业转达批复，并监督国有资本经营预算支出的执行。

国有资本经营预算支出在具体执行时，通常由符合国有资本经营收益使用条件的企业在经批准的预算范围内向国资监管机构和财政部门提交国有资本经营预算支出项目相关申报材料。各级国资监管机构和财政部门对申报材料进行审核。财政部门审核通过后，按照财政国库集中支付管理的有关规定，拨付资金。国有资本预算支出项目和分配金额经审定后原则上一般不予调剂更改，确需变更的应重新履行评审和决策程序。企业应当按照规定用途使用收到的国有资本经营预算资金，属于国有企业资本金注入的，应及时落实国有权益，并根据明确的支出投向和目标，及时开展国有资本投资运营活动。

（二）国有资本经营预算支出执行绩效评价

建立国有资本经营预算管理评价制度，对国有资本经营预算支出执行过程、使用效益作出合理评价，有助于提升预算水平，提高国有资本经营预算支出安排的专业性。国有资本经营预算支出绩效管理通常按以下程序执行：企业在编制年度预算的同时制定各支出项目的绩效目标，在项目完成后进行绩效自评，并形成自评报告，包括预算执行情况、项目总体绩效目标和各项绩效指标完成情况等，报送国资监管机构和财政部门；国资监管机构在企业自评的基础上，可根据需要委托第三方机构开展部门评价；财政部门选择部门重点项目实施财政重点绩效评价，评价结果及时反馈被评价单位并依法向社会公开。

（三）国有资本经营预算支出执行监督

国有资本经营预算支出执行的主要监督主体包括各级人民代表大会、财政部门、国资监管机构、政府审计部门、公众媒体等，通过对国有资本经营收益使用的合规性、合法性和有效性进行监督检查，确保国有企业严格按照相关规定使用国有资本经营预算资金，提高国有资本配置效益。

各级人民代表大会对国有资本经营预算支出监督主要体现在国有资本经营预算草案审批环节。各级财政部门、国资监管机构是整个国有资本经营分配过程监督的关键主体，全程监控国有资本经营预算支出执行，审核国有资本经营预算支出计划建议，对已拨付的预算资金进行跟踪检查，对国有资本经营预算执行情况进行绩效评价，保证资金的可控性。政府审计部门通常采取专项审计调查的方式对国有资本经营预算支出执行情况的合规性进行监督，通过对具体的预算支出项目执行情况展开全面、深入地核查，及时发现问题，加强资金支出责任和资金使用的规范性。公众和媒体主要依据政府公开信息，对国有资本经营预算支出各实施环节进行监督。

第十一章

国有资本经营绩效评价

国有资本经营绩效评价是国有资本管理的重要内容，是正确引导国有资本经营行为和加强完善国有资本监督管理体系的重要手段。本章从国有资本经营绩效的概念特征出发，阐释国有资本经营绩效评价的意义和主要原则，在对国有资本经营绩效评价体系进行详细介绍的基础上，依据当前政策文件对不同类型国有企业的功能定位分类构建相应的经营绩效评价指标体系。

第一节 概 述

一、国有资本经营绩效评价的概念

国有资本经营绩效评价是评价主体依据特定的评价目标建立综合评价指标体系，对照相应评价标准，运用一定的评价方法对国有资本特定期间的经营绩效进行的全面、客观、公正的综合评判。评价主体、评价内容和评价体系是国有资本经营绩效评价的核心要素，直接受国有资本监管体制的影响。基于当前管资本的监管体制，国有资本经营绩效评价具有以下特征：

一是评价主体的层次性。依照资本逻辑，绩效评价是为资本提供者服务的（陈共荣和曾峻，2005），是国有资本监管的手段。管资本为主的监管体制下，形成了“国资监管机构—国有资本投资运营公司/国有集团企业—权属企业”三个层次的监管架构（朱炜等，2022）。国资监管机构作为政府履行国有资本监管职能的出资人代表机构，是国有资本经营绩效评价主体的第一层次。作为在授权范围内履行出资人职责的国有资本投资运营公司/国有集团企业是国有资本经营绩效评价主体的第二层次。

二是评价目标的多样性。绩效评价是对经营主体职责履行结果的反映，是决策制定和监督管理的依据。国有资本经营绩效评价目标的设置有助于引导激励经营管理者朝特定方向努力，以保障国有资本战略目标的实现。不同层级不同类别国有资本经营主体的功能定位存在差别，其绩效评价目标也各有侧重。例如，对国有资本投资运营公司绩效评价的目标侧重于优化国有资本布局、促进国有资本合理流动等，对公益类国有企业绩效评价的目标侧重于保障民生、服务社会、提供公共产品和服务等。

三是评价体系的复杂性。国有资本经营绩效评价主体的层次性和评价目标的多样性，决定了国有资本经营绩效评价体系的复杂性。基于不同评价主体和评价目标，国有资本经营绩效评价维度广泛而复杂；依据各维度的评价目标，选择相应的评价指标构造的评价指标体系复杂。

二、国有资本经营绩效评价的意义

国有资本经营绩效评价作为国有资本运行系统管理的重要组成，对于综合反映国有资本经营绩效、正确引导国有资本经营行为、全面加强国有资本监督管理等都有着重要的现实意义。

（一）综合反映国有资本经营绩效

综合反映国有资本经营绩效是国有资本经营绩效评价的出发点和落脚点，是国有资本经营绩效评价的逻辑向度，主要回答“绩效是什么”“绩效是多少”“绩效怎么样”三个基本问题。国有资本经营绩效是一种复合绩效，是多种行为叠加的结果，体现为实现经营目标的各个维度。国有资本经营绩效评价是科学的“度量衡”，从经济效益、社会效益等多维度设置包含定量指标和定性指标、财务指标和非财务指标的综合绩效评价指标体系，全面、客观、公正地反映国有资本过去和未来的经营绩效。

（二）正确引导国有资本经营行为

正确引导国有资本经营行为是国有资本经营绩效评价的首要目标，是国有资本经营绩效评价的价值向度，主要回答“该不该”“值不值”两个问题。依据不同功能定位、不同行业领域国有资本的经营目标，设计差异化的国有资本经营绩效评价内容和标准，有助于引导国有资本适应市场化、现代化、国际化形势，在维护国有资本安全、提高国有资本效率、实现国有资本保值增值的基础上，更好服务于国家战略。

（三）全面加强国有资本监督管理

全面加强国有资本监督管理是国有资本经营绩效评价的主要目标，是国有资本经营绩效评价的问题向度，主要用来发现国有资本经营管理中存在的问题，并完善相关政策。一方面，利用定量的、可验证的财务指标进行国有资本经营绩效评价，可以直观地衡量国有资本经营主体目标达成情况，及时发现国有资本经营管理中存在的问题，改进管理方法或管理程序，调整经营战略；另一方面，通过国有资本经营绩效评价，加大绩效信息公开力度，将绩效评价结果与完善政策、调整预算安排有效衔接，完善国有资本的监督管理。

三、国有资本经营绩效评价的主要原则

国有资本经营绩效评价应当遵循坚持经济效益和社会效益相结合、遵循市场规律与服务国家战略相结合、突出共性与体现个性相结合、长期目标与短期目标相结合四个主要原则。

（一）坚持经济效益和社会效益相结合原则

这一原则要求，从经济效益和社会效益等角度建立综合的指标体系，对国有资本经营目标的实现情况进行多层次、多角度的综合评判。国有资本本质就是通过积累实现价值增值。在实现经济效益的同时，国有资本被赋予更多的社会责任。它不仅要为社会提供高品质、具有一流水平的产品与服务，得到社会的认可，还要在经济发展、社会进步和环境保护等方面实现相应的社会效益。国有资本是国家能力的基础和依托，其经济效益的实现可以为提供社会公共品、解决社会重要问题提供物质保障，即国有资本的经济效益是社会效益的基础。相对应，经济发展、社会进步等社会效益的实现又是促进国有资本经济效益提高的重要条件。

（二）遵循市场规律与服务国家战略相结合原则

这一原则要求，绩效评价内容既要反映社会主义市场经济的发展要求，又要体现执行国家战略任务的情况。国有资本在社会主义市场经济中运行，就需要遵循市场规律做强、做优、做大。即通过控制市场经济中的竞争主体国有企业，国有资本既要增强其竞争力和增值能力、又要提高其经营效率、市场活力和抗风险能力，还要通过市场化运作实现规模的扩大。国有资本是支撑社会主义国家能力的物质基础，通过向关系国家安全和国民经济命脉的重要行业和关键领域集中、在重大基础设施项目、跨地区建设项目等方面发挥重要骨干作用，服务国家战略目标（洪银兴和桂林，2021）。因此，在对社会主义市场经济体制下的国有资本

进行绩效评价时，不仅要遵循市场规律，还要反映其服务国家战略的达成度。

（三）突出共性与体现个性相结合原则

这一原则要求，业绩评价应适应国有资本管理的特点，既要突出国有资本的共性特征，强化绩效评价的统一性，又要体现国有资本使命要求和功能定位的差异，体现绩效评价的针对性。依据国有资本的共性特征，对国有资本经营绩效的评价内容既要体现其追求保值增值的属性，还要包含反映其支撑国有经济战略发展、促进国家能力提升等特殊使命的内容。尽管国有资本都具有“国家使命”，但是国有资本被赋予了多样的使命要求和功能定位，相应的绩效评价内容就存在明显差异。基于此，2016 年 8 月，国务院国资委、财政部联合印发的《关于完善中央企业功能分类考核的实施方案》（以下简称《实施方案》）指出，不仅要根据国有资本的功能特征确定不同的经济效益和社会效益指标，还可选择差异化的评价标准和权重，以提高绩效评价的针对性。此外，随着国民经济的发展和市场环境的变化，国有资本的工作重点也可能发生变化，基于这些变化需要设置具有时期性和阶段性特征的绩效评价内容。

（四）长期目标与短期目标相结合原则

这一原则要求，业绩评价既要反映体现国有资本长远发展规划的长期目标，又要将其转换为当前的关键任务，并使之表现为短期目标，以充分发挥绩效评价的导向作用。作为国有经济的实现形式，国有资本经营的长期目标应当与国有经济发展改革目标相一致。2019 年 10 月，党的十九届四中全会通过《中共中央关于坚持和完善中国特色社会主义制度　推进国家治理体系和治理能力现代化若干重大问题的决定》，明确国有经济改革发展目标为“增强国有经济竞争力、创新力、控制力、影响力、抗风险能力”，并提出做强、做优、做大国有资本的长期目标。为了实现这一国有资本经营的长期目标，国有资本经营的短期目标主要表现为资本保值增值率、短期经营绩效、营运效率、资本结构，以及社会任务完成情况等内容。

第二节　国有资本经营绩效评价体系

一、国有资本经营绩效评价的主体与对象

（一）国有资本经营绩效评价的主体

国有资本经营绩效评价是国有资本监管的重要手段。在管资本为主的授权经

营体制下，形成了“国资监管机构—国有资本投资运营公司/国有集团企业—权属企业”三个层次的监管架构。基于此，国资监管机构和国有资本投资运营公司/国有集团企业都是国有资本绩效评价主体。具体来说，管资本为主的授权经营体制下，按授予出资人职责主体的不同，可分为政府直接授权模式和国资监管机构授权模式。其中，政府直接授权模式下，政府直接对国有资本投资运营公司在授权范围内自主开展的国有资本运作、贯彻落实国家战略和政策目标以及国有资本保值增值等情况进行评价，例如，财政部门对金融类和文化类国有企业进行绩效评价。国资监管机构授权模式下，国资监管机构接受政府授权依法对国有资本投资运营公司履行出资人职责，并对其进行绩效评价，例如，国资委对非金融和文化类国有资本投资运营公司进行绩效评价。国有资本投资运营公司/国有集团企业依据《中华人民共和国公司法》等相关法律法规，对所持股企业履行出资人职责，对其国有资本经营绩效进行评价。

（二）国有资本经营绩效评价的对象

在进行国有资本经营绩效评价时需要明确评价对象。资本的经营主体是企业，对资本经营绩效的评价就是对企业经营绩效的评价。国有资本的经营主体是国有企业，对国有资本经营绩效的评价就是对国有企业经营绩效的评价，因此，国有资本经营绩效评价的对象主要包括国有资本投资运营公司/国有集团企业及其权属企业①。国有企业负责人作为国有资本经营的决策者，应对国有资本的经营绩效负责，可以用国有资本经营绩效评价指标对国有企业负责人的经营业绩进行考核。

二、国有资本经营绩效评价的内容

国有资本作为一种资本，同时具有自然属性和社会属性。资本的自然属性，是一般属性，表现为具体的生产要素，即通过各生产要素的组合与运动产生相应的经济效益；资本的社会属性是特殊属性，其超脱了物质资源的限制，表现为占据支配地位的生产关系，在不同社会形态中表现为不同特性（赵峰和田佳禾，2022）。在社会主义市场经济中国有资本在承担特殊使命和责任时会产生相应的社会效益。基于此，国有资本经营绩效评价的内容主要包括经济效益和社会效益两个方面。

① 考虑到不同功能定位国有企业的绩效评价指标存在差异，本章第三节和第四节分别针对国有资本投资运营公司以及除国有资本投资运营公司的国有企业构建经营绩效评价指标，主要包括国有资本投资运营公司/国有集团企业及其权属企业。

（一）经济效益

国有资本的自然属性要求其追求经济效益。国有资本的经济效益是指国有资本经营的财务表现。国有资本作为资本最基本的属性就是保值增值，基于此，《实施方案》将国有资本保值增值作为国有资本经营绩效评价的普遍要求。追求国有资本保值增值是以控制风险为前提，提高效率为基础，赚取利润为关键，谋求发展为支撑。基于此，应当从债务风险、资产质量、盈利能力和经营增长等方面对国有资本的经济效益进行评价。

（二）社会效益

国有资本的社会属性决定其社会效益更为重要。国有资本的社会效益是指国有资本履行社会责任的结果。2015 年 11 月，《国务院关于改革和完善国有资产管理体制的若干意见》明确：国有资本应当更多投向关系国家安全、国民经济命脉和国计民生的重要行业和关键领域。即国有资本在进行资本布局和结构调整时，以最大限度地发挥其保障、调控、引导和服务等功能（欧阳袖，2020）。基于此，应该从保障国家安全、调控国民经济、引导非国有资本、服务社会大众等方面评价国有资本的社会效益。

三、国有资本经营绩效评价方法

常用的绩效评价方法包括平衡计分卡法、经济增加值法、目标管理法、综合绩效评价法等。

（一）平衡计分卡法

哈佛大学教授罗伯特·卡普兰（Robert Kaplan）与诺朗顿研究院（Nolan Norton Institute）总裁戴维·诺顿（David Norton）通过对 12 家公司的绩效评价模式进行总结提出一种超越传统以财务指标为主的绩效管理方法，并提出了平衡计分卡的概念。平衡计分卡立足于企业的战略规划，从财务、客户、内部运营、学习与成长四个维度对企业经营绩效进行综合评价，其分析框架如图 11 - 1 所示。

其中，财务维度主要反映对股东提供的价值回报，是评价指标体系中的基础性指标，主要包括投资报酬率、经济增加值、资产负债率、销售利润率、现金流量净额、应收账款周转率等指标。平衡计分卡中财务维度的指标并不是一成不变的，可根据企业所处的发展阶段进行动态选择。客户维度主要反映对客户贡献的价值，主要包括市场份额、客户满意度、客户保持率和客户获得率等指标。内部运营维度主要反映内部业务流程质量，主要包括反映创新能力的研究开发费用增

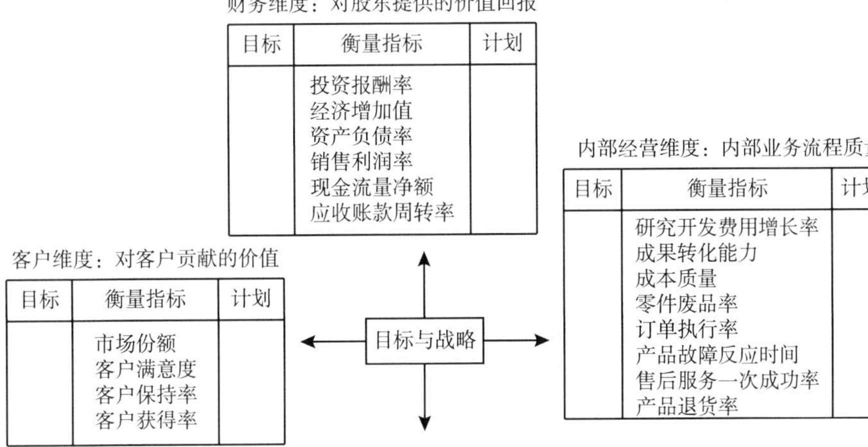

图 11-1　平衡计分卡框架

长率、成果转化能力等指标；反映运营业务质量的成本质量、零件废品率、订单执行率等指标；反映售后服务业绩的产品故障反应时间、售后服务一次成功率、产品退货率等指标。学习和成长维度则反映了为了达到卓越流程绩效的经营主体现有和潜在的能力，主要包括反映员工能力的员工工作满意度、员工保持率、员工工作效率等；反映信息系统能力的信息覆盖率、信息系统灵敏程度等；反映组织程序的员工被采纳建议的绝对数量和相对数量、个人与部门之间的合作程度等。上述四个维度的指标虽然各自有特定的评价对象和指标，但彼此之间存在着密切的因果关系，并与企业战略相联系，实现了财务指标与非财务指标、领先指标与滞后指标、结果指标与驱动指标、短期业绩指标与长期业绩指标、内部指标和外部指标的平衡，共同构筑了一个完整的评价体系（谢灵，2011）。

（二）经济增加值法

2017 年 9 月，财政部印发的《管理会计应用指引第 602 号——经济增加值法》将经济增加值法定义为以经济增加值为核心，建立绩效指标体系，引导价值创造并据此进行绩效管理的方法。1982 年，美国思腾思特公司（stern stewart & company）认为，会计利润指标忽视了股东资本投入的机会成本，难以正确反映企业价值创造，提出经济增加值的概念。2014 年 1 月，国务院国资委发布的《关于以经济增加值为核心加强中央企业价值管理的指导意见》将经济增加值定义为企业可持续的投资收益超过资本成本的盈利能力，即税后净营业利润扣除全部投入资本成本后的剩余收益，计算公式如下：

经济增加值 = 税后净营业利润 - 平均资本占用 × 加权平均资本成本

其中，税后净营业利润为会计税后净利润加上会计调整项目后得到的税后利润。平均资本占用是所有投资者投入企业经营的全部资本，包括债务资本和股权资本。考虑到会计政策的影响，资本占用应当根据经济业务实质调整资产减值损失、递延所得税资产/负债等，还要根据管理需要调整研发支出、在建工程等项目。加权平均资本成本是债务资本成本和股权资本成本的加权平均，反映了投资者所要求的必要报酬率。加权平均资本成本的计算公式如下：

$$K_{WACC} = K_D \times D_C / T_C \times (1 - T) + K_S \times E_C / T_C \qquad (11-1)$$

其中，K_{WACC}代表加权平均资本成本，K_D代表债务资本成本，K_S代表股权资本成本，T_C代表资本占用，D_C代表债务资本数额，E_C代表股权资本数额，T代表所得税税率。

债务资本成本是企业实际支付给债权人的税前利率。股权资本成本是在不同风险下，投资者要求的最低回报率。通常根据资本资产定价模型确定，计算公式如下：

$$K_S = R_f + \beta(R_m - R_f) \qquad (11-2)$$

其中，R_f为无风险收益率，R_m为市场预期回报率，$R_m - R_f$为市场风险溢价，β是企业股票相对于整个市场的风险指数。

经济增加值法较少单独应用，一般与关键绩效指标法、平衡计分卡法等其他方法结合使用。应用经济增加值法建立绩效评价体系，并赋予经济增加值较高的权重，以引导企业从注重利润创造向注重价值创造转变。自 2006 年 12 月国务院国资委修订通过的《中央企业负责人经营业绩考核暂行办法》（以下简称“2006 版《考核暂行办法》”）鼓励使用经济增加值进行年度经营业绩考核以后，2009 年 12 月国务院国资委修订的《中央企业负责人经营业绩考核暂行办法》（以下简称“2009 版《考核暂行办法》”）、2012 年 12 月国务院国资委修订的《中央企业负责人经营业绩考核暂行办法》（以下简称“2012 版《考核暂行办法》”）①、2016 年 12 月国务院国资委印发的《中央企业负责人经营业绩考核办法》（以下简称“2016 版《考核办法》”）、2019 年 3 月国务院国资委公布的《中央企业负责人经营业绩考核办法》（以下简称“2019 版《考核办法》”）②，以及《实施方案》都将经济增加值纳入绩效评价/考核体系。

① 本章将 2003 版、2006 版、2009 版、2012 版《考核暂行办法》统一简称为《考核暂行办法》。

② 本章将 2016 版、2019 版《考核办法》统一简称为《考核办法》。

（三）目标管理法

目标管理法是管理大师德鲁克（Peter F. Drucker）1954 年在其名著《管理实践》中提出的以目标为导向的绩效评价方法。目标管理法的具体操作路径是由相关上下级在协商的基础上确定长期战略目标，逐层逐级进行目标分解细化，形成切实可行的部门目标、员工目标，各目标在组织层级间上下贯通，通过执行跟踪监控，考核评估绩效目标完成情况，并进行总结反馈跟进。用于规范国有企业负责人业绩考核工作的《考核暂行办法》《考核办法》《实施方案》均选择目标管理法，以履行出资人职责的代表机构与企业负责人签订的年度和任期经营业绩责任书为目标，对中央企业负责人进行考核评估。

（四）综合绩效评价法

综合绩效评价法是在选择不同维度财务指标和非财务指标的基础上，根据一定的方法对不同维度绩效进行评分并汇总，最终得到综合绩效得分的绩效评价方法。综合绩效评价法是在沃尔评分法（defined rating method）的基础上发展而来的。综合绩效评价法主要包括五个步骤：（1）根据评价对象的功能特征、评价目标选择评价所需的指标；（2）依据各类指标的重要程度确定各项指标在评分体系中的权重，所有指标的权重之和应该为 100%；（3）根据绩效评价的需要可选择行业指标数据和规模指标数据作为指标的标准值；（4）将指标的实际值与标准值进行对比，计算各指标的实际得分；（5）按照指标在评分体系中的权重与指标的实际得分，计算综合绩效得分，并依据得分对整体绩效进行最终评价。1999 年 6 月财政部、原国家经济贸易委员会、原人事部、原国家发展计划委员会发布的《关于印发〈国有资本金效绩评价规则〉〈国有资本金效绩评价操作细则〉的通知》（以下简称《评价规则》）、2006 年 9 月国务院国资委发布的《中央企业综合绩效评价管理暂行办法》（以下简称《暂行办法》）及 9 月国务院国资委发布的《中央企业综合绩效评价实施细则》都采用综合绩效评价法对中央企业进行绩效评价。

四、国有资本经营绩效评价指标体系

（一）国有资本经营绩效评价指标体系的设计原则

绩效评价指标体系的设计是恰当评价国有资本经营绩效的关键环节，指标体系的合理与否直接决定了评价结果的科学性。为了保障评价结果的科学性，国有资本经营绩效评价指标的设计应当遵循全面性、客观性、可行性、经济性、重要性、发展性等原则。

1. 全面性原则

这一原则要求，国有资本经营绩效评价应当全面考虑经营绩效的各个方面，建立综合的指标体系，对国有资本经营绩效进行多层次、多角度地分析和综合评判。具体来说，绩效是国有资本经营的综合反映，一方面，需要综合考虑影响国有资本经营目标的各个主要方面，设置包含定量和定性、财务和非财务、共性和个性等指标的评价指标体系，便于从经济效益和社会效益等多角度对国有资本经营绩效作出综合反映；另一方面，还应考虑各指标之间的系统性和联系性，使指标体系能够对绩效作出全面评价。

2. 客观性原则

这一原则要求，绩效评价指标应当具有客观的来源与依据。具体来说，一方面，明确定量指标的计算公式，确保相关数据来源具有可靠性；另一方面，尽可能清晰定性指标的评价标准，避免评价人员的主观性产生评价偏差。

3. 可行性原则

这一原则要求，具体的评价指标既要符合现实情况，也要可以付诸实践。具体来说，一方面，评价指标要通俗易懂，相关数据容易收集；另一方面，相关指标不宜过多，降低绩效评价的计算难度。

4. 经济性原则

这一原则要求，设计国有资本经营绩效评价指标体系时，应当充分权衡获取指标所花费的成本与其发挥作用产生的收益。也就是说，即使有的指标非常有意义，但相关数据获取时间成本、经济成本过高，应当放弃该指标，可寻求成本较低的指标予以替代。

5. 重要性原则

这一原则要求，应当围绕国有资本经营目标设计绩效评价指标体系，不必设置面面俱到的指标体系，影响评价目标的实现。具体来说，一方面，绩效评价指标体系需要遵循全面性原则，但是不能脱离国有资本经营目标，盲目增加评价指标；另一方面，绩效评价指标体系应当选取最具代表性、相关性且有重要意义的指标。

6. 发展性原则

这一原则要求，国有资本经营绩效评价指标体系不仅可以综合全面反映国有资本过去的经营绩效，还可用于分析年度之间国有资本经营绩效的增长状况及发展水平，科学预测国有资本的未来发展能力。

（二）国有资本经营绩效评价指标体系类别

1999 年至今，我国颁布了一系列与国有资本经营绩效评价相关的政策文件（见表 11－1），包括用于规范国有企业绩效评价工作的规则办法和用于规范国有企业负责人业绩考核的政策方案。依据相关政策文件选用的评价方法以及规范内容，可将国有资本经营绩效评价指标体系分为以下四类。

表 11－1　国有资本经营绩效评价政策文件汇总

年份	文件名称
1999	《关于印发〈国有资本金效绩评价规则〉〈国有资本金效绩评价操作细则〉的通知》
2003	《中央企业负责人经营业绩考核暂行办法》
2006	《中央企业综合绩效评价管理暂行办法》《中央企业综合绩效评价实施细则》
2006	《中央企业负责人经营业绩考核暂行办法》
2009	《中央企业负责人经营业绩考核暂行办法》
2012	《中央企业负责人经营业绩考核暂行办法》
2016	《关于完善中央企业功能分类考核的实施方案》
2016	《中央企业负责人经营业绩考核办法》
2019	《中央企业负责人经营业绩考核办法》

1. 基于综合绩效评价法的经营绩效评价指标体系

《评价规则》和《暂行办法》都是用于规范国有企业绩效评价工作的规则办法，其中的绩效评价指标体系都是基于综合绩效评价法确定，同时包含定量的财务绩效指标和定性的评议指标。定量的财务绩效指标依据各项指标的功能作用划分为基本指标和修正指标，基本指标反映企业一定期间财务绩效的主要方面，并得出企业财务绩效定量评价的基本结果；修正指标是根据财务指标的差异性和互补性，对基本指标的评价结果作进一步的补充和矫正。具体来说，定量的财务绩效指标由反映盈利能力状况（财务效益状况）、资产质量状况（资产营运状况）、债务风险状况（偿债能力状况）和经营增长状况（发展能力状况）四个方面的八个基本指标和十四（十六）个修正指标构成，用于综合评价国有企业经营绩效状况[①]。定性的评议指标主要是对影响评价对象经营绩效的非定量因素进行判断，

① 前一个财务绩效指标是《暂行办法》使用的表述，括号中的是《评价规则》使用的表述。

并形成绩效评价的定性分析结论。

《评价规则》和《暂行办法》的绩效评价指标体系分别如表 11 －2 和表 11 －3 所示。通过对比发现，《暂行办法》与《评价规则》之间最大的区别在于指标权重的差异，定量的财务绩效指标和定性的评议指标在评分体系中的权重分别从《评价规则》中的 80%、20% 变为《暂行办法》中的 70%、30%，四个方面的定量的财务绩效指标权重和各具体指标的权重也都发生了变化。同时，《暂行办法》将评议指标明确为管理绩效，并用反映企业在一定经营期间所采取的各项管理措施及其管理成效的指标替代了《评价规则》中的评议指标。此外，《暂行办法》根据评价的需要对基本指标、修正指标进行了调整。

表 11 －2　　《评价规则》绩效评价指标体系

<table>
<tr><th colspan="6">财务绩效（80%）</th><th colspan="2">管理绩效（20%）</th></tr>
<tr><th>评价内容</th><th>权重</th><th>基本指标</th><th>权重</th><th>修正指标</th><th>权重</th><th>评议指标</th><th>权重</th></tr>
<tr><td>财务效益状况</td><td>42</td><td>净资产收益率
总资产收益率</td><td>30
12</td><td>资本保值增值率
销售（营业）利润率
成本费用利润率</td><td>16
14
12</td><td rowspan="4">领导班子基本素质
产品市场占有能力（服务满意度）
基础管理比较水平
在岗员工素质情况
技术装备更新水平
行业或区域影响力
企业经营发展策略
长期发展能力预测</td><td rowspan="4">20
18
20
12
10
5
5
10</td></tr>
<tr><td>资产营运状况</td><td>18</td><td>总资产周转率
流动资产周转率</td><td>9
9</td><td>存货周转率
应收账款周转率
不良资产比率
资产损失比率</td><td>4
4
6
4</td></tr>
<tr><td>偿债能力状况</td><td>22</td><td>资产负债率
已获利息倍数</td><td>12
10</td><td>流动比率
速动比率
现金流动负债比率
长期资产适合率
经营亏损挂账比率</td><td>6
4
4
5
3</td></tr>
<tr><td>发展能力状况</td><td>18</td><td>销售（营业）增长率
资本积累率</td><td>9
9</td><td>总资产增长率
固定资产成新率
三年平均利润增长率
三年资本平均增长率</td><td>7
5
3
3</td></tr>
</table>

表 11－3　　《暂行办法》绩效评价指标体系

财务绩效（70%）						管理绩效（30%）	
评价内容	权重	基本指标	权重	修正指标	权重	评议指标	权重
盈利能力状况	34	净资产收益率 总资产报酬率	20 14	销售（营业）利润率 盈余现金保障倍数 成本费用利润率 资本收益率	10 9 8 7	战略管理 发展创新 经营决策 风险控制 基础管理 人力资源 行业影响 社会贡献	18 15 16 13 14 8 8 8
资产质量状况	22	总资产周转率 应收账款周转率	10 12	不良资产比率 流动资产周转率 资产现金回收率	9 7 6		
债务风险状况	22	资产负债率 已获利息倍数	12 10	速动比率 现金流动负债比率 带息负债比率 或有负债比率	6 6 5 5		
经营增长状况	22	销售（营业）增长率 资本保值增值率	12 10	销售（营业）利润增长率 总资产增长率 技术投入比率	10 7 5		

2. 基于目标管理法的经营业绩考核指标体系

《考核暂行办法》的经营业绩考核指标体系都是基于目标管理法确定，具体的经营业绩考核指标体系如表 11－4 所示。根据经营业绩考核期间的不同，《考核暂行办法》将经营业绩考核区分为年度经营业绩考核和任期经营业绩考核，其中年度经营业绩考核以公历年为考核期，任期经营业绩考核以三年为考核期。年度经营业绩考核指标侧重于对当期经营业绩的考核，选择了年度利润总额、净资产收益率或经济增加值等指标，任期经营业绩考核指标侧重于对三年经营业绩的考核，不仅考虑了任期内三年的年度经营业绩考核结果，还选择了国有资产保值增值率、三年主营业务收入平均增长率或总资产周转率等指标。

从具体指标选择上，2003 版①和 2006 版《考核暂行办法》中的年度经营绩效考核基本指标是年度利润总额和净资产收益率。尽管 2006 版《考核暂行办法》鼓励使用经济增加值进行年度经营业绩考核，但未对其计分方法进行明确。2009 版和 2012 版《考核暂行办法》明确用经济增加值替换净资产收益率，

① 2003 版《考核暂行办法》是 2003 年 11 月国务院国资委审议通过的《中央企业负责人经营业绩考核暂行办法》的简称。

以强调对经营主体年度价值创造能力的考核。2012 版《考核暂行办法》中用总资产周转率替换三年主营业务收入平均增长率，以突出对任期内资产管理效益的考核。

2003 版、2006 版和 2009 版《考核暂行办法》已考虑了军工企业和主要承担国家政策性业务等特殊企业以及科研类企业的特殊考核要求，但是尚未对其考核指标进行明确规范。2012 版《考核暂行办法》对军工、储备和科研企业与电力、石油石化企业经营业绩考核指标及其权重进行了明确的规范。

表 11－4　　《考核暂行办法》经营业绩考核指标体系

年份	年度经营业绩考核指标	任期经营业绩考核指标
2003	**基本指标（70 分）** 年度利润总额（30 分）、净资产收益率（40 分） **分类指标（30 分）** 由国资委根据所处行业和特点，综合考虑反映经营管理水平及发展能力等因素确定 1 项或 2 项指标 **特殊考虑：军工企业和主要承担国家政策性业务等特殊企业**	**基本指标（60 分）** 国有资产保值增值率（40 分）、三年主营业务收入平均增长率（20 分） **分类指标（20 分）** 国资委根据所处行业和特点，综合考虑反映可持续发展能力及核心竞争力等因素确定 **任期内三年的年度经营业绩考核结果指标（20 分）**
2006	**基本指标（70 分）** 年度利润总额（30 分）、净资产收益率（40 分） **分类指标（30 分）** 由国资委根据行业特点，综合考虑反映经营管理水平、技术创新投入及风险控制能力等因素确定 1 项或 2 项指标 鼓励使用经济增加值进行年度经营业绩考核 **特殊考虑：军工企业和主要承担国家政策性业务等特殊企业、科研类企业**	**基本指标（60 分）** 国有资产保值增值率（40 分）、三年主营业务收入平均增长率（20 分） **分类指标（20 分）** 国资委根据所处行业和特点，针对管理“短板”，综合考虑反映技术创新能力、资源节约和环境保护水平、可持续发展能力及核心竞争力等因素确定 **任期内三年的年度经营业绩考核结果指标（20 分）**
2009	**基本指标（70 分）** 年度利润总额（30 分）、经济增加值（40 分） **分类指标（20 分）** 国资委根据所处行业和特点，针对管理“短板”，综合考虑反映经营管理水平、技术创新投入及风险控制能力等因素确定 2 个 考核指标（10 分） 企业负责人是否完成目标值 **特殊考虑：军工企业和主要承担国家政策性业务等特殊企业、科研类企业**	**基本指标（60 分）** 国有资产保值增值率（40 分）、三年主营业务收入平均增长率（20 分） **分类指标（20 分）** 国资委根据所处行业和特点，针对管理“短板”，综合考虑反映技术创新能力、资源节约和环境保护水平、可持续发展能力及核心竞争力等因素确定 2 个 **任期内三年的年度经营业绩考核结果指标（20 分）**

续表

年份	年度经营业绩考核指标	任期经营业绩考核指标
2012	**军工、储备和科研企业** **基本指标（60 分）** 利润总额（30 分）、经济增加值（30 分） **分类指标（40 分）** 确定 2 个 **电力、石油石化企业** **基本指标（70 分）** 利润总额（30 分）、经济增加值（40 分） **分类指标（30 分）** 确定 2 个 **其他企业** **基本指标（70 分）** 利润总额（20 分）、经济增加值（50 分） **分类指标（30 分）** 确定 2 个	**基本指标（60 分）** 国有资产保值增值率（40 分）、总资产周转率（20 分） **分类指标（20 分）** 确定 2 个 **任期内三年的年度经营业绩考核结果指标（20 分）**

3. 考虑功能分类的经营业绩考核指标体系

为了适应国有企业分类改革的需要，《实施方案》要求加强和改进中央企业的分类考核工作。2016 版《考核办法》根据国有企业的战略定位和发展目标，结合企业实际，对不同功能和类别国有企业负责人经营业绩考核工作进行规范，并于 2019 年 3 月进行修订完善。

《考核办法》与《考核暂行办法》最大的区别是明确了不同功能类别国有企业经营业绩考核内容，具体考核内容如表 11－5 所示。2016 版《考核办法》分别明确了充分竞争类企业、关系国计民生类企业和公益类企业的考核内容及权重。其中，针对关系国计民生类企业增加了重要任务分类指标，明确公益类企业业绩考核指标体系中社会效益指标的基本得分为 60 分，经济效益指标的基本得分为 40 分。2019 版《考核办法》除了明确充分竞争类企业、关系国计民生类企业和公益类企业的考核内容，更进一步明确了对科技进步要求高的企业、结构调整任务重的企业、国际化经营要求高的企业、资产负债水平较高的企业、节能环保重点类和关注类企业的考核内容。

表 11－5　《考核办法》业绩考核内容

年份	年度经营业绩考核内容	任期经营业绩考核内容
2016	**充分竞争类企业** 利润总额（40 分）、经济增加值（40 分）、短板分类指标（20 分） **关系国计民生类企业** 利润总额（30 分）、经济增加值（30 分）、重要任务分类指标（30 分）、短板分类指标（10 分） **公益类企业** 社会效益指标（60 分）、经济效益指标（40 分）	**充分竞争类企业** 国有资本保值增值率（40 分）、总资产周转率（20 分）、分类指标（20 分）、任期考核结果指标（20 分） **关系国计民生类企业** 国有资本保值增值率（30 分）、总资产周转率（20 分）、分类指标（30 分）、任期考核结果指标（20 分） **公益类企业** 社会效益指标（40 分）、经济效益指标（40 分）、任期考核结果指标（20 分）

续表

年份	年度经营业绩考核内容	任期经营业绩考核内容
2019	**充分竞争类企业** 重点考核企业经济效益、资本回报水平和市场竞争能力 **关系国计民生类企业** 加强对服务国家战略、保障国家安全和国民经济运行、发展前瞻性战略性产业情况的考核，适度降低经济效益指标和国有资本保值增值率指标考核权重 **公益类企业** 把社会效益放在首位，重点考核产品服务质量、成本控制、营运效率和保障能力 **国有资本投资运营公司** 加强落实国有资本布局和结构优化目标、提升国有资本运营效率以及国有资本保值增值等情况的考核 **科技进步要求高的企业** 加强研发投入、科技成果产出和转化等指标的考核 **结构调整任务重的企业** 加强供给侧结构性改革、主业转型升级、新产业新业态新模式发展阶段性成果的考核 **国际化经营要求高的企业** 加强国际资源配置能力、国际化经营水平等指标的考核 **资产负债水平较高的企业** 加强资产负债率、经营性现金流、资本成本率等指标的考核 **节能环保重点类和关注类企业** 加强反映企业行业特点的综合性能耗、主要污染物排放等指标的考核	

资料来源：孙晓序：《〈中央企业负责人经营业绩考核办法〉修订内容解析》，载于《财会通讯》2017年第22期。

4. 引领国有企业高质量发展的经营指标体系

为了充分发挥国有资本经营绩效评价的引导作用，推动中央企业高质量发展，国务院国资委自2020年首次形成“两利三率”的中央企业经营指标体系之后，2021年进一步根据国有企业发展的状况形成“两利四率”的经营指标体系。2023年初国务院国资委为了全面深入贯彻党的二十大精神，结合国资央企新时代新征程新使命，进一步将中央企业经营指标体系调整为“一利五率”（袁野，2023）。中央企业经营指标体系如表11－6所示。

表11－6　中央企业经营指标体系

经营指标体系	2020年 “两利三率”	2021年 “两利四率”	2023年 “一利五率”
利润总额	√	√	√
净利润	√	√	×
资产负债率	√	√	√

续表

经营指标体系	2020 年“两利三率”	2021 年“两利四率”	2023 年“一利五率”
营业收入利润率	√	√	×
研发投入强度	√	√	√
全员劳动生产率	×	√	√
净资产收益率	×	×	√
营业现金比率	×	×	√

资料来源：袁野：《优化中央企业经营指标体系　推动加快实现高质量发展》，载于《国资报告》2023 年第 1 期。

从表 11－6 可以看出，2021 年的中央企业经营指标体系较 2020 年新增了全员劳动生产率，以引导国有企业增加对劳动力要素的投入产出效率的关注，进而提升全要素生产率。2023 年用净资产收益率替代净利润，推动国有企业更加关注权益资本的投入产出效率，以提高国有资本收益能力；用营业现金比率替代营业收入利润率，可以更好地满足国有资本“要有现金的利润”的监管要求，更加突出经营业绩的“含金量”，进一步推动国有企业高质量发展。

（三）国有资本经营绩效评价标准

1. 基于综合绩效评价法的经营绩效评价标准

（1）财务绩效定量指标的评价标准。

财务绩效定量指标的评价标准包括国内行业标准和国际行业标准。国内行业标准是国务院国资委考核分配局每年依据全国国有企业有关财务数据、国家统计部门有关统计资料、各行业协会有关运行材料，结合年度国民经济各行业运行情况的客观分析，运用数理统计方法，按照行业分类、规模标准及指标类别，分别测算并发布的（国务院国资委考核分配局，2022）。该标准分为优秀值、良好值、平均值、较低值和较差值五个级别，例如，2022 年度我国电力生产业不同规模企业净资产收益率评价标准，如表 11－7 所示。国际行业标准是根据居于行业国际领先地位的大型企业相关财务指标实际值，或者根据同类型企业相关财务指标的先进值，在剔除会计核算差异后统一测算并发布（王化成等，2018），例如，2022 年度几个行业的净资产收益率评价国际标准，如表 11－8 所示。

表 11－7　2022 年度我国电力生产业不同规模企业净资产收益率评价标准　单位：%

分类	优秀值	良好值	平均值	较低值	较差值
全行业	11.6	8.6	5.6	1.2	－7.3

续表

分类	优秀值	良好值	平均值	较低值	较差值
大型企业	11.5	7.4	5.1	-0.4	-8.2
中型企业	9.8	7.2	5.6	1.1	-6.2
小型企业	10.5	8.6	7.1	3.0	-5.5

资料来源：国务院国资委考核分配局：《企业绩效评价标准值2022》，经济科学出版社2022年版。

表11-8　　2022年度几个行业的净资产收益率评价国际标准　　单位：%

分类	优秀值	良好值	平均值	较低值	较差值
石油石化行业	8.5	1.6	-6.8	-14.1	-38.4
黑色金属冶炼	9.9	5.6	2.7	-1.5	-26.7
电力生产业	12.0	8.2	5.0	0.8	-17.5
电力供应业	12.5	9.5	7.0	1.2	-18.8

资料来源：国务院国资委考核分配局：《企业绩效评价标准值2022》，经济科学出版社2022年版。

（2）管理绩效定性指标的评价标准。

管理绩效定性评价标准应根据评价内容，结合企业经营管理的实际水平和出资人监管要求确定，并划分为优、良、中、低、差五个档次。管理绩效定性评价标准具有行业普遍性和一般性，在进行评价时，应当根据不同行业的经营特点，灵活把握个别指标的标准尺度。对被评价企业经营绩效产生重要影响的因素，在评价时也应予以考虑。

2. 基于目标管理法的经营业绩考核目标

经营业绩考核目标是经营主体根据国资委确定的经营业绩总体目标，结合自身的功能定位建议，由国资委审核确定的。考核目标原则上以基准值为基础核定，考核基准值根据企业功能定位，兼顾企业经营性质和业务特点，依据考核指标近三年完成值、客观调整因素和行业对标情况综合确定。

（四）国有资本经营绩效评价计分

1. 基于综合绩效评价法的经营绩效评价计分

（1）财务绩效定量指标的评价计分。

财务绩效定量指标的评价计分是按照功效系数法计分原理，以评价指标实际值对照所处行业、规模标准，运用规定的计分模型进行定量测算，具体包括基本指标评价计分、修正系数计算和修正后绩效评价总得分三个步骤。

财务绩效定量基本指标评价计分是将评价指标实际值对照行业、规模标准值，按照规定的计分公式计算各项基本指标得分。计算公式如下：

$$基本指标总得分=\sum 单项基本指标得分 \tag{11-3}$$

其中，单项基本指标得分 = 本档基础分 + 调整分

$$本档基础分=指标权重\times本档标准系数$$

$$调整分=功效系数\times(上档基础分-本档基础分)$$

$$上档基础分=指标权重\times上档标准系数$$

$$功效系数=(实际值-本档标准值)/(上档标准值-本档标准值)$$

财务指标实际值应当以经审计的财务报告为依据，并按照规定对会计政策差异、并购重组等客观因素进行合理剔除计算得到。财务绩效定量评价标准划分为优秀（A）、良好（B）、平均（C）、较低（D）、较差（E）五个档次，对应五档评价标准的标准系数分别为1.0、0.8、0.6、0.4、0.2，较差（E）以下为0。标准系数是评价标准的水平参数，反映了评价指标对应评价标准所达到的水平档次。本档标准值是指上下两档标准值居于较低等级一档。

财务绩效定量修正指标并不是用来评价计分的，而是在基本指标评价计分结果的基础上，分别计算各维度定量财务绩效指标的综合修正系数，计算公式如下：

$$某维度综合修正系数=\sum 该维度各修正指标加权修正系数 \tag{11-4}$$

$$某修正指标加权修正系数=(该修正指标权重/该维度权重)\times 该修正指标单项修正系数$$

单项修正系数并不能独立地计算，应当与基本指标的评价结果形成对应关系，其计算公式如下：

$$某修正指标单项修正系数=1.0+(本档标准系数+功效系数\times 0.2-该维度基本指标分析系数) \tag{11-5}$$

其中，某维度基本指标分析系数 = 该维度基本指标得分/该维度权重

在计算修正指标单项修正系数过程中，应当注意，单项修正系数控制修正幅度为0.7~1.3。

利用财务绩效定量基本指标得分和修正系数，计算出修正后绩效评价得分。计算公式如下：

$$各维度修正后得分=各维度基本指标得分\times 该维度综合修正系数 \tag{11-6}$$

$$修正后绩效评价总得分=\sum 各维度修正后得分$$

（2）管理绩效定性指标的评价计分。

管理绩效定性指标的评价计分一般通过专家评议打分形式完成，聘请的专家应不少于7名；评议专家应当在充分了解企业管理绩效相关因素实际情况的基础

上，对照评价参考标准，采取综合分析判断法，对企业管理绩效指标作出分析评议，评判各项指标所处的水平档次，并直接给出评价分数。计算公式如下：

$$管理绩效定性评价指标分数 = \sum 单项指标分数 \quad (11-7)$$

其中，单项指标分数 = Σ 每位专家给定的单项指标分数/专家人数

$$每位专家给定的单项指标分数 = 单项指标权重 \times 每位专家选定的标准系数$$

标准系数是评价标准的水平参数，反映了评价指标对应评价标准所达到的水平档次。管理绩效定性评价标准分为优（A）、良（B）、中（C）、低（D）、差（E）五个档次。对应五档评价标准的标准系数分别为1.0、0.8、0.6、0.4、0.2，差（E）以下为0。

（3）综合绩效评价的加分减分事项。

为了充分发挥绩效评价的引导功能，对于保障国有资本保值增值、推动国家战略目标实现的企业，应当给予适当加分。例如，当企业年度净资产收益率增长率和利润增长率超过行业平均增长水平、企业承担国家重大科技攻关项目并取得突破等。相对应，为了提高企业的社会责任意识，防止国有资产流失，被评价企业在评价期间发生不良重大事项，应当予以减分。例如，发生重大资产损失事项、发生重大安全生产与质量事故、存在巨额表外资产、存在巨额逾期债务甚至发生严重的债务危机等。对存在加分或减分事项的，应当与企业和有关部门进行核实，获得必要的外部证据，并在企业综合绩效评价报告中加以单独说明。

（4）综合绩效评价计分。

在得出财务绩效定量评价分数和管理绩效定性评价分数后，按照规定的权重，耦合形成综合绩效评价分数。计算公式如下：

$$\begin{aligned}综合绩效评价分数 = {}&财务绩效定量评价分数 \times 财务绩效定量评价指标权重 + \\ &管理绩效定性评价分数 \times 管理绩效定性评价指标权重\end{aligned} \quad (11-8)$$

综合绩效评价指标权重实行百分制，指标权重依据评价指标的重要性和各指标的引导功能，通过征求咨询专家意见和组织必要的测试确定。《中央企业综合绩效评价实施细则》建议将财务绩效定量评价指标权重确定为70%，管理绩效定性评价指标权重确定为30%。

在得出综合绩效评价分数之后，再对相应的加分事项和减分事项进行调整，得到最终的综合绩效评价得分。

2. 基于目标管理法的经营业绩考核计分

经营业绩考核综合得分由基础指标得分、分类指标得分、奖励分与考核扣分计算得到。计算公式如下：

$$经营业绩考核综合得分 = 基础指标得分 + 分类指标得分 + 奖励分 - 考核扣分 \quad (11-9)$$

基础指标和分类指标得分是根据目标值所处档次以及目标值完成情况进行计分。例如，当净利润、经济增加值等指标完成值大于0时，完成第一档目标值得满分，同时根据目标值的先进程度给予加分奖励，未完成第一档目标值，将基准值视为目标值计分，若完成值低于基准值，根据低于基准值的程度予以扣分；完成第二档目标值，根据超过目标值或者低于目标值的情况加分或者减分，最高可加至满分；完成第三档目标值，根据超过目标值或者低于目标值的情况加分或者减分，但是加分受限。当净利润、经济增加值等指标完成值小于0时，完成第一档目标值，最高可加至满分，不存在加分奖励。

对于需要对标评价计分的分类指标，可根据所处行业水平计分。例如，当指标达到行业优秀水平时，得满分，当指标达到行业良好水平时，得80%分值，当指标达到行业平均水平时，得60%分值，当指标达到行业较低水平时，得40%分值，当指标达到行业较差水平时，得30%分值，低于行业较差水平的得20%分值。处于两档水平之间的，按插值法进行计分。

为了充分发挥绩效评价的引导功能，2019版《考核办法》规定对科技创新取得重大成果、承担重大专项任务和社会参与作出突出贡献的企业，在年度经营业绩考核中给予加分奖励。对于承担专项任务或提供社会公共服务完成情况较差的企业，在年度经营业绩考核中给予扣分处理。

（五）国有资本经营绩效评价结果及其应用

1. 国有资本经营绩效评价结果

国有资本经营绩效评价结果是依据综合绩效评价得分及分析得出的评价结论，主要用评价级别表示。综合绩效评价得分用百分制表示，再根据得分区间划分评价级别。2006版《考核暂行办法》以85分、70分、50分、40分为分数线将国有资本经营绩效划分为优（A）、良（B）、中（C）、低（D）、差（E）五种类型，再对每种类型划分级次，形成评价级别。例如：评价得分达到85分以上（含85分）的评价类型为优（A），在此基础上再划分为三个级别，分别为：A++≥95分、95分>A+≥90分、90分>A≥85分。

2019版《考核办法》根据考核得分将经营业绩考核等级分为A、B、C、D四个级别，A级企业须根据考核得分，结合企业国际对标行业对标情况综合确定。例如，经营业绩考核得分大于等于90分、净资产收益率大于等于同行业平均水平，可确定其经营业绩考核等级为A级。

2. 国有资本经营绩效评价结果的应用

在计算得出年度综合绩效评价分数以后，计算本年度综合绩效评价分数与上年度综合绩效评价分数的比值，作为年度之间的经营绩效改进度，比较分析年度之间经营绩效的变化状况，客观评价国有资本经营绩效的提高程度。此外，年度绩效评价结果还是开展财务监督工作的重要依据，并为负责人年度考核工作提供参考。通过对年度绩效评价结果进行深入分析，诊断发现国有资本经营存在的薄弱环节，并在年度财务决算批复中明确指出，并要求相关责任主体予以关注和整改。

任期绩效评价结果是经济责任审计工作中评估国有资本经营主体负责人任期履行职责情况和认定任期经济责任的重要依据，并为国有资本经营主体负责人任期考核工作提供参考。对于任期绩效评价反映的问题，可在下达企业的经济责任审计处理意见书中明确指出，并要求企业予以关注和整改。

第三节　国有资本投资运营公司经营绩效评价指标体系

一、国有资本投资运营公司经营绩效评价重点

国有资本投资运营公司是在以管资本为主的国有资本授权经营体制下，在国家授权范围内履行国有资本出资人职责的国有独资公司，是国有资本市场化运作的专业平台。国有资本投资运营公司以产权为基础依法自主开展国有资本运作，不从事具体生产经营活动，承担优化国有资本布局、提升国有资本运营效率、实现国有资本保值增值等责任。基于此，2019 版《考核办法》明确，针对国有资本投资运营公司的评价重点为落实国有资本布局和结构优化目标、提升国有资本运营效率以及国有资本保值增值等情况。

二、国有资本投资运营公司经营绩效评价维度

依据国有资本投资运营公司经营绩效评价重点，可从国有资本布局优化、国有资本运营效率和国有资本保值增值三个维度设计评价指标开展绩效评价。表 11－9 列示了国有资本投资运营公司经营绩效评价维度及评价指标[①]。

① 本节和第四节所列示的经营绩效评价指标并非国有资本投资运营公司和国有企业在实践中使用的，而是作者依据当前政策文件要求分别对国有资本投资运营公司以及除国有资本投资运营公司的其他国有企业的功能定位分类构建的经营绩效评价指标，以供实践参考。

表 11-9　　国有资本投资运营公司经营绩效评价维度及评价指标

评价维度	评价指标	计算公式
国有资本布局优化	国有资本重点领域覆盖率	(Σ在某类重要产业或者关键领域持有的股权÷资产总额)×100%
	国有资本主业集中度	(Σ持有划定为主业的股权÷资产总额)×100%
	国有资本产能落后和过剩领域退出比例	Σ本期减少的产能落后和过剩领域股权/Σ期初持有的产能落后和过剩领域股权×100%
国有资本运营效率	国有资本流动性比率	(Σ持有的上市公司股权÷资产总额)×100%
	社会资本带动率	Σ所投资商业Ⅰ类国有企业中非国有资本总额/Σ所投资商业Ⅰ类国有企业全部资本总额×100%
	国有资本周转率	收入总额/平均资产总额
国有资本保值增值	国有资本保值增值率	(扣除客观增减因素后的期末国有资本÷考虑通货膨胀率后的期初国有资本)×100%
	经济增加值	税后净营业利润-调整后资本×平均资本成本率
	资本回报率	归属于母公司的净利润/平均所有者权益总额×100%
	资产负债率	期末负债总额/期末资产总额×100%

（一）国有资本布局优化维度

国有资本布局优化是国有资本投资运营公司的首要责任，也是国有资本投资运营公司的核心目标，因此需要从国有资本布局优化维度评价国有资本投资运营公司的经营绩效。国有资本布局优化不仅要求国有资本投资运营公司围绕服务国家战略，向关系国家安全、国民经济命脉和国计民生的重要行业和关键领域、重点基础设施、前瞻性战略性产业、产业链关键环节和价值链高端领域、具有核心竞争力的优势企业等集中，还要求核定非主业投资控制比例，聚焦主业，加快淘汰落后产能和化解过剩产能、处置低效无效资产。即国有资本布局优化可用国有资本重点领域覆盖率、国有资本主业集中度、国有资本产能落后和过剩领域退出比例予以反映。

其中，国有资本重点领域覆盖率可通过计算国有资本投资运营公司持有关系国家安全、国民经济命脉和国计民生的重要行业和关键领域、重点基础设施、前瞻性战略性产业、产业链关键环节和价值链高端领域、具有核心竞争力优势企业的股权与资产总额的比值得出，用以反映国有资本投资运营公司利用国有资本服务国家战略、落实国家产业政策和重点产业布局的情况。国有资本主业集中度可通过计算持有划定为主业的股权与资产总额的比值得出，用以反映国有资本投资运营公司聚焦主业的情况。国有资本产能落后和过剩领域退出比例，可通过计算本期减少的产能落后和过剩领域股权与期初持有的产能落后和过剩领域股权的比值得出，用以反映国有资本投资运营公司有效退出产能落后和过剩领域的情况。

（二）国有资本运营效率维度

提升国有资本运营效率是提高国有资本流动性的前提，是提升国有资本获利能力的客观要求，是国有资本经营的质量目标，因此，应将国有资本运营效率作为国有资本投资运营公司的评价维度。一方面，国有资本运营效率首先表现为国有资本流动性和社会资本带动能力，即国有资本投资运营公司通过推动有条件的企业上市，引进战略投资者，不仅可以提高资本流动性，还可带动社会资本，实现放大国有资本功能。另一方面，国有资本运营效率还表现为通过国有资本运营获取收入的能力，即国有资本投资运营公司利用股权运作，依据国家战略目标和市场竞争环境，清理退出一批、重组整合一批、创新发展一批国有企业，推进国有资本优化重组，提升国有资本获取收入的能力。即国有资本运营效率可用国有资本流动性比率、社会资本带动率和国有资本周转率予以反映。

其中国有资本流动性比率用于反映国有资本投资运营公司通过推动有条件企业上市进而提高资本流动性的能力，可通过计算国有资本投资运营公司持有的上市公司股权占资产总额的比值反映，国有资本流动性比率越高，说明国有资本投资运营公司持有较多的上市公司股份，国有资本流动性较强，国有资本运营效率越高。社会资本带动率反映国有资本通过对国有企业控股或参股带动社会资本的能力。考虑到2015年9月发布的《中共中央　国务院关于深化国有企业改革的指导意见》规定，主业处于充分竞争行业和领域的商业类国有企业，国有资本可以绝对控股、相对控股，也可参股；而主业处于关系国家安全、国民经济命脉的重要行业和关键领域、主要承担重大专项任务的商业类国有企业，要保持国有资本控股地位，支持非国有资本参股；公益类国有企业可以采取国有独资形式，具备条件的也可以推行投资主体多元化，即国有资本更多的情况下是在商业Ⅰ类国有企业中发挥带动社会资本的作用。因此，社会资本带动率可通过计算在国有资本投资运营公司投资的商业Ⅰ类国有企业中非国有资本总额与全部资本总额的比值得出。国有资本周转率反映国有资本运营获取收入的能力，通过计算当期收入总额与平均资产总额的比值得出。国有资本周转率越高，国有资本的运营效率越强。

（三）国有资本保值增值维度

促进国有资本保值增值是国有资本经营的重要目标，是国有资本经营绩效评价的重要维度。从结果上看，国有资本保值增值表现为国有资本的价值变动情况。从过程上看，加强国有资本收益和风险管理是保障国有资本保值增值的重要因素。即可以用国有资本保值增值率、经济增加值、资本回报率和资产负债率等指标对国有资本投资运营公司的国有资本保值增值情况进行评价。

国有资本保值增值是指国有资本投资运营公司在一定时期内期末国有资本大于等于期初国有资本。可通过计算扣除客观增减因素后的期末国有资本与考虑通货膨胀率后的期初国有资本的比值得出国有资本保值增值率，以反映国有资本保值增值的结果。经济增加值是税后净营业利润扣除全部投入资本成本后的剩余收益，可用以反映国有资本投资运营公司可持续的投资收益超过资本成本的盈利能力，是评价国有资本投资运营公司价值创造能力的重要指标。其计算公式已在本章第二节国有资本经营绩效评价体系的国有资本经营绩效评价方法中予以介绍，此处不再赘述。资本回报率反映国有资本投资运营公司利用国有资本赚取利润的能力，通过计算国有资本投资运营公司归属于母公司的净利润与平均所有者权益总额的比值得出。资本回报率越高，说明盈利能力越强，国有资本保值增值能力越强。资产负债率通过计算期末负债总额与期末资产总额的比值得出，用以反映国有资本投资运营公司的财务风险以及对国有资本安全的保障程度，一定程度上资产负债率越低，国有资本投资运营公司的财务风险越低，国有资本的安全性越高。

第四节　国有企业经营绩效评价指标体系

一、商业Ⅰ类国有企业经营绩效评价

（一）商业Ⅰ类国有企业经营绩效评价重点

商业Ⅰ类国有企业为主业处于充分竞争行业和领域的商业类国有企业。这类国有企业以增强国有经济活力、放大国有资本功能、实现国有资本保值增值为经营目标，因此，经济效益是这类企业经营绩效评价的核心。同时，商业Ⅰ类国有企业按照市场化要求实行商业化运作，在竞争中实现优胜劣汰、有序进退，即市场竞争能力也是商业Ⅰ类国有企业经营绩效评价的重要内容。2008 年 1 月国务院国资委印发的《关于中央企业履行社会责任的指导意见》中明确：积极履行社会责任是国有企业的使命和责任，也是建立现代企业制度和提高综合竞争力的重要内容，因此，履行社会责任的情况也是商业Ⅰ类国有企业经营绩效评价的重点。基于此，商业Ⅰ类国有企业经营绩效评价重点包含经济效益、市场竞争能力和社会责任三个方面。

（二）商业Ⅰ类国有企业经营绩效评价维度及评价指标

依据商业Ⅰ类国有企业经营绩效评价重点，可从经济效益、市场竞争能力和社会责任三个维度设计评价指标开展经营绩效评价。表 11 －10 列示了商业Ⅰ类国有企业经营绩效评价维度及评价指标。

表 11 －10　　商业Ⅰ类国有企业经营绩效评价维度及评价指标

评价维度	评价指标	计算公式
经济效益	经济增加值率	经济增加值/平均资产总额 ×100%
	净资产收益率	归属于母公司股东的净利润/平均所有者权益总额 ×100%
	国有资本保值增值率	（扣除客观增减因素后期末国有资本 ÷ 考虑通货膨胀率后的期初国有资本）×100%
	可持续增长率	当期留存到企业的经营成果/期初所有者权益 ×100%
	资产负债率	期末负债总额/期末资产总额 ×100%
市场竞争能力	市场占有率	国有企业某一类产品或者某一行业收入/该类产品或者行业营业总收入 ×100%
	客户获得率	本期新增客户量/期初客户量 ×100%
社会责任	环境责任	
	产品质量安全责任	

1. 经济效益维度

提高经济效益是商业Ⅰ类国有企业的核心目标，因此，需要从经济效益维度对商业Ⅰ类国有企业经营绩效进行评价。经济效益维度的评价是多方面的，既要突出短期资本回报的要求，又要考虑到企业中长期发展能力，还要考虑到企业的风险管理能力。

国有企业的短期资本回报能力可从企业价值创造能力和盈利能力两个方面进行反映。其中，企业价值创造能力可用经济增加值予以反映，为了增强评价指标的可比性，不建议直接使用经济增加值绝对数反映企业价值创造能力，可用经济增加值率，即经济增加值与平均资产总额的比值，反映国有企业利用资产创造价值的能力；企业盈利能力可用净资产收益率，即归属于母公司股东的净利润与当年平均所有者权益总额的比值予以反映。国有企业的中长期发展能力表现为国有资本保值增值能力和可持续发展能力两个方面，国有资本保值增值能力可用国有资本保值增值率反映，可持续发展能力可用可持续增长率反映。其中，国有资本保值增值率可用国有企业扣除客观增减因素后的期末国有资本与考虑通货膨胀率后的期初国有资本的比值计算得出；可持续增长率可用国有企业当期留存到企业的经营成果与期初所有者权益的比值计算得出。国有企业的风险管理能力主要表现为资本结构，可用资产负债率予以反映。资产负债率可用期末负债总额与期末资产总额的比值计算得出。

2. 市场竞争能力维度

适应市场竞争的需要，提升市场竞争能力，是主业处于充分竞争行业和领域的商业类国有企业获取竞争优势、提高经济效益的前提。基于此，应将市场竞争能力作为商业Ⅰ类国有企业经营绩效的评价维度之一。一方面表现为参与市场竞争，市场占有情况的静态结果，可用商业Ⅰ类国有企业某一类产品或者某一行业收入占该类产品或者行业营业总收入的比率计算市场占有率反映；另一方面表现为提升市场竞争能力，开拓市场的动态表现，可用本期新增客户量与期初客户量的比值计算客户获得率反映。

3. 社会责任维度

商业Ⅰ类国有企业作为社会的一份子，不仅要提升市场竞争能力，创造经济效益，还应在符合市场经济要求的前提下积极承担社会责任，因此，社会责任也是商业Ⅰ类国有企业经营绩效评价的维度。主业处于充分竞争行业和领域的商业类国有企业不承担特殊的战略任务，其社会责任主要表现为关系到国民经济可持续发展的环境责任和关系到社会和谐稳定的产品质量安全责任。环境责任指标和产品质量安全责任指标都是绩效评价的定性减分事项，即如果在生产加工过程中向外界排放污染物或有毒物质，根据对当地环境造成的危害程度和对当地居民生活质量产生的影响程度，进行相应减分；如果为消费者提供的产品存在质量安全问题，根据产品质量安全事件的次数和严重程度，进行相应减分。

二、商业Ⅱ类国有企业经营绩效评价

（一）商业Ⅱ类国有企业经营绩效评价重点

商业Ⅱ类国有企业为主业处于关系国家安全、国民经济命脉的重要行业和关键领域、主要承担重大专项任务的商业类国有企业。这类企业以服务国家战略、保障国家安全和国民经济运行、发展前瞻性战略性产业以及完成重大专项任务为核心目标，因此社会效益是商业Ⅱ类国有企业经营绩效评价的重要内容。获得合理回报和实现国有资本保值增值是实现商业Ⅱ类国有企业社会效益的基本保障，即商业Ⅱ类国有企业经营绩效评价应将经济效益和社会效益进行有机统一，可以适当降低经济效益指标的权重。

（二）商业Ⅱ类国有企业经营绩效评价维度及评价指标

依据商业Ⅱ类国有企业经营绩效评价重点，可从经济效益和社会效益两个维度设计评价指标开展绩效评价。表 11－11 列示了商业Ⅱ类国有企业经营绩效评价维度及评价指标。

表 11－11　　商业Ⅱ类国有企业经营绩效评价维度及评价指标

评价维度	评价指标	计算公式
经济效益	经济增加值率	经济增加值/平均资产总额×100%
	净资产收益率	归属于母公司股东的净利润/平均所有者权益总额×100%
	国有资本保值增值率	（扣除客观增减因素后期末国有资本÷考虑通货膨胀率后的期初国有资本）×100%
	可持续增长率	当年留存到企业的经营成果/期初所有者权益×100%
	资产负债率	期末负债总额/期末资产总额×100%
社会效益	营业收入增长率	当期营业收入的增长额/上期营业收入金额×100%
	任务完成率	当期任务完成金额/当期任务总额×100%
	特殊任务完成情况	

1. 经济效益维度

尽管商业Ⅱ类国有企业是以保障国家安全和国民经济运行为核心目标，依然需要追求相应的经济效益，因此，需要从经济效益维度对商业Ⅱ类国有企业经营绩效进行评价。与商业Ⅰ类国有企业相似，对商业Ⅱ类国有企业经济效益维度的评价也是多方面的，既包括对短期资本回报的评价，也包括对企业中长期发展能力的评价，还包括对企业风险管理能力的评价。商业Ⅱ类国有企业经济效益维度的评价指标可以参照商业Ⅰ类国有企业经济效益维度的评价指标设置，包括经济增加值率、净资产收益率、国有资本保值增值率、可持续增长率和资产负债率。具体指标的含义和计算此处不再赘述。

2. 社会效益维度

基于商业Ⅱ类国有企业经营的核心目标，社会效益维度是商业Ⅱ类国有企业经营绩效评价的核心维度。商业Ⅱ类国有企业的社会效益可从承担国家安全、行业共性技术或国家重大专项任务的动态变动情况和静态结果两方面进行反映。其动态变动情况主要表现为商业Ⅱ类国有企业承担各类任务而带来的收入变动，可用营业收入增长率予以反映；静态结果主要表现为各类任务的完成情况，可用任务完成率和特殊任务完成情况予以反映。其中，营业收入增长率可用当期营业收入的增长额与上期营业收入金额的比值计算得到；任务完成率可用当期任务完成金额与当期任务总额的比值计算得到；特殊任务完成情况可以由专家根据商业Ⅱ类国有企业特殊任务完成情况进行评判，分为“A、B、C、D、E”五级，分别对应“100、80、60、40、20”分。

三、公益类国有企业经营绩效评价

（一）公益类国有企业经营绩效评价重点

公益类国有企业是以保障民生、服务社会、提供公共产品和服务为核心经营目标的国有企业。基于此，社会效益应是其经营绩效评价的核心。加强成本控制、提高营运效率是保障社会服务质量的基础，因此经济效益也是公益类国有企业经营绩效评价的重点。即公益类国有企业经营绩效评价应当同时包含社会效益和经济效益，可以适当降低经济效益的权重和回报要求。

（二）公益类国有企业经营绩效评价维度及评价指标

依据公益类国有企业经营绩效评价重点，可从经济效益和社会效益两个维度设计评价指标开展绩效评价。表 11－12 列示了公益类国有企业经营绩效评价维度及评价指标。

表 11－12　　公益类国有企业经营绩效评价维度及评价指标

评价维度	评价指标	计算公式
经济效益	经济增加值率	经济增加值/平均资产总额×100%
	国有资本保值增值率	（扣除客观增减因素后期末国有资本÷考虑通货膨胀率后的期初国有资本）×100%
	资产负债率	期末负债总额/期末资产总额×100%
	成本费用率	（当期营业成本＋税金及附加＋管理费用＋销售费用＋财务费用）/当期营业收入×100%
	资产现金回收率	经营活动产生的现金流量净额/平均资产总额×100%
社会效益	客户保持率	期末客户业务量/期初客户业务量×100%
	客户满意度	
	营业收入增长率	当期营业收入的增长额/上期营业收入金额×100%
	公益任务完成率	当期公益任务完成金额/当期公益任务总额×100%

1. 经济效益维度

尽管社会效益的实现是公益类国有企业经营的核心目标，但是经济效益是社会效益实现质量的重要保障。因此，依然需要从经济效益维度对公益类国有企业经营绩效进行评价。公益类国有企业经济绩效评价维度不仅包括对短期资本回报、中长期发展能力和风险管理能力的评价，还包括对影响公共产品和服务提供数量、质量的成本控制能力与营运效率的评价。

反映短期资本回报、中长期发展能力和风险管理能力的经济效益维度指标可参照商业Ⅰ类国有企业经济效益维度的评价指标设置，选择经济增加值率、国有资本保值增值率和资产负债率。影响公共产品和服务提供数量、质量的成本控制能力和营运效率可分别选择成本费用率和资产现金回收率予以反映。其中，成本费用率可用当期成本费用之和与当期营业收入的比值计算得到；资产现金回收率可用经营活动产生的现金流量净额与平均资产总额的比值计算得到。

2. 社会效益维度

基于公益类国有企业经营的核心目标，社会效益维度是公益类国有企业经营绩效评价的核心维度。产品服务质量和社会保障能力是其实现保障民生、服务社会、提供公共产品和服务这一核心目标的重要体现。

产品服务质量表现为客户对公益类国有企业提供的公共产品和服务的反应，可用客户保持率和客户满意率予以反映。其中客户保持率用以反映公益类国有企业客户业务量的维持与开发情况，可用期末客户业务量与期初客户业务量的比值计算得到；客户满意率用以反映客户对公益类国有企业提供的产品和服务的反馈和评价，可通过对客户的调查问卷进行评判，分为“非常满意、满意、一般、不满意、非常不满意”五级，分别对应“100、80、60、40、20”分。

社会保障能力表现为公益类国有企业提供的公益服务数量以及公益任务的完成情况，可用营业收入增长率和公益任务完成率予以反映。其中，营业收入增长率用以反映公益类国有企业在保障民生、服务社会、提供公共产品和服务时收入的增长情况，用当期营业收入的增长额与上期营业收入金额的比值计算得到；公益任务完成率用以反映公益类国有企业公益任务的完成情况，用当期公益任务完成金额与当期公益任务总额的比值计算得到。

第十二章

国有资本经营报告管理

为了全面反映国有资本经营过程，客观总结国有资本经营成果，科学评价国有资本经营绩效，服务投资、运营、预算、收益、评价等国有资本运营的各个环节，需要依法实施国有资本经营报告管理，做好国有资本经营报告编制工作，提供高质量的国有资本经营报告，更好地服务于国有资本出资人。本章基于国有资本经营报告的理论分析，结合法律法规和有关制度规定，从基本概念、报告类型、报告内容、编制要求、报告监督等方面分别介绍各类国有资本经营报告的管理要求。

第一节 概 述

一、国有资本经营报告的概念及意义

（一）国有资本经营报告的概念

国有资本经营报告是国有资本经营管理主体编制的反映国有资本在某一特定日期经营状况、某一期间运营成果、国有资本保值增值等履行经济责任，对环境、员工、社区、供应商、消费者等方面承担的社会责任，以及总体国有资本管理情况的财务及非财务信息文件。其中，国有资本经营管理主体是依法对国有资本承担经营、管理或监督责任的主体，包括各级人民政府及其国资监管机构、国有资本投资运营公司/国有集团企业及其权属企业。

国有资本经营报告是一个综合性概念，包括多种报告类型。一是反映国有资本承担经济职能，体现国有资本经营管理情况的会计报告、统计报告；二是反映国有资本承担社会职能的社会责任报告，环境、社会及治理报告（ESG 报告），

可持续发展报告；三是反映中央及地方人民政府国有资本管理情况的综合报告和专项报告。另外，还包括其他应当在报告中披露的相关信息和资料，例如，会计报表附注、国有资本运营情况分析报告等。

反映国有资本经营管理情况的会计报告、统计报告，以财务数据、统计数据等定量信息为核心，以资产负债表、利润表、现金流量表、所有者权益变动表等会计报表和国有资本权益变动情况表、资产减值准备情况表、应上交应弥补款项表、基本情况表、人力资源情况表、带息负债情况表、企业期初数调整情况表等统计报表为主要载体，以会计报表附注、国有资本运营情况分析报告为补充；反映国有资本承担社会职能的社会责任报告、ESG 报告、可持续发展报告，以“定性 + 定量”方式呈现，非财务数据主要介绍国有资本社会责任履行情况，并辅以财务、统计数据作为支撑；反映总体国有资本管理情况的综合报告和专项报告，以财务与非财务数据相结合的形式进行“定性 + 定量”报告。

（二）国有资本经营报告的意义

国有资本经营报告是反映国有资本经营管理情况的重要载体，是国有资本经营、管理和监督工作的重要内容。编制国有资本经营报告是国有资本经营管理的重要环节，国有资本经营信息对于国家、出资人、社会公众等利益相关方，以及国有资本经营管理主体自身都具有重要意义。

1. 国有资本本质的内在要求

国有资本体现社会主义国家的根本性质，是实现社会主义国家战略目标的物质基础。国有资本的全民属性决定了其存在、使用、收益、管理与监督必须以全体人民利益为根本。以国有资本经营报告为手段建立国资国企监管体制机制，对于进一步深化国企改革、完善国有资本监管体制，回应人民和社会关切具有重要意义。

2. 落实国资国企改革政策的重要内容

国有资本经营报告是贯彻 2015 年 9 月《中共中央　国务院关于深化国有企业改革的指导意见》中关于经营性国有资产统一监管等要求的重要基础，也是落实 2017 年 12 月《中共中央关于建立国务院向全国人大常委会报告国有资产管理情况制度的意见》中企业国有资产管理情况综合报告和专项报告的重要数据来源。

3. 反映受托责任履行情况的主要载体

国有资本是国家代表全体人民进行各种形式投资所形成的权益。国有资本经营报告是国有资本经营管理结果的综合反映，是国有资本出资人利益实现情况的集中体现。国有资本经营管理主体依法享有国有资本经营权利的同时，也承担了国有资本经营、管理和监督的职责义务，也必须以国有资本经营报告为途径，向出资人报告资本受托经营、管理和监督任务的履行情况。

4. 国有资本出资人决策与监管的信息基础

国有资本的最终所有者是全体人民，国有资本的运营及结果关系全体人民的切身利益。国有资本经营报告是全面深入开展国有企业经济运行监测，实施国有资本经营情况分析的重要前提。国有资本经营报告是全体人民了解全民利益实现的基础，是评价国有资本经营管理主体职责履行情况，对出资人代表及国有企业等国有资本经营管理主体实施考核和监督的重要依据。财政部、国务院国资委定期发布“国有及国有控股企业经济运行情况”快报、“中央企业经济运行情况”快报等数据的主要来源就是国有资本经营报告。

5. 国有资本经营管理主体决策与管理的信息基础

我国国有资本的数量庞大、范围甚广，目前我国实行的是以管资本为主的监管体制，具体表现为从对企业的直接管理转向更加强调基于出资关系的监管，从关注企业个体发展转向更加注重国有资本整体功能，从习惯于行政化管理转向更多运用市场化法治化手段，从关注规模速度转向更加注重质量效益提升。国有资本经营报告除了可以发挥对外沟通的作用，还可以实现对内的自我管理，深化内生发展动力，以国家战略、社会需求、人民期盼为导向，实现国有资本做强、做优、做大的总目标。

二、国有资本经营报告的分类

（一）按报告内容划分

按报告所反映的内容划分，国有资本经营报告可划分为四类：一是反映国有资本经营管理主体财务状况、经营成果、现金流量等会计信息的会计报告，如资产负债表、利润表、现金流量表等；二是反映国有资本经营管理主体按照国家财务会计制度规定，根据统一的报告格式和填报要求编制上报的反映企业年度会计期间资产质量、权益变动、资本增值、人力资源情况、基本情况等国有资本经营情况的统计报告；三是反映国有资本经营管理主体承担社会责任，推动企业与环境、社会全面协调发展，提升公司治理水平的报告，主要包括社会责任报告、ESG 报告、可持续发展报告等；四是综合反映全国国有资本管理情况的报告，以国有经济布局和结构，国有资本投向、布局和风险控制，国有企业改革，国有资本管理，以及行政事业性国有资产的配置和分布、国有自然资源资产禀赋和保护利用等为主要内容，具体包括国有资本管理情况的综合报告和专项报告。

（二）按报告方式划分

按报告的方式划分，国有资本经营报告可划分为对内报告和对外报告两类。

对内报告，是按照国有资本授权经营体制的层级关系从下到上内部报送的报告，例如，国有资本经营会计报告、国有资本经营统计报告；对外报告即向社会公开披露的报告，是按照有关制度规定，通过一定渠道向社会公开发布，供社会查阅的报告，如社会责任报告、ESG 报告、可持续发展报告。按照信息公开相关法律规定，国有资本经营会计报告、国有资本经营统计报告、国有资本管理情况的综合报告和专项报告中的内容经批准后也应向社会公开。

（三）按编报主体划分

按报告的编报主体划分，国有资本经营报告可划分为企业报告和政府报告两类。企业报告是以国有企业为报告主体编制的反映企业承担国有资本经营管理责任情况的报告，例如，国有资本经营会计报告、国有资本经营统计报告、社会责任报告、ESG 报告、可持续发展报告；政府报告是以政府为报告主体编制的从总体上反映国有资本经营管理情况的报告，例如，国有资本管理情况的综合报告和专项报告。

（四）按编报期间划分

按报告的期间，国有资本经营报告可划分为年度报告和中期报告两类。年度报告是年度终了编制的、反映国有资本年度期间经营成果的报告，例如，国有资本经营会计报告、国有资本经营统计报告、社会责任报告、ESG 报告、可持续发展报告、国有资本管理情况的综合报告和专项报告；中期报告则是短于一个完整会计年度期间编制的、反映国有资本在年度期间内经营成果的报告，例如，反映国有资本运营情况的月报、季报和半年报，包括汇总国有资本经营会计信息的国有资本统计月度快报、国有企业经济效益月报等。年度报告和中期报告在编报内容、时效性、鉴证要求等方面存在不同。

第二节　国有资本经营会计报告管理

一、国有资本经营会计报告概述

（一）国有资本经营会计报告的概念及其作用

国有资本经营会计报告是国有资本经营管理主体对外提供[①]的，按照国家财

① 对外提供是以国有企业为报告主体，向企业外部信息使用者报送的国有资本经营会计报告。区别于第一节按报告方式划分中向社会公开披露的对外报告，此处的“对外”所涵盖的范围更广，除了向社会公开披露的报告外，还包括国有企业向财政部门、国资委等国资监管机构报送的会计报告、统计报告。

务会计制度的规定，根据统一的编制口径、报表格式和编报要求，依据会计账簿记录和相关财务会计资料编制的，反映其在资产负债表日财务状况和一定会计期间经营成果、现金流量、国有资本保值增值等会计信息的文件。其中，需对外提供国有资本经营会计报告的国有资本经营管理主体，主要是指接受国家以各种形式出资的企业，即各类国有企业。

国有资本经营会计报告是以会计手段对国有企业经营管理国有资本成果的综合体现，是向国有资本出资人等会计报告使用者提供决策有用信息的媒介和渠道，是内外部利益相关者之间信息沟通的桥梁和纽带，是国有资本经营管理主体履行经营、管理和监督职责的重要依据，因此，必须强化国有资本经营会计报告在各种信息中的基础性作用。

（二）国有资本经营会计报告的内容

国有资本经营会计报告反映国有企业在某一特定日期（如年末、半年末、季末或月末）的财务状况、某一期间（如年度、半年度、季度或月度）的经营成果、现金和现金等价物流入和流出，以及国有股权当期增减变动等情况。国有资本经营会计报告包括会计报表及其附注，以及其他应当在会计报告中披露的相关资料①。其中，会计报表是国有资本经营会计报告的核心。

1. 会计报表

会计报表反映国有企业财务状况、经营成果以及现金流量等情况，包括资产负债表、利润表、现金流量表、所有者权益变动表。

资产负债表，又称财务状况表，是会计信息使用者获取会计信息并据以预测、决策的重要来源，是最重要的会计报表之一。资产负债表是反映企业在某一特定日期（如月末、季末或年末）的财务状况的会计报表。资产负债表属于静态报表，可以提供企业在某一特定日期资产、负债总额及其结构信息，反映企业所有者在某一特定日期所拥有的权益及其形成的原因，据以判断资本保值、增值的情况以及负债的保障程度。另外，通过对资产负债表的分析，还可以对企业财务状况和财务安全程度进行预测。

利润表，又称损益表，是反映企业在一定会计期间（如月度、季度、年度）的经营成果的会计报表。利润表属于动态报表，可以反映企业在一定会计期间内经营业绩的主要来源和构成，有助于信息使用者判断净利润的质量、风险及可持续性，从而作出正确的决策。利润表也是预测现金流量的基础，是企业编制现金

① 国有资本经营会计报告还包括国有企业依照《中央企业财务决算报告管理办法》等制度编报的年度财务决算报告。年度财务决算报告由年度财务决算报表、年度报表附注和年度财务情况说明书，以及国资委规定上报的其他相关生产经营及管理资料构成。同时，审计报告也应作为企业年度财务决算报告的必备附件与年度财务决算报告一并上报国资委。

流量表的重要依据。

现金流量表是反映企业在一定会计期间的现金和现金等价物流入和流出的会计报表。现金流量表基于收付实现制编制，对于按照权责发生制原则编制的资产负债表和利润表的有关项目起着解释和补充的作用，与资产负债表和利润表有着相辅相成的作用。现金流量表属于动态报表，有助于评价企业支付能力、偿债能力和周转能力，有助于评价企业净利润的质量，有助于分析企业盈利质量及影响现金流量的因素，有助于预测企业未来获取现金的能力。

所有者权益变动表，又称股东权益变动表，是反映构成所有者权益各组成部分当期增减变动情况的报表。所有者权益变动表属于动态会计报表，它除了反映一定时期内所有者权益总量的增减变动以外，还反映包括所有者权益增减变动在内的重要结构性信息，帮助所有者更全面、更综合地了解权益状况，帮助所有者更准确地作出决策。

2. 会计报表附注

会计报表附注是对在资产负债表、利润表、现金流量表和所有者权益变动表等报表中列示项目的文字描述或明细资料，以及未能在这些报表中列示项目的说明等。主要包括企业的基本情况、报表的编制基础、遵循企业会计准则的声明、重要会计政策和会计估计、会计政策和会计估计变更以及差错更正的说明、税项、企业合并及合并财务报表、合并财务报表重要项目的说明、或有事项、资产负债表日后事项、关联方关系及其交易、母公司会计报表的主要项目附注以及按照有关财务会计制度应披露的其他内容。

二、国有资本经营会计报告的具体要求

（一）国有资本经营会计报告的编报范围

国家以各种形式出资的企业，均应作为会计主体编制国有资本经营会计报告，纳入国有资本经营会计报告的编制范围。另外，国有企业集团还应当将集团内所有母子公司纳入合并范围，编制合并会计报表。

（二）国有资本经营会计报告的报送对象

国有企业应当向国有资本出资人及出资人代表报送国有资本经营会计报告。其中，国有独资企业、国有独资公司应当按照规定定期向国资监管机构报告财务状况、生产经营状况和国有资本保值增值状况。国有资本经营会计报告应至少以年度为周期进行编报，并将报告及电子文档报送国资监管机构。国有企业报送的国有资本经营会计报告及附送的各类资料应当按顺序装订成册，材料较多时应当

编排目录，注明备查材料页码。

（三）国有资本经营会计报告的编制依据

国家统一的会计制度是所有会计主体进行会计处理、生成会计信息的唯一标准，是规范会计行为和会计秩序的重要依据。因此，根据2017年11月第十二届全国人大常委会第三十次会议修正的《中华人民共和国会计法》的有关规定，国有企业应当遵循国家统一的会计制度，严格执行财政部最新发布的企业会计准则、企业会计准则解释、企业会计准则应用指南、会计处理规定等有关要求编制国有资本经营会计报告，不得编制或提供不符合国家统一的会计制度要求的会计信息。

（四）国有资本经营会计报告的质量要求

国有企业在每个会计期间结束编制国有资本经营会计报告时，应在全面财产清查、债权债务确认、资产质量核实的基础上组织实施，全面、完整、真实、准确反映国有企业财务状况和经营成果，编制的国有资本经营会计报告应严格执行2014年7月财政部会计准则委员会修订的《企业会计准则——基本准则》中的相关规定，满足以下信息质量要求：

第一，可靠性。可靠性是会计信息有用性的基本前提。国有资本经营会计报告应当以国有企业实际发生的交易或者事项为依据进行会计确认、计量和报告，如实反映符合确认、计量要求的各项会计要素及其他相关信息，保证会计信息真实可靠、不偏不倚、内容完整，不存在虚假记载、误导性陈述或重大遗漏。

第二，相关性。相关性又称有用性，要求国有企业提供的会计信息应当与国有资本出资人等会计信息使用者进行经济决策的需要相关联，应有助于会计信息使用者对企业过去、现在或未来作出评价或预测。

第三，可理解性。出于会计信息有用且能用的目的，国有企业编制的国有资本经营会计报告内容应便于使用者理解和使用，国有企业应当提供清晰、明了的会计信息，进而减少会计信息使用者识别信息的成本，确保有利于会计信息使用者准确、完整把握报告所要说明的内容，从而更好地利用信息作出决策。

第四，可比性。可比性是指国有企业编制的国有资本经营会计报告所提供的会计信息在不同会计期间及与其他企业之间相互可比。为了使会计信息使用者能够更好地评估企业的过去和现在，并预测未来，国有企业所提供的财务状况、经营成果和现金流量等信息应具有纵向和横向的可比性。为了实现信息的可比性，除国家另有规定外，国有企业所执行的会计制度应当与国家财务会计制度的有关规定和要求保持一致。国有企业的各项会计政策、会计估计一经确定，不得随意变更。

第五，实质重于形式。实质重于形式要求国有企业应当按照交易或事项的经济实质进行确认、计量和报告，不应当仅仅以交易或事项的法律形式为依据。如果国有资本经营会计报告中所涉及的交易或事项存在经济实质与法律形式上的矛盾，应当从更有利于会计信息使用者作出准确决策的角度出发，以经济实质为依据进行报告。

第六，重要性。重要性要求国有企业应当在对其财务状况、经营成果和现金流量等会计信息尽量做到全面反映的前提下，视交易或事项对信息使用者决策的影响程度确定重点，据以选择会计处理方法和程序，并单独反映在国有资本经营会计报告中。信息重要性的判定应在综合考虑会计信息使用者决策需求的基础上，从金额与性质两个维度进行判定。

第七，谨慎性。谨慎性又称稳健性，要求国有企业在对交易或事项进行确认、计量和报告时保持应有的谨慎，不应高估资产或收益、不低估负债或者费用。例如按有关资产减值准备计提的标准和方法，合理预计各项资产可能发生的损失，定期对计提的各项资产减值准备逐项进行认定、计算。但是，谨慎性的要求并不意味着国有企业可以随意或者滥用会计方法，操纵会计数据，影响报告的其他质量要求。

第八，及时性。及时性要求国有企业对已经发生的交易或事项及时进行确认、计量和报告。及时性具体表现为国有企业应当及时处理日常的经济业务、及时向利益相关者提供会计信息，以便于会计信息使用者能够根据情况快速作出反应，最大化保证国有资本出资人的利益。国有企业应根据国有资本经营会计报告的所属期间（年度、半年度、季度或月度），按照出资人和有关会计报告制度的要求及时报送。

三、国有资本经营会计报告的监督

为了凸显国有资本经营会计报告的重要意义，发挥国有资本经营会计报告的重要作用，应从监督主体及其职责、监督机制、责任追究等方面完善国有资本经营会计报告监督。

（一）监督主体及其职责

国有资本经营会计报告涉及多方利益主体，因此产生了涵盖从企业内部到外部的多方监督主体，各类监督主体出于不同动机产生了不同的监督目的，结合各自特点选择不同的监督方式，共同形成了国有资本经营会计报告的监督系统。

国有资本经营会计报告的监督主体分为内部监督主体与外部监督主体，两类监督主体应相互配合，充分发挥两种监督方式的合力，提升对国有资本经营会计报告的监督效果。

1. 内部监督主体及其职责

内部监督主体是指国有资本经营会计报告编制主体组织内部、直接参与国有资本经营过程，并对报告编制有直接影响的各类组织（部门）。国有资本经营会计报告内部监督主体包括国有企业董事会、监事会、内部审计部门、职工代表大会、党委（组）等，其主要职责包括：

（1）董事会。根据《中华人民共和国公司法》《中华人民共和国企业国有资产法》等法律规定，董事会是受托经营管理公司的决策机构，应执行出资人的决议、对出资人负责，并向出资人报告工作。国有企业董事会应保证国有资本经营会计信息报告的质量要求，强化外部董事的专业能力，依法审议批准国有资本经营会计报告，充分发挥国有资本经营会计信息的监督作用，向国有资本出资人负责。

（2）监事会。根据《中华人民共和国公司法》《中华人民共和国企业国有资产法》等法律规定，监事会主要负责检查公司财务，承担监督职责。国有企业监事会应依法行权履职，增强独立性、专业性和权威性，加大对董事、高级管理人员履职行为的监督力度，进一步落实监事会检查公司财务等的职权，对国有资本的筹集、使用、收益分配全流程进行监督，保证对国有资本经营会计信息报告能够客观、真实、准确、公允地反映国有资本保值增值等各项情况。

（3）内部审计部门。根据《中华人民共和国审计法》《审计署关于内部审计工作的规定》等规定，内部审计部门依法对国有企业的财务收支、经济活动、内部控制、风险管理实施独立、客观的监督、评价和建议，以促进企业完善治理、实现目标，对国有资本经营会计报告实施审计，是完成上述职责、发挥监督作用的重要方式。国有企业应当充分发挥审计委员会、内部审计部门的专业能力，建立内部审计部门向董事会负责的工作机制，对国有资本经营会计报告内部审计过程中发现的问题及时进行反馈，提高国有资本经营会计报告的质量。

（4）职工代表大会。根据《中华人民共和国公司法》《中华人民共和国工会法》的有关规定，国有企业职工可以通过职工代表大会或者其他形式，实行民主管理，对公司在经营方面的重大问题、制定重要的规章制度等方面享有民主权利。因此，对涉及国有资本经营的重大问题，以及反映国有资本经营情况的信息等方面，应充分发挥职工代表大会的监督权利，健全以职工代表大会为基本形式的企业民主管理制度，规范职工董事、职工监事的产生程序，切实发挥其在参与公司决策和治理中的作用。大力推进厂务公开，建立公开事项清单制度，保障职工在国有资本经营会计报告涉及领域内的知情权、参与权和监督权。

（5）党委（组）。坚持党的领导、加强党的建设，是由我国国有企业的性质所决定的。把党组织内嵌到国有企业公司治理结构之中，把党的建设融入公司治理各环节，促进各治理主体依法履职，把加强党的领导和完善公司治理统一起来是推进国有企业改革发展的根本要求。以党的领导和党的建设为引领，强化党组织以及国有企业各治理主体对国有资本经营的监督职责，充分发挥国有资本经营会计报告的反映和监督作用，拓展评价、预测、评估等职能。落实党内公开与推动企业信息公开相结合，强化党组织对企业领导人员履职行为的监督，确保企业决策部署及其执行过程符合党和国家方针政策、法律法规，推动企业的可持续发展。

2. 外部监督主体及其职责

外部监督主体是指国有资本经营会计报告内部监督主体以外、通过间接方式影响报告编制的各类组织（部门）。国有资本经营会计报告外部监督主体主要包括财政部门、国资委、外部审计部门（机构）、社会公众与媒体以及其他监督主体等，其各自的职责包括以下方面：

（1）财政部门。根据《中华人民共和国会计法》的规定，财政部门是会计工作的政府主管部门。其中，国务院财政部门主管全国的会计工作，负责制定、组织实施并监督执行国家统一的会计制度与会计准则，监督和规范会计行为；县级以上地方各级人民政府财政部门管理本行政区域内的会计工作。国有企业编制国有资本经营会计报告的行为受财政部门监督，国有企业执行会计制度与会计准则的情况，也应当接受财政部门的检查。同时，对地方及企业反映报告编制过程中的会计准则实施问题，财政部应牵头会同有关部门，持续加强企业会计准则实施指导。

（2）国资委。根据《中华人民共和国企业国有资产法》《中华人民共和国企业国有资产监督管理暂行条例》等规定，国资委依法履行出资人代表职责，对国有资本行使出资人权利，代表国家享有出资人权益。国资委履行各项职责、解除受托责任、实施监督管理必须以获得完整、真实、准确的决策信息为前提。因此，国资委应依法对国有资本经营会计报告的编制工作、审计质量等进行监督，并组织对国有资本经营会计报告的真实性、完整性进行核查，为实现出资人管理和监督的有机统一提供坚实的基础。

（3）外部审计部门（机构）。审计在推动国有资本和国有企业做强、做优、做大中起到重要监督和保障作用。根据《中华人民共和国审计法》的规定，审计机关对国有企业、国有金融机构和国有资本占控股地位或者主导地位的企业、金融机构的资产、负债、损益以及其他财务收支情况实施审计监督，因此，应以国有资本经营会计报告为抓手，持续完善国有企业和国有资本审计监督机制，做到审计全覆盖。会计师事务所作为社会审计主体发挥社会审计的鉴证作用。为保证国有资本经营会计报告反映真实的国有企业财务状况及经营成果，国资监管机构实施国有资本经营会计报告审计制度，统一委托会计师事务所对国有资本经营会计报告进行审计。会计师事务所及注册会计师对企业违反国家财务会计制度规定或者未按注册会计师意见进行调整的重大会计事项，通过出具非标准无保留意见审计报告等形式发挥监督作用。

（4）社会公众与媒体。国有资本经营成果关系全体人民的根本利益，建立国有资本全社会共同监督机制是国有资本全民属性的必然要求。以国有资本经营会计报告为抓手，通过建立国有资本经营信息公开制度，在国有资本信息公开平台上，对国有资本整体运营情况、企业国有资本保值增值及经营业绩考核总体情况、国有资本监管制度和监督检查情况等会计信息依法依规、及时准确地披露，能够最大程度保障社会公众和媒体的知情权，进而推动监督权的实现。

（5）其他监督主体。除以上监督主体外，巡视巡察、纪检监察对国资国企的治理也以国有资本经营会计报告为基础，为发现问题而搜集和获取证据，包括了对国有资本经营会计报告信息的高质量要求。

（二）监督机制

为了确保国有资本经营会计报告质量，满足信息使用者的会计信息决策需求，围绕国有资本经营会计报告应当建立内部协调、外部强化、内外协同和责任追究的监督机制。

1. 深化报告内部监督协调机制

国有资本经营会计报告内部监督主体应在充分履行各自监督职责的基础上，以党委（组）为报告内部监督体系的领导核心，董事会为主要责任部门持续推动报告监督工作，充分发挥监事会、内部审计部门专司监督的专业能力，激发职工代表大会的监督积极性，形成监督合力，加强监督协调。健全涉及报告编制的内部监督制度和内部控制机制，加强对企业重大决策和重要经营活动的信息审核把关。加强对报告的内部监督工作联动配合，提升信息化水平，确保对报告监督的及时、有效。国有企业要严格执行会计准则，加强内部控制，全面提升国有资本经营会计报告质量。国有企业应当切实履行会计信息质量主体责任，建立健全会计信息质量治理架构。单位负责人要高度重视并切实加强对会计工作的组织领导，对会计资料的真实性、完整性负责。企业应当加强对企业会计准则以及近年来年报工作通知相关重点内容的学习理解，准确把握有关具体要求，严格按照企业会计准则要求，结合企业实际情况和业务实质，综合所有相关事实和情况，合理作出职业判断，并进行会计处理和信息披露，提供真实、完整的会计信息。企业应当扎实做好巡视、审计、财会监督等各类监督检查发现的会计信息质量问题整改，坚持“整改全覆盖、问题零容忍”原则，在报告编制中全面反映整改效果。上市公司应当充分关注收入确认、债务重组、破产重整、大股东捐赠、政府补助、会计政策变更等事项对企业财务状况和经营成果等的影响，不得通过违规调节会计信息规避退市等监管要求。执行企业内部控制规范体系的上市公司应当按照资本市场监管部门的有关要求，建立健全公司内部控制体系，重点提升资金资产、收入、成本费用、投资活动、关联交易、重要风险业务和重大风险事件、财务报告编制等领域内部控制的有效性，并对公司内部控制有效性进行评价，科学认定内部控制缺陷，强化内控缺陷整改，充分发挥内部控制在提升上市公司会计信息质量、防范上市公司财务造假等方面的重要作用。

2. 进一步整合报告外部监督力量

国有资本经营会计报告外部监督主体由于不直接参与国有企业管理，对国有资本经营结果的了解主要依赖国有资本经营会计报告。但外部监督主体获取报告的成本较高，加上报告信息质量受限，影响监督主体职能的发挥。因此，应加强报告外部监督主体间协同配合，持续强化监管，形成高效顺畅的信息协同机制，有效促进国有资本经营会计信息质量提升。具体地，应整合出资人代表监管、财政会计监督、审计监督、纪检监察、巡视巡察等外部监督力量，建立监督工作会商机制，加强统筹，减少重复检查，提高监督效能。创新监督工作机制和方式方法，运用信息化手段查核问题，实现监督信息共享。财政部、国务院国资委、国家金融监管总局、证监会应深入实施部门间信息沟通工作机制，按照职责分工，加大协同配合力度，持续强化监督检查，密切跟踪企业和会计师事务所国有资本经营会计报告的编制、审计、决算等相关情况，加强信息共享，加大对企业进行财务造假、有关机构配合造假等违法违规行为的处罚力度，切实压实企业国有资本经营会计报告编制者主体责任、会计师事务所审计责任、银行等机构出具不实证明材料、其他中介机构有关责任。

3. 加强各类报告监督主体的协同机制

应努力构建国有资本经营会计报告各类主体分工合理、职责明确的协同监督体制，充分实现信息共享、监督联动，低成本、高效率地实施监督。例如，加强内部监督主体与外部监督主体之间的信息沟通，降低外部监督主体获取信息的成本，进一步完善并充分利用好国有资本信息公开平台，运用数字化、信息化、智能化手段实现国有资本经营信息共享、运用与监督。各级政府部门应强化宣传贯彻，加强协同配合，督促辖区内的国有企业严格执行企业会计准则等会计规范，将企业国有资本经营会计报告工作中的有关情况、问题建议等，及时向各有关部门反馈。

4. 报告的自我管理与责任追究机制

为了保证国有资本经营会计报告质量，发挥其反映与监督的职能，确保国有资本经营会计报告工作顺利进行，必须在强化会计主体报告编制的首要法律责任基础上，建立相应的监督责任追究保障机制，提高报告主体与各类监督主体的责任意识。

国有资本经营会计报告首先反映的是企业承担国有资本经营责任的履行情况，因此，国有企业是国有资本经营会计报告的主体和第一责任人，编制、报出的国有资本经营会计报告应当加盖企业公章，并由企业的法定代表人、总会计师或主管会计工作的负责人、会计机构负责人签名并盖章。企业主要负责人、总会计师或主管会计工作的负责人等应当对企业编制的国有资本经营会计报告真实性、完整性负责。

国有企业报送的国有资本经营会计报告内容不完整、信息披露不充分，或者因数据差错较大而造成财务信息不实，以及报告不符合规范要求的，应由国资监管机构等监督主体责令其重新编报。在国有资本经营会计报告编制工作中弄虚作假、提供虚假财务信息，或者严重故意漏报、瞒报，以及报告监督主体未积极履行职责，导致报告失真，并产生严重不良后果的，应根据《中华人民共和国会计法》《企业国有资产监督管理暂行条例》和《企业财务会计报告条例》等有关法律法规予以处罚；有犯罪嫌疑的，依法移送司法机关处理。

第三节　国有资本经营统计报告管理

一、国有资本经营统计报告的概念及其意义

国有资本经营统计报告是企业按照国家财务会计制度规定，根据统一的报告格式和填报要求，编制上报的反映企业一定会计期间资产质量、财务状况、经营成果等企业国有资本经营基本情况的文件。

国有资本经营信息统计是国有资本经营管理的一项重要基础工作。国有资本经营统计报告是国有资本经营信息统计工作的直接结果，是国有资本管理决策的依据与直观反映。国有资本经营统计报告有助于国有资本出资人等利益相关者及时、准确了解企业国有资本营运情况，强化落实全国国有资本金统计报告工作规范，巩固企业国有资本监督管理基础；是全面深入开展国有企业经济运行监测分析，充分发挥国有企业财务统计信息工作在深化国资国企改革，加快国有经济布局优化和结构调整，提升国有企业核心竞争力等方面积极作用的重要环节；也是实现中央深化国有企业改革顶层设计提出的经营性国有资产统一监管部署，落实国务院向全国人大常委会报告国有资产管理情况总体要求的重要基础和前提。

二、国有资本经营统计报告的类型及其内容

国有资本经营统计报告按编制期间划分为月度报告和年度报告。其中，月度报告主要反映国有资本月度经营情况，如国有企业经济效益月报，包括主要指标表、企业债务风险监测表、生产经营重点指标表等，以及时反映企业运行中出现的新情况、新问题以及异动指标解释等信息；年度报告涵盖内容较多，反映国有资本经营信息更全面，主要由企业会计报表和国有资本营运分析报告两部分构成。企业会计报表通过会计核算而生成，按照国家会计制度和会计准则规定，由资产负债表、利润及利润分配表、现金流量表、所有者权益变动表、资产减值准备计提情况表及相关附表构成。其中，企业会计报表应当经过中介机构审计；国有资本营运分析报告是对企业占用的国有资本及其经营情况进行分析说明的文件，具体内容包括：(1) 国有资产总量与分布结构；(2) 企业资产质量、财务状况及经营成果分析；(3) 国有资本增减变动情况及其原因分析；(4) 国有资本保值增值结果及其影响因素分析；(5) 其他需说明的事项。

三、国有资本经营统计报告的具体要求

(一) 国有资本经营统计报告的编报范围

根据制度规定，凡是接受国有资本投资并运营国有资本的企业均应当按照《企业国有资产监督管理暂行条例》《企业国有资产统计报告办法》和国家财务会计制度有关规定，在做好会计核算工作的基础上，根据国家统一要求编制国有资本经营统计报告，如实反映运营主体占用国有资本及其运营情况。应当编制国有资本经营统计报告的企业具体包括：由国务院以及地方人民政府履行出资人职责的，具有法人资格、独立核算、能够编制完整会计报表的境内外国有及国有控股企业。国有参股企业的国有资本及投资收益依据合并会计报表的规定，纳入国有资本投资单位国有资本经营统计报告的统计范围，原则上不单独编制国有资本经营统计报告。但对于重要参股企业，应当根据国有资本监管需要单独编制国有资本经营统计报告。重要参股企业的标准或者名单由相关国资监管机构确定。

企业国有资本经营统计报告基本填报单位的级次为：大型企业（含大型企业集团）为第三级以上（含第三级）各级子企业，第三级以下子企业并入第三级进行填报；中小型企业为第二级以上（含第二级）各级子企业，第二级以下子企业并入第二级进行填报。

（二）国有资本经营统计报告的报送对象与方式

不同类型的国有资本经营统计报告须按规定分别报送国资监管机构。企业国有资本经营统计报告工作应当遵循统一规范、分级管理的原则，按照企业的财务关系或者产权关系分别组织实施。

1. 月度报告

财政部根据《中华人民共和国会计法》《企业财务会计报告条例》《企业会计准则》《企业财务通则》等有关法律法规，发布下一年度国有企业经济效益月报工作的安排，要求国有及国有控股企业（不含一级金融企业）应按月编制国有资本经营统计月度报告，于每月10日前将汇总审核后的上月月报报送财政部资产管理司。其中，中央管理企业通过财政部统一报表系统[①]报送。已完成统一报表平台二级部署的各省（区、市）财政厅（局），通过本地统一报表平台采集、审核和汇总本地区各级企业数据，并与财政部统一报表平台进行数据同步；未完成二级部署的各省（区、市）财政厅（局）、新疆生产建设兵团财政局采用原方式报送。

2. 年度报告

国有企业应当以集团企业为编报主体编制集团或者总公司合并（汇总）的国有资本经营统计年度报告，以全面反映企业国有资本经营情况，并与所属境内外子企业的分户国有资本统计数据一同报送同级国资委。其中：企业国有资本统计汇总报表、编制说明、汇编范围企业户数变动情况分析，须依次装订成册，并加盖本单位公章后上报；企业国有资本统计汇总报表、所属一级企业合并报表及各级子企业分户报表以电子文档形式上报。省级国资委应当编制本地区监管企业的汇总国有资本经营统计报告，并与所监管企业的分户国有资本统计数据一同报送国务院国资委。国有资本经营统计年度报告应于规定时间内将上年年报报送同级国资委并同时报送财政部门。

（三）国有资本经营统计报告的编报要求

根据《企业国有资产监督管理暂行条例》《企业国有资产统计报告办法》等制度规定，国有资本经营统计报告的具体编报要求包括：

1. 落实依法编报工作，提升报告覆盖面和完整度

各国有资本经营统计报告的编报主体应当严格依据《企业国有资产统计报告办法》以及国资委发布的具体编报要求，基于国有企业名录，按照企业真实的管

---

① 财政部统一报表系统网址：https：//tybb. mof. gov. cn。

理层级在报告系统中构建企业树型结构，摸清单户法人企业情况，将国有及国有控股企业、实行企业化管理的事业单位全面纳入报告统计和报送范围。因新设、重组、破产、注销、财务或股权关系变更等重大事项，导致编报范围发生变动时，编报主体应及时调整更新报送口径并在附报材料中充分说明相关情况。

2. 完善三级审核机制，确保数据信息真实可靠

各国有资本经营统计报告的编报主体要严格遵循会计制度、会计准则和财务管理的有关要求，准确如实地确认、计量、记录和报告经济业务事项。企业应加强对财务信息的审核把关，严格执行系统公式审核、财务审核、汇总分析审核三级审核机制，防范数字造假，确保数据信息的真实性和准确性。财政部门应加大会计信息质量检查等财会监督力度，对于不符合相关要求的，督促企业立即整改，涉及违法违规的，严肃查处问责。

3. 重视数据挖掘研究，做好国有企业经济运行分析

国有企业要高度重视报告数据的研究分析工作，密切关注地区和行业国有企业经济运行走势和财务状况，科学研判数据信息中呈现的趋势、情况和问题，切实提高对国有企业经济运行的研判能力，推动国有企业财务信息工作从定期统计、汇总、报告转向日常监测、分析、研究。对报告数据分析形成的重要判断、重大风险或规律性认识，可以专报信息等形式向财政部、本级政府或有关部门反映，充分发挥统计报告工作对政府宏观经济决策的支撑作用。

4. 严格落实保密制度，强化财务信息数据安全

按照“谁产生信息，谁确定密级”的原则，各企业要确定报送信息密级。对确定为涉密或敏感的财务信息数据，其收发、传递、复制、保存等应符合相关保密要求。凡企业认定为涉密的信息，应通过统一报表离线客户端报送。严禁通过互联网和未采取保密安全措施的载体传递涉密信息。

5. 提高统计信息质量，压实报告编制主体责任

企业应当严格按照国家财务会计制度和统一的编制要求编制企业国有资本经营统计报告。企业财务会计等人员应当在全面清理核实资产、负债、收入、支出并做好财务核算的基础上，按照统一的报告格式、内容、指标口径和操作软件，认真编制并按时上报企业国有资本经营统计报告，做到账实相符、账证相符、账账相符、账表相符，保证内容完整、数字真实，不得虚报、漏报、瞒报和拒报，并按照财务关系或产权关系采取自下而上方式层层审核和汇总，如实反映本企业有关财务会计和国有资本营运信息。企业主要负责人对本企业编制的国有资本经营统计报告的真实性和完整性负责。

（四）国有资本经营统计报告的组织管理要求

中央及地方各级国资委分别负责本地区、本部门监管的企业国有资本经营统

计报告的组织领导工作，并对企业报送的国有资本经营统计报告各项内容进行审核，主要关注报告编制范围是否全面完整，编制方法是否符合国家统一的财务会计制度，是否符合企业国有资本经营统计报告的编制要求，填报内容是否全面、真实，报表中相关指标之间、表间相关数据之间、分户数据与汇总数据之间、报表数据与计算机录入数据之间是否衔接一致等内容。

具体来看，国务院国资委主要负责制定全国企业国有资本经营统计报告规章、制度和工作规范，以及企业国有资本经营统计报告格式、编报要求和数据处理软件；对所出资企业国有资本经营统计报告工作具体组织实施，负责收集、审核和汇总各地区、各有关部门国有资本经营统计报告，并向国务院报告全国企业国有资本营运情况；组织开展对企业国有资本经营统计报告质量监控工作，开展企业国有资本经营统计报告编报质量的抽样核查。

地方国资委依据统一的企业国有资本经营统计报告规章制度和工作规范，负责本地区监管企业国有资本经营统计报告工作的组织实施和监督检查，并指导下一级国资委开展企业国有资本经营统计报告工作，同时负责收集、审核、汇总本地区管理企业国有资本经营统计报告，并向同级人民政府报告本地区监管企业国有资本营运情况；在收集、审核、汇总本地区管理企业国有资本经营统计报告后向国务院国资委报送；组织开展对本地区监管企业国有资本经营统计报告质量的核查工作。地方国资委应当指定专门机构或人员具体负责国有资本经营统计报告工作，并与国务院国资委建立相应工作联系。省级国资委应当加强对企业国有资本经营统计报告相关数据资料的管理，做好归档整理、建档建库和保密管理等工作。

国有资本经营统计报告的监督主体、监督职责、监督机制与第三节国有资本经营会计报告的监督职责类似，具体内容可参照国有资本经营会计报告的监督要求，在此不做赘述。

第四节　国有资本社会责任报告管理

一、国有资本社会责任报告概述

国有资本社会责任报告是由国有资本经营管理主体编制的、向国有资本利益相关者发布的其在一定时期内（一般为年度）承担社会责任，践行可持续发展义务的理念、战略、方式方法，以及经营活动对经济、环境、社会等领域造成的直接和间接影响信息的文件。国有资本社会责任报告是国有资本经营非财务信息披露的重要载体，是国有资本经营管理主体与利益相关方沟通的重要桥梁。

国有资本的全民性质决定其具有经济目标和社会目标双重使命，国有资本经营管理主体编制社会责任报告，主动与利益相关者沟通承担社会责任方面的努力，接受社会公众监督，是践行以人民为中心的发展思想、完整准确全面贯彻新发展理念、加快构建新发展格局的根本要求，彰显了国资国企在推动经济社会高质量发展中的使命担当。

二、国有资本社会责任报告的分类

国有资本社会责任报告可以按照不同的标准进行分类。其中：按国有资本社会责任报告的内容不同，可划分为社会责任报告、ESG 报告、可持续发展报告，以及其他报告（例如绿色发展、环境保护、扶贫开发等专项报告）；按国有资本社会责任报告的编制主体不同，可划分为国有企业编制的企业社会责任报告和国资委编制的国资国企社会责任报告；按国有资本社会责任报告涉及的国家范围不同，可划分为国内报告和国外（国别或地区）报告。

三、国有资本社会责任报告的内容

虽然国有资本社会责任报告的种类较多，但报告内容基本都以国资国企承担国家战略任务为主导，以环境、社会、治理等实质性议题为主体，以突出中国国情、适应企业实际为特色。在编制国有资本社会责任报告时，企业应根据所从事的行业、经营规模、所处环境和业务特点，在充分了解利益相关方需求的基础上，将广泛的社会环境问题与企业经营优势和资源能力相结合，选择与企业经营活动最为相关、对利益相关方具有重大影响、对可持续发展至关重要的问题作为核心议题和社会责任报告的重点。

国有资本社会责任报告的基本内容包括：带头执行国家政策，依法经营，诚实守信，公平参与竞争，维护消费者、合作伙伴和各类投资者合法权益的情况。坚持绿色发展，模范推进节能减排，高效利用自然资源，大力发展循环经济，积极保护生态环境的情况。保护员工合法权益，促进员工全面发展，加强安全生产，维护企业稳定的情况。积极参与社区发展，主动投身公益事业的情况等。具体内容包括：

第一，坚持依法经营诚实守信的情况。例如，模范遵守法律法规和社会公德、商业道德以及行业规则，及时足额纳税，维护投资者和债权人权益，保护知识产权，忠实履行合同，恪守商业信用，反对不正当竞争，杜绝商业活动中的腐败行为等内容。

第二，不断提高持续盈利能力的措施。例如，完善公司治理，科学民主决策。优化发展战略，突出做强主业，缩短管理链条，合理配置资源。强化企业管理，提高管控能力，降低经营成本，加强风险防范，提高投入产出水平，增强市场竞争能力等内容。

第三，切实提高产品质量和服务水平的努力。例如，保证产品和服务的安全性，改善产品性能，完善服务体系，努力为社会提供优质安全健康的产品和服务，最大限度地满足消费者的需求。保护消费者权益，妥善处理消费者提出的投诉和建议，努力为消费者创造更大的价值，取得广大消费者的信赖与认同等内容。

第四，加强资源节约和环境保护的行动。例如，认真落实节能减排责任，带头完成节能减排任务。发展节能产业，开发节能产品，发展循环经济，提高资源综合利用效率。增加环保投入，改进工艺流程，降低污染物排放，实施清洁生产，坚持走低投入、低消耗、低排放和高效率的发展道路等内容。

第五，推进自主创新和技术进步的实践。例如，建立和完善技术创新机制，加大研究开发投入，提高自主创新能力。加快高新技术开发和传统产业改造，着力突破产业和行业关键技术，增加技术创新储备。强化知识产权意识，实施知识产权战略，实现技术创新与知识产权的良性互动，形成一批拥有自主知识产权的核心技术和知名品牌，发挥对产业升级、结构优化的带动作用等内容。

第六，保障生产安全的做法。例如，严格落实安全生产责任制，加大安全生产投入，严防重大、特大安全事故发生。建立健全应急管理体系，不断提高应急管理水平和应对突发事件能力。为职工提供安全、健康、卫生的工作条件和生活环境，保障职工职业健康，预防和减少职业病和其他疾病对职工的危害等内容。

第七，维护职工合法权益的情况。例如，依法与职工签订并履行劳动合同，坚持按劳分配、同工同酬，建立工资正常增长机制，按时足额缴纳社会保险。尊重职工人格，公平对待职工，杜绝性别、民族、宗教、年龄等各种歧视。加强职业教育培训，创造平等发展机会。加强职代会制度建设，深化厂务公开，推进民主管理。关心职工生活，切实为职工排忧解难等内容。

第八，参与社会公益事业的行动。例如，积极参与社区建设，鼓励职工志愿服务社会。热心参与慈善、捐助等社会公益事业，关心支持教育、文化、卫生等公共福利事业。在发生重大自然灾害和突发事件的情况下，积极提供财力、物力和人力等方面的支持和援助等内容。

四、国有资本社会责任报告的编制与公开要求

（一）国有资本社会责任报告的编制要求

1. 持续推动应编尽编，提升编报的覆盖面

编制国有资本社会责任报告是《关于国有企业更好履行社会责任的指导意见》《提高央企控股上市公司质量工作方案》等制度的明确规定，国有企业应站在服务国家发展大局、深化国资国企改革的高度，参照国际国内标准，遵照社会责任报告编制要求，不断改进和提高报告质量，展示国有企业高质量发展成果。落实更多央企控股上市公司披露 ESG 报告要求，尽早实现相关专项报告披露“全覆盖”。

2. 持续优化编报流程，提升报告的质量

国有资本社会责任报告编制主体应以国资委发布的相关制度为基础，建立适合企业自身特点的报告编报制度，明确报告的编制程序，落实报告的编制责任，严格按照报告编制标准或指南生产、加工、报告国有资本社会责任信息，完整、准确、全面、及时报告国有资本社会责任履行情况。

3. 持续沟通利益各方，提升报告的价值

国有资本社会责任报告应根据编报主体的行业特征与业务特点，及时总结企业社会责任管理经验，不断提高报告披露信息的广度、深度。充分听取并吸纳社会责任利益相关方意见作为报告重点议题。社会责任议题应当作为企业董事会年度工作报告的组成部分，列入国资委对企业董事会工作的考核评价范围。有条件的企业可以针对社会关注的热点问题，发布专项报告。国际业务较多的企业应当积极探索发布社会责任国别报告，加强与当地利益相关方的沟通。

4. 持续挖掘企业特色，提高报告的适应度

企业的国有资本社会责任报告制度应当坚持履行社会责任与立足企业实际、行业特点和企业功能定位相结合的原则，坚持统筹推进社会责任工作，增强与区域、行业匹配的系统性和协同性。积极学习国内外一流企业的先进经验，立足企业实际及行业特点，结合企业功能定位找准切入点，积极探索具有企业特色、符合企业发展要求的社会责任管理及实践模式，实现以社会责任报告推动社会责任实践。

5. 持续推动标准升级，提高报告的国际化水平

国资国企应当主动参与国际和地区间环保低碳、绿色转型等领域的合作交流，鼓励参与社会责任、ESG、可持续发展等信息标准的制定，探索编制 ESG 报

告，构建具有中国特色的ESG信息披露规则、ESG绩效评价和ESG投资指引，发挥国资国企在国家和国际ESG体系建设中的积极作用，引领社会责任报告的国际标准，增强报告标准规则制定和实施的话语权。

（二）国有资本社会责任报告的公开要求

1. 建立健全国有资本社会责任报告公开制度

国资委应当全面梳理企业社会责任信息公开要求，依照《中华人民共和国公司法》《中华人民共和国证券法》《中华人民共和国企业国有资产法》《企业信息公示暂行条例》等法律法规和国有企业改革文件，结合出资企业性质和行业特点，全面梳理对不同企业社会责任信息公开的规定要求。国有企业所属上市公司，按照上市公司信息披露的相关制度规定进行信息公开；非上市企业中，对提供社会公共服务、涉及公众切身利益的企业信息，以及法律法规明确规定应当公开的企业信息，按有关规定公开。国有企业应当建立社会责任报告公开制度，明确报告公开的范围、方式、时间、频率等具体要求，做到报告公开有法可依。

2. 明确国有资本社会责任报告主动公开的内容

按照有关制度规定，应纳入国有企业社会责任报告并公开的内容应当包括政治责任、经济责任、环境责任、社会责任、治理责任等。例如，企业执行国家政策、提供公共服务情况；主要财务状况和经营成果、国有资本保值增值情况；依法合规经营，推动高质量发展情况；坚持绿色发展，积极保护生态环境情况；保护员工合法权益，推进性别平等情况；参与社区发展，从事公益事业的情况等。

3. 严格规范国有资本社会责任报告公开的工作程序

建立健全国有资本社会责任报告公开工作制度和流程，明确报告对外公开信息的形成、审查、批准等相关部门的工作职责和工作程序；细化报告公开的内容、范围、形式、时限和归档要求，规范有序地公开国有资本社会责任报告。

4. 加强国有资本社会责任报告公开工作保密审查

加强国有资本社会责任报告公开前保密审查，明确保密审查责任和程序，妥善处理好信息披露与保守国家秘密、保护商业秘密的关系，将保密管理有效纳入信息披露体系，提高依法治密水平，严防失泄密事件。

5. 开展国有资本社会责任报告公开风险评估工作

对公开国有资本社会责任报告的影响和风险提前进行研判，制定相应的防范、化解和回应预案。结合企业实际，研究确定报告公开与信息共享边界范围，依法界定企业不予公开（豁免公开）信息内容。对公开后可能损害第三方合法权益的，公开前须征得第三方同意；对不公开可能对公众利益造成重大影响的，应当予以公开，并将决定公开的信息内容和理由书面通知第三方。

6. 完善国有资本社会责任报告公开载体和形式

结合国有企业实际，针对不同类型的报告选择适合的公开形式，包括本企业网站、报刊、微博微信和客户端等新媒体，有关主管部门政府网站，新闻发布会等。国有企业门户网站应当设置信息公开栏目，按要求做好与有关主管部门政府网站的链接，增强国有资本社会责任年度报告与专项报告发布的时效性和权威性。

第五节　国有资本经营综合报告管理

一、国有资本经营综合报告概述

国有资本属于国家所有即全民所有，是全体人民共同的宝贵财富，在深化市场经济改革和建设社会主义现代化国家的历史进程中发挥着重要作用。国有资本的存在形式、运营方式及收益千差万别，有必要对各类国有资本的经营情况进行统一反映，以便更好地运用、管理、监督国有资本，服务于资本最终所有者。依据宪法和法律规定，国务院代表国家行使国有资本所有权并负有管理职责，全国人大及其常委会负有国有资本监督职责。因此，向本级人大常委会报告国有资本管理情况是国务院及地方人民政府的一项重要工作，也是各级人大常委会依法履行监督职责的重要手段。国有资本经营综合报告可以全面、准确反映各类国有资本经营管理情况，重点反映国有经济布局和结构、深化国有企业改革、国有资本安全和使用效率、国有资本管理中的突出问题，起到加强国有资本管理、防止国有资本贬值的作用，结合各类国有资本性质和管理目标，更客观地评价企业国有资本运营管理成效。

建立国有资本经营综合情况报告制度，是党中央加强人大国有资本监督职能的重要决策部署，是党和国家加强国有资本经营管理和治理的重要基础工作，符合宪法和法律有关规定，符合人民群众期待，对于增加国有资本经营管理公开透明度、提升国有资本经营管理公信力，巩固和发展中国特色社会主义基本经济制度、管好人民共同财富、加强人大依法履职等都具有重要且深远的意义。

国有资本经营综合报告是依法代表国家履行出资人职责的机构，即国务院及地方人民政府编制的，向全国人大常委会及地方人大常委会报告的，汇总反映各类国有资本运营管理情况的综合信息。

国有资本经营综合报告按不同标准可划分为不同类型。其中，按国有资本经营综合报告的编制主体不同，可划分为国务院向全国人大常委会提交的国有资本经营综合报告和省市人民政府向本级人大常委会提交的国有资本经营综合报告；按国有资本经营综合报告的内容，可划分为国有资产管理情况的综合报告和专项报告，例如，根据全国人大常委会关于国有资产管理情况监督工作的五年规划，国务院每年提交全国人大常委会审议的“关于国有资产管理情况综合报告”，以及分年度依次提交的“金融企业国有资产管理情况专项报告”“行政事业性国有资产管理情况专项报告”“企业国有资产（不含金融企业）管理情况专项报告”和“国有自然资源资产管理情况专项报告”四类专项报告。综合报告全面反映各类国有资本经营的总体情况，专项报告分别反映企业国有资本（不含金融资本）、金融企业国有资本、行政事业性国有资产、国有自然资源等国有资本经营管理情况，各类国有资本经营综合报告应当汇总反映全国的情况。因金融企业国有资本、行政事业性国有资产、国有自然资源在功能定位、经营特性与业务特点及监管体制等方面具有特殊性，故本章节不做专门探讨。

二、国有资本经营综合报告制度实施成果

2017 年 12 月《中共中央关于建立国务院向全国人大常委会报告国有资产管理情况制度的意见》印发，标志着国有资本经营综合报告制度正式出台。自 2018 年国有资本经营综合报告制度首次实施，至 2022 年提交审议国有资产管理情况的综合报告，国务院顺利完成了第一个五年周期报告工作，取得了较为显著的成绩。总体来看，国有资本经营综合报告制度的实施，实现了县级以上地方国有资本管理情况报告在国有资本纵向层级上的全覆盖，初步摸清了全口径国有资本投资运营所形成的国有资产家底。具体来看，2018～2022 年，全国人大常委会在审议综合报告的同时，逐年分别重点审议了《国务院关于 2017 年度金融企业国有资产的专项报告》《国务院关于 2018 年度全国行政事业性国有资产管理情况的专项报告》《国务院关于 2019 年度国资系统监管企业国有资产管理情况的专项报告》《国务院关于 2019 年度财政部履行出资人职责和资产监管职责企业国有资产管理情况的专项报告》《国务院关于 2020 年度国有自然资源资产管理情况的专项报告》和《国务院关于 2021 年度国有资产管理情况的综合报告》总共一个综合报告和四类专项报告，实现了国有资本经营综合报告在国有资本横向分类上的全覆盖。五年来，国有资本经营综合报告制度体系在贯彻落实过程中不断健全，推动了“阳光国资”“阳光央企”的打造，增加了国有资本管理公开透明度，提升了国有资本管理公信力，巩固和发展了中国特色社会主义基本经济制度，有效推动了国有资本管理体制改革完善与管理绩效的提高，中国特色国资国企治理体系初步形成、治理效能不断提升。国有资本经营综合报告制度的实施成果主要体现在三个方面：

第一，基本摸清了国有资本“家底”。在企业国有资本方面（不含金融企业），全国国有企业由2017年的资产总额183.5万亿元、负债总额118.5万亿元、国有资本及权益总额50.3万亿元，上升为2021年的资产总额308.3万亿元、负债总额197.9万亿元、国有资本权益86.9万亿元①，对国有资本运营结果有了更清晰的掌握。

第二，基本实现国有资本经营综合报告全覆盖。2018年10月，国务院向全国人大常委会就国有资产管理情况作了首次报告，是贯彻落实国有资本经营综合报告制度的开局之年，之后，各省市相继出台文件迅速落实国有资本经营综合报告工作。例如，2018年，江苏、山东分别印发关于省政府向本级人大常委会报告国有资产管理情况的制度。北京、上海、湖南自2018年以来，采取综合报告与专项报告相结合的方式，连续五年完成报告工作，晒出了国有资本“明白账”。国有资本经营综合报告工作开展以来，全国各个地方迅速作出回应，积极推进政府向本级人大常委会报告国有资本管理情况，国有资本经营综合报告工作在全国各地基本实现全覆盖。

第三，激发和凸显资本属性，进一步推动深化国资国企改革。资本与资产其实是一个事物的两面，对国有资本进行全面摸底，让“沉睡资产”有账可查，进一步明确了资产投资人的受托责任，压实了经营性国有资本必须实现保值增值的底线。个别国有企业存在低效、无效、不良资产，究其原因是国有资本运营主体未尽到对资本的管理监督责任，且在国有资本经营信息透明度较低、外部监督缺失的情况下，未产生足够的改革压力。初步摸清国有资本家底，把国有资本经营管理摆到台面上，为深化国资国企改革指明了方向，有助于持续提升国有资本管理水平和效能，促进对国有资本质量的管理，推动不良资产处置，盘活存量资产，提高国有资本运营效率和资产效益。

三、国有资本经营综合报告的组织与管理要求

（一）总体要求

根据2020年12月《全国人民代表大会常务委员会关于加强国有资产管理情况监督的决定》等制度规范，全国人大常委会通过制定国有资产监督工作五年规划对届内国有资产监督工作做出统筹安排，通过制定年度监督工作计划具体实施。

---

① 潘伟：《国有资产报告制度施行五年盘点》，载于《国资报告》2023年第7期。

（二）报告方式

国务院按照综合报告与专项报告相结合的方式开展年度国有资本经营综合报告工作。根据制度规定，各类国有资本经营综合报告要汇总反映全国情况，企业国有资本（不含金融资本）、金融企业国有资本报告以中央本级情况为重点。在每届全国人大常委会任期内，届末年份国务院向全国人大常委会提交书面综合报告并口头报告；其他年份在提交书面综合报告的同时就一个专项情况进行口头报告。

（三）报告内容与重点

国有资本经营综合报告要在全面、准确反映各类国有资本经营管理基本情况的基础上，根据国有资本性质和管理目标，确定各类国有资本经营综合报告的重点。其中，企业国有资本（不含金融资本）报告的重点包括总体资产负债、国有资本投向布局和风险控制、国有企业改革、国有资本监管、国有资本处置和收益分配、境外投资形成的资产、企业高级管理人员薪酬等情况。另外，要完善各类国有资本报表体系，作为报告的重要组成部分。根据国有资本性质和特点，从价值和实物等方面，反映国有资本存量情况和变动情况。企业国有资本（不含金融资本）报表应当细化到行业，中央国有资本相关报表应当分企业、部门和单位编列。建立健全反映不同类别国有资本经营管理特点的评价指标体系，全面、客观、精准反映国有资本管理情况和管理成效。专项报告要根据各类国有资本性质和经营管理目标，结合全国人大常委会审议的重点内容突出报告重点，反映企业国有资本（不含金融资本）经营管理情况、管理成效、相关问题和改进工作安排。

（四）报告管理与报告质量

建立健全全国各类国有资本经营综合报告管理制度，依法明确和规范报告范围、分类、标准。省、自治区、直辖市政府应按照国务院规定的时间、要求，将本地区国有资本管理情况报国务院汇总，国务院编写并向全国人大常委会报告中央和地方国有资本管理情况。按照国家统一的会计制度规范国有资本会计处理，制定完善相关统计制度，确保各级政府、各部门各单位的国有资本经营综合报告结果完整、真实、可靠、可核查。

四、国有资本经营综合报告的人大监督

国有资本经营综合报告作为各级政府在经营国有资本方面的“成绩单”，由同级人大实施监督有其明确的理论逻辑与现实逻辑。从理论上来看，国有资本是

全民的资本，全民在政治上的利益代表是各级人大，国务院及各级人民政府依法代表国家履行国有资本出资人职责，由此形成了人民政府应对本级人大负责，向其报告国有资本受托责任完成情况，接受人大监督的基本逻辑链条。各级人大及其常委会有权依据政府提交的国有资本经营综合报告对其受托责任履行情况予以评价，揭示问题并实施问责，督促政府（及其他相关主体）进行整改，以完整履行对代理人的监督职责，保障全体人民的权益。从现实角度来看，国有资本经营综合报告由人大实施监督有其必然性。全民的资本应由全民来管理和监督是国有资本属性引发的最朴素共识。然而，社会公众了解国有资本运行情况并参与监督的意愿往往受制于决策信息不足、专业能力欠缺、时间成本高昂等一系列监督问题。各级人大的专业性和权威性可以有效解决国资国企监督信息不充分、专业能力欠缺，以及时间、效率等一系列问题，人大代表专司专职监督职责，履行经济监督职能有其显著优势。

除上述理论与现实原因外，国有资本经营综合报告的人大监督还有明确的制度依据，如《中华人民共和国各级人民代表大会常务委员会监督法》《中华人民共和国预算法》《中华人民共和国企业国有资产法》等有关法律规定，都成为人大对政府国有资本经营情况监督的法律渊源。

国有资本经营综合报告的人大监督具体包括总体要求、监督方式、审议程序、审议重点、信息公开、监督机制等内容，现以全国人大审议国务院国有资本经营综合报告为例进行说明。全国人大常委会要加强对地方人大国有资本经营综合报告监督工作的指导。县级以上地方要根据本地实际情况，建立政府向本级人大常委会报告国有资本经营综合报告制度。

（一）总体要求

全国人大应把国务院关于国有资本经营综合报告纳入年度监督工作计划，精心组织审议，推进公开透明，实行全方位监督。全国人大常委会围绕党中央关于国有资本管理和治理决策部署，聚焦监督政府管理国有资本的情况，坚持依法监督、正确监督，坚持全口径、全覆盖，坚持问题导向，依法、全面、有效履行国有资本监督职责。

（二）监督方式

全国人大常委会以每年听取和审议国务院关于国有资本经营综合报告作为履行全国人大国有资本监督职责的基本方式，并综合运用执法检查、询问、质询、特定问题调查等法定监督方式。全国人大常委会通过制定国有资本监督工作五年规划对届内国有资本经营管理工作做出统筹安排，通过制定年度监督工作计划具体实施。

（三）审议程序

全国人大常委会审议报告前，组织开展视察或者专题调研，并由全国人大有关专门委员会或者全国人大常委会有关工作机构收集整理各方面意见和建议，交由国务院研究并在报告中作出回应。国务院的报告应按规定在全国人大常委会会议举行20日前提交全国人大有关专门委员会或者全国人大常委会有关工作机构征求意见，在会议举行10日前将修改后报告送交全国人大常委会。审议报告时，国务院相关部门负责人应到会听取意见、回答询问。审议报告后，全国人大常委会组织将审议意见送国务院研究处理。国务院将审议意见分解细化到相关部门研究处理和整改，并在6个月内向全国人大常委会报告研究处理情况以及存在问题整改和问责情况。全国人大常委会视情况需要可以综合运用专题询问、质询和特定问题调查等方式，必要时可依法作出决议。国务院应当在决议规定期限内，将执行决议情况向全国人大常委会报告。

（四）审议重点

全国人大常委会在审议国务院关于国有资本经营综合报告，开展国有资本监督时应侧重以下方面：（1）贯彻落实党中央有关国有资本重大决策部署和方针政策情况；（2）有关法律实施情况；（3）全国人大常委会有关审议意见和决议落实情况；（4）完善国有资本管理体制，落实党中央有关国有资本和国有企业改革方案情况；（5）国有资本服务国家战略目标，提供公共服务、发展重要前瞻性战略性产业、保护生态环境、支撑科技进步、保障国家安全等情况；（6）国有资本保值增值，防止国有资产流失制度的建立和完善，国有企业兼并重组、破产清算等国有资本处置以及国有资本收益分配情况；（7）推进绿色发展和生态文明建设情况；（8）有关审计查出问题整改情况；（9）其他与国有资本管理有关的重要情况。

（五）信息公开

全国人大常委会应按照《中华人民共和国各级人民代表大会常务委员会监督法》等法律规定，及时将国有资本经营综合报告及审议意见，国务院对审议意见研究处理情况或者执行决议情况的报告，向全国人大代表通报并向社会公布（保密法律法规规定不宜公开的内容除外）。审议报告和有关视察、调研等活动，可以邀请部分全国人大代表参加，并广泛听取各方面意见，回应社会关切。

（六）监督机制

全国人大常委会在加强国有资本监督，听取和审议国务院关于国有资本经营综合报告工作时，要与预算决算审查监督紧密衔接，特别是要与对国有资本经营预算决算、部门预算决算审查监督相结合，条件具备时与对政府综合财务报告监督工作相结合，建立起多层次多角度、既相互分工又有机衔接的人大国有资本经营综合报告监督机制。全国人大常委会和国务院要明确分工，建立健全工作机制，不断推进国有资本经营综合报告的规范化程序化。

五、国有资本经营综合报告的组织保障

第一，明确国有资本经营综合报告的分工与责任。国务院根据报告内容确定年度综合报告和专项报告起草负责部门。其他相关部门单位按照有关要求及时、准确、完整提供其管理的国有资本现状及管理情况。全国人大常委会要健全组织制度和工作制度，加强队伍能力建设，依照法定程序组织全国人大有关专门委员会和全国人大常委会有关工作机构做好相关工作。

第二，建立人大与政府间的沟通协调机制。全国人大有关专门委员会和全国人大常委会有关工作机构按职责分工，负责与国务院相关部门就国有资本经营综合报告的具体工作进行沟通协调，为全国人大常委会加强国有资本监督提供服务保障。国务院相关部门及时向全国人大常委会相关工作机构提供有关文件和资料。

第三，不断完善国有资本经营综合报告制度。在认真总结实践经验基础上，结合国有资本管理体制改革进展情况，不断健全国务院向全国人大常委会报告国有资本经营综合情况制度。

第四篇

国有金融资本和国有文化资本管理

第十三章

国有金融资本管理

国有金融资本是推进国家现代化、维护国家金融安全的重要保障，是党和国家事业发展的重要物质基础和政治基础。财政部门作为履行国有金融资本出资人职责的机构，其出资人职责与中国人民银行、国家金融监督管理总局、中国证监会等金融监管部门的市场监管职责，在出发点、最终目的和作用机制等方面都存有差异。考虑到本书是从出资人角度讨论国有资本管理，因此本章重点聚焦出资人这一主体，阐述国有金融资本的含义、管理体制、运营管理、风险管理、经营绩效考核等重点问题。

第一节　概　　述

一、国有金融资本的含义

（一）国有金融资本

1. 金融机构与金融企业

根据性质的不同，广义的金融机构可划分为金融管理机构与接受监管的金融机构。前者包括货币当局和监管当局。其中：货币当局是指代表国家制定并执行货币政策、金融运行规则，管理国家储备，从事货币发行与管理，与国际货币基金组织交易及向其他存款性公司提供信贷，以及承担其他相关职能的金融机构或政府部门，如中国人民银行、国家外汇管理局；监管当局是指对金融机构及其经营活动实施全面的、经常性的检查和督促，实行领导、组织、协调和控制，行使监督管理职能的政府机构或准政府机构，如国家金融监督管理总局。后者即经营主体意义上的金融机构，包括银行业存款类金融机构、银行业非存款类金融机构、证券业金融机构、保险业金融机构、交易及结算类金融机构、金融控股公司和实质性开展金融业务的其他企业或机构。

经营主体意义上的金融机构也可称其为金融企业，金融企业以营利为目的。金融企业是在我国境内依法成立的、取得金融管理部门授予的金融业务许可证的各类企业或金融组织。具体包括：（1）除政策性银行以外的国有控股银行、股份制商业银行、邮政储蓄银行、城市商业银行、农村商业银行、农村合作银行、信用社、新型农村金融机构、信托公司、金融租赁公司、金融资产管理公司和财务公司等；（2）各类商业保险企业；（3）证券公司、期货公司和公募基金管理公司等；（4）各类金融控股（集团）公司、融资担保公司、金融投资管理公司以及金融监管部门所属的从事相关金融业务的企业等。本章主要讨论经营主体意义上的金融机构。

2. 国有金融机构与国有金融企业

按产权关系的不同，金融机构可划分为国有金融机构和非国有金融机构。国有金融机构是指国家通过出资或者投资关系、协议、其他安排，能够实际支配的金融机构，包括国有独资、国有全资、国有控股、实际控制等情形。例如，在境内、境外依法设立的国有独资及国有控股金融企业、主权财富基金、国有金融控股公司等。国有金融机构是服务实体经济、防控金融风险、深化金融改革的重要支柱，是促进经济和金融良性循环健康发展的重要力量。

按功能定位的不同，国有金融机构还可进一步划分为政策性金融机构与商业性金融机构。政策性金融机构（也称功能性金融机构）是指由政府或政府机构发起或出资，以某种特定政策性金融业务为其基本业务活动的金融机构，例如，中国进出口银行、中国农业发展银行等政策性银行等。商业性国有金融机构（也称竞争性金融机构），是指按照现代企业制度改造和组建起来的、承担商业性金融业务、以营利为目标的国有银行和非银行类金融机构，包括商业银行、信托、证券（含期货）、保险、小额贷款公司、集团财务公司、地方资产管理公司等。

2018 年 6 月发布的《中共中央　国务院关于完善国有金融资本管理的指导意见》（以下简称《指导意见》）对完善国有金融资本管理作出了重大部署，是当前国有金融资本管理体制构建和管理实践的主要依据。对国有金融资本管理的阐释离不开对国有金融机构和国有金融企业的研究分析，本章遵照《指导意见》的表述，讨论国有金融资本和国有金融企业问题时主要采用更具宽泛含义的“国有金融机构”一词，但特定语境下可能表述为“国有金融企业”，意指具有明显“企业”性质的国有金融机构。

3. 国有金融资本及其分类

国有金融资本是指国家及其授权投资主体直接或间接对金融机构出资所形成

的资本和应享有的权益。按照《指导意见》的界定，即使国家及其授权投资主体没有对金融机构出资，但凭借国家权力和信用支持的金融机构所形成的资本和应享有的权益，在符合法律规定的前提下，也一并纳入国有金融资本管理。“所形成的资本和应享有的权益”明确将国有金融资本定义为一种权益。这里的权益有两层含义：一是指法律上的权益，意指受法律保护的权力和利益；二是经济上的股东（所有者）权益，即国有金融资本所有者（国家）对企业资产的剩余索取权。

国有金融资本，可按资本来源、层级分布、行业布局和业务区域加以分类。一是按资本及其应享有权益的来源不同，国有金融资本可分为四类：中央政府和地方政府直接或间接向金融机构出资所形成的资本和应享有的权益；主权财富管理（投资）机构向金融机构出资所形成的资本和应享有的权益；凭借国家权力和信用支持的金融机构，所形成的资本和应享有的权益；金融或非金融国有企业投资其他金融机构所形成的资本和应享有的权益[①]。二是按层级分布不同，国有金融资本可划分为中央国有金融资本和地方国有金融资本。三是按所在行业不同，国有金融资本可划分为银行业国有金融资本、证券业国有金融资本、保险业国有金融资本、其他国有金融资本。四是按业务所在区域不同，国有金融资本可划分为境内国有金融资本和境外国有金融资本。

（二）国有金融资本的规模及分布特点

国有金融资本已成为经营性国有资本的重要组成部分。我国国有金融资本的规模和行业分布呈现总量日益壮大、主要集中在中央本级、以银行业为主体和境外资本规模稳步增长的特点[②]。

1. 国有金融资本总量日益壮大

我国国有金融资本主要分布在财政部管理的中央国有金融机构，金融管理部门管理的金融基础设施类机构，中央集团企业（非金融）管理的各级金融子公司，以及地方金融企业。近年来，国有金融资本规模稳步增长，总量日益壮大，金融服务实体经济能力不断提高。2021 年末，全国国有金融企业资产总额 352. 4 万亿元、负债总额 313. 7 万亿元，形成国有资本[③] 25. 3 万亿元，相比 2017 年增长

---

① 《建立健全“四梁八柱”，做强做优做大国有金融资本——财政部负责人就学习贯彻〈中共中央国务院关于完善国有金融资本管理的指导意见〉答记者问》，财政部网站，2018 年 7 月 9 日。

② 按照《中共中央关于建立国务院向全国人大常委会报告国有资产管理情况制度的意见》的要求，国务院须每年向全国人大常委会报告国有资产管理情况。2018 ~ 2023 年，国务院共计发布年度国有资产管理情况综合报告 5 份（2017 ~ 2021 年各 1 份），金融企业国有资产的专项报告 1 份（2017 年度）。本章的数据主要根据上述综合报告和专项报告整理取得。

③ 为简明统一表述，本章节将原文件使用的“国有资产（国有资本应享有的权益）”表述为“国有资本”。

了56.2%，是2003年开启股份制改革时的27倍、年均增长超过20%[①]，实现了国有金融资本保值增值。

2. 国有金融资本主要集中在中央本级

从层级分布看，国有金融资本可划分为中央及地方两级。根据国有资产管理权限划分，国有金融企业可进一步划分为中央金融企业及地方国有金融企业。目前，我国金融企业国有资本集中在中央本级，地方金融企业国有资本总量相对较少且各地区间分布不均。2021年末，中央金融企业资产总额236.3万亿元、负债总额210.9万亿元，形成国有资本18.2万亿元，占比72%；地方国有金融企业资产总额116.1万亿元、负债总额102.8万亿元，形成国有资本7.1万亿元，占比仅为28%[②]。

3. 国有金融资本分布以银行业为主体

从行业布局看，国有金融机构分布于银行业、证券业、保险业等，其中银行业金融机构占比最大。2017年末，中央层面，银行业金融机构资产总额、国有资本分别占84.8%、65.3%；证券业分别占0.6%、1.8%；保险业分别占3.7%、3.2%。地方层面，银行业金融机构资产总额、国有资本分别占89.1%、54.2%；证券业分别占4.4%、12.6%；保险业分别占2.8%、3.1%[③]。可见，无论是中央层面还是地方层面，国有金融资本分布均以银行业为主体，且与其他金融子行业相比，银行业占据绝对数量优势。

4. 境外国有金融资本规模稳步增长

随着国有金融资本总量的日益壮大，国有金融机构境外资本规模也实现了稳步增长。2017年末，全国金融企业所投境外机构（含境内企业设立的境外分支机构）资产规模18.1万亿元，集团层面享有的权益总额0.9万亿元。与2013年相比，投资总额增长了50%，权益翻了一番。中央本级机构数量、资产总额、营业收入和利润都占到90%以上[④]。

二、加强国有金融资本管理的重要性

国有金融资本的有效管理是社会再生产良性运转、金融市场安全稳健运行、经济效益和效率持续提升、社会公众利益得以保护的重要保证。我国经济正从高速发展阶段向高质量发展阶段转变，国有金融资本无疑扮演着极为重要的角色，

① 财政部金融司：《大力促进金融支持经济高质量发展——党的十八大以来财政金融工作综述》，载于《中国财经报》2022年10月1日。

② 《国务院关于2021年度国有资产管理情况的综合报告》，中国人大网，2022年11月16日。

③④ 《国务院关于2017年度金融企业国有资产的专项报告》，中国人大网，2018年10月24日。

加强国有金融资本管理意义重大。

第一，加强国有金融资本管理是贯彻落实党和国家重大决策部署的必然要求和重要举措。加强和完善国有金融资本管理，是新时代中国特色社会主义在金融领域的新实践，是推动金融治理体系和治理能力现代化、提高国有金融机构竞争力的迫切需要，是坚持党的领导和加强党的建设的重要保障。

第二，加强国有金融资本管理是维护金融安全、防范系统性金融风险的客观要求。国有金融机构是深化金融改革的重要支柱，是促进经济和金融良性循环、健康发展的重要力量。国有金融资本管理能够实现国有金融资本保值增值，增强国有金融机构活力，防范并化解金融风险。

第三，加强国有金融资本管理是实现“管机构”向“管资本”转型的重要体现。国有金融资本管理是国有资本管理体系的重要组成部分，有利于深化国有金融机构改革、创新以管资本为主的国资监管实践新领域，为优化国有金融资本配置、更好地发挥国有经济核心功能提供了更大的空间。

第四，加强国有金融资本管理是金融服务实体经济、实现高质量发展的有力支撑。完善国有金融资本管理，统筹规划国有金融资本战略布局，引导金融资源配置到经济社会发展的重点领域和薄弱环节，更好地满足人民群众和实体经济多样化的金融需求，有效提升金融服务实体经济效率和水平，助力我国经济高质量发展。

目前，国有金融资本管理已取得良好成效和阶段性成果：国有金融资本管理的委托代理关系已逐步建立；国有金融资本基础管理、金融企业绩效评价和薪酬管理、国有金融资本经营预算等管理制度日趋健全；国有金融资本管理逐步从“行政化”方式向“市场化”方式转变，更加注重和强调管资本；国有金融机构改革深入推进，盈利能力和经营业绩明显提升。但是，国有金融资本管理在权责明晰、布局优化、配置效率、法治基础等方面还存在改进提升空间，基础管理、预算管理、绩效考核、薪酬管理和财务监督等方面还存在短板不足，因此继续加强和完善国有金融资本管理，仍然具有重要意义。

三、加强国有金融资本管理的基本原则

国有金融资本管理应当遵循坚持党的领导、服务大局、集中统一、权责明晰、公开透明的原则。

（一）坚持党的领导

加强国有金融资本管理首先要坚持党的领导。全面落实从严治党的要求，加强中央及地方国有金融机构党的领导和党的建设，建立健全中国特色现代企业制

度，把党的领导融入国有金融机构公司治理各个环节，将党组织内嵌到公司治理结构中，明确、落实和巩固党组织在公司法人治理结构中的法定地位，充分发挥党组织的领导作用，管资本与管党建相结合，为国有金融资本管理提供坚强有力的政治保证、组织保证和人才支撑，确保党和国家的路线方针政策和重大决策部署不折不扣地贯彻落实。

（二）坚持服务大局

坚持服务大局，就是要毫不动摇巩固和发展公有制经济，毫不动摇鼓励、支持和引导非公有制经济发展，保持国有金融资本在金融领域的主导地位，保持国家对重点金融机构的控制力，优化国有金融资本战略布局，促进重要行业、关键领域、重要基础设施和重点金融机构发展，有效发挥国有金融资本对社会资本的带动引领作用，更好服务于我国社会主义市场经济的持续健康高质量发展。

（三）坚持集中统一

坚持集中统一原则的核心要义是通过法治思维和法治方式实现国有金融资本管理制度创新，理顺和完善国有金融资本管理体制机制，根据统一规制、分级管理要求，财政部负责制定全国统一的国有金融资本管理规章制度，各级财政部门依法依规履行国有金融资本管理职责，负责组织实施基础管理、经营预算、绩效考核、负责人薪酬管理等工作。

（四）坚持权责明晰

坚持权责明晰，就是要厘清金融监管部门、履行国有金融资本出资人职责的机构和国有金融机构的权责，合理界定职责边界，完善授权经营体制，清晰委托代理关系，建立权、责、利相匹配的国有金融资本管理体系。放管结合，健全激励约束机制，严防国有金融资本流失。

（五）坚持公开透明

坚持公开透明，就是要加强信息披露，建立统一的国有金融资本统计监测和报告制度，完整反映国有金融资本的总量、投向、布局、处置、收益等内容，报告国有金融机构改革、资产监管、风险控制、高级管理人员薪酬等情况，依法依规、及时准确披露国有金融资本管理制度、运营绩效、监督检查等情况，接受社会公众监督，提升国有金融资本运营透明度。

四、国有金融资本管理的主要目标

（一）优化国有金融资本战略布局

优化国有金融资本战略布局，是国有金融资本管理的首要目标。围绕服务国家战略、增强核心功能，统筹优化国有金融资本战略布局，健全资本补充和动态调整机制，合理调整国有金融资本在银行、保险、证券等行业的比重，推动国有金融资本向关系国家安全、国民经济命脉、国计民生的重要金融行业和关键领域、重要金融基础设施、重点金融机构集中。优化竞争性国有金融机构股权结构，通过减持、引资、扩大对外开放等适度降低国有股占比，扩大民间资本股权，既要减少对国有金融资本的过度占用，又要确保国有金融资本在金融领域保持必要的控制力。健全国有金融资本形态转换、合理流动机制，切实提高国有金融资本配置效率，做到有进有退、重点突出，有效发挥国有金融资本在金融领域的主导作用，保持国家对重点国有金融机构的控制力，增强金融服务实体经济的能力。

（二）实现国有金融资本保值增值

实现国有金融资本保值增值，才能更好地服务实体经济、防控金融风险、深化金融改革，实现高质量可持续发展。国有金融资本保值增值目标包括保值、增值两方面的目标。保值目标强调通过规范国有金融资本运作，维护国有金融资本安全，防范国有金融资本流失。增值目标强调通过提升国有金融资本市场化运营效率效益，使国有金融资本在安全稳定的前提下实现价值增值。

（三）增强国有金融机构的核心竞争力

增强国有金融机构的核心竞争力，要求国有金融机构以激发活力、培养创新力和增强可持续发展能力为目标。一是建立权责明晰的经营体系，实现“管机构”向“管资本”的转型，真正激发国有金融机构活力。二是健全经营绩效考核和薪酬管理制度，完善激励约束机制，实现国有金融机构管理方式和手段的创新，培养国有金融机构创新力。三是突出主业、做精专业，实现从过去片面追求规模布局上的大而全向着重提升核心竞争力和增强核心功能的转变，增强国有金融机构可持续发展能力。

（四）提升国有金融机构的抗风险能力

国有金融资本是维护金融行业稳定发展的基石，在金融危机和经济衰退中扮演着安全网的作用。提升国有金融机构的抗风险能力，有助于增强应对市场失灵的能力，防范系统性风险、维护金融安全和稳定，能够在需要时发挥逆周期调控作用，更好地服务实体经济。这一目标强调了三方面内容：一是强调要完善内部风险控制管理体系，建立面对金融风险的成熟应对机制，统筹合理分工，强化国有金融机构防范风险的主体责任。二是规范金融综合经营，依法合规开展股权投资，严格限制和规范国有金融机构凭借资金优势控制非金融企业。三是强调要加强对国有金融机构的监督，注重内部监督与外部监督的有效联动和业务隔离。

（五）强化国有金融机构党的建设

国有金融机构是发展社会主义市场经济体制的重要组成部分，是建设中国特色社会主义事业的重要微观组织。强化国有金融机构党的建设应当立足国有金融资本的特点和属性，正确处理党建和业务的关系，使二者相辅相成。党建工作要引领和服务业务工作，为业务工作的开展提供支持和保障。同时，要推进国有金融机构在完善公司治理中加强党的领导，不断提高党委“把方向、管大局、促落实”能力，提高董事会“定战略、作决策、防风险”能力，提高经营层“谋经营、抓落实、强管理”能力，以高效治理保障高质量发展。

第二节　国有金融资本的管理体制

一、改革开放后国有金融资本管理体制沿革

（一）放权让利管理时期（1978～1991 年）

这一时期，我国逐渐建立起以中国人民银行为中央银行，工、农、中、建为专业银行，非银行金融机构为重要组成部分的金融机构体系。该时期的改革重点是政府与金融机构之间的行政性分权，国家对金融机构的管理主要以放权让利为主，引导国有金融机构从高度集中的传统计划经济模式转变为国家调控、市场引导的发展模式。该时期国有金融资本的管理主体是财政部和中国人民银行，主要通过制定政策、调节经济、协调关系、任免干部等来履行国有金融资本管理职能。

随着对内改革、对外开放所形成的多元化经济形态，加之政府不再直接经营管理企业的改革指向，国有资产产权交由专门机构管理成为现实需求。1988 年 9 月，国家国有资产管理局作为专司国有资产管理的机构正式成立，代表国家行使

国有资产的所有权、收益权、监督权和处置权，隶属于财政部。随后，各地也逐步建立起地方性质的国有资产管理局，集中管理国有资产。对国有金融机构的管理从高度集中的传统计划经济模式转变为国家调控、市场引导的发展模式，以银行为主体的国有金融机构开始初步探索市场化道路，包括所有权与经营权的初步分离、国有金融资产委托代理关系日渐明晰等。但由于国有金融资本的特殊性及原有制度惯性，加之此阶段所开展的政府机构改革并不够彻底，国有资本管理职能并未及时集中于国有资产管理局，国有金融资产的基础管理工作、信贷资源配置等还是由财政部门指导管理。

（二）分业监管管理时期（1992～2002 年）

1992 年 10 月，党的十四大确定了中国经济体制改革的目标是建立社会主义市场经济体制，国有金融机构开始了市场化改革进程，对国有金融机构的监管也开始探索分业经营、分业监管的新型管理体制。为加强对金融行业的监管，分别设立了证监会、保监会和银监会，形成了“一行三会”的分业监管体制。

在分业经营、分业监管的金融体系形成过程中，国有金融资本管理也处于不断探索与实践中。1993 年 11 月，党的十四届三中全会通过的《中共中央关于建立社会主义市场经济体制若干问题的决定》提出要按照政府的社会经济管理职能和国有资产所有者职能分开的原则，积极探索国有资产管理和经营的合理形式和途径。在顶层设计上明确了国有金融资本管理体制以及国有金融机构的改革方向。各级地方政府为当地经济发展需要建立了地方金融机构，但普遍同非金融国有资产混同管理。1997 年亚洲金融危机使金融业的特殊地位与功能凸显，金融资本管理得到进一步重视。1998 年 3 月，第九届全国人大第一次会议通过的《关于国务院机构改革方案的决定》将归口财政部管理的国家国有资产管理局撤销，金融类国有资产交由财政部金融司单独管理。同年 6 月，金融工作委员会经中共中央批准成立，作为党中央派出的机关，领导金融系统的党建工作，集中管理国有大型金融企业的人事任免，形成外部监事会制度并履行部分国有金融资本出资人职责。1999 年 9 月，党的十五届四中全会通过了《中共中央关于国有企业改革和发展若干重大问题的决定》首次提出国有资产的授权经营原则。国有金融资本按照国家所有、分级管理、授权经营等原则，可以通过授权企业法人经营国有金融资本，完善金融企业治理结构，实现国有金融资本的保值增值。

（三）多主体管理时期（2003～2017 年）

2003 年 3 月，国务院国资委成立，作为国务院直属特设机构代表国家对国有非金融企业履行出资人职责。虽然国有金融机构未纳入国资委管理，但在出资人管理方面，进入以管机构为主、管人管事管资产相结合的探索阶段。国有商业性金融机构股份制改革后，财政部以持有的国有资本金入股，成为各大国有金融机构的大股东，国有金融机构的基础管理工作主要由财政部负责。随着国有银行股份制改革不断深入，工农中建交相继完成股份制改革，国有金融资本存在的多个管理主体现象更加明显，央行、财政、国资、监管等部门都在不同程度地参与国有金融资本管理工作。2003 年 12 月，中央汇金投资有限责任公司（以下简称“中央汇金”）成立，根据国务院授权代表国家依法行使对国有重点金融机构的出资人职责，是我国国有金融资本管理体制中对出资人设置的有益尝试，其依法依股权对所出资金融企业派驻董事、行使管理决策权力，开启了授权公司制金融机构经营管理国有金融资本的新时期。值得注意的是，中央汇金虽履职行使部分大型国有金融机构的出资人职责，但其出资人代表的法定身份并未得到国家集中统一授权，国有金融资本的多主体管理格局并未得到改善，而由于中央汇金的成立，管理主体反倒更加多元。

（四）集中统一管理时期（2018 年至今）

2018 年 6 月中共中央、国务院发布的《指导意见》将完善国有金融资本管理体制摆在突出位置，坚持市场监管与出资人职责相分离的原则，首次明确由各级财政部门集中统一履行国有金融资本出资人职责，负责组织实施本级国有金融资本基础管理、经营预算、绩效考核、负责人薪酬管理等工作。随后，多省市均充分结合本地区实际与发展差异，先后出台了符合地区特色的实施意见。自此，国有金融资本管理首次在顶层设计上明确了各级财政部门的出资人主体地位，国有金融机构管理进入集中统一管理的新局面。2019 年 2 月，习近平在中央政治局第十三次集体学习时再次强调，“要加快推进国有金融资本集中统一管理，强化国有产权全流程监管”①。2019 年 9 月国务院办公厅发布的《国有金融资本出资人职责暂行规定》第十四条指出，财政部门应对国有产权变动实行全流程动态监管，并对所出资国有及国有控股金融机构实施资本穿透管理。在此基础上，各级财政部门逐步构建起以部门规章为龙头、规范性文件为辅的国有金融资本管理制度体系，为解决国有金融资本管理中职责分散、权责不明、授权不清、布局不优、配置效率有待提高、法治建设不到位等现实问题发挥指导作用，以依法保护各类产权为前提，以提高国有金融资本效益和国有金融机构活力、竞争力和可持续发展能力为中心，进一步加强国有金融资本统一管理，促进国有金融机构持续健康经营。

---

① 《关于印发〈国有金融资本产权登记专项工作实施方案〉的通知》，中国政府网，2020 年 10 月 19 日。

二、中央层面国有金融资本管理的主要模式

根据企业类型和管理方式的不同，中央层面的国有金融资本管理可分为两类：一是对中央金融机构的管理；二是对中央企业所属金融机构的管理。本章节以对中央金融机构管理模式为例作重点介绍。

中央金融机构指由国务院及其授权机构代表国家履行国有金融资本出资人职责的国有独资、国有控股以及国家实际控制的金融机构。中央金融机构主要包括两类：一是中央管理领导人员的金融机构；二是执行国有金融资本管理相关制度，由财政部代表国务院履行国有金融资本出资人职责，纳入国有企业经营预算管理、负责组织实施年度绩效评价等工作的金融机构。

对中央金融机构的管理，由财政部根据国务院授权，集中统一履行中央国有金融资本出资人职责，强调通过“简政放权、放管结合、优化服务”，合理界定出资人职责边界，不缺位、不越位，加强市场化、法治化管理，建立健全激励约束机制，增强国有金融机构的活力。具体说来，采用的是“财政部直管 + 授权汇金持股”模式。

财政部直管是财政部采用直接派出股权董事参与治理等方式进行管理，主要针对的是财政部直接募集资金设立的中央金融机构、从事具有政策性金融相关业务的中央金融机构或者财政部绝对控股的中央金融机构等。

授权汇金持股是指中央汇金根据国务院授权，对国有重点金融机构进行股权投资，以出资额为限代表国家依法对国有重点金融机构行使出资人权利和履行出资人义务。中央汇金不开展商业性经营活动，不干预其控股的国有重点金融机构的日常经营活动。中央汇金是由国家出资设立的国有独资公司，于 2003 年 12 月在北京成立。2007 年 9 月，财政部发行特别国债，从中国人民银行购买中央汇金的全部股权，并将上述股权作为对主权财富基金中国投资有限责任公司（以下简称“中投公司”）出资的一部分，注入中投公司。中投公司根据国务院要求持有中央汇金公司股权，中央汇金成为中投公司的全资子公司。中投公司开展投资业务和中央汇金代表国家行使股东职能的行为之间有严格的隔离。中央汇金的重要股东职责由国务院行使，其董事会、监事会成员由国务院任命，对国务院负责。

三、地方层面国有金融资本管理的主要模式

自《指导意见》发布以来，各地区根据有关工作要求及制度纲领，积极开展加强和完善国有金融资本管理的相关工作。按照权责匹配、权责对等、权责统一的原则，各级财政部门根据本级政府授权，集中统一履行国有金融资本出资人职

责。各级财政部门根据需要，可分级分类委托其他部门、机构管理国有金融资本。截至2022年6月末，全国有35个省市出台了完善国有金融资本管理的实施意见，其中8个建立了联席工作机制，4个基本实现了财政部门集中统一管理国有金融资本，17个由财政部门出资设立了金融控股公司（以下简称“金控公司”），集中管理省属金融机构股权①。

由于各地国有金融资本类型、数量和形成的历史渊源等存在差异，不同地区的国有金融资本管理模式在分级分类标准、管理方式、资本归属等方面也各有特点。因此，本章节专门针对地方层面，介绍国有金融资本管理的主要模式。总体来看，各省（市）的国有金融资本管理模式大体可以总结为两种类型：“直管+托管”模式和“授权金控公司+托管”模式。

（一）“直管+托管”模式

“直管+托管”模式，是指财政部门作为国有金融资本的出资人代表，直接履行国有金融资本的出资人职责，同时根据实际需要将一部分国有金融资本管理工作分级分类委托其他部门或机构的国有金融资本管理模式。按照分类依据的不同，“直管+托管”模式又可分为以下三种情况。

1. 以出资主体为分类依据的“直管+托管”模式

以出资主体为分类依据的“直管+托管”模式，是指按照国有金融资本出资主体的不同，将国有金融资本进行分类管理。政府及其有关部门直接投入形成的国有金融资本，由财政部门直接管理；政府授权投入形成的国有金融资本，由财政部门委托其他单位管理。

江苏省是这一模式的代表（张艳芬，2019）。对江苏省政府直接投入金融机构的国有资本，其股权划转省财政厅，由省财政厅直接履行省级国有金融资本出资人和国有资产管理职责；对省政府授权投资主体和省级国有企业直接或间接投入金融机构的国有资本，暂不改变股权归属关系，由省财政厅委托公司的主要出资人履行相关管理职责。此外，对新组建的省级国有金融机构，统一由省财政厅履行国有金融资本出资人职责。广东、四川、海南、天津、北京等地也采用了类似做法。

2. 以国有金融机构重要程度为分类依据的“直管+托管”模式

以国有金融机构重要程度为分类依据的“直管+托管”模式，是指按照国有金融机构的规模、地位等重要程度的不同，将国有金融资本进行分类管理。不同类型的国有金融机构交由不同的主体管理。财政部门直接管理重要程度高的国有

① 财政部金融司：《大力促进金融支持经济高质量发展——党的十八大以来财政金融工作综述》，载于《中国财经报》2022年10月1日。

金融机构；其他的则是由财政部门委托其他管理部门、机构来进行管理。

这一模式以江西省为代表。根据国有金融机构重要程度的不同，江西省将省级国有金融机构分为省级重点国有金融机构和省级其他国有金融机构。江西省金融控股集团有限公司、江西银行股份有限公司、恒邦财产保险股份有限公司和江西省农业信贷担保有限责任公司等省级重点国有金融机构，由省财政厅集中统一管理其国有金融资本；而省级其他国有金融机构，则是由省财政厅委托其国有控股股东或参股股东按照穿透原则进行管理，定期向财政部门报告国有金融资本管理情况。

3. 以管理层级为分类依据的“直管＋托管”模式

以管理层级为分类依据的“直管＋托管”模式，是指按照国有金融资本所在金融机构层级的不同，对国有金融资本进行分类管理。一级金融企业由财政部门直接管理，二级及以下金融机构（包括国有一级非金融企业下属的二级或三级等金融机构）由财政部门委托一级企业、原隶属关系人或主要出资人进行管理。

吉林省运用了这一模式。吉林省金融机构层级主要包括省属一级金融机构和省属二级金融机构两类，与之对应的国有金融资本管理方式分别是财政直接管理和财政委托管理。对在行业中具有重要影响、产权关系清晰、管理较为规范的银行、证券、保险、信托、担保等重点地方国有金融机构及财政出资的地方国有金融业机构等一级金融机构，财政部门对其进行直接管理，而国有二级金融企业由财政部门委托管理。湖南和广西等地也采用了类似的做法。

（二）“授权金控公司＋托管”模式

“授权金控公司＋托管”模式，是指财政部门授权金控公司管理国有金融资本，金控公司依法依股权管理授权范围内的国有金融资本；财政部门对其他国有金融资本进行委托管理。

云南省是这一模式的代表。云南省于2019年6月正式挂牌成立云南省国有金融资本控股集团有限公司（以下简称“云南金控”）。云南金控，是由云南省委省政府批复组建的国有独资省管企业，由云南省财政厅代表云南省人民政府依法履行出资人职责（省财政厅持有100%股权），是省级国有金融资本集中运营管理专业化平台，对省级国有金融资本进行集中统一管理。对云南省具有重要影响、产权关系清晰、管理较为规范的银行、证券、保险、信托、融资担保等领域的国有金融资本，由财政部门授权云南金控进行管理；对集团财务公司等特殊情况的国有金融资本，财政部门委托有关部门、机构履行管理职责。

综上，授权金控公司管理为主的模式，是政资分开程度最高的模式。作为地方国有金融资本授权管理链条的中间段，控股公司实际在财政部门和国有金融机构之间形成了一道天然的屏障，将行政性指令的直接影响程度降到最低水平。既有利于实现地方金融机构市场化改革的需要，也能较大程度地保障地方政府的控制力，因而更适合竞争性国有金融资本的管理。直管为主的模式，多围绕政府行政机构而构建，能够以完整出资人身份、相对精简的传递机制以及绝对的专业性，将政策精神转化为合理经营思路，通过股东权力予以适度表达，更能发挥集中管理的天然优势。因此，地方国有金融资本管理应在遵照集中统一管理要求的基本前提下，根据当地国有金融资本特点，平衡政策执行程度与政资分开水平，按照有利于提升国有金融资本效益、更好地服务于实体经济及防范金融风险等要求选择适合本地的管理模式；实行委托管理的，要设定过渡期，同时做到财政部门出资人身份不变、管理规则不变、管理责任不变、全口径报告职责不变。

第三节　国有金融资本运营管理

国有金融资本运营需要通过国有金融机构这一微观组织来实现。目前我国存在多种类型的国有金融机构，例如，银行业金融机构、保险业金融机构、证券业金融机构、担保业金融机构、信托业金融机构、租赁业金融机构、基金业金融机构、期货业金融机构、金融控股公司、典当行、财务公司等。综合考虑国有金融资本的特点及行业重要性，本章节选取银行业金融机构、保险业金融机构、证券业金融机构、担保业金融机构、金融控股公司这五个具有较强代表性的国有金融机构，对国有金融资本的运营管理进行介绍。

一、各类国有金融机构及其运营特点

（一）银行业国有金融机构及其运营

银行业金融机构是指在我国境内设立的商业银行、城市信用合作社、农村信用合作社等吸收公众存款的金融机构以及政策性银行等。银行业国有金融机构以商业银行为主，包括国有独资及国有控股商业银行（含国有实际控制商业银行）、国有独资及国有控股金融企业实质性管理的商业银行。商业银行以安全性、流动性、效益性为经营原则，业务包括吸收公众存款、发放贷款、办理结算、办理票据贴现、发行金融债券、承销政府债券、从事同业拆借、买卖外汇、代理收付款项等，其中前三项为商业银行的主要业务，是其利润的重要来源。国有商业银行在运营过程中强调坚持服务国家宏观政策和服务实体经济、坚持高质量发展和创新驱动两个导向，在充分考虑风险因素的基础上，通过不断提升盈利能力、充分计提各项准备、合理确定分红比率等方式来实现内源性资本的可持续性积累，最

终实现国有金融资本的保值增值。

（二）保险业国有金融机构及其运营

保险机构是指专门经营保险业务的机构，包括国有保险公司、股份制保险公司和在华开设的外资保险公司分公司及中外合资保险公司。按与投保人有无直接法律关系，保险还可分为原保险和再保险，中国再保险（集团）股份有限公司、中国农业再保险股份有限公司就是国有再保险公司的代表。保险公司的保户越多，承保范围越大，风险就越分散，也才能够在既扩大保险保障的范围，提高保险的社会效益的同时，又集聚更多的保险基金，为经济补偿建立雄厚的基础，保证保险公司自身经营的稳定。保险公司需要根据保障被保险人利益、保证偿付能力的原则，提取各项责任准备金，依法提取公积金和保证金，缴纳保险保障基金等。除了保费收益外，投资收益也是保险公司利润的又一来源。保险公司可以通过审慎稳健的投资运作机制，制定长期稳健的资产配置策略以增加投资收益，但其资金运用必须稳健，遵循安全性原则，仅限于银行存款、买卖有价证券、投资不动产等。

（三）证券业国有金融机构及其运营

证券机构是指从事证券业务的机构，包括证券公司、证券交易所、证券登记结算公司、证券投资咨询公司、投资基金管理公司、证券评估公司等。证券业国有金融机构以证券公司为主，既包括国有金融机构控股的证券公司（如中信证券股份有限公司、光大证券股份有限公司），也包括国有非金融企业控股的证券公司（如英大证券有限责任公司、长城证券股份有限公司）。证券公司可以经营的业务有证券经纪、证券投资咨询、与证券交易或证券投资活动有关的财务顾问、证券承销与保荐、证券融资融券、证券做市交易和证券自营等业务。其中，证券经纪业务、证券承销与保荐业务是证券公司利润的主要来源。我国的证券公司多是集承销、经纪、自营三种业务于一身的综合性经营机构。证券公司依法享有自主经营的权利，按照审慎经营原则，其业务活动与其治理结构、内部控制、合规管理、风险管理以及风险控制指标、从业人员构成等情况相适应。证券公司需要从每年的业务收入中提取交易风险准备金，用于弥补证券经营的损失。

（四）担保业国有金融机构及其运营

担保业国有金融机构主要指国家控股或参股的融资担保公司。融资担保是指担保人为被担保人借款、发行债券等债务融资提供担保的行为。融资担保公司是指依法设立、经营融资担保业务的有限责任公司或者股份有限公司。融资担保业务包括借款类担保业务、发行债券担保业务和其他融资担保业务。融资担保公司需要按照审慎经营、专注主业原则，根据国家规定的风险权重计量担保责任余额，保持充足代偿能力，优先保障资产流动性和安全性，合理运用自有资金，以实现国有金融资本的合规管理。融资担保公司不得为其控股股东、实际控制人提供融资担保，为其他关联方提供融资担保的条件不得优于为非关联方提供同类担保的条件，不得从事吸收存款或变相吸收存款、自营贷款或者受托贷款、受托投资等活动。

（五）金融控股公司及其运营

金融控股公司是指对两个或两个以上不同类型金融机构拥有实质控制权，自身仅开展股权投资管理、不直接从事商业性经营活动的有限责任公司或者股份有限公司。如果金融控股公司的主要股东、控股股东或实际控制人为中央或地方国有股东，称为国有金融控股公司。金融控股公司以合法自有资金投资控股金融机构，也可以投资经国务院金融管理部门认定与金融业务相关的机构，但投资总额账面价值原则上不得超过金融控股公司净资产的15%。除对所控股的金融机构进行股权管理外，金融控股公司还可经中国人民银行批准，对所控股的金融机构进行流动性支持，但必须严格规范该资金使用，不得为其主要股东、控股股东和实际控制人提供融资支持。金融控股公司所控股金融机构不得反向持有母公司股权，金融控股公司所控股金融机构之间不得交叉持股。我国金融控股公司尤其是国有金融控股机构往往以集团形式存在。集团内从事金融活动的机构实行并表管理，对纳入并表管理范围内所控股机构的公司治理、资本和杠杆率等进行全面持续管控。金融控股公司以综合经营为主要特征，可以整合资源、客户、技术和服务渠道，打造资源协同生态圈，通过借助下属子公司涵盖的多种金融业务之间的关联性，实现内部多类型资源的合理流动和相互支持，利用各自优势产生协同效应，有效降低获取外部资源的成本，形成完整的金融服务体系，实现金融业务创新。各子公司间不同金融业务的有效组合和规模化经营，在一定程度上有利于提升盈利能力和抵御风险的能力，提升资本运作的灵活性和运营效率，最终有利于实现金融资本保值增值。

二、国有金融资本运营管理的内容

财政部门作为履行国有金融资本出资人职责的机构，其出资人职责与金融监管部门的市场监管职责，在出发点、最终目的和作用机制等方面都不相同。出资人职责主要是对国有金融资本行使的出资人职权和承担保值增值等责任，以管资本为主加强监管，重点管好国有金融资本布局、规范资本运作、提高资本回报、维护资本安全，对国家出资金融机构依法享有资本收益、参与重大决策和选择管理者等出资人权利。金融监管部门主要负责对各类所有制金融机构的外部监管，实现合法合规和审慎监管的要求。近年来，我国金融监管机构经历了从“一行三会”到“一行两会”，再到目前“一行一局一会”的监管框架变化[①]，“一行”行使的主要是宏观审慎监管职能，“一局一会”行使的主要是微观审慎监管职能。考虑到本书是从出资人角度谈国有资本管理，因此本章节主要介绍财政部门及其受托人[②]（以下简称“出资人机构”）对国有金融资本运营管理的相关内容。

（一）财政部门对国有金融资本运营的管理

按照权责匹配、权责对等、权责统一的原则，各级财政部门根据本级政府授权，集中统一履行国有金融资本出资人职责。财政部根据国务院授权，履行国有金融资本出资人职责。地方财政部门根据地方政府授权，履行地方国有金融资本出资人职责。财政部负责制定统一的国有金融资本管理规章制度，依法指导和监督地方国有金融资本管理工作。财政部门作为出资人代表机构，宏观上要建立健全管住管好用好做强、做优、做大国有金融资本的管理机制和制度体系，微观上要坚持市场化、法治化原则，对国家出资金融机构享有资本收益、参与重大决策和选择管理者等股东权利，并履行相应股东义务。

财政部门对国有金融资本的运营管理主要包括五个方面。一是基础管理。财政部门负责健全产权登记、评估、转让等基础管理、穿透管理和交易监管体系。二是收益管理。制定统一的国有金融资本收益管理制度，以及经营预算管理办法，加强金融机构国有资本收益管理和优化资本配置。三是财务监管。财政部门集中统一开展动态统计监测和金融运行分析，全面掌握国有金融资本管理运营情况。四是监督管理。推动形成全面覆盖、分工明确、协同配合、制约有力的监督体系。五是报告制度。财政部门定期向本级党委、政府报告，并按照法定程序向人大常委会报告。

（二）受托人对国有金融资本运营的管理

财政部门根据需要可分级分类委托其他部门、机构管理国有金融资本，发挥国有金融资本投资运营公司作用。受托人按照受托权限管理国有金融资本，财政部门履行出资人职责的身份不变、产权管理责任不变、执行统一规制不变、全口

---

① 1983 年 9 月中国人民银行开始专门行使中央银行的职能，1992 年 10 月设立国务院证券委和证监会，1998 年 3 月撤销国务院证券委，其职能被合并进证监会，1998 年 11 月设立保监会，2003 年 3 月设立银监会，形成了“一行三会”构成的以机构监管为特征，以合规监管为重点的分业监管体制。“一行三会”即中国人民银行、银监会、保监会、证监会的简称。2018 年银监会、保监会合并组建银保监会，并将拟定银行业、保险业重要法律法规草案和审慎监管基本制度的职责划入央行，形成“一行两会”。2023 年 3 月，在银保监会基础上组建了国家金融监督管理总局，将中国人民银行对金融控股公司等金融集团的日常监管职责、有关金融消费者保护职责，证监会的投资者保护职责划入金融监管总局，形成“一行一局一会”。

② 受托人是指受财政部门委托管理国有金融资本的其他部门、机构。

径报告职责不变。受托人权利主要包括按照受托权限和程序对受托金融机构行使相关股东职责，协同推进受托金融机构改革，向其派出董事、监事，参与重大事项决策、管理者选择和考核等。同时，承担提升国有金融资本运营效率、遵守统一的管理制度、监交国有资本收益、向财政部门报告履职情况并接受评价、监督和考核等义务。受托人通过公司治理机制，依法行使相关职责，不干预金融机构的正常经营活动，不滥用股东权利损害金融机构或其他股东的利益。以中央汇金为例，中央汇金设置股权管理一部来负责国家开发银行、工商银行、农业银行、中国银行、建设银行、光大集团、中国信保、恒丰银行的股权管理工作；设置股权管理二部，负责中再集团、中国建投、银河金控、银河证券、申万宏源集团、申万宏源证券、新华保险、中金公司、中信建投证券等机构的股权管理工作；设置资本运营部，承担有关专项资产管理、金融机构风险救助等任务。

在所出资金融机构重大事项管理方面，出资人机构依照法律法规及有关规定，制定或者参与制定所出资金融机构的章程，按照公司章程行使权利、履行义务；按照法定程序向所出资金融机构委派股东代表，提名董事、监事，参加其股东（大）会、董事会、监事会，落实和维护董事会依法行使重大决策、选人用人、薪酬分配等权利；通过公司治理机制，加强对所出资金融机构发展战略和投资规划、财务预决算、利润分配和弥补亏损方案、法人机构设立和撤并等须由股东决定的重大事项的审核；所出资金融机构的股东（大）会、董事会决定机构合并、分立、改制、上市，增减注册资本、发行债券、重大投资、为他人提供除主营担保业务以外的大额担保、大额捐赠、分配利润、任免机构负责人，以及解散、申请破产等重大事项时，出资人机构派出的股东代表、董事，按程序发表意见、行使表决权，表决意见涉及股权管理的，应当经财政部门同意；监管所出资国有及国有控股金融机构工资分配的总体水平，备案或核准工资总额预算方案，清算预算执行结果。

国有非金融企业投资金融机构形成的资本，属于国有金融资本范畴，执行统一的国有金融资本管理制度，纳入全口径报告范围，由财政部门会同国资监管机构加强沟通协调，组织做好落实。通常情况下，对国有非金融集团企业控股的金融机构，由财政部门委托国有非金融集团企业履行具体出资人职责，集团将重大公司治理事项报告同级国资监管机构，涉及产权、国有资本收益预算等公共管理职能的，财政部门和国资监管机构进行有关审批备案。

第四节　国有金融资本风险管理

随着国有金融机构改革的不断深化，对国有金融资本风险管理也提出了新的要求。国有金融机构风险管理的重点在于防和控，应厘清国有金融资本风险管理的主体职责，准确识别国有金融资本所面临的各类风险，落实国有金融资本风险管理的相关要求。

一、国有金融资本风险管理相关主体的职责

根据国有金融资本委托代理链条，国有金融资本风险管理的相关主体主要可分为履行出资人职责的管理主体和国有金融机构，各主体承担相应的风险管理职责。

（一）管理主体的职责

履行国有金融资本出资人职责的管理主体是财政部门及其受托人。财政部门和受托人按照实质重于形式的原则，以管资本为主，以公司治理为基础，依法督促国有金融机构审慎经营、防范风险。财政部门作为国有金融资本出资人代表机构，一是有义务促进国有金融机构建立现代企业制度，健全风险管理和内控体系，并配合国有金融机构做好重大风险处置工作；二是应当加强所出资银行、证券、保险、期货、信托等领域金融机构的财务管理，健全财务风险监测与评价机制，防范和化解财务风险，维护各方合法权益。同时，财政部门作为出资人的“内部监管”要与被赋予公共监管权力的金融监管部门的“外部监管”相结合，二者在防范金融风险、支持实体经济发展和促进金融机构可持续经营方面的根本目标是一致的。通过财政部门和金融监管沟通和协调，逐步形成“以内促外”和“以外促内”的良性互动格局。受托人根据财政部门委托，管理国有金融资本的同时，也有义务提升国有金融资本运营效率，保障金融安全，防范金融风险。除此之外，受托人管理也需要督促受托管理的金融机构履行好服务实体经济和防控金融风险的主体责任。

（二）国有金融机构的职责

国有金融机构承担风险防控的主体责任，建立与组织架构、业务规模、复杂程度相适应的风险管理体系，充分利用现代化技术手段健全风险预警机制，识别、计量、评估、监测、报告、控制或缓释各类风险，加强对重大事项的管理，增强国有金融资本风险抵御能力。在决策管理方面，根据监管要求和自身条件，建立健全“决策层—管理层—执行层”三层架构的风险防范体系，完善重大事项决策、重要人事任免、重大项目安排、大额资金运作和境外投资决策内控体系，健全风险防范和应急处置机制。国有金融机构在开展资本运营活动前应当全面梳理各工作环节可能出现的风险点，建立金融资本运营风险点清单，且根据经营活

动变化对风险点清单进行补充、调整和完善，并在每次风险应对后及时进行总结，为日后资本运营提供参考借鉴。在信息披露方面，建立健全透明的信息披露机制，披露公司重大财务信息、重大交易、重大风险因素及应对、公司治理情况、与利益相关者有关的事项等。

二、国有金融资本风险的类型及防范

根据目前世界各国金融机构对各类风险的分类，结合国有金融资本的特点，国有金融机构所面临的风险主要有信用风险、市场风险、操作风险、流动性风险、声誉风险、关联交易风险、资产处置风险和境外业务风险。

（一）信用风险

信用风险是指由于债务人违约而导致贷款和债券等资产丧失偿付能力所引起的风险。信用风险是银行等金融机构所面临的主要风险，对金融机构的资产质量构成严重的影响，是各金融机构重点防范的风险之一（张维和李玉霜，1998）。国有金融机构可以通过有效的方法手段对信用风险进行识别、衡量、防范和控制，使风险贷款安全化，保证本息的收回。未来信用风险趋势及风险点的精准研判是防范信用风险的重要前提，有助于各类信用风险防范措施能够更有效地发挥作用，也有助于金融机构对未来可能发生的重大信用违约事件进行防范与规避。

（二）市场风险

市场风险是指与金融机构的经营密切相关，对金融机构有着直接影响，但金融机构本身对其无法控制，而只能预备防范的外部风险。其中主要有利率风险、汇率风险。利率风险，主要指因为在资金的筹措和运用之间存在期限上的搭配不当，由于利率的变动使收益减少，丧失甚至出现亏损的风险。汇率风险是指因国际市场汇率行情发生变化，而导致损失的风险。国有金融机构可以通过限额管理、风险对冲，确保将所承担的市场风险控制在可承受范围之内。

（三）操作风险

操作风险是指由于内部程序、人员、系统不充足或者运行失当，以及因为外部事件的冲击等导致直接或者间接损失的可能性。从广义来说，操作风险可划分为操作性杠杆风险和操作性失误风险。操作性杠杆风险主要指由外部因素引起的操作风险，例如，因为外部冲击导致金融机构收益的减少。这些外部冲击包括税制和政治方面的变动、监管和法律环境的调整、竞争者的行为和特性的变化等。操作性失误风险主要指由金融机构的内部因素引起的操作风险，这些内部因素主要包括处理流程、信息系统、人事等方面的失误（巴曙松，2003）。国有金融机构应当加强操作风险管理，以控制和防范由操作风险导致的重大损失。在防范和化解操作风险的过程中，内部控制以合规经营、降低风险为目标，从规范操作行为入手，能够有效约束操作风险的产生，为防范操作风险提供更好的内部环境基础。

（四）流动性风险

流动性风险是指金融机构无法提供足额资金来应对资产增加需求，或履行到期债务的相关风险，是金融机构经营与管理过程中最基本的风险种类。流动性风险主要由资产和负债的差额及期限的不匹配所引起。流动性风险因其具有不确定性强、冲击破坏力大的特点，成为金融机构风险管理的重要内容之一（廖岷和杨元元，2008）。国有金融机构应当加强流动性风险管理，构建有效的流动性风险管理治理结构，制定完善的流动性风险管理策略、政策和程序，建立完备的管理信息系统，对流动性风险进行识别、防范和控制，以保证国有金融机构的持续经营。

（五）声誉风险

声誉风险是指由金融机构行为、从业人员行为或外部事件等，导致利益相关方、社会公众、媒体等对金融机构形成负面评价，从而损害其品牌价值，不利其正常经营，甚至影响市场稳定和社会稳定的风险。声誉事件是指引发金融机构声誉明显受损的相关行为或活动。对国有金融机构声誉风险管理来说，要特别注意，原则上不得将机构名称、专用简称、商标标志等用于不纳入合并报表范围的所属企业，以避免造成声誉事件。国有金融机构应当建立声誉风险事前评估机制和检测机制，对声誉风险进行分级评估，根据评估结果制定应对预案，防范和化解声誉风险。

（六）关联交易风险

关联交易风险是指在关联交易过程中，由于关联方界定不准确、关联交易定价不合理以及关联交易中断等原因，导致不公平、不公正的关联方交易，进而损害公司及其他利益相关者的合法权益的风险。其中，关联交易是指企业与该企业直接或间接拥有权益、存在利害关系的关联方之间所进行的交易（彭晓洁，2005）。国有金融资本关联交易按管理目标不同可分为两类：一是内部关联交易，即国有金融资本相关主体与其附属机构之间以及各附属机构之间发生的转移资源、劳务或义务的行为，或者联合提供服务的行为；二是外部关联交易，即国有金融资本相关主体与其关联方（除附属机构外）之间发生转移资源、劳务或义务的行为。按照交易类型的不同，关联交易可分为投融资类、资产转移类、提供服务类等不同类型。国有金融机构应当明确关联方范围，建立关联方回避和禁止行为制度，完善内部风险隔离机制，规范关联方交易。

（七）资产处置风险

资产处置风险是指在资产处置过程中，由于资产管理体系不健全、资产处置流程不明晰、内控机制不完备等原因，最终造成金融机构利益损失的风险。国有金融机构的资产处置风险主要是指不良资产处置风险，应重点关注呆账核销、责任认定及追究、已核销资产清收管理、不良资产转让、以资抵债五方面的风险。国有金融机构应当重点关注清算处置、不良资产处置等较高风险的资产处置，并坚持公平、公开、公正的原则，规范资产处置清算程序。

（八）境外业务风险

境外业务是指金融机构开展的以境外主体为客户或交易对手，或者以境内主体为客户或交易对手但风险敞口在境外的贷款、拆借、贸易融资、票据承兑和贴现、透支、保理、担保、贷款承诺、信用证、融资租赁等授信类业务，黄金、外汇、衍生产品等交易类业务以及债权、股权等投资类业务。境外业务风险主要是指与境外机构和业务有关的战略风险、合规风险、国别风险、环境与社会风险、投资风险等。国有金融机构应当做好事前尽职调查和可行性论证，强化事中业务风险管控和控制流程，开展事后绩效评价与追踪，建立境外业务风险全流程管理机制。

三、国有金融资本风险管理的基础工作

无论面临的是何种风险、采用何种机制，风险管理的程序通常都要包括风险识别、风险衡量、风险控制、风险评估等。除此之外，考虑到国有金融资本的特殊性，在进行风险管理时，还应当重点做好以下几方面的基础工作。

（一）审慎合规经营，健全内控体系，强化风险源头控制

国有金融机构应秉持审慎合规经营原则，回归本源、聚焦主业、做精专业，加强风险源头控制，动态排查信用风险等各类风险隐患，提高稳健发展能力。细化完善内部控制体系，健全公司法人治理结构，严守财务会计规则和金融监管要求，强化自身资本管理和偿付能力管理，保证充足的风险吸收能力。国有金融机构应当对所属企业产权管理、财务管理、绩效考核、薪酬管理和风险控制等事项实行穿透管理，并严格控制母公司信用支持边界，落实统一的国有金融资本管理

制度。国有金融资本风险管理应当强化底线思维，坚持早识别、早预警、早发现、早处置，努力做到在最早时间，从最低层级，用相对最小成本，解决最大的关键问题，争取综合效益最佳。

（二）做好风险隔离，加强关联交易管理，建立风险防火墙

各级财政部门依法依规履行国有金融资本管理职责，严格规范金融综合经营和产融结合，国有金融资本管理应当与实业资本管理相隔离，建立风险防火墙，避免风险相互传递，严格限制接受非金融企业投资控股、参股，严禁国有金融机构凭借资金优势控制非金融企业。国有金融机构应当在内部建立有效的风险隔离机制，对所属子公司之间的交叉任职、同业往来、信息共享、运营后台、共享营业设施等进行合理隔离，有效防控风险。明确关联方范围，建立关联方回避和禁止行为制度，健全关联交易内部审查和决策机制，建立关联交易报告制度，确保关联交易依法合规、公开透明。严禁通过关联交易损害国有金融资本出资人的权益和破坏市场秩序，严格管理内部融资、担保等事项，防止资金无效空转，避免滋生虚假交易。根据原有风险的变化情况及应对方案的执行效果，有效做好企业间风险隔离，防止风险由“点”扩“面”，避免发生系统性、颠覆性重大经营风险。

（三）做实资产风险分类，足额计提风险拨备，如实反映经营成果

国有金融机构应当加强资产质量管理，做实资产风险分类，定期对各类资产风险分类开展重检，真实准确反映资产质量，不得以无效重组等方式隐瞒资产的真实风险状况；综合评估自身资产状况，科学预测潜在风险，根据资产质量变化情况，客观合理评估资产减值损失，对承担风险和损失的资产根据有关规定及时足额提取各项准备金，增强风险抵御能力，真实反映盈利情况，不得通过人为调整准备金操纵利润。

（四）加强不良资产处置管理，有效防范道德风险和国有资产流失

不良资产处置是金融系统防范化解风险的重要工作内容，对不良资产处置的监督管理是提升财政金融监管质效的重要环节。国有金融机构应当严格落实“符合认定条件、提供有效证据、账销案存、权在力催”基本原则，加大不良资产核销力度，用足用好现有核销政策。对申请核销的不良资产，应当采取必要保全措施和实施必要追偿程序，切实履行对借款人及债务关联人、担保财产等尽职追索，认真查明原因，对因履职不力等主观原因形成资产损失的，按规定确保相关责任认定和追究到位。建立核销后资产管理制度，对已核销资产仍享有的合法权益，定期检查追偿情况，切实履行清收职责。金融机构不良资产对外转让应当坚持“依法合规、公开透明、洁净转让、真实出售”原则，及时充分披露相关信息，严禁暗箱操作，防范道德风险，严禁通过虚假转让不良资产，掩盖金融机构真实资产质量情况。

（五）强化境外投资管理，有效防范跨境资产风险

国有金融机构应根据国有金融资本管理统一规制，对标境内子公司管理标准，对境外子公司实施授权管理、并表管理和穿透管理，督促境外子公司落实产权登记、资产评估备案等股权管理要求，规范境外子公司重大事项决策等公司治理程序。国有金融机构境外投资应当遵循“依法合规、服务大局、商业运作、风险可控、廉洁自律、权责清晰”的原则，有效服务国家宏观政策和实体经济，按照市场化方式，审慎运作、严控风险、廉洁经营、权责对等，失责必问、问责必严。境外投资决策要建立全流程、全链条管理机制，事前要实施尽职调查和可行性论证；事中要强化全面预算、逐级授权、项目跟踪、风险监测、资产监管和资金管控，实施决策、执行、监测不相容岗位分离机制，防范境外投资廉洁风险；事后开展绩效评价，实施追踪问效。对发生损失的项目要依法落实责任认定、责任追究。

第五节　国有金融资本经营绩效考核

国有金融资本经营绩效考核与绩效评价一样，需要以国有金融机构这一微观组织为对象。但不同的是，绩效评价多是针对某个金融子行业设置与其行业功能特点相适应的具体指标体系，更侧重财务和行业监管指标，而绩效考核涉及的内容范围更广泛、指标设置更全面且更具弹性。本章节根据部分省市发布的国有金融资本经营绩效考核管理暂行办法，参考有关文件对国有金融资本经营绩效考核进行探讨。

一、国有金融资本经营绩效考核的主要原则

（一）分类考核原则

分类考核原则是指遵循市场经济规律和企业发展规律，建立与金融机构经营特点、功能性质、规模大小、参与市场竞争程度等因素相匹配的差异化考核体系，明确差异化考核目标，突出不同考核重点，分别设置考核指标和权重，依法依规、客观公正反映国有金融机构综合绩效。

（二）质量效益原则

质量效益原则是指引导金融机构聚焦主责主业，健全市场化经营机制，围绕保值增值、盈利能力、资产质量、偿付能力、经营增长等方面，提升经营管理能力和核心竞争力，统筹兼顾经济效益与社会效益。

（三）风险可控原则

风险可控原则是指金融机构要强化防范风险主体责任，坚持依法合规、审慎经营，严守财务会计规则和金融监管要求，加强风险识别与监测，提高风险防控能力，推动金融机构持续健康发展。

（四）激励约束原则

激励约束原则是指按照责权利相统一的要求，注重将经营绩效考核结果与金融机构负责人的激励约束紧密结合，同企业员工的薪酬水平相联动，实现经营绩效升薪酬升、经营绩效降薪酬降。

二、国有金融资本经营绩效考核的指标体系

国有金融资本经营绩效考核的指标体系通常由基本指标、个性指标、管理指标和激励约束指标四类指标组成。其中：基本指标、个性指标根据企业分类不同赋予不同权重；管理指标赋予固定权重；激励约束指标不赋予权重，只用于加分或减分。考核内容和指标体系保持相对稳定，根据工作实际，经财政部门同意，基本指标、个性指标与管理指标的分值权重，可适度进行调整；经财政部门同意，出资人机构也可将管理指标进行单独考核，但应建立与金融企业薪酬管理联动挂钩机制。

出资人机构确定具体指标及权重时，应当与金融企业充分沟通企业所属业态、发展阶段、战略定位等情况，并参考《商业银行绩效评价办法》《金融企业绩效评价办法》《政府性融资担保、再担保机构绩效评价指引》等相关文件规定。按照回归金融服务实体经济的本源和高质量发展的要求，在设计国有金融资本绩效评价指标体系时，要处理好保值增值、提质增效等市场经营性基本要求与服务实体经济、防控金融风险、深化金融改革等政策功能性要求的关系。

（一）基本指标

基本指标主要使用的是财务相关指标，重点考察盈利能力、经营增长、资产质量及偿付能力等方面，应多设置质量类、效益类指标，少设置或不设置规模

类、速度类指标，以提高评价的科学性和精准性，真实准确地反映经营性保值增值情况，抑制盲目追求全牌照和规模扩张冲动。

竞争性金融机构的基本指标一般侧重盈利能力指标（如利润总额、净资产收益率、营业收入）和风险控制指标等；功能性金融机构的基本指标一般侧重经营增长指标（如国有资本保值增值率）和风险控制指标等。风险控制指标的选取根据金融监管要求和不同金融机构经营风险等特点综合确定。同类别且同行业机构的基本指标原则上相同，出资人机构在设置指标时应统筹把握。

（二）个性指标

个性指标是根据金融机构异质性而设置的针对性指标，一般设置3～5个指标来考察，竞争性机构和功能性机构在分值设置上也应有所区别。各项指标由财政部门与金融机构根据企业所属业态、发展阶段、战略定位等协商确定。如遇重大变化，经被考核单位申请，可酌情调整。

（三）管理指标

管理指标是对金融机构在党建、制度体系、公司治理、内部控制等方面的管理情况进行评价。与其他指标类似，所有内容完成可以得基本分，若某项管理不到位则可酌情扣分。管理指标包括但不限于以下内容：党的建设情况、制度体系建设情况、公司治理结构情况、内控管理情况、重大事项按规定报批报备情况等。

（四）激励约束指标

激励约束指标分为激励指标和约束指标两类。前者是在经营绩效考核最终得分基础上，对圆满完成政府决策部署和重大任务的，根据受表彰情况酌情加分；后者是对违反廉政纪律、国家法律法规造成重大经营风险或较大国有资产损失，在巡视、审计、财政监督检查中发现重大问题，贯彻政府重大决策不力的，酌情扣分。

三、国有金融资本经营绩效考核的流程及结果应用

（一）考核流程

国有金融资本经营绩效考核目标完成情况可按以下流程确认：（1）启动阶段。财政部门定期向金融机构下达经营绩效考核申报通知，各金融机构做好考核申报准备工作。对受托管理的金融机构，则由财政部门通知其受托人，由受托人

督促下属金融机构做好相关申报准备工作。(2) 实施阶段。金融机构依据中介机构审计的企业财务决算数据和经营绩效专项审计报告等，向财政部门（或经由受托人向财政部门）报送上年度经营绩效考核自评报告，包括上年度经营业绩、重点工作完成情况，以及本年度经营目标及工作打算等，也可逐项说明评分理由并附评分依据。财政部门在收到经营绩效考核自评报告后，及时组织开展经营绩效复评工作，形成评价结果并撰写评价报告。(3) 总结阶段。财政部门及时向金融机构反馈经营绩效考核结果。金融机构对考核结果存疑并申诉的，财政部门应及时解释澄清。对受托管理金融机构，受托人应将有关情况及时向财政部门报备。

（二）结果应用

第一，反馈金融机构以便改进。财政部门审核确定绩效评价结果后，及时反馈给金融机构，以便企业进行同年度横向比较和不同年度纵向比较。尤其是对年度绩效评价结果为中等及以下的，或是与之前年度差距较大的，金融机构应对照绩效评价结果计分表，及时总结原因，分析差距，加强管理，改进考核。

第二，作为员工考核依据。建立考核结果与金融机构领导人员任期任职、履职尽责情况、员工薪酬水平相挂钩的奖惩联动机制，推动国有金融机构专注主业、提升业绩，引导机构高质量发展。将考核结果作为金融机构负责人薪酬分配、企业工资总额确定、加强经营管理的重要依据，建立与相关管理部门考核结果共享机制。

第三，服务于外部监督工作。例如，以适当的方式及时向社会公开，主动接受社会监督。

第十四章

国有文化资本管理

置于党和国家意识形态管理架构和文化组织结构中的国有文化资本，是我国国有资本的重要组成部分，其既肩负着国有资产保值增值、繁荣发展文化产业的责任，又承担着弘扬社会主义核心价值观、建设社会主义先进文化的重要使命。因而，加强国有文化资本管理对促进国有文化企业做强做优做大、推动文化产业发展、深化文化体制改革具有重要意义。本章从国有文化资本的概念内涵出发，阐释具有中国特色的国有文化资本的管理体制、运营管理和绩效评价等重点问题。

第一节 概　述

一、国有文化资本的概念内涵

（一）文化、文化单位与文化企业

理解“文化”内涵是更好把握国有文化资本概念的基础和前提。我国权威工具书《辞海》对“文化”的界定包括广义和狭义两个方面：从广义看，文化是人类社会历史实践过程中创造的物质财富和精神财富的总和；从狭义看，文化是社会的意识形态，以及与之相适应的制度和组织机构。由于广义上的文化内涵较为宽泛，不便于国有文化资本的界定和研究，因此本章所提及的文化主要是指狭义上的文化。

我国文化单位隶属于宣传文化系统，这一系统同时履行意识形态建设和公共文化产品供给的双重职能，是集公益性文化事业和经营性文化产业于一体的综合

性组织单位（傅才武和秦然然，2022）。在计划经济体制向市场经济体制转型的过程中，我国文化事业单位一度出现了效率危机：一方面基层文化单位缺乏自我发展的内生动力，难以承担起社会主义市场经济文化建设的战略任务；另一方面自上而下的单一公共文化供给方式难以满足居民多元化的文化消费需求。因此，适应市场经济环境要求的文化体制改革被提上日程。

自2002年11月党的十六大报告首次提出区分公益性文化事业和经营性文化产业以来，“一手抓公益性文化事业，一手抓经营性文化产业”成为深化文化体制改革的基本思路。与公益性文化事业和经营性文化产业的区分相一致，国有文化单位被分为两类：一类是公益性文化单位，继续保留在事业单位序列，提供公共文化产品，保障人民群众的基本文化权益；另一类是经营性文化单位，提供满足人民群众多方面、多样化、多层次的精神文化需求，但这类需求往往通过市场来传递，并通过文化企业来组织文化产品的创作、生产和传播，进而也“自上而下”地催生了经营性文化事业单位转制为企业单位的改革实践。当然，国有文化单位的分类并未简单地按照行业来划分，即使在同一行业，也存在公益性和经营性之分。例如，中央各部门各单位出版社既有被确定为公益性文化单位的，也有属于经营性文化单位的（高书生，2014）。

国有文化资本管理离不开对国有文化企业的研究分析，由于公益性文化事业单位和经营性文化企业单位在资源配置、人事管理、收入控制、考核评价等方面存在明显不同，本章主要采取“国有文化企业”的表述，意指具有明显“经营”性质的文化单位。

（二）国有文化资本

资本强调的是财产的流动本质和价值形态，更多地出现在市场范畴和价值交换领域，国有文化资本是指国家及其授权投资主体直接对处于经营性文化产业的企业出资所形成的资本和应享有的权益。对这一定义，可从以下三个方面作进一步阐释。

第一，“国家及其授权投资主体”主要包括中央政府和地方政府为主的政府投资主体和国有企业等具有相对独立投资决策权的法人投资主体。其中：政府投资主体是指有权代表国家投资的政府部门或机构等；法人投资主体一般指具有法人资格的经济实体。根据投资主体的不同，国有文化资本可进一步分为国家文化资本与国有法人文化资本。

第二，“直接对处于经营性文化产业的企业出资”意指政府投资主体即有权代表国家投资的政府部门或机构等直接对文化企业的出资，涵盖范围应包含国有独资文化企业、国有控股文化企业、国有参股文化企业。其中，“企业”一般是指以盈利为目的，运用各种生产要素向市场提供商品或服务，实行自主经营、自负盈亏、独立核算的法人或其他社会经济组织。“经营性文化产业”是指以市场调节为资源配置方式，在保证社会效益的前提下，以实现经济利益最大化为目的而从事经营活动的行业。根据 2018 年 4 月国家统计局发布的《文化及相关产业分类（2018)》的界定，文化及相关产业是指为社会公众提供文化产品和文化相关产品的生产活动的集合。具体包括两部分：一是以文化为核心内容，为直接满足人们的精神需要而进行的创作、制造、传播、展示等文化产品（包括货物和服务）的生产活动。二是为实现文化产品的生产活动所需的文化辅助生产和中介服务、文化装备生产和文化消费终端生产（包括制造和销售）等活动。因此，“处于经营性文化产业的企业”是指从事提供文化产品和文化相关产品生产活动及服务的企业，一般被称为文化企业。

第三，“所形成的资本和应享有的权益”明确了国有文化资本是一种权益。这里的权益有两层含义：一是指法律上的权益，意指受法律保护的权力和利益；二是经济上的股东（所有者）权益，即国有文化资本所有者（国家）对企业资产的剩余索取权。

总的来看，国有文化资本可以理解为国家及其授权的投资主体对处于经营性文化产业领域的企业直接出资，所形成的国有独资文化企业、国有控股文化企业、国有参股文化企业中的国家资本和国有法人资本，以及这些资本金所对应的法律上和经济上的权力和利益。

二、国有文化资本的特点

文化是意识形态建构的土壤和根基，意识形态往往暗含于文化产品中，使文化产品同时具有特殊商品的精神属性和一般商品的经济属性。国有文化资本作为国家及其授权投资主体直接对处于经营性文化产业的企业出资所形成的资本和应享有的权益，必然兼具意识形态和产业经济的双重属性。

（一）国有文化资本的意识形态属性

国有文化资本的意识形态属性可以从意识形态的概念内涵及其与文化的关系角度理解。“意识形态”一词源自西方近代哲学家对社会意识与现实政治经济关系的分析研究。1801 年，法国哲学家特拉西（Tracy）在《意识形态原理》一书中首先提出了“意识形态”这个术语。马克思主义学者从社会现实出发，赋予了意识形态新的内涵。他们认为意识形态是“为政治、政党服务的思想话语体系”。意识形态是暗含于文化产品中的一种精神属性，通常以潜移默化的方式传播和渗透。文化承载着价值观念、行为准则、教化理想、审美判断等精神内容，与意识形态之间是理论观念与形式表达的关系。一方面，文化作为具体的传播方式与表达方式，不存在不反映任何观念形态的所谓“纯文化”；另一方面，任何意识形态都需要具体的文化传播形式来承载，无法凭空灌输（秦露，2020）。

国有文化资本的意识形态属性决定了国有文化资本管理与发展的特殊性，即必须始终把社会效益放在首位。与一般工商企业相比，文化企业生产的是精神文化产品，传播的是思想观念，影响着人们的道德判断和文化追求。根植于党和国家意识形态管理架构和国有文化企业中的国有文化资本，作为国家及其授权投资主体直接对处于经营性文化产业的企业出资所形成的资本和应享有的权益，既是意识形态建构的要素和载体，更承担着弘扬社会主义核心价值观、建设社会主义先进文化的重要使命。这种特殊性赋予了文化企业中资本具有不同于一般工商企业中资本的意识形态属性，在资本管理过程中必须坚持正确导向，更加严肃认真地关注其社会效益。

（二）国有文化资本的产业经济属性

国有文化资本的产业经济属性源于国有资本的生产力属性和文化产品的市场属性。国有资本的生产力属性来自资本作为生产要素所具有的生产力属性。马克思曾明确提出“资本的生产力”这一概念，在他的分析框架中，这一概念有两层含义：其一是指资本作为资本主义生产的主体存在，具备驾驭其他生产力的力量；其二是指资本在历史发展和现实作用方面发挥着巨大力量，在这种意义上，资本本身就是一种生产力（徐水华和杨泽光，2022）。文化产品的市场属性来自文化产品的内容价值。文化以产品和服务的方式存在，具有商品价值和使用价值，以市场为依托，可以通过市场交换获取经济利益、实现再生产。因而，国有文化资本作为社会主义市场经济中的关键生产要素，具有通过市场交换获取经济利益、实现再生产的产业经济属性。

国有文化资本的产业经济属性要求其必须遵循市场经济的规律和要求，满足市场对文化产品的需求，也决定了其管理和发展需要注重经济效益的实现。这意味着，国有文化资本不仅承担着引领正确舆论导向、开展重大文化工程建设、从事公益文化活动等具体任务，也肩负着引导科技创新等战略性工作。国有文化资本掌控着重要的稀缺文化资源，应该担当起整合资源、提高产业集中度的重任，引导文化企业生产出更具思想性、艺术性、观赏性的先进文化产品，提供更多有意义、有品位、有市场的文化服务，成为文化市场的主导力量和文化产业的战略投资者，切实发挥优秀文化服务社会和推动发展的作用。

（三）国有文化资本双重属性之间的关系

国有文化资本既有作为特殊资本蕴含的意识形态属性，又有一般资本的产业经济属性，二者紧密相连。一方面，国有文化资本的意识形态属性是保证国有文化资本坚持正确价值导向的核心和关键，是其产业经济属性实现的前提；另一方面，国有文化资本的产业经济属性是做强做优做大国有文化资本和国有文化企业、提升国有文化企业核心竞争力的基础，有利于国有文化资本及国有文化企业更好承担起弘扬社会主义核心价值观、建设社会主义先进文化的重要使命，有利于保障意识形态属性的实现。

国有文化资本的双重属性决定了其管理与发展的特殊性，既不能走完全市场化的路子，又要防止过度强调意识形态属性而排斥产业经济属性。这意味着，需要处理好社会效益与经济效益的关系，坚持把社会效益放在首位、实现社会效益和经济效益相统一，保障国有文化资本、国有文化企业、国有文化产业的健康发展。党的十八大以来，习近平总书记就文化事业和文化产业发展问题提出要求①。进一步明确了要把握好意识形态属性和产业属性、社会效益和经济效益的关系，坚持社会主义先进文化前进方向，把社会效益放在首位，无论改什么、怎么改，导向不能改，阵地不能丢；同社会效益相比，经济效益是第二位的，当两个效益、两种价值发生矛盾时，经济效益要服从社会效益，市场价值要服从社会价值。习近平总书记的重要指示，深刻阐明了文化的独特属性，体现了对社会主义文化建设规律的准确把握，也为深化国有文化企业改革、完善国有文化资本管理指明了方向，提供了根本遵循。因此，国有文化资本的发展和壮大必须坚持正确价值导向，通过提供丰富优质的文化产品和服务，不断提高引领社会风尚、服务群众需求的能力，为增强文化自信、建设文化强国提供支持。

三、国有文化资本管理的主要目标

国有文化资本管理既有与国有资本管理相似的共通性目标，也有立足于文化行业属性的特殊性目标，主要体现在保障“双效统一”的落实、促进国有文化资产保值增值、打造具有核心竞争力的国有文化企业等方面。

（一）保障“双效统一”的落实

保障“双效统一”的落实是国有文化资本管理的首要目标。“双效统一”是指文化企业的发展要把社会效益放在首位，树立社会效益第一、社会价值优先的经营理念，实现社会效益和经济效益相统一。2015 年 9 月中共中央办公厅、国务院办公厅印发的《关于推动国有文化企业把社会效益放在首位、实现社会效益和经济效益相统一的指导意见》（以下简称《指导意见》）强调文化企业提供精神

① 《习近平强调：努力把宣传思想工作做得更好》，中国政府网，2013 年 8 月 20 日。

产品，传播思想信息，担负文化传承使命，必须始终坚持把社会效益放在首位、实现社会效益和经济效益相统一。

国有文化资本管理在很大程度上影响着国有文化企业经济效益和社会效益的实现。加强国有文化资本管理、有效行使出资人权利，是落实“双效统一”的制度保障。国有文化资本管理既要充分考虑国有文化资本的产业属性及经济效益，又要特别重视国有文化资本的意识形态属性和社会效益。因而，应通过加强国有文化资本管理，引导国有文化企业处理好社会效益和经济效益、社会价值和市场价值的关系，当两个效益、两种价值发生矛盾时，经济效益服从社会效益、市场价值服从社会价值，保障“双效统一”的落实。

（二）促进国有文化资产保值增值

促进国有文化资产保值增值是国有文化资本管理的出发点和落脚点，也是国有文化资本管理的重要目标。《指导意见》明确指出要有效行使出资人权利，确保国有文化资产保值增值。这意味着，国有文化资本管理对国有文化资产保值增值的意义重大，它是保证国有文化资产不流失，社会稳定和经济发展的重要手段，也是发展文化产业，建设社会主义先进文化的必要措施。同时也表明，国有文化资本管理需要通过加强对国有文化企业重大事项的决策权、资产配置的控制权、宣传业务的终审权、主要领导干部的任免权，科学配置、有效使用、规范处置及严格监督国有文化资本运作，进而提升国有文化资产价值。

（三）打造具有核心竞争力的国有文化企业

打造具有核心竞争力的国有文化企业是国有文化资本管理的价值遵循和实践方向，亦是国有文化资本管理的主要目标。党的二十大报告提出了深化国资国企改革、提升企业核心竞争力的目标要求，并将其作为全面建设社会主义现代化国家新征程的重要内容①。国有文化资本作为重要生产要素是国有文化企业发展的命脉，管好用好国有文化资本是打造具有核心竞争力国有文化企业的有效途径。国有文化企业掌控着重要的稀缺文化资源，应该担当起整合资源、提高产业集中度的重任。一方面，要通过完善国有文化资本管理体制解放和发展现代文化生产力、提升国有文化企业核心竞争力；另一方面，要通过解决好国有文化资本管理面临的突出问题，积极培育国有及国有控股的大型文化企业，切实提升文化产业中国有文化企业的核心竞争力。

---

① 《高举中国特色社会主义伟大旗帜　为全面建设社会主义现代化国家而团结奋斗——在中国共产党第二十次全国代表大会上的报告》，中国政府网，2022 年 10 月 16 日。

第二节　国有文化资本的管理体制

一、国有文化资本管理体制的历史沿革

国有文化资本管理体制直接体现为国有文化企业的管理体制，而国有文化企业的管理体制不顺是自文化体制改革启动以来所面临的突出问题。2002 年 11 月党的十六大报告首次将文化部门分为公益性文化事业和经营性文化产业，明确提出要积极发展文化事业和文化产业。① 2003 年 10 月党的十六届三中全会进一步指出要深化文化体制改革，逐步建立党委领导、政府管理、行业自律、企事业单位依法运营的文化管理体制②。事实上，在文化体制改革前，文化单位大多数是事业单位，资产归国家所有，资源由国家统一调配，人员是国家事业或行政编制，领导层级比较清晰，不存在复杂的管理问题。但随着文化体制改革工作的开展，一批经营性较强、市场化程度较高的文化事业单位已转企改制为国有文化企业，国有文化资本管理的载体也由过去以事业单位为主向以企业为主转变，文化体制宏观管理的微观基础发生了改变。作为社会主义文化建设主力军的国有文化企业，其性质决定了它不仅要肩负着实现国有资产保值增值的经济责任，更要承担起引领社会风尚、弘扬社会主义核心价值观的社会责任，对国有文化企业的管理更不能简单一放了之，需要通过管理体制改革，保障国有文化企业的使命担当和功能发挥。

文化体制改革试点之初，国有文化资本管理体制比照国有资本管理体制改革的早期政策措施，采用授权经营的管理思路。2003 年 12 月《国务院办公厅关于印发文化体制改革试点中支持文化产业发展和经营性文化事业单位转制为企业的两个规定的通知》将授权经营试点作为文化体制改革的配套措施予以制度化，并指出“授权经营试点企业原有行政管理和党的领导关系不变”。国有文化资本管理领域也逐步改变了“国家统一所有、政府分级监管”的经营管理模式，努力向构建“国家统一所有，政府分级代表”的国有文化资本管理体制迈进。但事实上，比照授权经营的管理思路，甚至强调试点企业不改变原有行政管理关系，并未进一步厘清各部门的管理职责，也尚未触及国有文化资本管理的深层次问题。

---

① 《全面建设小康社会，开创中国特色社会主义事业新局面——在中国共产党第十六次全国代表大会上的报告》，中国政府网，2002 年 11 月 8 日。

② 《中共中央关于完善社会主义市场经济体制若干问题的决定》，中国政府网，2003 年 10 月 14 日。

随着文化体制改革的推进，明确管理职责，完善工作协调机制成为国有文化资本管理体制改革的重要任务，财政部门被确立为履行文化企业国有资产监管职责的部门。2007 年 9 月《财政部　中宣部　文化部　广电总局　新闻出版总署关于在文化体制改革中加强国有文化资产管理的通知》，明确了财政部门要切实履行对国有文化资产的监管职责，党委宣传部门负责国有文化资产重大变动事项的审查把关，并进一步指出财政部门、文化行政主管部门和党委宣传部门等要加强沟通和协调，共同做好国有文化资产管理工作。2008 年 9 月《财政部　中宣部　新闻出版总署关于中央出版单位转制和改制中国有资产管理的通知》（以下简称《通知》），针对中央出版单位国有资产管理进一步明确了具体政策。上述有关国有文化资本管理政策，在《国务院办公厅关于印发文化体制改革中经营性文化事业单位转制为企业和支持文化企业发展两个规定的通知》中得以充分体现和完善，用于指导全国规范国有文化资本管理体制[①]。

在经营性文化单位转制为企业的过程中，由于党政机关不能办企业，工商注册登记环节成为难题，明确出资人代表机构成为不可回避的现实问题。2009 年，文化部所属 4 家经营性文化单位转企改制时，由于违背党政机关不能办企业的规定而无法注册为企业单位。经协商并报请中央领导批准后，中央明确由财政部代表国务院履行中央文化企业国有资产出资人职责。随后，中央机构编制委员会办公室批复设立中央文化企业国有资产监督管理领导小组办公室，挂靠财政部，具体负责中央文化企业国有资产监管的日常工作（高书生，2014）。至此，中央文化企业国有资产管理的工作机制和工作机构正式形成，标志着国有文化资本管理体制向前迈进了一大步。2011 年 10 月党的十七届六中全会明确提出要完善管人管事管资产管导向相结合的国有文化资产管理体制。各地认真贯彻落实党的十七届六中全会精神，积极探索设立专门的出资人代表机构，相继成立“文资办”或“文资委”机构，履行地方国有文化资本的出资人职责，推进文化职能部门将资本管理职能与公共管理职能分开（傅才武和何璇，2019）。截至 2012 年 10 月，全国已有出版社 580 多家、新华书店 3000 多家、电影制作发行放映单位 850 家、广电系统所属电视剧制作机构 57 家、党报党刊发行单位 38 家等文化企业完成转企改制[②]，共注销经营性文化事业单位法人 6900 多家、核销事业编制 29 万多个[③]。

经营性文化单位转企改制进一步促进了国有文化资本管理体制的改革完善。2012 年 11 月，党的十八大报告把健全国有文化资产管理体制与完善文化管理体

① 高书生：《关于文化体制改革的政策保障问题》，人民网，2011 年 10 月 13 日。

② 兰培：《国有文化企业资本运作》，中信出版社 2017 年版。

③ 蔡武：《国务院关于深化文化体制改革推动社会主义文化大发展大繁荣工作情况的报告》，中国人大网，2012 年 10 月 26 日。

制和文化生产经营机制、基本建立现代文化市场体系并列，一并作为深化改革的重要领域。2013 年 11 月党的十八届三中全会和《指导意见》进一步明确提出了“建立党委和政府监管国有文化资产的管理机构，实行管人管事管资产管导向相统一”的改革要求，成为当下我国建立和完善国有文化资本管理体制的基本方向，也明确了国有文化资本管理的体制结构和组织模式。

国有文化资本管理体制经历了从比照授权经营到财政部门监管再到建立出资人代表机构的不同发展阶段，改革过程中一系列管理方式与体制模式的探索与定型，切实推动了国有文化资本和国有文化企业的长效发展，也为未来继续深化改革奠定了坚实基础。当然，改革不可能一蹴而就，改革仍在路上。

二、国有文化资本管理体制的主要模式

管理体制的模式既包括管理机构的设置和相关部门的职能划定，也涉及委托代理关系及各主体责权划分等诸多方面。当前中央和地方国有文化资本管理体制，不仅在体制框架设计上有所差异，而且资本管理机构设置及其管理手段也不尽相同，带有明显的过渡性和探索性。纵观全国，比较普遍的模式是设立国有文化资产监督管理领导小组，由政府授权财政部门、宣传部门等来履行出资人职责，并在财政部门或宣传部门设立相关处室或办公室，负责日常工作。由于“领导小组”主要由各部门领导组成，以会议、文件等形式进行沟通、协调并作出决定，组织结构较为松散，因而需要有处理常规性事务的人员和机构，这使“领导小组办公室”的存在成为必要（赖静萍和刘晖，2011）。通常情况下，办公室设在与领导小组管辖事务最密切的机构中。国有文化资本管理体制因管理机构设置和管理方式的不同，大致形成了财政部门内设机构管理、宣传部门内设机构管理、专设机构管理三种主要模式。

（一）财政部门内设机构管理模式

财政部门内设机构管理模式是指成立国有文化资本监管议事协调机构，政府授权财政部门履行出资人职责，并由财政部门内设职能机构具体承担对国有文化企业的管理工作，这亦是国有文化资本管理的“中央模式”。大部分地方，例如，浙江、山西、吉林、四川、甘肃等，比照中央模式并根据自身实际情况对国有文化资本管理体制进行了改革，成立了领导小组作为监管议事协调机构，并将领导小组办公室这一执行机构挂靠于财政部门，具体履行出资人职责（兰培，2017）。

2010 年中央文化体制改革领导小组设立中央文化企业国有资产监督管理领导小组，作为国有文化资本监管议事协调机构，并明确了在财政部设立具体执行机构。同年，中编办批准成立中央文化企业国有资产监督管理领导小组办公室，挂

靠财政部，依法履行中央文化企业国有资本出资人职责的综合管理机构，在中央层面形成“领导小组＋办公室”的国有文化资本管理体制模式。2016 年，财政部新设文化司，将原来财政部教科文司的“文化处”与“中央文化企业国有资产监督管理领导小组办公室”职能进行合并；2019 年，财政部内部机构调整进一步将文化产业相关工作密切相关的“文化司”和“科教司”合并为“科教和文化司（中央文化企业国有资产监督管理领导小组办公室）”，承担由财政部代表国务院履行出资人职责的中央文化企业资产、财务、国有资本经营预决算等工作，以及中央文化企业国有资产监督管理领导小组日常工作等。中央文化企业国有资产监督管理领导小组办公室成立后，结合中央文化企业实际，陆续就规范中央文化企业注册资本变动行为，做好中央文化企业国有资本经营预算支出管理、国有资产评估管理、产权登记管理等，明确了具体管理制度，构建了加强国有文化资本管理的制度体系（中央文化企业国有资产监督管理领导小组办公室，2012）。在这一模式下，中央文化企业国有资产监督管理领导小组办公室的管理对象是中央文化企业资产，不包括文化行政事业资产。

（二）宣传部门内设机构管理模式

宣传部门内设机构管理模式是指成立国有文化资本监管议事协调机构，政府授权宣传部门来履行出资人职责，并由宣传部门内设职能机构具体承担对国有文化企业的管理工作。采用此类模式的具体包括上海、广东、海南、河北等（兰培，2017），其中以上海最为典型。

为遵循国资监管的一般规律和文化领域的特殊要求，2004 年上海市文化体制改革试点工作领导小组之下组建了上海市文化领域国有资产监管工作小组，由市委宣传部与市国资委、市发改委、市财政局等有关政府部门组成。同年，上海市正式成立市委宣传部国有资产监督管理办公室，作为市属宣传文化系统国资管理的工作部门，具体负责文化领域国有资本管理工作，落实了市委宣传部对上海市属宣传文化系统国有资本的管理职能（吴凯和杨学聪，2011）。2010 年，上海进一步明确了市委宣传部作为委托管理单位接受市政府委托履行出资人职责，维护出资人权益、促进国资保值增值，加强了宣传文化系统国有资本监管责任。上海市委宣传部与市国资委签订委托监管书，接受委托履行市属宣传文化系统经营性国有资产出资人职责，同时管理市属宣传文化系统事业单位国有资产。为了实现监管主体与运行机构价值目标的一致性，上海市委宣传部对上海市属宣传文化系统的经营性和非经营性国有资产实施分类管理，建立了不同的责任考核体系和监管制度。在这一模式下，国有资产监督管理办公室的管理对象是文化企业资产和文化行政事业单位资产，涵盖了对经营性和非经营性文化资产的管理。

（三）专设机构管理模式

专设机构管理模式是指成立国有文化资本监管议事协调机构，政府授权这一机构直接履行出资人职责，并由该机构具体承担对国有文化企业的管理工作，其中北京市最具代表性。

北京市于2012年成立国有文化资产监督管理办公室，2019年更名为北京市国有文化资产管理中心，属于市政府直属机构，按照市政府授权和管人管事管资产管导向相结合的原则，履行市属国有文化资本的出资人管理职责。其主要职责包括：按照市政府授权和相关法律法规直接对市属文化企业和实行企业化管理的文化事业单位履行出资人职责，并对文化企事业单位国有资产保值增值承担监管责任等；指导推进所监管文化企事业单位改革重组，建立现代企业制度，完善法人治理结构，推动国有文化资本布局和结构的战略性调整等。在这一模式下，专设机构的管理对象是文化企业资产和文化行政事业单位资产，实现了政府文化管理者身份和国有资本所有者身份的分离，同时也整合了国有文化资源，使国有文化资本管理相对独立。

三、国有文化资本管理体制的特征

与一般国有资本管理体制相比，国有文化资本管理体制具有管人管事管资产管导向相统一、主管主办制度与出资人制度双轨并行、财政部门或宣传部门主要履行出资人职责等特征。

（一）管人管事管资产管导向相统一

国有文化资本管理体制是以文化领域的国有文化企业为管理对象，并形成管人管事管资产管导向相统一的管理体制。2011年10月党的十七届六中全会提出要完善管人管事管资产管导向相结合的国有文化资本管理体制。2013年11月党的十八届三中全会提出建立党委和政府监管国有文化资产的管理机构，实行管人管事管资产管导向相统一。将管人管事管资产管导向由“相结合”进一步明确为“相统一”并作为国有文化资本管理体制改革的主攻方向，以“四管统一”驱动国有文化企业转变经营机制，保障社会效益和经济效益相统一。2018年12月《国务院办公厅关于印发文化体制改革中经营性文化事业单位转制为企业和进一步支持文化企业发展两个规定的通知》（以下简称《两个规定》）指出，建立健全党委和政府监管国有文化资产的管理机构，完善党委和政府监管有机结合、宣传部门有效主导的管理模式，实现管人管事管资产管导向相统一。

“管导向”是国有文化资本管理体制与一般国有资本管理体制相比的主要特

殊之处。党委宣传部门对国有文化资本管理掌握着“同意”权（孔建华，2013），这是“管导向”的直接体现。国有文化资本依托的企业组织所供给的文化产品和服务隐喻了国家文化主流价值观、文化安全观、文化话语权等多种意识形态内容，因而国有文化资本的管理必然不能抛开导向管理，而仅仅偏向于其经济价值层面。“管导向”在整个国有文化资本管理中占据着重要地位，导向管理既关系到主流价值观引导、传播能力和影响力提升等意识形态安全，也往往具有对管人管事管资产的“一票否决权”（陈庚，2017）。

（二）主管主办制度与出资人制度双轨并行

主管主办制度派生自文化事业体制，是指从中央到地方各级政府按文化类型设置部、厅、局等行政系统并配备资源分配渠道，对国有文化企事业单位直接行使管理权的一种行政管理体系（傅才武，2014）。1993 年 6 月原新闻出版署发布的《关于出版单位的主办单位和主管单位职责的暂行规定》指出创办出版单位，必须有确定的主办单位和主管单位。1997 年 2 月主管主办写进了《出版管理条例》，被国家最高行政机关的法规所确认。2011 年 10 月主管主办制度被写入了党的十七届六中全会通过的《中共中央关于深化文化体制改革　推动社会主义文化大发展大繁荣若干重大问题的决定》中，以中央决议的形式重申并肯定了“坚持主管主办制度，落实谁主管谁负责和属地管理原则”。

出资人制度源于现代企业制度，是出于适应市场经济发展的需要，政府所有者通过转换为类似于私人股东性质的所有者，以资本为纽带、产权为基础来行使国有股东权利，进而实现公有制经济与市场经济的有机结合。它以企业法人制度为基础，以有限责任制度为核心，以公司制企业为主要形式，是一种基于“产权清晰、权责明确、政企分开、管理科学”现代企业制度之上的政府宏观管理架构。其制度内容主要包括：关于资产经营者的财务责任、财务与绩效考核、外部财务监督管理、企业筹资和投资行为及方式、企业成本费用控制、企业产权变动、企业利润分配行为、企业内部约束与激励机制等方面。

自 2010 年以来，从中央到地方普遍设立了国有文化企业资产监管机构，形成了“主管主办制度”和“出资人制度”双轨并行的格局。《两个规定》要求“推动党政部门与其所属的文化企业进一步理顺关系，推动主管主办制度与出资人制度相衔接”。尽管文化领域合并了文化部与旅游部，重新组合了国家广播电视与电影出版的管理部门，逐步由主管主办制度向出资人制度过渡和转变，但出版、广播电视、体育和文物等部门作为行业主管部门的属性并没有改变（傅才武和何璇，2019），主管主办制度仍旧置于当前我国国有文化资本管理体制之中，其与出资人制度的双轨并行成为国有文化资本管理体制有别于一般国有资本管理体制的重要特征。

（三）财政部门或宣传部门主要履行出资人职责

与国有金融资本管理体制由财政部门集中统一履行出资人职责、一般性国有资本管理体制由国资委代表政府履行出资人职责不同，文化类国有资本管理体制是以“建立党委和政府监管国有文化资产的管理机构，实行管人管事管资产管导向相统一”为制度目标，管理体制融汇了党委宣传部门、文化主管部门和财政部门，是一种“多部合一”的合署并管理念。在履行国有文化资本出资人职责的机构设置方面，当前中央和地方还不尽相同，比较普遍的方式是由政府授权财政部门、宣传部门来履行出资人职责。

财政部门或宣传部门作为主要履行国有文化资本出资人职责的机构，其所具有的出资人权利实质上是依各种法律关系而产生的权利，以私权利行使的方式来实现资本管理功能。出资人权利的这一性质要求国有文化资本出资人代表履职机构所扮演的角色应当无异于私人所有者的、遵循市场竞争规则的市场主体。国有股股东作为平等市场主体参与者，在面对重大决策时应具备专业、及时的反应和领导能力。具体而言，作为国有文化资本的出资人代表，其职责范围应囊括监督管理国有文化企业的发展战略；分享国有文化资本经营收益、决定国有文化资本经营预算的使用范围；对国有文化资本布局进行结构性优化调整；选聘并考核评价国有文化企业的董事会、经理层等高级管理人员；推动国有文化企业改制重组等。

第三节　国有文化资本运营管理

一、国有文化资本运营的特殊性

国有文化资本运营既有我国国有资本运营发展过程中存在的共性问题，也有因其特殊地位和制度背景而产生的个性问题。因而，理解国有文化资本运营离不开对其特殊性的认识。国有文化资本运营是以价值管理为特征，以文化企业为主体实施的资本周转活动，是促进生产要素优化配置，进而实现国有文化资本价值增值的活动（兰培，2017）。与一般工商业企业国有资本运营相比，其特殊性具体表现在主管主办部门参与程度较高、政策扶持力度较大、注重创新创意资源的集聚发展等方面。

（一）主管主办部门参与程度较高

国有文化资本运营既关系着国有资本和国有企业做强、做优、做大，更关系到国家文化安全乃至政治安全。国有文化资本运营好了，既可以加快文化企业扩张，提高文化企业的内容生产和传播能力，同时也能扩大意识形态影响力，进而可能影响社会文化发展乃至政治生态格局。主管主办部门参与程度较高的制度安排，决定了市场调节手段在国有文化资本运营中的有限性。

国有文化企业所承担的特殊功能使命决定了其与一般工商业国有企业在政企关系方面存在较大不同。1998 年 12 月《中共中央办公厅、国务院办公厅关于中央党政机关与所办经济实体和管理的直属企业脱钩有关问题的通知》，要求中央党政机关与所办经济实体和管理的直属企业要在职能、财务、人员、名称方面与党政机关实现脱钩，各部门不再直接管理这些企业。2003 年 3 月国务院国资委成立，紧随其后，地方也纷纷成立地方国资委，作为政府特设机构代表政府对国有企业履行出资人职责，实现了政资政企关系的深刻变革。而国有文化企业作为主要脱胎于传统文化事业单位的特殊市场主体，从其诞生伊始便置身于特殊的制度环境之中，具有特殊的成长路径，遵循着“文化例外”的管理制度。2011 年 10 月党的十七届六中全会指出要“理顺政府和文化企事业单位关系”的同时，也强调要“坚持主管主办制度，落实谁主管谁负责和属地管理原则”。这种政企关系的特殊性决定了主管主办部门在国有文化企业推进改制上市、并购重组等一系列资本运营过程具有较高的参与程度。因此，在国有文化资本运营中，应处理好加强监管与促进发展之间的关系，持续完善各管理部门之间的协同协调机制，建立国有文化资本运营特别议事机制。主管主办部门以及出资人代表机构应在遵循产业发展规律的前提下，积极鼓励并加快推动更多国有文化企业利用市场化手段开展资源重组和资本运作，优化国有文化资本配置。

（二）政策支持力度较大

国有文化企业多由事业单位转制发展而来，“扶上马、送一程”成为保障国有文化企业改革实现平稳过渡的必要条件，也成为国有文化资本运营特殊性的一个重要体现。“扶上马”是指由政府分担一部分转制成本，帮助转制文化企业卸下包袱；“送一程”是指对转制文化企业给予特殊的税收优惠和项目扶持。当前，仍有部分文化企业还停留在以自我积累为主的内源式发展阶段，运用并购重组和股权融资等手段开展国有文化资本运营的积极性和主动性不高，需要加强政策激励力度。

国有文化资本运营相关的财政支持、税收减免、社保接续等大多是原有转制文化企业优惠政策的延续和完善。例如，2011 年中央财政部门将中央文化企业纳入国有资本经营预算实施范围，将支持文化企业并购重组列为重点预算支出，为中央文化企业跨地区、跨行业、跨所有制并购重组提供资本金支持；同年，由财政部、中银国际控股有限公司、中国国际电视总公司和深圳国际文化产业博览交易会有限公司共同发起成立的中国文化产业投资基金，作为战略投资者，对重点领域的文化企业进行股权投资，推动文化企业并购重组，推动文化资源整合和文化产业结构调整，切实维护国家文化安全；《两个规定》提出鼓励符合条件的已上市文化企业通过公开增发、定向增发等再融资方式进行并购和重组，鼓励符合条件的文化企业进入中小企业板、创业板、新三板、科创板融资等相关支持国有文化资本运营、国有文化企业发展的政策取向。未来，应继续完善政策支持体系，发挥财政政策的支持和导向作用，保障国有文化资本运营的平稳推进。例如，建立支持国有文化资本运营的专项基金，由财政部门牵头协调国有和国有控股基金公司，并通过吸引其他法人和个人资本，设立文化发展专项子基金，对国有文化资本运营进行正确引导和支持。

（三）注重创新创意资源的集聚发展

国有文化资本运营是创意、人才、资本等文化生产要素在不同文化企业的配置和使用，是对相对稀缺的文化资源在各种不同用途的比较与选择，具体体现为对文化企业规模结构的合理选择以及文化企业间的专业分工与协作。

国有文化企业作为文化企业梯队中的“国家队”，其内容和创意等无形资产在资产形态中占据重要位置，在资本运营中往往能够产生更大的文化外溢性和市场影响力。无形资产主要包括著作权、专利权、商标权、特许权和商誉等。对国有文化企业而言，品牌、声望、公信力等是其获得竞争优势的基础，无形资产甚至占据“无形胜有形”的重要地位。此外，文化产业作为特殊产业，在部分领域仍实行特许经营，国有文化企业既拥有稀缺资源的牌照资源，也享有特殊的经营资质。例如，人民网作为拥有独立采编权的中央新闻网站，其原创新闻信息占据了网络新闻价值链的源头，拥有特定的权威性（兰培，2017）。这都是重要的无形资产资源。国有文化资本运营既有追求资本价值增值的经济意义，还肩负着文化输出的功能使命，因而其更注重创新创意等无形资产资源的集聚发展。这具体体现为，国有文化资本运营是依托价值规律、供求规律和竞争规律，注重创新创意资源的集聚发展，推动创意、人才、资本等文化生产要素实现结构调整和配置优化，从而使生产要素从经营效率较低的文化企业流向效率较高的文化企业。党的十九届五中全会通过的《中共中央关于制定国民经济和社会发展第十四个五年规划和二〇三五年远景目标的建议》，将实施文化产业数字化战略作为健全现代文化产业体系的重要内容。这为推动国有文化资本运营指明了方向和路径。当前，为顺应数字产业化和产业数字化发展趋势，国有文化资本运营要关注以人工智能分发、算法技术为核心的互联网新兴业务发展，以技术创新促进产品转型，尽快形成“内容建设”与“先进技术”相融合的媒体融合发展路径，加快业态创新和运营模式创新。同时，国有文化资本运营要重视创新创意要素的双向贯通与融合发展，加速关键性、稀缺性资源的聚合聚力，形成企业内部、企业与企业之间创新创意资源的“链式”联结，以高质量的资本运营促进高质量的企业发展，进一步提升国有文化企业的创新力和竞争力。

二、国有文化资本运营的主要方式

有别于产品经营，资本运营主要在资本市场中进行，既注重企业的内部积累，也重视资本的外部扩张，追求资本的保值增值以及企业的核心竞争力提升。国有文化资本运营的方式涉及诸多方面，本章节选取较具代表性且体现文化特色的集团化发展、公开上市两种方式，并结合其历史发展过程来作重点介绍。

（一）以集团化发展为主的“准市场化”方式

由于早期国有文化企业自身的经营规模和资金实力有限，股权结构比较单一，大多为国有独资，难以迅速集中社会资金，扩大企业经营规模，制约了国有文化企业和国有文化资本的发展步伐，因而在国有文化资本运营上，主要以集团化发展为主这一“准市场化”方式推进。根据发展阶段的不同，国有文化资本的运营可以分为通过新设企业、重组整合、资本运作为主的手段来实现集团化发展。

在以集团化发展为主的起步阶段，主要通过新设企业推进国有文化资本运营。1994 年新闻出版总署召开了首次关于报业集团化问题的研讨会，并于 1996 年批准广州日报社作为报业集团试点单位，组建我国第一家报业集团。1999 年新闻出版总署批准成立的上海世纪出版集团，成为我国第一家出版集团。2000 年 11 月国家广电总局发布的《关于广播电影电视集团化发展试行工作的原则意见》规定广播电视在以宣传为中心的前提下，可经营其他相关产业，逐步发展成为综合性传媒集团。同年，湖南广播电视集团正式成立。随后，《中共中央办公厅、国务院办公厅关于转发〈中央宣传部、国家广电总局、新闻出版总署关于深化新闻出版广播影视业改革的若干意见〉的通知》对文化集团企业组建以及投融资等问题提出了改革要求。2005 年 12 月发布的《中共中央　国务院关于深化文化体制改革的若干意见》提出重点培育发展一批实力雄厚、具有较强竞争力和影响力的大型文化企业与集团企业。

在以集团化发展为主的转型阶段，主要通过企业重组整合实现国有文化资本运营，使国有文化企业在生产和经营上形成规模经济。其中，生产规模经济是企业通过并购可调整其资源配置，使其达到最佳经济规模的要求，有效解决由专业化引起的生产流程的分离，从而获得稳定的原材料来源渠道，降低生产成本，扩大市场份额。经营规模经济是指同一企业通过发展多种经营功能而产生的经营功能的扩大，能够健全和完善企业组织机构，发挥企业经营的综合优势。例如，版权产业作为文化产业的核心部分，具有可复制性，随着文化产品和产量的增加，文化产品的长期平均成本呈现不断下降的趋势；广播及电台的大部分成本并不会因为受众数目的增减而呈现明显变化，亦具有较为显著的规模经济特征。2009 年 7 月国务院发布《文化产业振兴规划》强调培育骨干文化企业，推动跨地区、跨行业联合或重组。随后，国有文化企业在跨地区、跨行业、跨所有制、跨行政层级重组等方面开展了有益实践并取得了一定成效。《新闻出版总署关于进一步推动新闻出版产业发展的指导意见》指出，鼓励实力较强的地方新闻出版企业先行整合资源，形成一批区域性综合集团和行业性专业集团。党的十七届六中全会之后，北京、湖南等省市相继成立了不同形式的文化投资控股集团作为国有文化资本运营主体，以促进文化资源整合发展。

在以集团化发展为主的完善阶段，以资本为纽带的国有文化资本运营取得了一定成效。2013 年党的十八届三中全会将推动文化企业跨地区、跨行业、跨所有制兼并重组，提高文化产业规模化、集约化、专业化水平，作为建立健全现代文化市场体系的重要内容。2014 年中央宣传部召开国有文化企业并购重组座谈会，推进国有文化企业以资本为纽带整合资源。部分文化企业通过资本运作实现了跨所有制和向新兴行业的拓展。例如，凤凰传媒入股聚力视频和学科网，人民网收购澳客网等企业；北京市文资部门联合北广传媒集团等单位共同发起北京文资华夏影视文化产业投资基金；陕西、福建等地由财政注资引导，省属骨干企业作为主要发起人成立了地方文化产业投资基金等（兰培，2017）。

以集团化发展为主的“准市场化”国有文化资本运营方式提高了国有文化企业的规模化、集约化水平，同样也推动破除了文化行业的地区封锁、条块分割，加快了传统业态和新兴业态的融合，促进了文化生产要素的流动，提升了国有文化企业的传播力和影响力。在当前文化产业发展机遇与挑战并存的背景下，应当坚定贯彻习近平总书记关于文化改革发展工作重要讲话精神、推动国有资本做强做优做大的具体举措，提高政治站位，强化“四个意识”、坚定“四个自信”，扎实推进以资本为纽带进行联合、重组。在遵循文化创作生产规律和文化产业发展规律的基础上，可以通过继续推动出版、发行、影视、演艺集团交叉持股或进行跨地区、跨行业、跨所有制并购重组，融合传统媒体与新兴媒体，促进文化资源和要素向优势企业适度集中，提高国有文化资本运营效率，做强、做优、做大一批国有文化企业，逐步形成配套协作的文化产业组织网络，着力打造社会主义特色文化精品，加快推进文化强国建设。

（二）以公开上市为主的“市场化”方式

公开上市即企业在证券交易所公开发行股票并挂牌交易。公开上市是以市场化方式开展国有文化资本运营的重要方式，可以推动文化企业规范发展、拓宽文化企业融资渠道、提升文化企业品牌价值。1992 年由上海广播电影电视发展总公司、上海电视台、上海人民广播电台共同发起成立的上海东方明珠股份有限公司，成为我国文化行业第一家股份制有限公司。1994 年 2 月上海东方明珠股份有限公司在上海证券交易所成功上市，迈出了利用公开上市这一方式开展国有文化资本运营的关键一步（兰培，2017）。证监会在颁布的《上市公司行业分类指引》中，将传媒与文化产业列为上市公司 13 个基本产业门类之一，包含出版、声像、广播电影电视、艺术、信息传播服务业五大类，表明文化公司的市场主体地位得到资本市场的初步认可，公开上市成为国有文化资本运营的典型市场化方式。

自上海东方明珠股份有限公司成功上市以来，上市便逐渐成为国有文化企业和国有文化资本做强、做优、做大的重要途径，资本市场对提高国有文化资本运营效率、优化文化资源配置的支撑作用更加突出，国有文化资本的市场化运营方式取得了新成效。2009 年 7 月国务院发布《文化产业振兴规划》指出鼓励和引导有条件的文化企业面向资本市场融资。党的十七届六中全会更是专题研究文化改革发展，指出要支持国有文化企业面向资本市场融资，支持其吸引社会资本进行股份制改造。面向资本市场的国有文化资本运营获得了更多的关注与支持，推动国有文化企业上市也成为文化体制改革的重点工作。仅 2011 年底到 2012 年期间，人民网、凤凰传媒等 8 家国有文化企业成功上市①。随后，《指导意见》进一步提出鼓励符合条件的国有文化企业上市融资。这使国有文化企业以更加积极和主动的姿态融入资本市场，迎来新一轮上市热潮。

以公开上市为代表的国有文化资本市场化运营方式，切实推动了国有文化企业发展方式的转变，实现了文化产业和金融的有效对接，解放和发展了文化生产力，形成了一批骨干文化企业。同时也要看到，当前国有文化企业规模都相对较小，市值为千亿规模的企业很少，总体市值占比较低。党的二十大报告将“建成文化强国”作为 2035 年我国发展的目标之一。实现这一目标需要同时繁荣文化事业和文化产业。而文化产业的壮大，很重要的途径就是要鼓励更多国有文化企业上市。就国有文化企业本身而言，要整合市场资源及早规划上市，利用好一、二级市场，新三板通道和北交所，并在上市方向和板块上作好选择。同时，要充分利用已上市国有文化企业的平台，以市场化方式开展资本运营，使这些国有文化企业既能够在文化软实力建设上贡献力量，完成国家文化建设任务，同时也积

① 兰培：《国有文化企业资本运作》，中信出版社 2017 年版。

极培育资本运作能力和市场开拓能力，提高国有文化资本运营效率和效果。

三、国有文化资本运营的监督管理

（一）国有文化资本运营监督管理的意义

国有文化资本运营监督管理能从“资本”的价值管理形态层面加强对国有文化企业整体发展方向的监督、调节和管控，更好发挥国有资本在文化领域的主导作用。这主要体现在落实国家重点文化发展战略、优化文化领域国有资本布局结构、推进文化领域供给侧结构性改革等方面。在落实国家重点文化发展战略方面，国有文化资本运营监督管理能够更加积极地推动文化企业公司制、股份制改造，通过组建成立国有文化企业集团，壮大文化企业整体实力和竞争力；在调整文化领域国有资本布局结构方面，国有文化资本运营监督管理能够以资本为纽带，合理引导国有文化企业跨地区、跨行业、跨所有制并购重组；在推进文化领域供给侧结构性改革方面，国有文化资本运营监督管理能够支持国有文化企业数字化转型升级，通过推动传统媒体与新兴媒体融合发展，加大“文化 +”创新力度，推动文化与旅游、体育等紧密融合，弘扬中华优秀传统文化，培育新型文化业态。

（二）国有文化资本运营监督管理的关键主体及职责

国有文化资本运营监督管理是一项系统工程，不仅涉及公众、政府、企业及其利益相关者等多层面、多主体，而且包括产权、治理、监管、运营等多要素，各主体、各要素既互相联系又互相制约。其中，党委宣传部门、出资人代表机构、国有文化企业等主体最为直接和关键。

根据现行政策规定，党委宣传部门在国有文化资本运营上握有事前审核权，并占据主导地位。例如，《通知》指出，企业重组、股份制改造、投融资活动等重大资产变动事项，须经中央宣传部同意，并报财政部批准后实施。2017 年 5 月财政部办公厅、中宣部文改办发布的《关于进一步明确中央文化企业国有资产监管有关工作的通知》指出中央文化企业涉及重组整合、股改上市、重大投融资活动、法定代表人变更等事项，须报中宣部。党委宣传部门在国有文化资本运营中的主导地位也是国有文化资本管理体制“管导向”特征的直接体现。

结合现阶段国有文化资本管理改革方向和实践，出资人代表机构主要负责制定国有文化资本运营有关制度，依法决定或批准文化企业的国有产权转让、增资行为等，拥有对国有文化资本运营的批复权，监管国有文化资本运营的过程。主要包括：(1) 制定包括国有文化资本的所有权政策和国有文化资本出资人权益行使的监管规则在内的政策与规定；(2) 依据国有经济发展状况与政策取向调整国有文化资本布局与结构，包括明确国有文化资本如何在行业和领域的进退优化布局，调节国有文化资本的空间区域布局，重组与谋划文化企业国有资本结构；（3）实行收支预算管理，对企业国有文化资本经营收益享有合法的分配权；（4）产权交易监管；（5）对所出资文化企业所任免的董监高管理人员依据经营业绩考核予以奖惩。

国有文化企业作为国有文化资本运营委托代理链条的关键主体，向上受出资人代表机构的委托独立经营国有文化资本，接受其监督并对其负责；向下作为独立国有法人股东，按照出资额对持股文化企业行使股东权利并承担股东责任。具体地，国有文化企业主要负责建立内部国有资本运营管理制度，根据文化产品生产和文化服务全过程的资金流动，确定影响企业资本运营效益的重点环节，加强调度和监控，决定其子公司的国有产权转让和增资行为，监督其各级子公司的国有资本运营行为，对重要子公司和关键环节，进行定期和不定期检查，及时调度了解国有文化资本运营情况，并定期向宣传部门、财政部门和主管部门报告国有文化资本的运营情况。

（三）国有文化资本运营监督管理的内容

国有文化资本运营监督管理的内容主要包括对文化企业国有资产交易、投融资、改制重组、国有股权等方面的监督管理。在国有资产交易管理方面，主要包括对国家出资文化企业①及其各级全资、控股和实际控制文化企业的产权转让、产权无偿划转、增资、资产转让等事项的监督管理。在投融资管理方面，主要包括对国家出资文化企业及其各级全资、控股和实际控制文化企业的重大投资事项，发行企业债券、公司债券等事项的监督管理。在改制重组管理方面，主要包括对国家出资文化企业及其各级全资、控股和实际控制文化企业的增减资行为，改制、重组、解散、申请破产，国有控股混合所有制企业员工持股试点、股权激励方案等事项的监督管理。在上市公司国有股权管理方面，主要包括对国家出资文化企业及其各级全资、控股和实际控制文化企业上市前后有关国有股权管理、发行证券、国有股东与上市公司重组、国有股东转（受）让上市公司股份、国有股权转（减）持、质押、国有控股上市公司股权激励等事项的监督管理。

---

① 国家出资文化企业，包括国有独资文化企业、国有控股文化企业、国有实际控制文化企业。

第四节 国有文化资本绩效评价

一、国有文化资本绩效评价的主要原则

企业是国有文化资本运营的实体组织，因而国有文化资本绩效评价也即对国有文化企业的绩效评价。国有文化资本绩效评价应主要遵循双效统一原则、分类考核原则、激励与约束相融原则。

（一）双效统一原则

国有文化资本的绩效评价是包含管人、管事、管资产和管导向的综合评价体系，既有与国有资产保值增值相一致的共通性经济效益标准，也有相异于国有资产考核的社会效益标准；既要以国有文化资产的保值增值为基本目标，又要兼顾国有文化企业所承担的政策性任务，如落实政治宣传任务、维护社会主流价值观、打造社会主义核心价值体系等（陈庚，2017）。《指导意见》已明确了建立健全两个效益相统一的考核评价标准，因而研究制定文化企业国有资产监督管理办法，需要充分考虑不同类型国有文化企业的功能作用，明确社会效益指标考核权重应占50%以上，并将社会效益考核细化量化到政治导向、文化创作生产和服务、受众反应、社会影响、内部制度和队伍建设等具体指标上。因此，国有文化资本绩效评价必须从社会效益和经济效益两个层面来进行，评价指标可分为社会效益评价指标和经济效益评价指标，并在指标比重和内容的设计上体现“社会效益优先”的要求，坚持把社会效益放在首位，促进社会效益和经济效益相统一，建立科学合理的考核评价机制。

（二）分类考核原则

国有文化资本因处于不同行业和领域而承担着不同功能使命。2016 年 7 月，中共中央宣传部、中央网络安全和信息化领导小组办公室、财政部、文化部、国家新闻出版广电总局联合研究发布的《关于深化国有文化企业分类改革的意见》，依据企业战略定位、功能作用、改革发展现状及其主营业务和核心业务范围，将国有文化企业分为新闻信息服务、内容创作生产、传播渠道、投资运营和综合经营五种类型。五类文化企业的功能与作用各有不同，所提供的产品和服务也各不相同，既有偏注重于公共服务的文化企业，也有主要面向市场竞争的文化企业，产生的社会效益和经济效益也有所差异。因此，在对不同类型的文化企业考核

时，应秉持差异化考核的思路，处理好普遍性与特殊性的关系，根据不同类型文化企业的功能与作用，分别设置其社会效益和经济效益的考核权重，对需要承担更多社会责任的文化企业，应增加对其社会效益的考核权重。

（三）激励与约束相融原则

绩效评价结果是负责人职务任免、履职情况及薪酬确定的重要依据。这意味着需要统筹考虑企业短期目标实现和长远发展规划的关系，坚持结果考核与过程跟踪相结合。国有文化资本绩效评价的最终目的不是结果考核和限薪，而是建立健全国有文化资本管理的激励与约束机制，引导和促进国有文化企业持续健康发展，其本质上是一种过程管理。对国有文化资本绩效评价的过程，同时是国有企业负责人根据国家文化发展战略和要求制定目标、执行规划、检查进度、处理问题的循环过程。国有文化资本绩效评价需要兼顾企业短期目标和长远规划，考核评价指标可分为年度指标和任期指标，并结合定量分析与定性分析、横向比较与纵向比较。但对出现重大导向问题应实行一票否决制，扣除全部绩效年薪和相应的任期激励收入。

二、国有文化资本社会效益评价

国有文化资本社会效益是指国有文化企业所生产的文化产品和文化服务对社会所产生的效应，主要表现在公众反映和社会评价体系上（中央文化企业国有资产监督管理领导小组办公室，2015）。与一般企业和一般文化企业不同，国有文化企业的社会效益评价更强调在国家层面的导向性、全局性和深远性意义，应主要立足于规范文化产品导向和提高文化服务质量，从源头及渠道上加以引导。

（一）国有文化资本社会效益评价的主体

尽管从理论上讲，国有文化企业及其利益相关者均可以参与国有文化资本社会效益评价，但作为一项专门性工作和组织化活动，仍须依靠党委、政府部门来主导组织和实施推动。党委宣传、财政、文化广电、新闻出版等党政部门是国有文化资本社会效益评价的关键主体，具体到中央层面目前主要包括中央宣传部、财政部、国家广播电视总局、文化和旅游部等（张春河和张奎，2020）。

总体来看，各级党委宣传部门、文化传媒主管主办部门和财政部门大多是国有文化资本社会效益评价考核的主导部门。与一般社会效益考核的利益相关者不同，宣传文化部门作为主管部门，其所主导的社会效益评价及考核更能体现出党和国家的文化发展主张，以及推动落实党和国家思想文化建设的要求。国有文化资本社会效益评价的实施主体还可包括与其监督管理密切相关的其他机构组织

（张春河和张奎，2020）。例如，在国有文艺院团社会效益评价考核中，考核主体既包括同级宣传文化部门，也包括财政部门、人力资源和社会保障部门以及其他主管主办单位或出资人机构，这些单位共同组成评价考核委员会，以体现考核评价的权威性、客观性和统一性；山东省省管国有文化企业的社会效益考核评价主要由省国有文化资产管理理事会组织实施，省委宣传部会同理事会成员单位，成立省管国有文化企业考核评价工作组负责考核评价具体工作。

（二）国有文化资本社会效益评价的对象

国有文化资本社会效益评价是在遵循文化产品创作生产传播规律和社会主义市场经济规律基础之上开展的，其对象为国有文化企业。从企业运营投入的各环节和因素来看，国有文化企业的生产、经营和管理实践行为及其关联活动必然会产生多种社会影响，这些影响可纳入社会效益评价范畴。根据行为活动是否产生与整个企业绩效直接或间接相关的成果，国有文化企业的组织活动可分为文化创作生产和服务、企业组织和职能管理、对外公共服务等方面。其中，文化创作生产和服务的组织活动是国有文化企业的核心业务，直接影响着社会效益的创造性质和实现层次，这主要包括了生产经营的合法性、诚信度、创新性等和内容创作的人民性、思想性、艺术性、时代性等（张春河和张奎，2020）。

（三）国有文化资本社会效益评价的关键指标

2015 年 9 月中共中央办公厅、国务院办公厅印发了《指导意见》明确国有文化企业社会效益指标考核权重应占 50% 以上之后，各部门相继发文响应。相关部门先后出台了《图书出版单位社会效益评价考核试行办法》《国有影视企业社会效益评价考核试行办法》《国有文艺院团社会效益评价考核试行办法》等量化考核办法。由于考核评价主体差异以及所处文化行业不同，尚没有形成统一规范的国有文化资本社会效益评价体系（张春河和张奎，2020）。但社会效益考核评价关键要素主要包括文化安全和精品打造两方面，前者是从内容导向的角度进行评价考核，后者是从内容质量的角度进行评价考核。从内容导向评价角度来看，为了体现把社会效益放在首位，在文化安全指标中可以设计“一票否决”项目，对文化产品或服务内容导向存在严重错误，甚至产生负面影响的国有文化企业，否决当年负责人的社会效益考核得分。从内容质量评价角度来看，在广播电视、新闻出版、演艺娱乐等多个文化产业细分领域，虽然现有的考核评价指标称谓各异，但其实均是反映文化产品消费数量和消费态度的各类要素。以图书出版业和国有影视企业为例，根据《指导意见》要求，中共中央宣传部、国家广播电视总局等部门先后发布了图书出版单位、国有影视企业社会效益量化考核文件。

图书出版单位社会效益评价考核指标主要包括出版质量、文化和社会影响、产品结构和专业特色、内部制度和队伍建设等方面内容（见表 14 - 1）。其中："出版质量"指标主要考核图书出版单位坚持正确出版导向的情况，出版物的科学性、知识性水平，以及编校印装质量整体情况；"文化和社会影响"指标主要考核图书出版单位依托优秀产品和活动体现的文化价值和社会影响，具体分为重点项目、奖项荣誉、社会评价、国际影响四个方面；"产品结构和专业特色"指标主要考核出版产品结构、选题规划、品牌特色等内容生产整体情况；"内部制度和队伍建设"指标主要考核企业内部机制、规章制度建设和执行情况，党风廉政建设和队伍建设情况。

表 14 - 1　　图书出版单位社会效益评价考核指标与内容

一级指标	二级指标	考核内容
出版质量（50 分）	内容质量	图书出版单位贯彻落实党的理论和路线方针政策，坚持正确政治方向、出版导向、价值取向，出版物内容质量整体情况
	编校印装质量	出版物编校印装质量整体情况
文化和社会影响（23 分）	重点项目	入选各类国家级出版规划、重点工程、国家资助项目并实现出版的情况
	奖项荣誉	获得出版界三大奖（五个一工程优秀图书、中国出版政府奖、中华优秀出版物奖）和国家级行业性奖项、全国性优秀出版物推荐的情况
	社会评价	受众反映好、社会影响大的出版物情况
	国际影响	出版物版权输出、实物输出情况
产品结构和专业特色（15 分）	—	主业发展整体情况，产品结构、选题规划、品牌特色等内容生产情况
内部制度和队伍建设（12 分）	内部制度建设和执行	体现"双效统一"的企业规章制度、机制建设和执行情况
	队伍建设	加强党风廉政建设、人才队伍建设情况

国有影视企业社会效益评价考核指标主要包括政治方向、舆论导向和价值取向，作品创作生产，受众反应和社会影响，内部制度和队伍建设等方面内容（见表 14 - 2）。其中："政治方向、舆论导向和价值取向"是关于国有影视企业内容导向情况的考核指标；"作品创作生产"主要考核国有影视企业创作生产电影、电视剧、动画片、纪录片、公益广告、影视节目等方面情况；"受众反应和社会影响"主要考核国有影视企业创作生产作品的受众满意度和舆论反映情况，专家评价和文艺评论情况，获得政府或行业性奖项情况，国内外传播情况，以及企业参与公共文化服务、从事社会公益事业、履行社会责任、诚信经营情况等；"内

部制度和队伍建设”主要考核坚持党的领导、编委会制度建设、绩效考核制度建设情况。

表 14－2　　国有影视企业社会效益评价考核指标与内容

一级指标	二级指标	考核内容
政治方向、舆论导向和价值取向（一票否决）	—	主要考核国有影视企业坚持党的领导，贯彻党的路线方针政策，履行党的宣传思想工作使命任务的情况；创作生产中坚持正确导向的情况；遵守国家法律法规和有关政策规定的情况
作品创作生产（20分）	电影出品数量	年度内独立（或作为第一出品单位）创作完成电影1部（含）以上
	电视剧、动画片、纪录片出品数量	年度内独立（或作为第一出品单位）创作完成电视剧1部（含）以上，或动画片1部（含）以上，或纪录片1部（含）以上
	其他广播电视节目、网络视听节目出品数量	年度内独立（或作为第一出品单位）创作完成体育、娱乐、综艺等其他影视节目50小时（含）以上，或网络视听节目50小时（含）以上，或广播电视公益广告（短片）10部（含）以上
受众反应和社会影响（60分）	传播情况	年度内创作生产影视作品国内外传播情况，反映影视节目受众规模和范围，根据有关行业统计数据综合判定
	宣传报道	年度内创作生产影视作品获得省级（含）以上报刊、电台或电视台正面宣传、专家正面评价和文艺评论情况
	获奖情况	年度内创作生产影视作品获得省级（含）以上政府奖或国家级行业性奖项情况
	社会责任履行情况	年度内国有影视企业参与公共文化服务、从事社会公益事业、履行社会责任、诚信经营等情况
	受众满意度	对出品节目受众满意度进行调查，调查人群应覆盖全面，构成合理，根据调查问卷计分确定分值
内部制度和队伍建设（20分）	坚持党的领导	①体现“坚持党的领导，企业党委（党组）成员按照法定程序进入董事会、监事会和经营管理层，党委（党组）书记兼任董事长，落实党组织研究讨论重大事项的前置程序”的企业规章制度建设和年度执行情况 ②企业党组织机制健全、党风廉政建设良好，未出现人员违纪违法等情况
	编委会制度建设	①设立内部编辑委员会、艺术委员会等机构并有效履职 ②总编辑对内容导向问题具有否决权并有效履职
	绩效考核制度建设	①建立把社会效益放在首位、社会效益和经济效益相统一、社会效益考核权重超过50%的企业综合绩效考核制度，以及相关制度在考核年度的具体执行情况 ②制定相应的薪酬管理办法、职务职称晋升管理办法等，以及相关制度在考核年度的具体执行情况

以上社会效益考核指标与内容既为图书出版单位、国有影视企业社会效益考核提供了完备的评价体系和详细的评价标准，也为推动国有文化企业社会效益评价考核奠定了坚实的制度基础和典型示范。

三、国有文化资本经济效益评价

国有文化资本经济效益是指国有文化企业通过组织生产、销售文化产品或提供文化服务所获得的一定回报（中央文化企业国有资产监督管理领导小组办公室，2015）。国有文化企业经济指标和统计数字是国有文化资本经济效益的具体反映，因而国有文化企业不同时期的经济指标是国有文化资本经济效益评价的重要依据。

（一）国有文化资本经济效益评价的主体

《中华人民共和国企业国有资产法》中明确规定“国家建立国家出资企业管理者经营业绩考核制度。履行出资人职责的机构应当对其任命的企业管理者进行年度和任期考核，并依据考核结果决定对企业管理者的奖惩。”因此，一般情况下，国有资本的经济效益评价依法由履行出资人职责的机构负责，但由于国有文化资本管理体制机制的特殊性，使国有文化资本经济效益评价的事实责任主体与法律责任主体并不完全匹配。例如，财政部代表国务院对中央文化企业履行出资人职责，但由于中央文化企业主管部门仍然拥有参与企业重大决策与选择管理者等出资人权利，事实上部分承担了国有文化资本经济效益评价以及企业负责人的经营业绩考核责任。出资人机构以及主管主办部门对国有文化资本进行经济效益评价的目的，主要是其作为国家股东以及国有资本的出资人，通过建立健全有效的激励和约束机制，完善国有文化资本的管理，进而落实国有文化资产保值增值责任。

（二）国有文化资本经济效益评价的对象

与国有文化资本社会效益评价的对象一致，国有文化资本经济效益评价的对象也主要是国有文化企业。国有文化企业经济效益源于国有文化企业的组织行为和个人行为，因而国有文化资本经济效益评价涉及对国有文化企业的经营绩效评价和经营管理者的绩效评价两个方面。对国有文化企业的经济效益评价主要是指对企业生产经营活动的各环节、各因素的经济效益指标所作的评价。作为评价对象的国有文化企业，一般应具备以下条件：一是独立的法人实体，能够承担民事责任，编制完整的资产负债表；二是企业处于正常的生产经营状态，依法从事生产经营活动；三是作为评价对象的国有文化企业必须具备持续经营时间为一个会计年度的基本要求。对经营管理者的绩效评价关系到企业管理者的奖惩、选聘和任免等。在实践中，国有文化企业的经营绩效评价和经营管理者的绩效评价虽各有侧重，但因评价内容及指标有较大的一致性，故难以完全割裂开来。

（三）国有文化资本经济效益评价的关键指标

经济效益的评价标准，主要是由与资源分配以及资源利用有关的效率所决定的。国有文化企业所处行业、经营范围和主营业务等存在不同，企业在追求经济效益过程中的战略目标、执行效率和取得的效果也会有所不同。国有文化资本经济效益评价总体应包括基本指标、分类指标和特殊指标三个层次，并按照不同类别文化企业的考核要点选取经济效益评价指标（见表 14 –3）。

首先，基本指标侧重于考核国有文化企业的国有资本保值增值情况与经营情况。事实上，国有文化企业作为国有资产的载体与市场的参与者，不论其所处何种行业，主营业务与经营范围是什么，国有文化资本保值增值情况与经营情况均是企业生存发展的基础。

其次，分类指标由国有文化企业根据自身发展战略选择性地自主提出，考核部门结合企业类型、经营管理水平以及可持续发展要求，会同宣传部门和财政部门等综合确定，大致应包括反映企业盈利能力、资产使用效率和债务风险情况的指标。其中，盈利能力是反映企业获取利润能力的二级指标，可以通过净资产收益率、总资产报酬率、销售（营业）利润率、成本费用利润率和资本收益率等具体指标反映；资产使用效率是反映企业所占用经济资源利用效率的二级指标，可以通过总资产周转率、应收账款周转率、流动资产周转率、资产现金回收率等具体指标衡量；债务风险情况是反映企业经营和财务风险情况的二级指标，可以通过资产负债率、速动比率、现金流动负债比率和带息负债比率等具体指标度量。由于国有文化企业所处的行业、经营范围和主营业务等不同，为了反映企业所处的行业和经营特性，使分类指标的考核结果更加真实地反映特定行业中国有文化企业的经营水平，突出主营业务和主要工作，更加全面、综合地反映企业的经营管理水平和工作成效，需要根据企业的行业特点，选择在一定时期内相对稳定、随机波动性较小的具体指标对文化企业的经济效益进行考核评价。

最后，为了激励企业的健康发展，在进行经济效益考核时，需要设置特殊指标作为辅助指标，对企业在经营发展过程中所取得的突出贡献与存在的制约企业发展的、难以货币化衡量的突出问题等方面进行考核。

表 14－3　　经济效益评价考核指标

一级指标	二级指标	指标含义或内容
基本指标（60 分）	国有资本保值增值率	考核年度期末扣除客观因素后的国有资本及权益与考核期初国有资本及权益之比，是综合考核评价企业国有资本保值增值情况的核心指标
	利润总额	企业在报告年度实现的盈利或亏损总额，是衡量企业经营效益的关键指标
	营业总收入	企业报告年度主要经营业务和其他业务所取得的收入总额，是衡量企业经营成果的重要指标，其收入规模决定企业的经营成效
分类指标（40 分）	盈利能力	盈利能力可以反映企业获取利润的能力，衡量盈利能力的指标主要包括净资产收益率、总资产报酬率、销售（营业）利润率、成本费用利润率和资本收益率
	资产使用效率	资产使用效率可以反映企业所占用经济资源的利用效率，从而反映出企业的生产状况和负责人的资产管理水平，衡量资产使用效率的指标主要包括总资产周转率、应收账款周转率、流动资产周转率、资产现金回收率
	债务风险情况	债务风险情况可以反映企业是否可以稳健经营和财务风险的大小，衡量债务风险情况的指标主要包括资产负债率、速动比率、现金流动负债比率和带息负债比率
特殊指标（加减分）	取得的突出贡献	品牌建设取得显著成果、品牌影响力显著提升、行业内综合排名上升；科技创新取得重大成果、技术竞争力显著增强；产品质量提升、客户满意度提高、市场占有率显著增加；体制改革或承担重大任务贡献突出
	存在的突出问题	重大决策失误、宣传导向责任事故、重大安全生产事故与重大资产损失；虚报、瞒报财务状况，造成重大财务风险

主要参考文献

［1］安景文、荆全忠：《现代企业管理》，北京大学出版社 2012 年版。

［2］巴曙松：《巴塞尔新资本协议框架下的操作风险衡量与资本金约束》，载于《经济理论与经济管理》2003 年第 2 期。

［3］包群、梁贺：《下放与改制：不同国企改革路径的绩效比较》，载于《世界经济》2022 年第 6 期。

［4］［美］彼得·德鲁克著，王永贵译：《管理：使命、责任、实务（实务篇）》，机械工业出版社 2006 年版。

［5］蔡立辉、王乐夫：《公共管理学（第二版）》，中国人民大学出版社 2018 年版。

［6］陈庚：《创新国有文化资产管理体制的政策含义与路径选择》，载于《江汉论坛》2017 年第 11 期。

［7］陈共荣、曾峻：《企业绩效评价主体的演进及其对绩效评价的影响》，载于《会计研究》2005 年第 4 期。

［8］陈鸿：《国有经济布局》，中国经济出版社 2012 年版。

［9］陈少晖、廖添土：《公共财政框架下的省域国有资本经营预算研究》，社会科学文献出版社 2012 年版。

［10］陈艳利、和珍珍：《国有资本经营预算制度、行业竞争与企业价值创造》，载于《财经问题研究》2019 年第 5 期。

［11］陈艳利、梁田、徐同伟：《国有资本经营预算制度、管理层激励与企业价值创造》，载于《山西财经大学学报》2018 年第 6 期。

［12］成素英、张国亭、陈海燕：《国有资产管理概论》，济南出版社 2004 年版。

［13］褚剑：《政策协同视角下的中央企业重组与国有资本配置效率》，载于《经济理论与经济管理》2022 年第 9 期。

［14］丁晓钦：《“做强做优做大”：国有企业改革理论与实践的逻辑统一——我国国有企业发展历程与展望》，载于《当代经济研究》2021 年第 9 期。

［15］方福前：《四十年中国经济体制的三次革命》，载于《经济理论与经济管理》2018 年第 11 期。

［16］［美］弗雷德里克·泰勒著，马风才译：《科学管理原理》，机械工业

出版社 2021 年版。

[17] 傅才武：《国有文化企业管理体制改革：从主管主办制度到出资人制度》，载于《华中师范大学学报（人文社会科学版）》2014 年第 3 期。

[18] 傅才武、何璇：《四十年来中国文化体制改革的历史进程与理论反思》，载于《山东大学学报（哲学社会科学版）》2019 年第 2 期。

[19] 傅才武、秦然然：《中国文化治理：历史进程与演进逻辑》，载于《兰州大学学报（社会科学版）》2022 年第 3 期。

[20] 高鹏飞、辛灵、孙文莉：《新中国 70 年对外直接投资：发展历程、理论逻辑与政策体系》，载于《财经理论与实践》2019 年第 5 期。

[21] 高书生：《感悟文化改革发展》，中信出版社 2014 年版。

[22] 葛京：《企业国际化过程中的知识转移与组织学习》，载于《中国软科学》2002 年第 1 期。

[23] 龚旻：《基于政策确定性的一般公共预算制度安排研究》，中国矿业大学出版社 2020 年版。

[24] 郭国荣、黄江宁：《国有资产管理体制改革的制度设计和政策走向》，载于《宏观经济研究》2004 年第 7 期。

[25] 郭跃进：《管理学（修订版）》，经济管理出版社 2003 年版。

[26] 国务院国资委考核分配局：《企业绩效评价标准值 2022》，经济科学出版社 2022 年版。

[27] [法] 亨利·法约尔著，迟力耕、张璇译：《工业管理与一般管理》，机械工业出版社 2007 年版。

[28] 洪银兴、桂林：《公平竞争背景下国有资本做强做优做大路径——马克思资本和市场理论的应用》，载于《中国工业经济》2021 年第 1 期。

[29] 胡代松：《习近平总书记重视调查研究的实践特点与启示》，载于《湖南社会科学》2023 年第 3 期。

[30] 胡志民、施延亮、龚建荣：《经济法》，上海财经大学出版社 2006 年版。

[31] 华国庆：《我国国有资本收益若干法律问题研究》，载于《法学论坛》2012 年第 1 期。

[32] 黄津孚：《现代企业管理原理》，清华大学出版社 2017 年版。

[33] 黄泰岩：《改革开放 40 年　中国特色社会主义政治经济学的创新发展》，载于《光明日报》2018 年 11 月 27 日 11 版。

[34] 焦强、罗哲：《管理学（第三版）》，四川大学出版社 2014 年版。

[35] 荆新、王化成、刘俊彦：《财务管理学（第 8 版）》，中国人民大学出版社 2018 年版。

［36］孔建华：《我国国有文化资产管理体制改革十年回顾与北京策论》，载于《中国文化产业评论》2013 年第 1 期。

［37］赖静萍、刘晖：《制度化与有效性的平衡——领导小组与政府部门协调机制研究》，载于《中国行政管理》2011 年第 8 期。

［38］兰培：《国有文化企业资本运作》，中信出版社 2017 年版。

［39］李轶琴：《“两类公司”改革试点案例分析——以山西省国有资本运营有限公司为例》，载于《企业改革与管理》2022 年第 12 期。

［40］李正图、米晋宏：《建设现代化经济体系增强国有经济“五力”》，载于《上海经济研究》2022 年第 10 期。

［41］廖红伟：《论国有企业战略重组与产权结构优化》，载于《学习与探索》2013 年第 2 期。

［42］廖岷、杨元元：《全球商业银行流动性风险管理与监管的发展状况及其启示》，载于《金融研究》2008 年第 6 期。

［43］廖添土：《国有资本经营预算：历史考察与制度建构》，社会科学文献出版社 2015 年版。

［44］刘建丽：《国有企业国际化 40 年：发展历程及其制度逻辑》，载于《经济与管理研究》2018 年第 10 期。

［45］刘戒骄、孙琴：《中国工业化百年回顾与展望：中国共产党的工业化战略》，载于“China Economist”2021 年第 5 期。

［46］刘彦龙：《中国企业战略联盟报告》，中国经济出版社 2008 年版。

［47］刘玉平：《国有资产管理与评估》，经济科学出版社 2004 年版。

［48］刘玉平：《国有资产管理》，中国人民大学出版社 2008 年版。

［49］马骏、张文魁：《国有资本管理体制改革研究》，中国发展出版社 2015 年版。

［50］马瑞清：《企业融资与投资（第二版）》，中国金融出版社 2017 年版。

［51］［美］迈克尔·哈默、詹姆斯·钱皮著，王珊珊等译：《企业再造》，上海译文出版社 2007 年版。

［52］孟捷：《略论社会主义市场经济中的国有资本》，载于《马克思主义与现实》2023 年第 2 期。

［53］欧阳芳：《资本运营理论与实务》，北京邮电大学出版社 2016 年版。

［54］欧阳袖：《国有企业绩效评价研究》，知识产权出版社 2020 年版。

［55］彭晓洁：《信息不对称与非公平关联交易的透视》，载于《会计研究》2005 年第 8 期。

［56］齐艺莹：《论社会主义国有资本范畴》，载于《税务与经济（长春税务学院学报）》2004 年第 5 期。

［57］秦露：《为什么说意识形态属性是文化产业的本质属性》，载于《学习时报》2020 年 10 月 14 日。

［58］［美］斯蒂芬・罗宾斯、玛丽・库尔特著，刘刚、程熙鎔、梁晗等译：《管理学（第 13 版）》，中国人民大学出版社 2017 年版。

［59］苏志平：《商业经济学》，中国财政经济出版社 1997 年版。

［60］孙世强、胡发刚：《管理学：思想・案例・实践》，人民邮电出版社 2017 年版。

［61］涂克明：《国营经济的建立及其在建国初期的巨大作用》，载于《中共党史研究》1995 年第 2 期。

［62］汪洪涛、朱翊照：《资本运营管理（第二版）》，复旦大学出版社 2017 年版。

［63］王化成、支晓强、王建英：《财务报表分析（第 2 版）》，中国人民大学出版社 2018 年版。

［64］王曼怡、石嘉琳：《新常态下中国对东盟直接投资研究》，载于《国际贸易》2015 年第 5 期。

［65］王伟：《国有资本经营预算的法治逻辑——以政治权力和财产权利的分野为视角》，载于《科学社会主义》2015 年第 5 期。

［66］王周伟：《风险管理（第 2 版）》，机械工业出版社 2017 年版。

［67］王竹泉：《资本管理新论》，中国财政经济出版社 2020 年版。

［68］吴凯、杨学聪：《上海："资本对接"激发原动力》，载于《经济日报》2011 年 10 月 18 日。

［69］肖红军：《深化对国有资本运营公司的认识：概念界定与功能定位的视角》，载于《经济体制改革》2021 年第 5 期。

［70］谢灵：《平衡计分卡因果关系再认识》，载于《厦门大学学报（哲学社会科学版）》2011 年第 5 期。

［71］徐禾等：《政治经济学概论（第三版）》，中国人民大学出版社 2011 年版。

［72］徐水华、杨泽光：《马克思关于"资本的生产力"思想探析——以〈资本论〉及其经济学手稿为例》，载于《黑龙江社会科学》2022 年第 4 期。

［73］许聪：《省级人大预算监督权力考察——以 30 个地方预算监督条例（决定）为基础》，载于《财政研究》2018 年第 10 期。

［74］许涤新：《政治经济学辞典（上）》，人民出版社 1980 年版。

［75］薛贵：《国有资本经营预算制度研究》，中国财政经济出版社 2016 年版。

［76］闫永、郭大鹏、刘青山：《中国式国资治理》，载于《国资报告》2023 年第4 期。

［77］杨超、谢志华：《国有资本经营预算与一般公共预算和社保基金预算的衔接模式》，载于《地方财政研究》2019 年第 10 期。

［78］杨克智、杜海霞：《基于国家治理的国有资本经营预算机制构建》，载于《北京工商大学学报（社会科学版)》2018 年第 2 期。

［79］叶育甫：《企业资本运营理论与实务》，科学出版社 2017 年版。

［80］袁野：《优化中央企业经营指标体系　推动加快实现高质量发展》，载于《国资报告》2023 年第 1 期。

［81］袁振宇：《利改税、承包制、利税分流》，载于《税务研究》1991 年第 2 期。

［82］曾昌礼：《国有资本经营预算能够提高地方国有企业投资效率吗?》，载于《南京审计大学学报》2018 年第 6 期。

［83］张春河、张奎：《国有文化企业社会效益评价：概念、重点与指标》，载于《现代传播（中国传媒大学学报)》2020 年第 6 期。

［84］张静：《案例分析的目标：从故事到知识》，载于《中国社会科学》2018 年第 8 期。

［85］张维、李玉霜：《商业银行信用风险分析综述》，载于《管理科学学报》1998 年第 3 期。

［86］张维达：《论国有企业战略性重组》，载于《经济学家》1998 年第 1 期。

［87］张新民、郑建明：《资本国际化与财务管理变革》，载于《财务与会计》2006 年第 22 期。

［88］张艳芬：《江苏省级国有金融资本实行集中统一管理》，载于《上海证券报》2019 年 6 月 3 日。

［89］张宇霖、柳学信、李东升：《国有企业收入分配改革：逻辑演进与未来展望》，载于《经济体制改革》2022 年第 5 期。

［90］赵峰、田佳禾：《规范和引导资本健康发展：资本二重性及其矛盾的视角》，载于《改革》2022 年第 8 期。

［91］郑国洪：《国有资产管理体制问题研究》，中国检察出版社 2010 年版。

［92］中共中央宣传部：《习近平新时代中国特色社会主义思想学习纲要》，学习出版社、人民出版社 2019 年版。

［93］《中华人民共和国史》编写组：《中华人民共和国史》，高等教育出版社 2013 年版。

［94］中央文化企业国有资产监督管理领导小组办公室：《国有文化企业发展报告（2012)》，经济科学出版社 2012 年版。

［95］中央文化企业国有资产监督管理领导小组办公室：《国有文化企业发展报告（2015)》，经济科学出版社 2015 年版。

[96] 周茂青、陈少晖:《〈企业国有资产法〉框架下国有资本经营预算的功能定位》，载于《福建论坛（人文社会科学版)》2014 年第 7 期。

[97] 周三多、陈传明、贾良定:《管理学: 原理与方法（第六版)》，复旦大学出版社 2014 年版。

[98] 周三多、陈传明、刘子馨、贾良定:《管理学: 原理与方法（第七版)》，复旦大学出版社 2018 年版。

[99] 周宇:《全口径预算管理视角下国有资本经营预算若干基本问题辨析》，载于《财政科学》2016 年第 2 期。

[100] 朱炜、李伟健、綦好东:《中国国有资产监管体制演进的主要历程与基本特征》，载于《经济学家》2022 年第 2 期。

[101] 朱志刚:《国有资本质量透视与战略重组》，经济科学出版社 1999 年版。

[102] 庄序莹、毛程连:《国有资产管理学（第二版)》，复旦大学出版社 2020 年版。

[103] 邹辉文:《金融经济学与数理分析方法》，载于《金融教学与研究》2014 年第 4 期。